1 MONTH OF
FREE
READING

at

www.ForgottenBooks.com

By purchasing this book you are eligible for one month membership to ForgottenBooks.com, giving you unlimited access to our entire collection of over 1,000,000 titles via our web site and mobile apps.

To claim your free month visit:

www.forgottenbooks.com/free968164

ISBN 978-0-260-74865-2
PIBN 10968164

CONTIN
DES
PENSÉES DIVERSES,

*Ecrites à un Docteur de Sorbonne,
à l'occasion de la Comete qui parut
au mois de Decembre 1680.*

O U

REPONSE

à plusieurs dificultez que Monsieur***
a proposées à l'Auteur.

PAR M. BAYLE.

TOME PREMIER.

A AMSTERDAM,
Chez HERMAN UYTWERF,

MDCCXXII.

AVERTISSEMENT.

J'Ai promis cet Ouvrage diverſes fois (1) depuis dix ans, & neanmoins je n'y ai ſongé que depuis dix mois. Ce n'eſt pas que j'oubliaſſe que j'avois annoncé cette entrepriſe, c'eſt que je la renvoiois d'année en année, ſoit que je cruſſe que les endroits de mes Penſées diverſes, qui avoient deplu à certaines gens, avoient été aſſez bien prouvez pour n'avoir pas un fort grand beſoin d'apologie; ſoit que d'autres occupations devenuës plus aiſées par l'habitude, & plus agreables par le changement continuel de matiere me degoutaſſent de celleci; ſoit que je conſideraſſe que la promeſſe des Auteurs n'eſt pas regardée comme un engagement par contrat, & que le public ſe met peu en peine de

(1) Dans l'Addition aux Penſées diverſes l'an 1694. dans la preface de la 3. édition des Penſées diverſes l'an 1699. & dans la 2. édition du Diction. hiſtor. & crit. pag. 1138. & 3140. l'an 1702.

* 2   leur

AVERTISSEMENT.

leur manquement de parole.
Ainſi lors qu'au mois d'Octobre
dernier je pris tout d'un coup
la reſolution de travailler à ce
livre, je me trouvai ſans preparatifs & obligé d'en reſſuſciter
les idées, ou de les rapeler de
fort loin, de ſorte que les mate-
riaux ont été raſſemblez & mis
en œuvre en même tems.

Il n'y a eu dans les Penſées
diverſes qu'une ſeule choſe qui
m'ait determiné au deſſein d'u-
ne apologie, c'eſt le parallêle
de l'Atheïſme & du Paganiſme, mais me voiant engagé par
là à prendre la plume pour ma
juſtification, je crus que je devois auſſi ſatisfaire à pluſieurs
dificultez qui m'avoient été propoſées concernant d'autres endroits de l'Ouvrage, & je me
perſuadai qu'il ne faloit ſe regler dans l'arrangement des reponſes que ſur celui des objections que l'on n'avoit diſpoſées

que

que selon l'ordre de mes chapitres. J'ai suivi cette vuë jusques
à la fin du premier tome, mais
il a falu l'abandonner dans le
second pour éviter l'engagement
à faire un livre beaucoup plus
gros que je ne m'étois proposé.
Je n'ai donc mis dans le second
tome que ce qui apartenoit au
parallèle du Paganisme & de
l'Atheïsme, & neanmoins je n'ai
pu expedier toute cette afaire.
Il me reste encore à discuter
quelques objections sur ce sujet-
là que j'ai reservées pour un
troisiéme volume.

Comme il a falu éclaircir
cette matiere & par des raisons
& par des faits, & alleguer des
autoritez respectables, qui pour
l'ordinaire sont plus utiles & plus
necessaires à un apologiste que
les meilleurs raisonnemens, elle
s'est trouvée si abondante que
l'étenduë que je m'étois prescrite
ne m'a point sufi. J'aurois pu re-
me-

AVERTISSEMENT.

medier à cet inconvenient par la supreſſion de tous les ſujets qui ne ſe raportent point au parallèle de l'Atheïſme & du Paganiſme, mais la preſſe aiant roulé ſur cet Ouvrage, à meſure que je l'ai compoſé, il ne m'a pas été poſſible de me ſervir de ce remede.

Si l'on ſavoit le nombre des choſes qui s'ofroient naturellement, & que neanmoins j'ai écartées, on me feroit la juſtice d'être bien perſuadé que je n'ai eu rien moins en vuë que d'être difus. Il faut auſſi que je diſe que j'aurois eu un beſoin inevitable de plus de feuilles ſi je n'avois deja dit dans mon Dictionaire beaucoup de choſes que ſans cela j'aurois du neceſſairement emploier ici. Je n'ai eu garde de les repeter, c'eût été un grand defaut, mais je les ai indiquées, (1) afin que ceux qui voudront ſavoir ce qui manque à mes reponſes dans cette

Con-

(1) C'eſt à quoi doivent prendre garde ceux qui trouveront trop frequens les renvois au Dictionaire hiſtorique & critique.

AVERTISSEMENT.

Continuation, puiſſent aiſément ſe ſatisfaire.

Voilà bien des avertiſſemens de peu d'importance, mais en voici un qui me paroît de la derniere neceſſité. Je ſuplie le leĉteur de ſe bien mettre dans l'eſprit que cette longue diſpute, où j'ai ſoutenu que le Paganiſme étoit pour le moins auſſi mauvais que l'Atheïſme, eſt une choſe tout-à-fait indiferente à la vraie religion. Les interêts du Chriſtianiſme ſont tellement ſeparez de ceux de l'Idolatrie paienne, qu'il n'a rien à perdre ni à gagner ſoit qu'elle paſſe pour moins mauvaiſe, ou pour plus mauvaiſe que l'irreligion. Cette diſpute eſt donc du genre de ces problemes où l'on peut prendre indiferemment tel parti qu'on veut ſans qu'il y aille de l'orthodoxie. Il a toûjours été libre de ſoutenir ou que l'Aria-niſme eſt pire que le Sabellia-

niſnifme, ou qu'il ne l'eft pas; que l'herefie Neftorienne eft plus ou moins pernicieufe que l'Euty-chienne, & ainfi de plufieurs autres queftions (1), où ceux qui fe trompent ne peuvent être accufez de donner atteinte à la foi pourveu que d'ailleurs ils ad-herent aux decifions des anciens Conciles, &c.

On m'objectera peut-être que s'il étoit vrai que l'Atheifme fût moins mauvais que le Paganif-me, ce feroit une de ces veritez que l'on doit cacher au peuple. Je ne repons rien à cela prefen-tement, car c'eft l'une des objec-tions qui me reftent à examiner dans le volume qui doit fuivre ces deux-ci.

Il fe trouvera fans doute en-core des gens qui pretendront que c'eft extenuër l'Atheifme que de le faire moins mauvais que le Paganifme, mais cette pretenfion fera très-injufte. On n'ex-

(1) Con-ferez avec ceci ce que j'ai dit dans le chap. 78.

AVERTISSEMENT.

n'extenuë point une chose quand on la fait très-mauvaise en elle-même, & que l'on met au plus haut comble du mal ce à quoi on ne la fait pas égale. C'est ainsi que j'en ai usé à l'égard de l'Atheïsme : j'en ai donné une description afreuse en le consi-derant (1) en lui-même, & j'ai representé l'Idolatrie paienne (2) comme le dernier effort de la malice du Demon. Si un homme qui diroit cela de l'A-theïsme, étoit accusé d'extenuër le Paganisme, n'auroit-il pas droit de s'en plaindre?

Enfin on dira qu'il n'est pas aussi dangereux d'extenuër l'I-dolatrie paienne que d'extenuër l'Atheïsme, parce qu'il n'est point à craindre aujourd'hui que les lecteurs ne deviennent Idolatres, comme il est à crain-dre qu'ils ne tombent dans l'ir-religion. Ceux qui raisonnent ainsi sont priez de considerer,

*5 que

(1) *Voiez l'Addition aux Pensées diverses ch. 4. dans la reponse à la 20. objection pag. 82. de la 1. édit.*

(2) *De la maniere que j'en represente les abomi-nations on peut leur apliquer ces paroles:* Tristius haud illis mon-strum, nec sævior ulla Pestis & ira Deûm Stygiis sese extu-lit undis. *Virgil. Æn. lib. 3. v.* 214.

AVERTISSEMENT.

(1) At Phœbi nondùm patiens immanis in antro Bacchatur vates, magnum si PECTORE POSSIT EXCUSSISSE DEUM: tantò magis ille fatigat Os rabidum, fera corda domans, fingitque premendo. *Virgil. Æn. lib. 6. v. 77. Voiez ci-deſſous pag. 465. 466.*

(2) *Voiez Joſuo Stegman Profeſſeur*

que c'eſt un ſentiment fort commun parmi les Theologiens, & ſur tout parmi les Proteſtans, qu'il n'y a jamais eu & qu'il ne peut point y avoir d'Athées speculatifs; qu'il n'y a, & qu'il n'y a jamais eu que des Athées de pratique; c'eſt-à-dire, des gens qui pour pecher ſans remors tâchent d'effacer de leur eſprit & de leur cœur l'idée de Dieu, mais que leurs efforts auſſi grans que (1) ceux de la Sibylle de Cumes ne ſont pas moins inutiles. On aime mieux s'inſcrire en faux contre toutes les relations qui aſſûrent qu'il s'eſt trouvé des nations Athées dans le nouveau monde, que de ſoufrir qu'un Socinien ſe prevaille de cela (2) contre le dogme de l'idée innée de Dieu emprainte comme un caractere indelebile dans le cœur de l'homme.

Je

en Theologie à Rinthel pag. 20 & 21. du livre intitulé Pho-tinianiſmus, hoc eſt ſuccincta refutatio errorum Photinianorum.

AVERTISSEMENT.

Je pourrois me contenter de cette remarque ou de cet argument *ad hominem*, si tous les Auteurs s'accordoient à dire que l'Atheïsme speculatif est impossible ; mais comme il y a des Theologiens (1) de grand poids qui ne sont pas de ce sentiment, j'ai besoin d'une autre reponse. Je dis donc que quand même les Athées speculatifs seroient en aussi grand nombre que certaines gens s'imaginent, il seroit toûjours certain que l'inclination de l'homme est incomparablement plus forte vers l'Idolatrie que vers l'irreligion, & par consequent qu'il est beaucoup plus necessaire de fournir à l'homme un preservatif contre les

* 6

(1) J'en ai cité plusieurs dans cet Ouvrage, & j'en citerai ici un très-pieux & très-zélé pour l'orthodoxie : c'est feu Mr. de Rochefort Ministre de l'Eglise Wallonne de Rotterdam : Les pauvres sauvages, dit-il, dans son histoire des Iles Antilles liv. 2. ch. 13. pag. 468. edit. de Rotterd. 1665. de l'ancien peuple des *Antes* au Perou, & des deus Provinces des *Chirhuanes* ou *Cheriganes* ; Ceus de la plûpart des païs de la Nouvelle France, de la nouvelle Mexique, de la nouvelle Hollande, du Bresil, des nouveaus Païs-bas, de la Terre del Fuego, des Arouagues, des Habitans du fleuve de Cayenne, des Iles des larrons & quelques autres, n'ont à ce que rapportent les Historiens, aucune espece de Religion, & n'adorent nulle puissance souveraine.

les faux cultes, que contre la rejection de toute sorte de cultes. Je sai bien qu'il n'est pas à craindre que les Chretiens ne s'avisent de retablir l'adoration des Dieux de l'ancienne Grece, ou de s'attacher aux idoles des Americains & des Indiens, mais je prie tous les zêlez Protestans de sonder un peu leur conscience, & de me repondre après cela s'ils croient qu'il n'y a aucun danger que l'on ne tombe dans des cultes qu'ils regardent comme idolatres (1), & qu'ils comparent très-souvent avec l'ancien Paganisme.

(1) *Voiez ci-dessous le chap. 75.*

On se partage beaucoup sur le probleme si l'irreligion est pire que la superstition: on tombe d'accord que ce sont les deux extremitez vicieuses au milieu desquelles la pieté est située; mais quelques-uns sont d'avis avec Plutarque que la superstition est un plus grand mal que l'A-

AVERTISSEMENT.

l'Atheïſme : quelques autres (1) n'oſent decider, & quelques autres enfin declarent que l'Atheiſme eſt pire que la ſuperſtition. Lipſe prend ce dernier parti, mais en même tems il avouë que la ſuperſtition eſt plus ordinaire que l'irreligion. *Religio*, dit-il, (2) *laudabilis : ſed ſita velut inter duos ſcopulos, Superſtitionem & Impietatem, quem utrumque ſuademus, & opus eſt, vitare . . . . . O utraque magnæ peſtis ! ſed illa crebrior, hæc deterior : atque illa Pietatis ipſâ imagine ſe commendat. Sed imagine, neque aliud eſt, quàm humanarum mentium ludibrium,* Superſtitio (a). Il faut prendre garde qu'il obſerve que la ſuperſtition s'inſinuë ſous le maſque de la pieté, & que n'étant qu'une image de la religion, elle ſeduit de telle ſorte l'eſprit de l'homme qu'elle le rend ſon jouët. Il me ſemble que par là

elle

(1) Religio ſiꞁ eſt verus inter duos ſco u- los ſuꝑertitionem & impietatem ... utra ſit magis noꞁia NON FACILE eſt definire. *Samuel Mareſius de exorciſmis init.*

(2) *Lipſius monit. & exempl. polit. cap. 3. pag. m. 137.*

(a) *Curt. lib. 7.*

AVERTISSEMENT.

elle doit· paſſer pour beaucoup plus pernicieuſe que l'autre peſte; car elle peut pouſſer au crime non ſeulement ſans laiſſer aucun remors, mais auſſi en perſuadant que l'on obeït à Dieu, de ſorte qu'elle fait franchir toutes les barrieres que la raiſon & les ſentimens naturels de l'honnêteté opoſeroient aux paſſions. Telle femme qui par les ſeules forces de la pudeur naturelle conſerveroit ſa chaſteté, s'abandonne aux dereglemens les plus impurs dès qu'un directeur fanatique ou fourbe l'a infatuée de (1) reveries myſtiques. Il n'y a point de ravages que la ſuperſtition ne commette dans le cœur & dans l'eſprit. Un ſuperſtitieux ne voudroit pas reſſembler au Dieu qu'il adore, & il ſe croiroit ofenſé par ſes enfans s'ils s'imaginoient qu'il ſe fâche & qu'il s'apaiſe comme l'objet de ſon culte. Il ne ſauroit voir cette verité manifeſte

(1) Comme ſont celles du Molinoſiſme &c.

AVERTISSEMENT.

fefte qu'un Dieu qui exigeroit un tel fervice, n'en meriteroit aucun (1). Theophrafte, Seneque, Plutarque ne font pas les feuls qui aient decrit les foibleffes & les crimes de la fuperftition. Les Chretiens l'ont encore mieux caracterifée, comme on le peut voir dans un traitté de Charles Pafchal (2) tréshonnête homme, très - bon moralifte.

Il y a des gens qui pretendent qu'elle eft neceffaire dans un Etat, & ils citent là - deffus ces paroles de Quinte-Curce (3): *Rien n'a plus de force que la fuperftition pour tenir un peuple en bride: quelque inconftant & furieux qu'il foit, s'il a une fois l'efprit frapé d'une vaine image de*

(1) Ille viriles fibi partes amputat: ille lacertos fecat. Ubi iratos deos timent, qui fic propitios mirentur? Dii autem nullo debent coli genere, fi & hoc volunt. Tantus eft perturbatæ mentis & fedibus fuis pulfæ furor, ut fic dii placentur, quemadmodum ne homines qui-

dem. *Seneca apud Auguft. de civit. Dei lib. 6. cap. 10. pag. n. 605.* (2) *Carolus Pafchalius de virtutibus & vitiis cap. 15.* (3) Nulla res efficacius multitudinem regit, quam fuperftitio: alioqui impotens, fæva, mutabilis; ubi vana religione capta eft, melius vatibus, quam ducibus fuis paret. *Q. Curtius lib. 4. cap. 10. n. 7.*

AVERTISSEMENT.

(1) *Lipſe ubi ſupra pag. 139. aiant cité ce paſſage de Q. Cur-ce, & un autre de Polybe, ajoûte que cela ne lui perſuade point que cette ſource des vices,* vitiorum caput & fons, *doive être gardée dans un état.*

de religion, il obeit mieux à des devins qu'à ſes chefs. Mais il me ſemble que cela doit faire conoître qu'elle eſt une peſte (1) très-dangereuſe aux ſocie-tez. Où en ſeroit-on aujourd'hui ſi les peuples & les armées ſe laiſſoient plutôt conduire par des gens à revelation que par les lumieres des Magiſtrats & des Géneraux d'armée ? Que ſe-roit devenuë l'Europe au XVI. ſiecle ſi le fanatique Munzer eût pu gagner deux batailles ? Ne ſeroit-elle pas tombée dans la plus furieuſe anarchie que l'on puiſſe concevoir ? Les bornes d'une preface ne permettent pas qu'on examine un ſi grand ſu-jet: il demande une (2) autre ſcene.

(2) *J'en parlerai peut-être dans le 3. tôme en repondant à l'objec-tion que l'on fonde ſur la ma-xime que la religion eſt la prin-cipale baſe des états.*

Je ſai bien que toutes les ſu-perſtitions ne ſont pas à crain-dre. Auſſi n'ai je comparé avec l'Atheïſme que les ſuperſtitions des Paiens, & pour celles-là on ne

AVERTISSEMENT.

ne peut nier qu'elles ne fuſſent abominables. Elles m'ont paru le plus haut faite de l'impieté. Ce n'eſt pas le faux point d'honneur de ſoutenir juſques au bout les choſes qu'on a une fois avancées qui m'en fait parler de la ſorte, c'eſt à cauſe que plus j'ai examiné cette matiere, plus il m'a ſemblé que j'avois pris le meilleur parti. En tout cas c'eſt un parti (1) qui ne choque en rien aucun article de nos confeſſions de foi, ni de nos livres ſymboliques, & je conſens de tout mon cœur que qui voudra, ſoit d'un autre ſentiment. Je ſoumets le mien ſur tout aux lumieres & à l'autorité de ceux à qu'il apartient d'en juger.

Au reſte quand je publiai en 1694. une addition à mes Penſées diverſes, pour refuter en peu de mots un imprimé qui avoit pour titre *Courte Revuë*, &c. j'en promis une ample refuta-

(1) Voiez ci-deſſous pag. 401.

DES SECTIONS.

T A B L E

ne

DES SECTIONS.

l'u-

TABLE

DES SECTIONS.

AVERTISSEMENT.

futation, neanmoins je n'y ai
eu aucun égard dans cet Ouvrage, car j'ai trouvé que ma
reponſe preliminaire étoit plus
que ſufiſante.

Le 12. d'Août 1704.

*Les citations marquées par une
lettre de l'Alphabet apartiennent
aux Auteurs dont on raporte des
paſſages. Quand on cite les pages des Penſées diverſes, on entend les pages de la 2. & de la 3.
édition: on n'a pu marquer les
pages de la 4. parce qu'elle ſe faiſoit pendant que l'Auteur compo-
ſoit cette Continuation.*

T A-

TABLE

DES

SECTIONS

de la Continuation des Pensées diverses.

TABLE

nu

TABLE

TABLE

DES SECTIONS.

§. 98.

TABLE

DES SECTIONS.

CON

CONTINUATION
DES
PENSÉES DIVERSES,
OU
REPONSE

à plusieurs dificultez que Monsieur * * *
a proposées à l'Auteur.

§. I.

*Quel ordre on suivra dans cette Continuation
des Pensées diverses sur les Cometes.*

IL y a long tems, MONSIEUR,
que je vous ai remercié de la patience
que vous avez euë de lire mon livre
la plume à la main, & que je
vous ai promis de satisfaire le mieux
qu'il me seroit possible aux dificultez que vous
m'avez proposées. Vous m'en avez fait ressouvenir
de tems en tems, & vous avez cru enfin
que d'autres occupations me feroient entierement
renoncer à celle-là. Je l'ai cru plus d'une
fois aussi bien que vous, & cependant je vous ai
tenu toûjours en haleine ; & vous n'avez pas
oublié qu'en dernier lieu je vous écrivis que vous
recevriez ma reponse lors que vous vous y attendriez
le moins. Je sai par experience qu'il
vient tout à coup à un Auteur je ne sai quelles
saillies qui resuscitent les desseins les plus enterrez.

A

terrez. Il me reſtoit un preſſentiment que j'é-
prouverois cette eſpece de révolution par raport à l'entrepriſe que vous m'avez impoſée.
Je pouvois donc vous écrire ſincerement ce que
vous avez trouvé dans le dernier de mes billets,
& je ne m'y trompois pas moi même, car ce
matin lors que je ſongeois à toute autre choſe, j'ai ſenti naître ſubitement une forte envie
d'examiner vos objections, & je les ai rangées
inceſſamment ſur ma table, bien reſolu de les
éclaircir depuis la premiere juſqu'à la derniere,
& d'éviter autant qu'il me ſera poſſible, que rien
me detourne avant que cela ſoit achevé.

Voilà, Monſieur, dequoi je vous avertis ſans
perdre tems. J'ajoûte que je ſuivrai l'ordre
dans lequel vous avez mis vos remarques.
Vous ne les avez pas diviſées en certains chefs,
vous les avez rangées ſelon le cours de vôtre
lecture; c'eſt-à-dire, qu'elles ſe ſuivent con-
formément à l'ordre des pages. Mes reponſes ſe
ſuivront tout de la même maniere, & pour vous
montrer que j'eſtime tout ce qui me vient de
vous, j'examinerai non ſeulement ce que vous
me propoſez comme une objection dificile, mais
auſſi ce que vous me propoſez comme un ſimple doute, ou comme une pure queſtion ou
remarque de curioſité. Je ſuis vôtre &c.

　　　　　　　A . . . . . le 8. d'Octobre 1703.

§. II.

*Si la qualité de poëte peut bien s'accorder avec
celle d'hiſtorien.*

) Pen-
s diver-
ſur les
metes
. 5.
. 9.

La premiere choſe qui ſe preſente à ma plume parmi vos obſervations ſe peut raporter à
cette derniere eſpece. Vous avez debuté par me
demander ſi ce que je cite (1) du Pere le Moi-
ne, *qu'il faut être poëte pour être hiſtorien*, eſt
　　　　　　　　　　　　　　　　　　　　　une

me opinion raiſonnable. Il ſe fortifie de l'autorité de (1) trois grans Auteurs , & cependant il vous ſemble, qu'il n'y a rien de moins
propre à la qualité d'hiſtorien que celle de poëte. Vous ne ſauriez comprendre qu'un eſprit
accoûtumé aux fictions, & aux exagerations
puiſſe manier l'hiſtoire ſans y faire entrer de
faux ornemens , & une brodure qui deguiſe la
verité, & vous ne croiez pas même qu'un pre-
dicateur ſoit propre à compoſer une hiſtoire:
vous craindriez qu'il ne s'éloignât du caractere
concis, & qu'il ne donnât trop ſouvent dans le
ſtyle de declamateur, vous aprouvez en un mot
ceux qui cenſurent Jovien Pontanus (2) d'avoir
voulu que l'hiſtoire ſoit un poëme en proſe.

Pour vous repondre ſur cela, Monſieur, j'a-
vouërai que generalement parlant ce n'eſt point
un fort bon preparatif à la profeſſion d'hiſtorien que d'avoir emploié pluſieurs années à faire des vers, ou à prononcer des ſermons & des
harangues. C'eſt contracter des habitudes qui
ne conviennent pas au caractere hiſtorique, &
que l'on empêche malaiſement de l'empoiſonner
de leurs influences contagieuſes. Mais pour
des eſprits ſuperieurs qui ſe rendent maitres de
leur ſujet, & de leurs forces, & qui entendent
le reglement des limites, rien ne peut être
plus avantageux quand ils écrivent une hiſtoire,
que de s'être bien nourris du ſuc de la poëtique,
que, & de l'éloquence des Orateurs. C'eſt par
là qu'ils peuvent donner à leur ſtyle cette majeſté, & cette ſublimité dont il a beſoin , &
faire des deſcriptions ſi animées que les lecteurs ſe croient preſque tranſportez à la vuë des
evenemens. Liſez, je vous prie, Jovien Pontanus dans le dialogue où il traite de la maxime
(3) qu'il avoit reçuë des Anciens, & ſur laquelle vous trouvez bon qu'on l'ait cenſuré;
examinez bien la comparaiſon qu'il donne en-

A 2   tre

(1) *Cice-
ron, Quin-
tilien, &
Lucien.*

(2) *Præ-
ter metho-
dum etiam
valde in-
terdum
diſcedit
(Jovianus
Pontanus)
à recto
judicio de
natura
hiſtoriæ,
ut inter
alia , cum
inquit :
Hiſtoriam
eſſe ſolu-
tam poë-
ſin. Kec-
kerm. de
natura &
propriet.
hiſtor. pag.
155. edis.
Hanov.
1609. in 8.*

(3) *Ram
(hiſto-
riam) ma-
jores noſtri
quandam
quaſi ſo-*

lutam poëticam putavere. Jo. Jov. Pontanus in Actio pag. m. 1390. Reliquum est, quoniam historiam poëticam pæne solutam esse quandam de majorum autoritate dixi, ut quoad vires mea tulerint, & locus hic patitur tandem esse eam exemplis quoque ipsis edoceam Id. ib. p. 1392.

tre quelques endroits de Virgile, & quelques endroits de Salluste & de Tite Live, je suis sûr que vous le disculperez. Je vous prie aussi de voir ce que le Pere Caussin (1) observe quand il explique le sentiment de Denys d'Halicarnasse que l'histoire d'Herodote, & celle de Thucydide sont de beaux poëmes. Tout poëte, tout orateur qui saura bien prendre garde au sens que ces deux modernes ont donné à la maxime des anciens pourra hardiment, & sûrement s'ériger en historiographe, si d'autres defauts ne l'en empêchent. Il faudra seulement qu'il s'observe de plus près afin de se bien precautioner contre l'irruption de l'habitude; car si l'on n'est pas continuellement sur ses gardes, le pli que l'on s'est donné revient toûjours, & il y a d'habiles gens qui n'ont pas pu le domter. Les hyperboles & les fleurs de rhetorique qui gatent un peu le bel ouvrage de Quinte Curce, font juger (2) qu'il avoit été rheteur. On est principalement obligé à veiller sur l'habitude lors que l'âge n'a pas encore bien meuri le jugement. Une histoire composée par un jeune rhetoricien marque assez souvent la profession de l'Auteur, & l'on en peut dire comme de quelques ouvrages de Julien l'Apostat, (3) *calamum juvenlliter adhuc quasi*
in

(1) *Caussinus de eloquentia sacra & humana lib. 2. cap. 8. p. m. 91. 92. Voiez aussi Famianus Strada proluf. 3. lib. 2. p. m. 266.* (2) *Voiez Mr. Perizonius in Q. Curtio vindicato pag. 3. Illud Rhetorices studium, dit-il, pag. 8. nimis forsan, si dixi elucet undique in Historico Curtii stylo: unde reperias passim oratorias descriptiones & αὐξήσεις, immo Oraciones disertissimas Operi plurifariam insertas. Joignez à cela les mots de Famien Strada proluf. 3. lib. 2. pag. m. 265. Q. Curtio ... non defuere qui objicerent quæsiti interdum medicamenta candoris, & numerorum usum paulo intemperantiorem.* (3) *Caussin. ubi supra cap. 7. pag. 91.*

a Rhetorum studio volitantem arguit. On n'a
pas tort de conjecturer que le même Florus qui
disoit (1) dans une lettre à l'Empereur Ha-
drien qu'il aimoit les poësies, a composé l'é-
pitome de l'histoire Romaine, car c'est un ouvrage (2) tout parsemé d'expressions & de
pensées poëtiques. Ce defaut nous pourroit
faire juger que l'Auteur s'érigea trop tôt en
historien, ou que le cours des années ne lui
aprit pas le bon usage de la verve. Ammien
Marcellin ne le sût jamais: s'il ne fut pas poëte, il en eut du moins l'esprit, & il en imprima trop le caractere dans ses narrations (3).
Voilà des exemples qui vous favorisent; mais
n'en concluez pas en general que vôtre opinion
soit vraie.

Car si la vigilance de l'écrivain lui fait prevenir la contagion de la poëtique & de la rhetorique, il peut esperer un grand avantage
de la connoissance de ces deux arts, puis que
d'un côté il se garantit de tout ce qui ne conviendroit pas assez à la gravité de l'histoire, &
que de l'autre il communique à ses narrations
les nerfs, la vivacité, la noblesse & la majesté
qu'elles demandent, & sans quoi elles seroient
très-defectueuses. Mr. de Tillemont a publié
une histoire des Empereurs, qui est excellente
eu égard à l'etenduë & à l'exactitude des recherches. On n'avoit point vû encore un assemblage de faits aussi complet que celui-là, ni aussi
muni de citations, cependant c'est un ouvrage
qui manque d'une perfection essentielle, parce
que le style en est trop simple, & qu'il y a trop
de secheresse dans les narrations. Aussi a-t-on
dit,

A 3

(1) *Voiez
Vossius ubi
infra.*

(2) *Quod
poëmatis
delectari se
ait id non
abhorret
ab hujus
compendii
scriptore
quando sty-
lus ejus in
historia est
declama-
torius ac
poëtico pro-
pior, adeo
ut etiam
Virgilii he-
mistichia
profundat.*
Vossius de
hist. Lat.
lib. 1. cap.
30. pag.
m. 162.
*Voiez aussi
la Mothe
le Vayer,
jugement
sur les his-
toriens
pag. 220.
& la preface*

& suiv. du 3. to. de ses œuvres édit. 1681. in 12.
& Mr. Gravius sur Florus. (3) *Voiez Caussin ubi su-*
pra lib. 2. cap. 8. pag. 92. 93.

dit, (1) qu'il *a fait tout le corps d'une histoire parfaite, & qu'il ne reste aux esprits polis qu'à revétir ce corps des ornemens qui lui sont convenables.* Si ces esprits-là se savoient servir judicieusement de l'art poetique, & de l'art oratoire ils supleroient admirablement ce qui manque à un si bon livre. Au reste ils feroient bien d'en ôter tant de reflexions devotes que l'on y a repanduës, & qui auroient dû être reservées pour des sermons, ou pour des livres de pieté.

Je puis bien vous dire que les histoires les plus chargées de fables, & d'aventures prodigieuses ont été faites par des gens qui n'étoient ni poëtes, ni orateurs, & qui conoissoient très-peu les poëmes & les harangues. Le caractere que Seneque (2) donne aux historiens Grecs est celui de bien des Auteurs qui ont écrit (3) sous le Christianisme. Schoockius nous en marque quelques uns après avoir allegué (4) Synesius, qui dit que le peuple se moqueroit d'un narré commun & facile, & qu'il lui faut des prodiges.

§. III.

Excuse pour Tite Live, & pour Pline.

Vous obtiendrez facilement la reparation que vous voulez que je fasse au plus grand des historiens Romains. Il vous semble que j'ai parlé (5) trop durement de Tite Live par raport à la peine qu'il s'est donnée de faire mention des prodiges. Vous admirez extraordinairement cet Auteur, je ne l'admire pas

(1) *Vigneul Marville, Melanges to. 3. pag. 39. édis. de Holl.* Voiez aussi le journal *de Trevoux Sept.* 1703. *pag.* 1522. *édis. de France.* Notez qu'ils parlent de l'histoire Ecclesiastique de Mr. de Tillemont.

(2) *Dans le passage que j'ai raporté ch. 5. des Pensées diverses init.*

(3) Voiez le *chap.* 99. *des Pensées diverses.*

(4) *Ut recte dicit Synesius in Calvitii Encomio,* Τὸ δὲ πᾶσον παλαγελάστω δῆμος, δεῖται γὰρ τερατείας : *Ridet ac despicit plebs quod facillimum intellectu, opus vero ei narratione fabulosa. Schoockius de fabula Hamelensi 2. part. cap. 2. pag. m.* 38.　　(5) *Pensées diverses ch. 5. pag.* 8.

pas moins, c'est l'un de mes principaux Heros, & ainsi vous me trouverez bien disposé à l'excuser. Il participe dans Boccalin (1) à la censure qu'Apollon lance pour ce sujet-là sur la tête de Dion Cassius, mais je conviens aujourd'hui qu'il ne pouvoit guere se dispenser de faire ce qu'il a fait. Les registres du public, les historiens qui avoient écrit avant lui se trouvoient chargez de ces prodiges. Eût-il pu se taire là-dessus sans scandaliser le peuple qui n'étoit guere moins superstitieux en ce siecle-là que dans les siecles precedens? Ce qu'il devoit faire c'étoit de témoigner qu'il n'ajoûtoit point de foi à toutes ces choses. Or c'est ce qu'il a fait en quelques endroits que vous pouvez lire (2) dans mon Ouvrage, & que la Mothe le Vayer (3) a citez aussi pour le disculper. Ces endroits-là pouvoient suffire, il n'étoit pas obligé de renouveler ses protestations contre l'erreur populaire toutes les fois (4) qu'il raportoit des prodiges. Tout bien consideré je trouve que nous lui avons de l'obligation de nous avoir conservé des faits, qui nous aprenent la sote credulité, la superstition puerile de ce même peuple qui subjugua tant de nations, & qui se rendit si celebre par sa politique, & par sa bravoure.

Michel de Montaigne observe que quand Tacite raporte quelque miracle, (5) *il le fait par l'exemple & devoir de tous bons Historiens. Ils tiennent registres des evenemens d'importance: Parmy les accidens publics, sont aussi les bruits & opinions populaires. C'est leur rolle, de reciter les communes creances, non pas de les regler. Cette part touche les Theologiens, & les Philosophes directeurs des consciences.* Il allegue en suite avec éloge un passage de Quinte Curce, & puis un

A 4 autre

(1) *Ragguagli di Parnasso cent. 1. cap. 54. pag. m. 175.*

(2) *Voiez les pages marquées dans la table des matieres des Pensées diverses au mot Live.*

(3) *Dans son discours sur l'histoire: voiez la page 169. 170. du 2. tome de ses œuvres édit. de Paris 1681. in 4°. Voiez aussi la page 189. du 3. tome.*

(4) *Voiez Mr. Perizonius in Q. Curtio vindicata*

pag. 118. 119. sub fin. pag. m. 285. 286.   (5) *Montaigne, essais liv. 3. ch. 8.*

autre où Tite Live ſuit la tradition ſans la condamner, ni ſans l'aprouver.   *C'eſt tres-bien dit,*
ajoûte Montaigne, *qu'ils nous rendent l'Hiſtoire*
plus ſelon qu'ils reçoivent, que ſelon qu'ils eſti-
ment.   Ceci ne diſculpe point ceux qui ſe trouvent dans le cas dont je parle ailleurs (1). J'examinerai en ſon tems ce que vous avez objecté ſur un paſſage (2) que vous avez lu dans le
chapitre 99. de mes Penſées diverſes, & qui
confirme le ſentiment de Montaigne.

Vous conoiſſez une infinité de gens qui cenſurent Pline, & qui le nomment le menteur
par excellence.   Ils ont tort : il a rejetté ſouvent les fables qu'il raportoit, & s'il en raporte beaucoup d'autres ſans les contredire forme-
lement, il ne s'enſuit pas qu'il les croie.   On
lui eſt fort redevable de nous avoir conſervé
tant de fortes preuves de la foibleſſe de l'eſprit
humain, hableur d'un côté, credule de l'autre.
Ces faits-là devoient entrer dans l'ouvrage de
cet Auteur, puis que c'eſt l'hiſtoire de la nature, & ils ne ſont point la partie la moins utile de cette hiſtoire pour ceux qui ſavent mora-
liſer.

§. I V.

Que la multitude d'aprobateurs n'eſt pas une
marque de verité.

Vous me propoſez un ſcrupule ſur ce que
j'ai taché d'établir dans le chapitre 7. & en pluſieurs (3) autres endroits, que c'eſt une très-
mauvaiſe preuve de la verité d'une choſe que
de dire qu'une infinité de gens l'ont afirmée.
Vous craignez que cela ne ſoit d'une dangereuſe conſequence par raport à des doctrines, qui
nous doivent être infiniment precieuſes.   Je
vous répons, Monſieur, que vous ne devez
rien

(1) *Dans*
le dictio-
naire hiſt.
& crit. re-
marque R
de l'article
du Pape
Gregoire I.

(2) *Celui*
de l'hiſtoire
des Croi-
ſades.

(3) *Voiez*
la table
des matie-
res des
Penſées di-
verſes au
mot nom-
bre.

DES SECTIONS.

l'u-

via & ce-
leberri-
ma, maxi-
mè deci-
pit. Nihil
ergo ma-
gis præ-
standum
est, quàm
ne peco-
rum ritu,
sequamur
antece-
dentium
gregem,
pergentes
non qua
eundum
est, sed
qua itur.
Atqui nul-
la res nos
majoribus

voyons que les autres vont. Et toutesfois il n'y a
rien qui nous ameine de plus grands maux, que
quand nous suivons le bruit & l'opinion du vul-
gaire: jugeans que les choses qui sont receuës avec
le consentement de plusieurs, & desquelles on void
plus d'exemples, soyent les meilleures: & quand
nous ne voulons point vivre par raison, mais par
la comparaison de la vie des autres. Voylà d'où
vient un si grand amoncellement de ceux qui tom-
bent entassez les uns sur les autres. Comme on
void en une grande cheute d'hommes, quand le
peuple se presse, où pas-un ne tombe qu'il n'en-
traine quelques autres avec soy. Les premiers ne
servent que de faire tresbucher & perdre ceux qui
les suyvent. Tu peux voir qu'il en advient ainsi
en toutes façons de vivre. Les fautes que quel-
qu'un fait ne nuisent point à lui seul. Il est &
l'auteur & la cause des fautes que les autres font.
. . . . . Il ne faut point que tu me respondes ce
qu'on dit aux jugemens qui se font par departe-
ment des Juges sans dire leur opinion: Il semble
que

malis implicat, quàm quod ad rumorem componimur:
optima rati ea, quæ magno assensu recepta sunt, quorum-
que exempla nobis multa sunt: nec ad rationem, sed ad
similitudinem vivimus. Inde ista tanta coacervatio aliorum supra alios ruentium. Quod in strage hominum ma-
gna evenit, cum ipse se populus premit, nemo ita cadit,
ut non alium in se attrahat: primi exitio sequentibus sunt:
hoc in omni vita accidere, videas licet: nemo sibi tantum
errat, sed alii erroris caussa & auctor est. . . . . . . Non
est quod mihi illud discessionum more respondeas: *Hæc*
pars major esse videtur, ideo enim pejor est. Non tam
benè cum rebus humanis agitur, ut meliora pluribus pla-
ceant: argumentum pessimi, turba est. Quæramus quid
optimè factum sit, non quid usitatissimum: & quid nos in
possessione felicitatis æternæ constituat, non quid vulgo,
veritatis pessimo interpreti probatum sit. Vulgum autem
tam chlamydatos, quàm coronam voco.

que cette partie ſoit la plus grande. Car c'eſt pourquoy elle eſt la pire. Les affaires des hommes ne ſont point ſi heureuſes que les choſes meilleures plaiſent au plus grand nombre. La preuve eſt plus certaine, qu'une choſe ſoit fort meſchante, quand elle plaiſt au public. Enquerons nous donc de ce qu'on doibt faire pour le mieux, & non point de ce qui eſt plus accouſtumé d'eſtre faict. Enquerons nous de ce qui nous peut mettre en la jouïſſance d'une felicité eternelle, & non point de ce qui eſt ſuyvi & approuvé par le vulgaire, qui eſt un tres-mauvais truchement de la verité. J'appelle vulgaire auſſi bien ceux qui portent manteau ou cappe, comme une trouppe de menu peuple.

Je ſai bien que Seneque ne parle-là que des erreurs de la morale pratique, mais on peut afirmer la même choſe des erreurs de fait & des erreurs de ſpeculation. Une infinité de gens y tombent les uns à l'exemple des autres, ils aiment mieux croire que d'examiner. Un ſeul homme qui s'eſt aquis une grande conſideration perſuade en peu de tems à toute une ville, & à toute une Province ce qu'il honore de ſon temoignage. Les Magiſtrats Romains qui avoient été en Mauritanie avoient fait accroire une choſe que l'experience démentit. Les derniers n'aiant pas voulu prendre la peine de s'informer de la verité, & aiant honte de reconoître leur ignorance confirmerent les faux recits des premiers. L'autorité de leur caractere donna plus de cours à l'erreur, & lui ſervit d'un bon paſſeport. Pline (1) repreſente tout-à-fait bien cette illuſion.

Il n'y a rien de plus dangereux que d'avoir trop de deference (2) pour l'autorité de celui
A 6
qui

(1) Pervinque (Atlantem) fama videri poteſt. Sed id plerumque fallaciſſimum experimento deprehenditur, quia dignitates, cum indagare vera pigeat, ignorantia pudore mentiri non piget: haud alio fidei proniore lapſu, quam ubi falſa rei gravis auctor exiſtit. Plin. lib. 5. cap. 1. pag. m. 525.

(2) Obeſt plerumque iis qui diſcere volunt auctoritas eorum qui ſe docere profitentur. Deſinunt enim ſuum judicium adhibere: id habent ratum quod ab eo quem probant judicatum vident. Cicero de nat. Deor. lib. 1. circa init.

qui nous enſeigne ; car le prejugé de ſon merite fait adopter tous ſes dogmes, ſans que l'on
ſe donne la peine d'examiner s'il les prouve par
de ſolides raiſons. Les ſectateurs qu'il ſe fait
augmentent l'autorité de ſa doctrine, & ainſi
l'on ſe diſpenſe de plus en plus de la peine de
l'examen, on ſe contente de groſſir le nombre.
Les erreurs paſſent des peres aux fils, & ſe
multiplient, & ſe grefent les unes ſur les autres. C'eſt ce qui arriva à la religion Paienne
comme le poëte Prudence l'a remarqué :

(1) Prudent. in Symmach. lib. 1. v. 240. pag. m. 267.

(1) *Sic obſervatio crevit,*
Ex atavis quondam male cœpta : deinde ſecutis
Tradita temporibus, ſeriſque nepotibus aucta,
Traxerunt longam corda inconſulta catenam,
Moſque tenebroſus vitioſa in ſæcula fluxit.

Doutez vous que Caton ne ſe moque des Romains lors qu'il les compare à un troupeau de
brebis? Quand elles ſont diſperſées, diſoit-il (2),
aucune ne ſe regle ſur les autres, mais quand
elles ſont enſemble elles ſuivent toutes les unes
après les autres celle qui commence à courir
d'un certain côté. Les Romains pareillement
ſe laiſſent conduire par une aſſemblée où il n'y
a perſonne dont ils daignaſſent hors de là prendre conſeil. Que dites vous de cette penſée,
Monſieur? Croiez vous qu'elle ſoit bien favorable à ceux qui ſuivent la foule?

(2) Plut. in Catone majore pag. 340. Je para-phraſe les paroles de Plutarque afin de mieux de-veloper la penſée de Caton. Comparez la avec le paſſage de Ciceron que j'ai cité dans le chap. 48. des Penſées diverſes.

Je n'ignore pas que vous pouvez m'alleguer
quelques maximes qui combatent celle de Se-
néque. Vous me pouvez opoſer ce que dit
Pline le Jeune, qu'il vaut mieux ſuivre le jugement general, que celui des particuliers, veu
que les particuliers peuvent tromper & ſe
tromper, mais qu'un homme ne peut jamais
tromper tous les autres, ni être trompé par tous

 les autres. (1) *Melius omnibus quam singulis creditur, singuli enim decipere & decipi possunt, nemo omnes, neminem omnes fefellerunt.* Il y a dans ces Auteurs quelques (2) sentences & quelques traits qui peuvent servir à confirmer cette pensée. Vous pouvez aussi me combâtre par la pratique des Tribunaux, & par celle des assemblées d'état, où les afaires se decident à la pluralité des sufrages, & vous pouvez joindre à cela tout ce que Mr. Pellisson (3) allegue pour faire valoir l'autorité du plus grand nombre.

Mais je ne vous conseillerois point de me faire ces objections. J'ai de bonnes reponses toutes prêtes. Je pourrois vous dire en 1. lieu que je n'ai aucun besoin d'examiner la proposition de Pline. La plupart des maximes ont deux faces, & sont sujettes à des distinctions, & ainsi il y a des maximes oposées qui sont veritables à divers égards (4). Si on les aplique comme il faut, la verité des unes ne detruit point celle des autres. Le principe que j'ai suivi, qui est que la multitude de sectateurs, le jugement populaire, l'étenduë & la durée d'une tradition ne sont pas un signe de verité, a pour lui non seulement le sufrage de plusieurs grans hommes, mais aussi l'experience, car outre les raisons qui le soutiennent, (5) on le demontre par des exemples éclatans & incontestables. Cela vous doit paroltre plus que sufisant, laissons dire à Pline, & à d'autres tout ce qu'ils voudront.

A 7   Je

(marginal notes)

(1) *Plin. in Pan. Trajani cap. 62.*

(2) *Voiez le 1. Dialogue d'Orasius Tubere pag. m. 24 On y trouve entre autres choses, qu'il y a comme dit Pline e. 17. l. 7. (Il faloit citer Epist. 17. lib. 7.)* *In numero ipso quoddam magnum collatumque consilium. La suite du passage se trouve avec quelques autres passages de*

meme sens dans le traité de Mr. Petit de Amazonibus p. 122. (3) *Pellisson, reflex. sur les differends de la relig. pag. 371 & 448. Edit. d'Amst. 1689.* (4) *Voiez dans le dictionaire historique & critique la remarque F de l'article Berte-lies.* (5) *Voiez dans les Pensées sur les Cometes les endroits que la table des matieres marque sous le mot nombre.*

(1) *Voiez le livre de Mr. le Bret intitulé.* Ordo per- antiquuus judicio- rum civi- lium *fol.* 83. *edit. Paris.* 1604. *in* 4. *& Grotius* de jure bellii & pac. lib. 2. c. 5. n. 17.

(2) *Voiez Pensées di- verses ch.* 48.

(3) *Fru- merius in Annal. Phrisiels lib. 3. cap.* 6. *pag. m.* 198. *Voiez auffi Jean Clavier epit. histor. univerfal. pag. m.* 356. *Itche* Sigebert. Gembl. anno 718.

Je vous dirois en 2. lieu que fi la (1) Ju- rifprudence, & la politique ont laiffé la deci- fion des afaires au jugement du plus grand nombre, c'eft à caufe qu'il n'a pas été poffible (2) de fe fervir de la methode de pefer les voix & non pas de les compter. La methode qu'il a falu emploier de toute neceffité eft fujete à de grans inconveniens. La juftice, la raifon, & la prudence font du côté du petit nombre en cent occafions, & tel qui eft feul de fon avis opine plus fagement que tout le refte de la com- pagnie. Les plus fages têtes d'une affemblée ont très-fouvent le deplaifir de voir que la ca- bale des jeunes gens emportez, & peu éclairez obtient à la pluralité des fufrages une decifion inique, temeraire & pernicieufe*. Mais il faut paffer par là, car fi l'on établiffoit la neceffité du concours de tous les fufrages, & fi comme dans les Dietes de Pologne, l'opofition d'un feul Député pouvoit rendre nulles toutes les de- liberations, on fe jetteroit dans un abime beau- coup plus funefte. Or fi vous exceptez les cho- fes qui concernent le gouvernement, vous trou- verez que rien n'oblige à fe foumettre à l'auto- rité du grand nombre, & qu'on doit prendre l'autre parti dans des matieres hiftoriques, ou philofophiques fi la raifon le demande, & dans les matieres de religion fi la confcience le veut. Y a-t-il rien de plus groffier & de plus brutal que la conduite de Radbod Roi des Frifons qui fur le point de fe faire bâtifer demanda où étoient tous fes Ancêtres, *Dans les enfers*, lui repondit- on, *car il n'y a point de falut hors du Chriftia- nifme*. J'aime donc mieux, repliqua-t-il, me trouver dans les enfers avec le grand nombre, qu'en Paradis avec la petite troupe des Chre- tiens (3).

Vous

* *Voiez Mr. Arnauld* apol. pour les Cathol. p. 94. *où il parle du decret de la Sorbonne contre Henri 3. & ci-deffous le chap. 29.*

Vous fouhaitez de favoir fi quand j'ai dit (1) *que l'on a donné la chaffe dans ces derniers tems à certaines opinions fabuleufes, de quelque grand nombre de temoins qu'elles fuffent apuiées,* j'ai eu en vuë Mr. de Launoi qui a detruit plufieurs traditions generales, & nommement l'hiftoire de la Papeffe. Je vous repons qu'oui, & qu'à l'égard de ce dernier point je confiderois principalement ce que le docte David Blondel a communiqué au public. Je ne fais point dificulté de mettre parmi les fables l'hiftoire de la Papeffe, & de dire même qu'il y a peu de faux contes que l'on puiffe refuter par des raifons plus convaincantes. Si vous lifez un jour dans le fuplement de mon Dictionaire le long article que j'ai dreffé là-deffus, & qui eft deja tout prêt, vous avouërez, je m'affure, que je ne parle pas en l'air.

J'avois auffi en vuë un beau paffage de Gabriel Naudé. Cet Auteur examinant les difputes fur le veritable inventeur de l'imprimerie donne cette gloire à Jean Fuft, & neanmoins il avouë que la plufpart des écrivains la donnent à d'autres. Il fe fait cette objection, mais voici de quelle maniere il commence à y repondre: „ (2) Quand le Jefuite *Scherer* voulut „ defcouvrir la fable de la Papeffe *Jeanne*, il „ n'oppofa que dix ou douze raifons à toutes „ les preuves & authoritez que l'on advançoit „ pour l'eftablir, quoy qu'elles fuffent prefque „ fans nombre, il n'en fallut qu'une à Monfi„ gner *Contitolo* pour renverfer les deux ou „ trois cens tefmoignages que *l'Olmo* & il *Fran„ gipani* avoient produit de la retraitte que fit „ *Alexandre III.* à Venife pour eviter la per„ fecution de l'Empereur Federic. „

(1) *Penf. diverfes* ch. 7. pag. 15.

(2) *Naudé, dialogue de Mafcurat* pag. 174.

§. V.

Si le consentement des peuples à reconoître la di-
vinité est une preuve certaine qu'il y a un D. eu.
Comment l'Epicurien Velleius a proposé cette
preuve dans un ouvrage de Ciceron.

Mais n'est-il pas à craindre, me dites vous,
que si l'on se donne la liberté de preferer aux
opinions generales le sentiment de quelques
particuliers, on ne donne atteinte à une très-
bonne preuve de l'existence de Dieu, c'est-à-dire, à l'argument que nous fondons sur ce que
tous les peuples de la terre reconoissent la divinité? C'est-là, Monsieur, vôtre principal scrupule. Je vais tâcher de vous en guerir, & je
m'y apliquerai d'autant plus soigneusement que
je vous en trouve aussi alarmé que si Annibal
étoit aux portes.

L'argument dont vous parlez a été fort bien
mis en œuvre par Ciceron, dans le premier
livre de la nature des Dieux. L'Epicurien
Velleius y raisonne de cette maniere. Il y a
dans l'ame de tous les hommes une idée de
la divinité: c'est la nature qui a imprimé cette idée, car toutes les nations du monde ont
une notion de Dieu sans l'avoir aprise. Ce
n'est point une opinion qui vienne de la coutume, ou de quelque loi humaine, elle n'est
point flotante, ou particuliere à quelques
peuples, tous les hommes sans en excepter aucun en sont fermément persuadez. Il faut
donc dire que nous avons une idée innée des
Dieux: ils existent donc, car ce à quoi la nature de tous les hommes accorde son consentement est necessairement veritable. Voilà sans
doute le precis fidele du passage où Ciceron a
exposé l'argument qui vous est si cher, & dont
il donne l'invention à Epicure. Ne m'en croiez

pas

pis sur ma parole, conferez vous même le texte Latin : le voici de mot-à-mot: (1) *Solus*
(Epicurus) *vidit primùm esse Deos, quòd in omnium animis eorum notionem impressisset ipsa natura. Quæ est enim gens, aut quod genus hominum, quod non habeat sine doctrinâ anticipationem
quandam Deorum ? quam appellat* προληψιν *Epicurus, id est, anteceptam animo rei quandam in-
formationem, sine quâ nec intelligi quicquam,
nec quæri, nec disputari possit: cujus rationis vim
atque utilitatem ex illo cælesti Epicuri de regulâ,
& judicio volumine accepimus. Quod igitur fun-
damentum hujus quæstionis est, id præclarè ja-
ctum videtis. Cùm enim non instituto aliquo, aut
more, aut lege sit opinio constituta, maneatque
ad unum, omnium firma consensio: intelligi necesse est esse Deos, quoniam insitas eorum, vel
potiùs innatas cognitiones habemus. DE QUO
AUTEM OMNIUM NATURA CON-
SENTIT, ID VERUM ESSE NECES-
SE EST. Esse igitur Deos confitendum est.*

    Prenez garde que ce raisonnement d'Epicuré
est fondé sur trois principes: le premier, qu'il
y a dans l'ame de tous les hommes une idée de
divinité; le second, que c'est une idée preconçué,
anticipée, & communiquée par la nature, &
non pas par l'éducation: le troisiéme, que le
consentement de 'tous 'les hommes est un caractere infaillible de verité.

    De ces trois principes il n'y a que le dernier
qui se raporte aux questions de droit; les deux
autres sont une matiere de fait, car puis qué
l'on prouve le second par le premier, il est vi-
sible que pour être sûr que l'idée de l'être divin est innée, qu'elle ne vient pas de l'éducation, mais de la nature, il faut chercher dans
l'histoire si tous les hommes sont imbus de l'o-
pinion qu'il y a un Dieu.

    Vous m'allez dire que les Theologiens & les
Philo-

(1) Cice-
ro dè nat.
Deorum
lib. 1. pag.
68. edit.
Lescalop.
Je citerai
ci-dessous
dans le
chap. 32.
deux au-
tres passa-
ges de Ci-
ceron sur
cette même
pensée.

(1) *Voiez Mr. Locke dans son Essai de l'entendement, & les disputes de Mr. de Vries professeur en philosophie à Utrecht contre Mr. Roel professeur en Theologie à Franeker, & le journal de Trevoux Mars 1703. pag. 185. édit. d'Amst.*

Philosophes, qui croient que l'idée de Dieu est innée ont encore d'autres preuves que celle de l'induction, ou que celle qui se tire du consentement des peuples. Je vous l'accorde, mais comme les autres preuves ne sont point demonstratives, & qu'au contraire elles sont sujettes à tant de dificultez, qu'il y a des sectes entieres & de très-grands (1) Philosophes, qui au milieu même du Christianisme rejettent tout ce qu'on avance touchant les idées innées, le second principe d'Epicure sera toùjours un probleme s'il n'est bien prouvé par le principe precedent. Je vous ai donc dit avec raison que l'un & l'autre de ces deux principes apartiennent aux questions de fait, & qu'il en faut chercher les preuves dans les monumens qui nous restent des mœurs des nations, & je veux bien même vous avertir qu'on ne se contenteroit pas de vos recherches, si elles aprenoient seulement que tous les peuples ont une idée de divinité. On voudroit de plus que vous fissiez voir que cette idée n'est point venuë de l'éducation.

§. VI.

Ce que Cotta répondit à l'argument de Velleius, & ce qu'il eût pu ajoûter à sa reponse.

(2) *Primum enim unde nota tibi sunt opiniones nationum? Equidem arbitror multas esse gentes sic immanitate offeratas*

Je m'imagine que l'Epicurien Velleius se tenoit fort asseuré que les recherches historiques ne lui seroient pas contraires, mais Cotta l'un des autres interlocuteurs de Ciceron n'en jugeoit pas de la sorte: Comment avez vous apris, lui demande t-il, (2) les sentimens des nations? Il ajoûte qu'il croit qu'il y a beaucoup de peu-

tas, ut apud eas nulla suspitio Deorum sit. Cicero ubi supra pag. 87.

peuples assez brutaux pour n'avoir aucune tein-
ture de religion, il nomme quelques philosophes qui ont été Athées, & il conjecture que
la peine de Protagoras condamné au bannisse-
ment pour le simple doute de l'existence des
Dieux, empecha que plusieurs autres Athées ne
declarassent leur sentiment. Il conclut (1) que
la preuve de Velleius est moins forte qu'il ne le
semble. On pourroit le critiquer sur ce qu'il
approuve la pensée du poëte Lucilius que certaines gens qui avoient commis des parjures &
des impietez enormes, ne les eussent point commises, s'ils eussent été persuadez qu'il y a des
Dieux. C'est une fausse pensée, car on peut assurer qu'il s'est commis beaucoup (2) d'impietez qui n'auroient pas été commises, si ceux
qui en étoient les auteurs avoient cru que les
Dieux n'existent point.

L'objection de Cotta paroit bien forte quand
on considere que pour affirmer legitimement ce
que Velleius affirmoit, il eût falu conoître toutes
les nations du monde. Il ne suffisoit pas de
savoir que tous les peuples dont on avoit conoissance, admettoient des Dieux, il faloit aussi
être assuré qu'il n'y avoit point d'autres peuples
sur la terre que ceux que l'on conoissoit. Or
c'est dequoi Velleius ne pouvoit pas être assuré,
& s'il l'avoit cru il auroit été dans une illusion
puerile. Les Romains ne conoissoient qu'une
petite partie du monde habitable, & aujourd'hui
même après tant de decouvertes à l'Orient & à
l'Occident, combien y a t-il de peuples dont
nous ignorons les loix & les mœurs? Si Cotta
eût allegué deux exemples de nations Athées,
l'une (3) en Espagne, l'autre (4) en Afrique,
il eût renversé le raisonnement de son adversaire: car s'il se trouvoit des peuples qui n'eussent qu'un œil, & qui l'eussent sous le milieu
du front, comme on l'a dit des Cyclopes, on
ne

(1) *Non est igitur tam explorata ista ratio ad id quod volebis confirmandum, quam videtur.* Id. ib. pag. 89.

(2) *Celles dont j'ai fait mention dans le chapitre 132. des Pensées diverses.*

(3) *Strabo lib. 3. pag. 113.*

(4) *Id. lib. 17. pag. 565.*

autre où Tite Live suit la tradition sans la condamner, ni sans l'aprouver. *C'est tres-bien dit,*
ajoûte Montaigne, *qu'ils nous rendent l'Histoire*
plus selon qu'ils reçoivent, que selon qu'ils esti-
ment. Ceci ne disculpe point ceux qui se trouvent dans le cas dont je parle ailleurs(1). J'examinerai en son tems ce que vous avez objecté sur un passage (2) que vous avez lu dans le
chapitre 99. de mes Pensées diverses, & qui
confirme le sentiment de Montaigne.

Vous conoissez une infinité de gens qui cen-
surent Pline, & qui le nomment le menteur
par excellence. Ils ont tort : il a rejetté souvent les fables qu'il raportois, & s'il en raporte beaucoup d'autres sans les contredire forme-
lement, il ne s'ensuit pas qu'il les croie. On
lui est fort redevable de nous avoir conservé
tant de fortes preuves de la foiblesse de l'esprit
humain, hableur d'un côté, credule de l'autre.
Ces faits-là devoient entrer dans l'ouvrage de
cet Auteur, puis que c'est l'histoire de la nature, & ils ne sont point la partie la moins utile de cette histoire pour ceux qui savent mora-
liser.

§. IV.

Que la multitude d'aprobateurs n'est pas une marque de verité.

Vous me proposez un scrupule sur ce que
j'ai taché d'établir dans le chapitre 7. & en plusieurs (3) autres endroits, que c'est une très-
mauvaise preuve de la verité d'une chose que
de dire qu'une infinité de gens l'ont afirmée.
Vous craignez que cela ne soit d'une dangereu-
se consequence par raport à des doctrines, qui
nous doivent être infiniment precieuses. Je
vous répons, Monsieur, que vous ne devez
rien

(1) *Dans*
le diction-
naire hist.
& crit. re-
marque R
de l'article
du Pape
Gregoire I.

(2) *Celui*
de l'histoire
des Croi-
sades.

(3) *Voiez*
la table
des matie-
res des
Pensées di-
verses au
mot nom-
bre.

rien craindre de ce côté-là. Les grandes & les importantes veritez ont des caracteres interieurs qui les soutiennent: c'est à ces signes que nous les devons discerner, & non par des caracteres exterieurs qui ne peuvent être qu'équivoques s'ils conviennent tantôt à la fausseté, tantôt à la verité. Or qui-peut revoquer en doute qu'il n'y ait beaucoup d'erreurs capitales qui ont plus de sectateurs, que les doctrines à quoi elles sont oposées? Ceux qui conoissent la veritable religion, ne sont-ils pas en plus petit nombre que ceux qui errent sur le culte du vrai Dieu? La vertu & l'orthodoxie sont à-peu-pres dans les mêmes termes. Les gens de bien sont fort rares, (1) *apparent rari nantes in gurgite vasto.* Vous n'avez pas besoin que je vous renvoïe aux Satires de Juvenal (2). Ils sont à peine un contre cent mille. Les heterodoxes surpassent presque dans la même proportion les orthodoxes. Ils se peuvent glorifier de leur multitude: (3) *Illos Defendit numerus junctaque umbone phalanges,* & insulter au petit nombre de leurs adversaires. En un mot la verité perdroit hautement sa cause si elle étoit decidée à la pluralité des voix. Ne formez donc point de scrupules contre la maxime que j'ai alleguée.

Je n'en suis point l'Auteur: elle est venerable par son antiquité, & par le merite de ceux qui l'ont soutenuë. Vous avez vu ce que j'ai cité (4) de Seneque, mais si vous considerez ce que j'ai omis des paroles de cet excellent Philosophe, vous serez frapé plus fortement. *Le chemin le plus frayé,* dit-il. (5) *& le plus battu, c'est celui qui nous trompe le plus. Il n'y a doneques rien à quoy nous devions estre plus advisez, que de ne suivre point comme font les bestes brutes, les troupeaux qui marchent devant, n'allant pas là où il faut aller; mais là où nous*

voyons

(1) Virgil. Æn. lib. 1. v. 118.

(2) Rari quippe boni: numerus vix est totidem, quot Thebarum portæ, vel divitis ostia Nili. Juven. Sat. 13. v. 26.

(3) Id. Sat. 2. v. 45.

(4) Pensées diverses ob. 7.

(5) Seneca de vita beata c. 1. & 2. pag. m. 617. Je me sers de la traduction de Chalvet: mais voici le Latin; Tritissima quæque

Comme donc il y a des peuples qui n'admettent aucune divinité, il faut conclure qu'ils ont été dans cet état dès leur premiere origine, & qu'ils ne sont jamais sortis de cette ancienne & barbare condition où le genre humain a croupi, jusques à ce que la providence suscitât quelques personnes distinguées par leur vertu & par leur esprit qui ont formé des republiques, & les ont ornées de belles loix. Leurs soins ont civilisé les hommes sauvages, & leur ont donné un nouveau goût par l'introduction des arts & des sciences, & principalement (1) par l'introduction du culte des Dieux, mais quelques peuples ont été privez de cet avantage soit qu'ils n'aient point rencontré un habile legislateur, soit que leur stupidité feroce les rendit trop incapables de culture. Il est certain que l'on met la religion parmi les choses qui ont été établies par ceux qui ont retiré de l'état sauvage le genre humain :

Sylvestres (2) homines sacer interpresque Deorum

Cædibus & victu fœdo deterruit Orpheus:

Dictus ob hoc lenire tigres, rabidosque leones:

Dictus & Amphion Thebanæ conditor arcis

Saxa movere sono testudinis, & prece blandâ

Ducere quò vellet. Fuit hæc sapientia quondam,

Publica privatis secernere, SACRA PRO-FANIS:

Concubitu prohibere vago: dare jura maritis:

Oppida moliri: leges incidere ligno.

Voilà, Monsieur, une instance dont Velleius auroit eu bien de la peine à se tirer si elle lui eût été proposée comme elle le pouvoit être en ce tems-là.

Mais sans avoir nul égard à cette dificulté vous

pou-

---

(1) *Omnium primum rem ad multitudinem imperitam & illis seculis rudem, efficacissimam, deorum metum injiciendum* (Numa) *ratus est,* Titus Livius lib. 1. pag. 13.

(2) Hor. de arte poët. v. 391.

que cette partie soit la plus grande. Car c'est pourquoy elle est la pire. Les affaires des hommes ne sont point si heureuses que les choses meilleures plaisent au plus grand nombre. La preuve est plus certaine, qu'une chose soit fort meschante, quand elle plaist au public. Enquerons nous donc de ce qu'on doibt faire pour le mieux, & non point de ce qui est plus accoustumé d'estre faict. Enquerons nous de ce qui nous peut mettre en la jouïssance d'une felicité eternelle, & non point de ce qui est suyvi & approuvé par le vulgaire, qui est un tres-mauvais truchement de la verité. J'appelle vulgaire aussi bien ceux qui portent manteau ou cappe, comme une trouppe de menu peuple.

Je sai bien que Seneque ne parle-là que des erreurs de la morale pratique, mais on peut afirmer la même chose des erreurs de fait & des erreurs de speculation. Une infinité de gens y tombent les uns à l'exemple des autres, ils aiment mieux croire que d'examiner. Un seul homme qui s'est aquis une grande confideration perstade en peu de tems à toute une ville, & à toute une Province ce qu'il honore de son temoignage. Les Magistrats Romains qui avoient été en Mauritanie avoient fait acroire une chose que l'experience démentit. Les derniers n'aiant pas voulu prendre la peine de s'informer de la verité, & aiant honte de reconoitre leur ignorance confirmerent les faux recits des premiers. L'autorité de leur caractere donna plus de cours à l'erreur, & lui servit d'un bon passeport. Pline (1) represente tout-à-fait bien cette illusion.

Il n'y a rien de plus dangereux que d'avoir trop de deference (2) pour l'autorité de celui
A 6
qui

(1) Pervium que (Atlantem) fama videri potest. Sed id plerumque fallacissimo experimento deprehenditur, quia dignitates, cum indagare vera pigeat, ignorantia pudore mentiri non piget: haud alio fidei proniore lapsu, quam ubi falsa rei gravis autter existit. Plin. lib. 5. cap. 1, pag. m. 525.

(2) Obest plerumque iis qui discere volunt auctoritas eorum qui se docere profitentur. Desinunt enim suum judicium adhibere: id habent ratum quod ab eo quem probant judicatum vident. Cicero de nat. Deor. lib. 1. circa init.

cité (1) ci-deſſus, la fait valoir dans un autre lieu comme une grande raiſon.

I. *Nous donnons*, dit-il, (2) *beaucoup d'autborité & de creance à l'opinion, que tous les hommes ont deſia conceüe de quelque choſe. Nous tenons pour veritable ce que nous voyons que tout le monde croid, comme la creance que nous avons des Dieux. nous la tirons de l'opinion qu'un chacun a dans ſon ame, qu'il y a des Dieux, & qu'il n'y a nation au monde ſi eſloignee qu'elle ſoit des loix, & des bonnes mœurs, qui ne croye quelques Dieux. Quand nous diſputons de l'eternité des ames, la plus grande autborité qu'on y apporte c'eſt le commun conſentement des hommes, qui craignent, ou qui reverent les enfers. Je me veux ſervir auſſi de ceſte publicque perſuaſion. Tu ne trouveras pas-un, qui ne penſe que la ſageſſe & qu'eſtre ſage ne ſoit bien.*

II. Le Stoïcien Balbus dans un livre de Ciceron fonde la doctrine de l'exiſtence de Dieu ſur ce que c'eſt une verité évidente à tous ceux qui ont regardé le ciel, de ſorte qu'il n'y eût perſonne qui n'aplaudit à ces paroles du poete Ennius:

Aſpice hoc
Sublime candens, quem invocant omnes Jovem.

Il ajoûte que ſi ce n'étoit pas une verité gravée (3) dans nos eſprits, elle ne ſe ſeroit point conſervée

(1) Pag. 9.

(2) *Multum dare ſolemus præſumptioni omnium hominum. Apud nos veritatis argumentum eſt, aliquid omnibus videri: tamquam deos eſſe, inter alia ſic colligimus, quod omnibus de diis opinio inſita eſt: nec ulla gens uſquam eſt adeo extra leges moreſque projecta, ut non aliquos deos credat. Cum de animarum æternitate diſſerimus, non leve momentum apud nos habet conſenſus hominum, aut timentium inferos, aut colentium. Utor hac publica perſuaſione: neminem invenies, qui non putet & ſapientiam bonum, & ſapere.* Seneca epiſt. 117. pag. 455. 456. Je me ſers de la verſion de Chalvet. (3) *Quod niſi cognitum comprehenſumque animis haberemus, &c.* Cicero de natura Deor. lib. 2. pag. 199. *La ſuite de ce paſſage a été citée dans le Dictionaire hiſtorique & critique à la remarque P. de l'article* Launoi (Jean de).

ſervée dans tous les ſiecles, le tems aiant de coutume d'abolir les fauſſetez, & de confirmer les jugemens de la nature. Je ne vous allegue point les propres paroles de Ciceron ; je les ai deja citées dans (1) un autre livre.

III. Ciceron remarque que ſi quelcun nie la divinité il faut que ce ſoit une perſonne qui ne ſoit touchée, ni des conquêtes du peuple Romain, ni du ſoleil, ni du mouvement des cieux, ni de l'ordre & de la viciſſitude des choſes, ni de la ſageſſe des anciens qui ont pratiqué les cultes de la religion, & qui les ont tranſmis à leurs deſcendans. Ce grand Orateur obſerve que cette derniere preuve de l'exiſtence des Dieux eſt la plus forte de toutes. (2) *Nec vero quiſquam aliter arbitrari poteſt, niſi qui nullam majeſtatem eſſe ducit numenve divinum: quem neque imperii veſtri magnitudo, neque ſol ille, nec coeli ſignorumque motus, nec viciſſitudines rerum atque ordines movent, neque,* ID. *QUOD MAXIMUM EST, majorum noſtrorum ſapientia, qui ſacra, qui caeremonias, qui auſpicia & ipſi ſanctiſſime coluerunt, & nobis, ſuis poſteris, prodiderunt.* Il dit dans un autre lieu qu'en matiere de religion ſa premiere regle eſt de ſuivre les anciens, & qu'on ne peut aller plus loin qu'eux, & qu'ils paroiſſent plutôt les maîtres que les diſciples de ceux qui ont fait les meilleurs livres ſur la nature des Dieux : (3) *Ego vero primum habeo auctores ac magiſtros religionum colendarum majores noſtros, quorum mihi tanta fuiſſe ſapientia videtur, ut ſatis ſuperque prudentes ſint, qui illorum prudentium non dicam aſſequi, ſed quanta fuerit perſpicere poſſint. . . . . . (4) Deinde etiam cognovi, multa homines doctiſſimos ſapientiſſimoſque & dixiſſe, & ſcripta de deorum immortalium numine reliquiſſe, quae quámquam divinitus perſcripta video, tamen ejuſmodi ſunt, ut ea majores noſtri*

docuiſſe

(1) *Dans le Dictionaire hiſt. & crit. ubi ſupra.*

(2) *Cicero Orat. pro Milone cap.* 30. *pag.* 924. *vol.* 5. *edit. Grav.* Notez que je citerai dans le chap. 25. *Platon, Lactance, &c.*

(3) *Idem Orat. de Haruſpic. reſponſis cap.* 9. *pag.* 522. *vol* 4. *edit. Grav.*

(4) *Id. ib. pag.* 523.

docuiſſe illos, non ab illis diditiſſe videantur.
vous avoüé que c'eſt prendre pour la p inci
pale preuve de l'éxiſtence de Dieu le conſénte
ment du peuple; & la tradition.

IV. Plutarque ſuivoit le même principe ;
aſſûroit que l'on ſe devoit contenter de l'ancienne foi , & qu'elle étoit l'argument le plu
manifeſte, le plus efficace que l'on pût imaginer
de l'éxiſtence des Dieux. Je ne vous raporte
point toutes ſes paroles. Vous les trouverez
(1) dans mon Dictionaire.

V. On doit ſupoſer que tous les auteurs qui
ont dit en general que l'aprobation univerſelle
eſt une preuve qu'une choſe eſt veritable, ont
eu en particulier la même opinion par raport
au conſentement des peuples ſur l'éxiſtence divine. Je vous ai déjà raporté (2) ce qu'a dit
Pline le Jeune en faveur de l'aprobation generale. Je pourrois vous citer Heraclite & Ariſtote, Ciceron, Quintilien &c. mais j'aime
mieux vous renvoier à un Ouvrage de (3) Grotius, où vous trouverez tout fait le recueil de
leurs ſentences.

VI. Les modernes qui adoptent le même
principe ſont innombrables. Je me contenterai de vous citer le Jeſuite Leſcalopier. Il ſe
met fort en colere (4) contre le Cotta de Ciceron, qui rejettoit comme une choſe de peu de
poids le conſentement des peuples. Il lui ſoutient qu'on ne ſauroit ſuivre de meilleure regle
que le jugement de la nature. Il veut que chaque particulier ſe puiſſe tromper, mais non
pas que la contagion du menſonge ſe puiſſe repandre ſur tout le genre humain. Il ſe fortifie
du temoignage de Ciceron pour aſſûrer, que ce
qui prend place dans le ſens commun des hommes eſt ſitué & fiché dans la nature elle-même.
Il conclut que le ſens commun eſt la voix de la
nature, & que la voix du peuple eſt la voix de
Dieu.

(1) *Dans
la remar-
que.* Y Δ *de
l'article
d'Euripide
pag.* 1206.

(2) *Ci-
deſſus pag.*
13.

(3) *Gro-
tius de ju-
re belli &
pacis lib.* 1,
cap. 1. *n.*
XII.

(4) *Plane
non fero
inſanam
illam gar-
riendi li-
centiam.*
Leſcalop.
in Cicer.
de nat.
Deor. lib.
1. pag. 87.

Dieu. (1) *Quid gravius in sentiendo, quod so-*
lamur habere possumus, quàm constans natura
indicium, universim omnium excæ sapientiâ, &
perpetuo suffragio confirmatum? possunt errare sin-
guli, habi possunt nonnunquam viri sapientes, si-
bi, suoque arbitrio permissi, at totam hominis na-
turam tanta erroris contagio facile invadere non
potest. . . . . . Quod autem in communibus ho-
minum sensibus positum est, id quoque in ipsâ na-
turâ situm atque fixum esse vel ipse Orator coram
judice non diffitetur, in oratione pro Cluentio sect.
17. *Itaque communis ille sensus natura certissima*
vox est, imo vox populi, *ut trito fertur adagio*,
vox Dei. Il cite Ariftote (2) qui a dit que la
divination par les songes a quelque realité, puis
qu'elle a trouvé creance parmi tous les peuples. Il allegue aussi un passage de Thomas
d'Aquin où l'on afirme que la voix publique
n'est point fausse entierement, puis qu'il semble que ce qui se trouve dans la plupart des
hommes soit naturel. Or la nature n'a point
de defaut total. (3) *Famosum dictum non*
est falsum secundum se totum, *quia videtur*
esse naturale, quod in pluribus est: natura au-
tem non deficit totaliter, docet Theologus ille
Angelus 1. 2. quæstione 5. articulo 3. Vous savez le proverbe: (4) *Rumor publicus non om-*
nino frustra est. C'est une sentence d'Hesiode
qu'Ariftote (5) a raportée pour confirmer cet-
B 3 te
pter communem experientiam id sit ab omnibus affirmatum.
Id. ib. pag. 70. (3) *Id. ib.* (4) *Erasm. adag. Chil.* 4.
centur. 8. *n.* 34. *pag. m.* 1001. (5) Τὸ ἄωκεν δ' ἄπαντα χ'
Θηρία κỳ ἀνθρώπους τὴν ἡδονὴν, σημεῖόν τι τῷ εἶναί πως ἄριστον αὐ-
τήν. Φήμη (*Hesiode dit ceci* oper. & dier. sub fin.) δ' ὅτι γε
τέμπται ἀυθάυται ἥντινα πολλοὶ Λαοὶ Φημίζωσι. Quod omnes
& bestiæ & homines persequuntur voluptatem, argumento
est eam quodammodo esse summum bonum. *Fama autem*
haud dubie non funditus interit illa, *Quam multi celebrant*
populi. Aristot. Moral. lib. 7. cap. 14.

(1) *Id. ib.*

(2) *Aristo-*
teles libro
de Divina-
tione per
somnum,
statim ini-
tio, Divi-
nationem,
quæ ab in-
somniis
provenit,
vel hoc no-
mine plane
contemnen-
dam esse
non censeo,
quòd om-
nes, aut
certè
quampluri-
mi aliquid
portendi
arbitran-
tur insom-
niis. Hoc
enim præ-
ftat fidem,
inquit,
quasi pro-

te maxime, que puis que tous les hommes &
toutes les bêtes recherchent la volupté, cela
marque qu'elle eſt en quelque maniere le ſouverain bien.

Voilà ſix articles ſur quoi je vais faire quelques reflexions.

§. VIII.

Reflexions ſur les paſſages raportez dans le cha-
pitre precedent.

Je ſuivrai l'ordre dans lequel je les ai rangez.
Il faut donc que je commence par examiner le
paſſage de Seneque.

I. Je dis, Monſieur, que ce philoſophe ne
ſe fioit guere à la maxime qu'il alleguoit, & je
le prouve par deux raiſons. L'une eſt qu'il a
comparé ceux qui s'apuient ſur l'opinion genc-
rale aux gladiateurs vaincus, qui recouroient à la
protection & à la miſericorde du peuple, &
qu'afin de ne leur pas reſſembler, il prouve ſa
theſe avec toute la même attention que ſi elle
n'avoit pas été conforme au ſentiment general.
(1) *Non faciam quod victi ſolent, ut provocent*
ad populum : noſtris incipiemus armis confligere.
L'autre eſt qu'il ne croioit nullement l'immortalité de l'ame quoi qu'il eût dit (2) que c'é-
toit un dogme que le conſentement des hommes touchez de la crainte, ou de la reverence
des enfers autoriſoit extremement. *Tu dois pen-*
ſer, diſoit-il (3) à Marcia en la conſolant de
la mort d'un fils, *que celuy qui eſt mort n'eſt*
tourmenté d'aucuns maux. Tout ce qu'on feint
eſtre ſi terrible dans les enfers, n'eſt qu'une fable.
Nous ſçavons bien que les morts ne ſont point ſub-
jects aux tenebres, ny aux priſons, ny aux rivie-
res bruſlantes de feu, ny au fleuve d'oubly, ny
aux tribunaux auſſi, & qu'en une liberté ſi large

(1) *Se-*
neca epiſt.
117. pag.
456.

(2) *Voiez*
ci-deſſus
pag. 24.

(3) *Sene-*
ca de con-
ſolat. ad
Marciam
cap. 19.
pag. m.
755. (Voiez
le auſſi
epiſt. 54.)
Je me ſers
de la ver-
ſion de
Chalvet.

à n'y a plus de criminels, ny de tyrans pour les tourmenter derechef. Les Poëtes se sont jouez à feindre cela, & nous ont voulu espouventer sur ces vaines terreurs. La mort est l'affranchissement & la fin de toutes douleurs. Nos maux ne passent pas plus outre que la mort, c'est elle qui nous remet en ceste tranquillité & repos, auquel nous estions avant que naistre. Si quelqu'un veut plaindre ceux qui sont morts, il faut que par mesme raison il plaigne ceux qui ne sont point naiz. La mort n'est ny bien ny mal. Car une chose pour estre ou bonne ou mauvaise, il faut plustost qu'elle soit. Mais ce qui n'est rien, & qui reduit toutes choses à rien, ne peut nous mettre au pouvoir d'aucune fortune, par-ce que le mal & le bien se doit exercer sur le subject de quelque matiere. La fortune ne peut point retenir ce que nature a delaissé & celuy ne peut estre miserable qui n'est plus rien.

II. A l'égard du Stoïcien Balbus il sufit de remarquer que sa preuve est destinée à soutenir des impietez, la divinité des cieux, & l'idolatrie Païenne. Je pourrois faire des reflexions sur la maxime que le tems vient à bout des faussetez, & confirme les jugemens de la nature, d'où il conclut que la Religion des Romains est veritable, je pourrois, dis-je, discuter cela ici à la confusion de ce philosophe; mais il est plus à propos de n'user pas de redites, & de vous renvoier à mon Dictionaire (1). Je vous dirai seulement que Cotta lui fit une reponse melée de raillerie, car comme les Stoïciens traitoient d'insensez ceux qui n'étoient pas sectateurs de la sagesse Stoïque, (2) il lui demande s'il faut laisser à des fous le jugement d'une question aussi relevée que celle dont il s'agissoit. Il lui nie outre cela que tout le monde consentit aux paroles d'Ennius, & il lui represente que bien loin de croire que les astres soient des divinitez,

(1) Voiez dans le Dictionaire histor. & crit. la remarque P, de l'article Launoi (Jean de).

(2) Grave etiam argumentum tibi videbatur, quòd opinie de Diis immortalibus & omnium esset, & quotidiè crosceret. Placet igitur tantas res opinione stultorum judicari, vobis præsertim qui illos insanos esse dicatis. Cicero de nat. Deor. lib. 3. pag. 60a.

nitez, il y a des gens qui ne leur donnent point d'ame (1).

III. La doctrine de Ciceron ne peut être bonne sans que toutes les religions qui ont duré plusieurs siecles, ne soient veritables. Il faut donc dire que son argument ne vaut rien puis qu'il prouve trop, & qu'il tend à justifier la religion abominable de l'ancienne Rome.

IV. Je renverse par la même observation le principe de Plutarque.

V. Si les auteurs qui concluent qu'une opinion est veritable de ce qu'elle est aprouvee generalement veulent apliquer cela à la religion, il n'y aura nulle religion particuliere qui soit bonne, & les moins mauvaises religions seront celles qui seront suivies par plus de gens. Vous accommoderiez vous d'un principe si pernicieux?

VI. Si le Jesuite Lescalopier apelle jugement de la nature ce à quoi consentent toutes les nations en general, & chaque homme en particulier, on doit convenir que le jugement de la nature est veritable, car quelle erreur pourroit-on marquer à laquelle tous les hommes sans en excepter un seul aient donné leur consentement? Je parle des erreurs de morale, & non pas de celles de physique, je ne voudrois pas repondre qu'il n'y ait eu des siecles, où aucun homme ne doutoit du mouvement du soleil autour de la terre. Or en reduisant ainsi le jugement de la nature, on n'aura un caractere de verité *criterium veritatis*, que par raport à quelques principes de metaphysique, ou d'arithmetique, ou de morale, *le tout est plus grand que sa partie: si des choses égales vous retranchez des portions égales, les restes seront égaux: deux & deux font quatre: il faut eviter l'infamie: il est loüable de reconoistre un bienfait &c.* Encore faudra-t-il compter pour

rien

rien les chicaneries des Pyrrhoniens outrez, & ces Acataleptiques.

Mais si à cet egard-là le jugement ou la voix de la nature peut servir de bonne regle, c'est presque par tout ailleurs une voie d'égarement, une source épouvantable de desordre. Car qu'est-ce, je vous prie, que la voix de la nature? Quels sont ses sermons? Qu'il faut bien manger, & bien boire, bien jouir de tous les plaisirs des sens, preferer ses interêts à ceux d'autrui, s'accomoder de tout ce qu'on trouve à sa bienseance, faire plutôt une injure que de la soufrir, se bien venger. Il ne faut pas pretendre que le commerce des mechans est ce qui inspire ces passions; elles paroissent non seulement dans les bêtes qui ne font que suivre les instincts de la nature, mais aussi dans les enfans. Elles sont anterieures à la mauvaise éducation, & si l'art ne corrigeoit la nature, il n'y auroit rien de plus corrompu que l'ame humaine, rien en quoi tous les hommes se ressemblassent davantage par un consentement unanime qu'en ceci: c'est qu'il faut donner au corps tout ce qu'il souhaite, & satisfaire l'ambition, la jalousie, l'avarice, & le desir de vengeance, autant qu'on le peut. Si l'homme eût suivi les mouvemens de la nature, le plus fort eût oprimé le plus foible, on n'eût eu dans ses amours d'autre regle que l'amour même, les engagemens à vie pour le mariage eussent été inconnus. Les loix positives ont remedié à ces desordres en refrenant la nature, & en assujetissant à des peines ceux qui s'abandonneroient à leurs desirs naturels. La fornication vague a été (1) l'une des choses que les legislateurs ont abrogées. Si l'on ne retenoit point l'homme sous le joug des loix, la nature l'entraineroit (2) tous les jours à mille dereiglemens. Fiez vous après cela à ses opinions, &

(1) Voiez ci-dessus pag. 22. les vers d'Horace.

(2) Non sum moechus, ais, neque ego hercule fur, ubi vasa Praereo sapiens argentea: tolle periclum, Jam vaga prosiliet frenis natura remotis. Horat. sat. 7. lib. 2.

B 4   à

à sa voix. J'aprofondirai ceci un peu dans
chapitre 23.

Le passage d'Aristote prouve trop , car la
vination par les entrailles des bêtes, ou par le v
des oiseaux est manifestement chimerique ,
neanmoins elle a été aussi autorisée par le co
sentement des peuples que la divination par l
songes.

On peut énerver par cet exemple l'observ
tion de Thomas d'Aquin : ou elle ne prouv
rien , ou elle prouve que la discipline des a
gures, & des aruspices avoit quelque realité.

§. IX.

Reflexion sur l'autorité de la renommée.

Aristote n'aplique pas avec assez de justesse la
sentence d'Hesiode, & il faut supléer beaucoup
pour comprendre son raisoñnement. Voici ce
me semble ce qu'il veut dire. La renommée
soutenuë de l'autorité de plusieurs nations n'est
point nulle tout-à-fait : à plus forte raison c'est
une marque que le souverain bien consiste dans
la volupté que de voir que tous les hommes &
toutes les bêtes courent après la volupté. Je
vous demande si ce caractere est bien sûr, & si
la plûpart des philosophes paiens n'ont pas nié
la doctrine d'Epicure touchant le souverain
bien? Il y a plus: la sentence d'Hesiode ne signifie point que la renommée contient tôûjours
quelque verité, mais seulement qu'elle fait des
impressions qui ne se perdent jamais totalement. Evitez, dit-il (1), la medisance des
hommes, car la renommée est une mauvaise
chose, c'est un fardeau fort leger à lever de
terre, mais fort pesant à porter , & fort dificile à mettre bas. Un bruit que plusieurs peuples divulguent ne perit jamais tout-à-fait,
c'est

(1) *Hesiod.*
oper. &
dier.
v. 760.

c'eft une déeffe que la renommée. Je fai bien
qu'outre ce fens-li on croit(1) qu'Hefiode a voulu
dire qu'il y a toûjours quelque fondement dans
les bruits publics, mais c'eft deviner, & en tout
cas ce dernier fens n'eft pas toûjours veritable.
Il y a des calomnies forgees de rien qui font
crues du public, & dont on ne perfuade jamais
la fauffeté. Combien y a-t-il d'hiftoires qui
debitent comme un fait certain ce qui n'eft fonde que fur de pretendues lettres interceptées
qu'un Ambaffadeur a écrites dans fon cabinet
pour rendre odieux les ennemis de fon maître,
& pour mieux former des ligues?

Virgile n'a pas refufé à la renommée la qualité de *déeffe, mais il lui donne une vilaine origine, & il en fait une defcription auffi defavan-
tageufe que fidelle. Là voici felon la verfion
d'un poëte (2) François:

Bien-tôt (3) la renommée étend fes grandes
    ailes,
Vole par la Lybie, & feme ces nouvelles;
La renommée agile, & dont l'agilité
Redouble dans l'effort de fon activité.
Feible au commencement, de crainte elle eft ram-
    pante;
Mais le temps la raffure, & fes forces augmente:
Elle marche fur terre, & porte jufqu'aux cieux
Son vifage impofteur, fon front audacieux.
Contre les Immortels la terre courroucée
Du jufte châtiment d'Encelade, & de Cée,
Donna pour digne fœur aux Geants accablez
Cet oifeau fi leger, ce monftre aux pieds ailez.
Monftre énorme & terrible! incroyable merveille!
Sous chaque plume il cache une attentive oreille,
Une bouche tonnante, un œil toûjours veillant;
Enfin elle fait tout, & toûjours va parlant.
La nuit elle fend l'air dans le morne filence,
Sans qu'au fommeil flateur cede fa vigilance,

                                            Le

(1) *Voiez Erafme chil. 1. centur. 6. n 25 pag. m. 201. fur le pro-verbe,* non omnino temere eft, quod vulgo dicti-tant.

* *Virgil. Æn. lib. 4. v. 195.*

(2) *Mr. de Segrais.*

(3) *Virgil. ib. v. 173.*

Le jour au haut des tours, ou des palais des Rois,
Elle écoute, elle observe; & sa terrible voix
Toûjours prête à parler, & toûjours éloquente,
Dans les peuples répand la confuse épouvente:
Aussi ferme à défendre un discours inventé,
Que promte à publier l'obscure verité.

　Cette Déesse alors de recits inutiles,
A son gré remplissoit, & les champs, & les villes;
Sans bornes confondant les incidens certains,
　Avec ses jugemens & ses presages vains.

Le portrait qu'Ovide (1) nous en a laissé n'est pas moins heureux, ni moins ressemblant que celui-là.

Je vous laisse à juger si Aristote emploie à propos ce qui avoit été chanté du credit de la renommée.

(1) Ovidius Metam. lib. 12. v. 39. Il dit dans le 9. livre v. 138. quæ (fama) veris addere falsa Gaudet & è minimo sua per mendacia crescit.

§. X.

Melange de remarques sur ce que Mr. Corneille se glorifia de l'approbation du peuple.

Permettez moi ici une digression qui aura quelques raports à nôtre sujet.

Quand j'ai dit (2) que Seneque faisoit allusion aux Gladiateurs vaincus qui recommandoient leur vie à la clemence du peuple, j'ai suivi le sentiment ordinaire des interpretes; mais j'étois persuadé qu'il pouvoit aussi faire allusion à ceux qui aiant perdu leur cause devant le Senat en apelloient au peuple. Cela me fit souvenir de Mr. Corneille qui oposa le jugement du public à celui de toute l'Academie. Elle censura le Cid, & y trouva plusieurs fautes. L'auteur s'en consola de la maniere que vous allez voir: *Après tout,* dit-il, (3) *voi-*
sy quelle est ma satisfaction; Je me promets
que ce fameux ouvrage, auquel tant de beaux
esprits travaillent depuis six mois, pourra bien
*estre estimé le sentiment de l'*ACADEMIE FRAN-
ÇOISE, *mais peut-estre que ce ne sera point le*
ser-

(2) Ci-dessus pag. 28.

(3) Corneille apud Pellisson histoir. de l'Academie Françoise pag. m. 132. 133.

timens du reste de Paris, au moins j'ai mon
sens devant elle, & je ne sçay si elle peut atten-
dre le sien. J'ai fait le Cid pour me divertir,
& pour le divertissement des honnestes gens, qui
se plaisent à la Comedie. J'ay remporté le té-
moignage de l'excellence de ma Piece, par le grand
nombre de ses representations, par la foule ex-
traordinaire des personnes qui y sont venuës, &
par les acclamations generales qu'on luy a faites.
. . . . Le Cid sera toûjours beau, & gardera
sa reputation d'estre la plus belle piece, qui aïe
paru sur le Theatre, jusques à ce qu'il en vienne
une autre qui ne lasse point les spectateurs à la
trentiéme fois. Je sai que cela est pris d'une lettre qu'il (1) a desavoüée protestant toûjours,
qu'il ne l'avoit jamais écrite: mais on ne sauroit
douter que ses sentimens n'y aient été expri-
mez: „(2) *Témoin ces paroles qu'il écrivit à un*
„*de ses amis . . . . lors qu'ayant publié l'He-*
„*race, il conçut un bruit qu'on feroit encore des*
„*observations, & un nouveau jugement sur cet-*
„*te Piece;* Horace, *dit-il* „ fut condamné par
„les Duumvirs; mais il fut absous par le peu-
„ple.„

Il representoit par là le destin du Cid: le
Cardinal de Richelieu avoit fait condamner par
l'Academie Françoise cette piece de theatre,
mais la sentence de ce tribunal avoit été cas-
sée par celui du peuple, & Mr. Corneille se
persuadoit que le jugement du public valoit bien
celui de l'Academie:

En (3) vain contre le Cid un Ministre se ligue;
Tout Paris pour Chimene a les yeux de Rodri-
  gue.
L'Academie en corps a beau le censurer,
Le Public revolté s'obstine à l'admirer.

Il ne faut point pretendre que le peuple n'ait
  B 6   loüé

(1) Pellis-
son ib. pag.
133.

(2) Id. ib.
pag. 138.

(3) Des-
preaux,
Sat. 9. pag.
m. 58.

lotié le Cid que pour chagriner le Cardinal.
On avoit aplaûdi cette tragicomedie avant que
son Eminence eut fait paroître sa mauvaise volonté, & l'on continua de l'aplaudir après la
mort de ce Cardinal. On assiste encore aujourd'hui avec joie à la representation du Cid :
plus de soixante cinq ans de vie ne lui font
point perdre son éclat. Il n'a donc dû qu'à son
merite les faveurs du peuple.

Mais cela n'empeche pas qu'il n'ait beaucoup
de defauts comme l'insinue très-bien l'ingenieux la Bruyere: „(1) Le Cid n'a eu qu'une voix
„pour luy à sa naissance, qui a été celle de l'ad-
„miration ; il s'est vû plus fort que l'autorité
„& la politique qui ont tenté vainement de le
„détruire, il a reüni en sa faveur des esprits
„toûjours partagez d'opinions & de sentimens,
„les Grands & le peuple; ils s'accordent tous à
„le sçavoir de memoire, & à prévenir au thea-
„tre les Acteurs qui le recitent. Le Cid enfin
„est l'un des plus beaux Poemes que l'on puis-
„se faire ; & l'une des meilleurs critiques qui
„ait été faite sur aucun sujet, est celle du Cid. „
Vous comprenez clairement qu'on ne juge
point ainsi d'une censure sans croire, qu'il y a
beaucoup de fautes dans l'Ouvrage censuré. Il
y a des poëtes que l'on compare (2) avec ces
heros, qui avoient de grandes vertus & d'aussi
grans vices. Le Cid pourroit bien avoir ce
caractere, mais ses beautez étant sensibles
à tout le monde, & ses defauts ne se decou-
vrant qu'à un homme du metier, ou qu'aux
lecteurs qui les cherchent avec un esprit
critique, il a remporté l'aprobation du public.
Ce qu'il avoit de brillant cachoit les imperfections, & l'on étoit si éblouï ou si enchanté de
ses charmes, qu'on ne pouvoit pas même
soupçonner qu'il lui manquât quelque chose.
N'étoit ce pas un enchantement que *Tout Paris*

pour

(1) La Bruyere, caract. au chapitre des Ouvrages de l'esprit pag. m. 77.

(2) Statium inter poëtas (id quod Alexander inter Heroas) magnas virtutes magnis vitiis adaquasse. Fam. Strada prolus. 6. lib. 2. pag. m. 385.

pour Chimene *eut les yeux de Rodrigue?* Sans cela
ne l'eut-on pas regardée avec horreur? N'est-elle
pas un personnage abominable, & à lapider? Ne
devoit-elle pas pour le moins exciter quelques
murmures dans le partere? Car qu'y a-t-il de
plus scandaleux, & de plus mauvais exemple
qu'une fille qui le même jour que l'on a tué son
pere en fiance le meurtrier? Mr. de Scuderi (1)
comme vous savez, a donné à cette objection
une extreme force. Il auroit pu ajoûter qu'entre les mains d'un Auteur Chretien cette pas-
fion ne peut être revetuë de la vraisemblance,
que les interêts de l'heroine demandoient. Un
poëte paien auroit eu le champ plus libre, parce qu'il auroit pu feindre que l'irritation de Venus auroit inspiré cet amour exorbitant, comme autrefois (2) celui de la femme de Dio-
mede, & celui (3) de Pasiphaë.

Le theatre de Paris ne fit point en cette rencontre ce qui arrive si souvent, qu'on remarque mieux les endroits où l'Orateur bronche,
que ceux où il reüssit, & que la laideur de ces
endroits-là efface les beautez des autres parties,
& leur fait perdre les éloges qu'elles meritoient (4). L'enchantement du Cid ne s'arre-
toit point aux spectateurs: il faisissoit aussi
les lecteurs, ce qui vous fera conclure que Mr.
Corneille étoit au dessus des loüanges que vous
trouverez dans un passage de Seneque (5) que

B 7 Mr.

(1) *Dans*
ses obser-
vations
sur le Cid
pag. m.
12. & seq.

(2) *Voiez*
dans le
Dict. hist.
& crit. la
remarque
C. de l'ar-
ticle Egia-
lée.

(3) *Hy-*
gin. cap.
40. Ser-
vius in
Virg. Æn.
lib. 6.
v. 26.

(4) *Ad-*
est fere ho-
mo quin
acutius
atque
acrius vi-
tia in di-

centre quam recta videat. Ita quidquid est in qua offenditur, id
etiam illa qua laudanda sunt obruit. Cicero de oratore lib. 1.

(5) *Ipso dicente non vacasset tibi partes intueri: adeo te sum-*
ma rapuisset: & forte qua impetu placens, minus præstant ad
manum relata. Sed illud quoque multum est, primo adspectu
oculos occupasse: etiamsi contemplatio diligens inventura est,
quod arguat. Si me interrogas, major illa est quæ judicium ab-
stulit, quam qui meruit. Et scio hunc tutiorem esse: scio auda-
cius sibi de futuro promittere. Seneca epist. 100. pag. 412.

Mr. de Balzac (1) lui aplique. Elles concernent les Auteurs qui enlevent en recitant leurs
Ouvrages une aprobation que l'on trouve en les
lisant qu'ils n'avoient pas meritée.

Il vous semblera que je m'écarte beaucoup,
mais soiez certain que je ne perds pas de veuë
nôtre sujet ; car je me propose toûjours de
vous convaincre que le jugement de la multitude n'est point le plus sûr. Et comment
pourrois je vous en mieux convaincre qu'en
vous faisant voir qu'un petit nombre de gens
choisis, je veux dire l'Académie Françoise,
trouva des fautes capitales dans une Tragicomedie que toute la France aplaudissoit ? Je ne
blâme point Mr. Corneille d'en avoir apellé au
jugement du public. L'usage autorise cela. Un
Auteur qui peut se vanter que ses Ouvrages se
vendent bien, & qu'il s'en fait plusieurs éditions, ne manque guere de se servir de ce bouclier contre ses censeurs, mais jusqu'ici on n'a
point vu que cette preuve de merite ait passé
pour non équivoque, & il y a même des gens qui
l'ont tournée en ridicule. Lisez, je vous prie,
ces paroles d'un homme d'esprit. Il les met
dans la bouche de la Serre l'un des plus mauvais écrivains qui fussent en France.,,(2) Qu'on
,,appelle mon stile galimatias si l'on veut, ce
,,galimatias a eu pour luy la fortune ; il s'est
,,rendu celebre par toute la France ; il a passé
,,avec honneur chez les estrangers, & je n'ay
,,point fait gemir de presse qui n'ait enrichy le
,,Libraire. Avec une main de papier que je
,,barbouillois j'ay triomphé en mille endroits
,,de l'Europe ; j'ay pris pour Duppes tous les
,,Pais-bas, & le feu Roy de la grand Bretagne
,,a recompensé mon travail par des medailles
,,precieuses. . . . . . (3) Cent volumes que
,,j'ay mis au jour ne prouvent que trop bien la
,,fertilité de ma plume, & les differentes im-
,,pres

(2) Gue-ret. Par-nasse refor-mé pag. 59. & 60. édit. d'Amst. 1671.

(3) Ibid. pag. 62.

„pressions qu'on en a faites sont des marques
„asseûrées de leur bonté . . . . (1) J'ay don-
„né au Theatre plusieurs Tragedies en prose,
„sans sçavoir ce que c'estoit que Tragedie. J'ay
„laissé la lecture de la Poëtique d'Aristote & de
„Scaliger à ceux qui ne sont pas capables de
„faire des regles de leur chef, & sans parler du
„sac de Carthage, ny de Sainte Catherine qui ont
„esté representées avec succez ; on sçait que
„Thomas Morus s'est acquis une reputation
„que toutes les autres Comedies du temps n'a-
„voient jamais euë. Monsieur le Cardinal de
„Richelieu qui m'entend a pleuré dans toutes
„les representations qu'il a veûës de cette pie-
„ce. Il luy a donné des témoignages publics
„de son estime ; & toute la Cour ne luy a pas
„esté moins favorable que son Eminence. Le
„Palais Royal estoit trop petit pour contenir
„ceux que la curiosité attiroit à cette Tragedie.
„On y suoit au mois de Decembre, & l'on tua
„quatre Portiers de compte fait la premiere
„fois qu'elle fut joüée. Voila ce qu'on appelle de
„bonnes pieces: Monsieur Corneille n'a point
„de preuves si puissantes de l'excellence des sien-
„nes, & je luy cederay volontiers le pas quand
„il aura fait tuer cinq Portiers en un seul jour. „

Je vous avoüerai neanmoins que s'il y a des
matieres où les suffrages du grand nombre
soient preferables à ceux du petit, c'est dans
les pieces de theatre. Car puis que le but que
l'on s'y propose est de divertir le peuple, ou
tout au plus de l'instruire par le moïen du plaisir, il faut tâcher d'y contenter tout le monde,
mais si cela est impossible, il vaut mieux ne faire des mecontens que parmi le peu de personnes qui savent les regles. Terence dont
l'ancienne Rome admira les Comedies (2) ne
pretendit s'être chargé que du soin de satisfaire
le peuple, & il alla toûjours son train, quoi
qu'il

(1) *Ibid.*
pag. 63.
64.

(2) *Poëta*
cum pri-
mum ani-
mum ad
scribendum
appulit,
Id sibi ne-
gotii credi-
dit so-
LUM *dari,*
POPULO
ut place-
rent quas
fecisset fa-
bulas.
Terent. in
prol. An-
dria init.

48 *Continuation*

(1) *Voiez ses prologues.*

(2) *Pomponius Secundus, hic scriptor tragœdiarum, si quid forte familiarior amicus, tollendum, ipse retinendum arbitraretur, dicere solebat, Ad populum provoco: atque ita ex populi vel assensu, aut suam, aut amici sententiam sequebatur. Tantum ille populo dabat.* Plin. epist. 17. lib. 7. p. m. 428.

(3) *Martial. Epigr. 83. lib. 9.*

(4) *Vie de Malherbe pag. 28.*

qu'il se vit (1) censuré par d'autres poëtes. Pomponius Secundus faisoit voir ses tragedies à ses amis, mais quand ils lûi conseilloient de retrancher quelque chose qu'il ne jugeoit pas devoir être otée, il leur disoit, *j'en appelle au peuple*, & il se regloit sur le gout du peuple ou pour suivre ou pour ne pas suivre le conseil de ses amis (2). Le grand secret dans la poësie c'est de plaire, si donc on y peut mieux reussir en n'observant point les regles qu'en les observant, l'ordre veut qu'on les neglige, & qu'on s'acomode au gout de son siecle. On doit considerer la comedie comme un repas donné au peuple, l'importance est donc que les viandes paroissent bonnes aux conviez, & non pas qu'elles aient été apretées selon les regles de l'art de cuisine. Martial s'est servi de cette comparaison dans une épigramme, où il fait conoitre que peu lui importe que ses vers que le public loüe, soient censurez par un poëte:

Lector (3) & auditor nostros probat Aule libellos:
   Sed quidam exactos esse poëta negat.
Non nimium curo, nam cœna fercula nostra
   Malim convivis, quàm placuisse cocis.

(4) Malherbe „disoit souvent, & principa-„lement quand on le reprenoit de ne pas bien „suivre le sens des Auteurs qu'il traduisoit o „paraphrasoit, qu'il n'aprestoit pas les viande „pour les Cuisiniers, comme s'il eust voul „dire qu'il se soucioit fort peu d'estre loüé d „gens de Lettres qui entendoient les Livr „qu'il avoit traduits, pourveu qu'il le fust d „gens de la Cour, & c'estoit de cette mesn „sorte que Racan se deffendoit de ses Censi „res, en avoüant qu'elles estoient fort justes „mais que les fautes dont il le reprenoit, n'e „toit connuës que de trois ou quatre person
„res

„nes qui le hantoient, & qu'il faisoit ses vers
„pour estre leus dans le Cabinet du Roy, &
„dans les ruelles, plutost que dans sa chambre,
„ou dans celle des autres sçavans en Poësie. „

C'est par le même principe de s'acomoder
p'utôt au goût de ceux pour qui l'on écrit, qu'au
goût des savans, que Lopes de Vega qui n'avoit
point trouvé son compte à faire des Comedies
selon les regles, prît une autre route, & s'ac-
comoda au genie des femmes, & des ignorans.
Voici quelques uns des vers qu'il publia sur son
changement de methode, & pour repondre
aux critiques qui le censuroient de negliger les
preceptes des anciens.

Que (1) quien con arte agora las escrive
Muere sin fama y galardon, que puedo
Entre los que carecen de su lumbre
Mas que razon y fuerça la costumbre.
Verdad es que yo he escrito algunas vezes.
Siguiendo el arte que conocen pocos,
Mas luego que salir por otra parte
VEO LOS MONSTRUOS de aparencias lle-
   nos,
A donde acude el vulgo y las MUGERES
Que este triste exercicio canonizan,
A aquel habito barbaro me buelvo,
Y quando he de escrivir una Comedia,
Encierro los preceptos con seis llaves,
Saco a Terencio, y Plauto de mi estudio
Para que no me den vozes, que suele
Dar gritos la verdad en libros muchos,
Y escrivo por el arte que inventaron,
Los que el vulgar aplauso pretendieron,
Porque como las paga el vulgo, es justo
Hablarle en Necio para darle gusto.

(1) Lopes
de Vega
au discours
intitulé :
Arte nue-
vo de ha-
zer Come-
dias.

Bernardo Tasso refondit son grand poëme de
l'Amadigi, qui ne divertissoit point quoi que
con-

Margin notes:

(1) *Faite par Lodovico Dolce.*
(2) *Lodovico Dolce dans la preface de l'Amadigi del S. Bernardo Tasso.*
(3) *Dans le Dict. histor. & crit. à la remarque F. de l'article* Poquelin.
(4) *Voiez le Dictionn. hist. & crit. ibid.*
(5) *Orationes ... nos multitudinis judicio probari volebamus: popularis est enim ista facultas, & effectus eloquentia est audientium approbatio.* Cicero Tuscul. 2. init. fol. m. 254. B.

conforme à la poétique d'Aristote, au lieu qu'
l'Arioste, qui s'étoit moqué des regles, éto
les delices du public. La (1) preface de l'A
madigi vous aprendra que l'Auteur se consol
roit de n'être pas aprouvé des doctes, pourv
qu'il parvint au but que se doivent proposé
les poëtes, qui est de divertir les lecteurs: (2
*Di qui crede io, che il S. Tasso, si prenderà i
patienza, se il suo Poema non sarà approvato d
que' dotti cosi scropulosi; pure, ch'egli habbia o
tenute, (come nel vero si vedrà havere.) quel
ne, per cui si movono a scrivere i buoni e giudicio
Poeti, che è la dilettatione.* Joignez à ceci c
que j'ai dit (3) pour justifier Moliere censu
par Mr. Despreaux d'avoir souvent aspiré à l'a
probation du peuple plutôt qu'à celle des co
noisseurs. Il ne faut pas dire que les pieces q
sont au goût des plus fins critiques sont l
plus propres à divertir le parterre. Rien d
plus faux (4) que cela. Le Bourgeois-gentilhom
me de Moliere ne vaut pas à beaucoup près so
Misanthrope, mais on y rioit infiniment plu
qu'au Misanthrope. Croions pourtant que l'e
time que cet Auteur pouvoit avoir pour son espri
étoit mieux fondée s'il l'apuioit sur l'aprobatio
d'un petit nombre d'habiles gens, que s'il n
la fondoit que sur les sufrages du peuple.

Je ne feindrai point de dire que si ceux qu
prechent ou qui haranguent le peuple ne pou
voient éviter l'une ou l'autre de ces deux ex
tremitez, ou de deplaire aux plus grans mai
tres de rhetorique, ou de deplaire à tout le rei
te de l'auditoire, ils se devroient plutôt coi
former au (5) goût de la multitude qu'au goi
d'une poignée de gens. Ils sont dans le cas
la maxime, que le bien public doit avoir
preference sur le bien de quelques particulier
Mais quoi qu'il en soit s'ils étoient dignes des élo
ges des gens du metier, leur sermon ou leur harai

gue auroit plus de perfections, que s'ils n'obtenoient que les aplaudissemens du vulgaire (1).

Je ne vous .citerai point Pline le Jeune qui sans decider si Pomponius Secundus faisoit bien ou mal de se regler sur le goût du peuple, declare (2) qu'il n'on usoie pas de la sorte, & qu'il ne consultoit qu'un petit nombre de gens choisis. Je ne vous dirai point qu'Horace ne se soucioit guere du (3) jugement du grand nombre, & que Phocion s'apercevant qu'un certain endroit de sa harangue étoit aplaudi de tout le peuple, s'imagina qo'il lui étoit échapé quelque sotise (4). Je passerai sous silence cet ancien Grec qui chatia son disciple quand il le vit aprouvé de la foule des spectateurs; car il jugea que c'étoit un signe que le jeune homme s'étoit écarté des regles (5). Encore moins vous alleguerai-je Antimachus qui voiant sortir tous ses auditeurs hormis Platon , ne laissa pas de continuer la lecture de son poëme ; comme si l'aprobation d'un tel homme l'eut dedommagé du mepris de tous les autres : *Dixisse Antimachum Clarium poëtam ferunt : qui cum convocatis auditoribus legeret eis magnum illud quod novistis volumen suum , & cum legentem omnes praeter Platonem reliquissent , legam , inquit, nihilo minus. Plato enim mihi unus instar est omnium* (6). Je renonce à tout cela , & à plusieurs autres exemples, & sentences de même nature.

§. XI.

(1) *Voiez la Rhetorique du Pere Caussin lib. 2. c. 1.*

(2) *Recté, an secus nihil ad me. Ego enim non populum advocare , sed certos, electosque soleo, quos intuear, quibus credam, quos denique, & tanquam singulas observem, & tanquam non singulos timeam.* Plin. epist. 17. lib. 7. pag. 428.

(3) *Non ego ventosae plebis suffragia venor.* Horat. epist. 19. lib. 1. *Neque te ut miretur turba labores Contentus paucis lectoribus . . . . satis est equitem mihi plaudere.* Id. Sat. 10. l. 1.
(4) *Plut. in apophth.* pag. 187. 188. (5) Ælian. var.
hist. lib. 2. cap. 6. *Voiez aussi* lib. 14. cap. 8.
(6) *Cicero in Bruto, seu de claris Oratoribus* pag. m. 301.

§. XI.

Autres remarques sur le peu d'autorité du grand nombre.

Vous me feriez convenir très-facilement de ce principe, que c'eſt une marque certaine de perfection dans les Ouvrages de l'art lors qu'ils plaiſent à tout le monde, aux ignorans auſſi bien qu'aux conoiſſeurs. Je ſuis perſuadé qu'une piece de poëſie admirée des plus grans maîtres, mais non pas du peuple n'égale pas un poëme admiré du peuple & des plus grans maîtres auſſi. Il faut qu'il manque je ne ſai quoi à celle-là, puis qu'elle ne penetre point, comme l'autre, & ne peut point raioñner juſques au fond des eſprits les plus bouchez. Vous avez lu ſans doute ces paroles de Mr. Pelliſſon: „(1) Mr. de „l'Eſtoille .... lors qu'il avoit compoſé un „ouvrage, le liſoit à ſa ſervante (comme on a „dit auſſi de Malherbe) pour connoiſtre s'il „avoit bien reüſſi, croyant que les vers n'a- „voient pas leur entiere perfection, s'ils n'eſ- „toient remplis d'une certaine beauté, qui ſe „fait ſentir aux perſonnes meſme les plus ru- „des, & les plus groſſieres.„ Ce que je dis d'un poëme, je le dis auſſi d'un ſermon, & d'un ta- bleau, & d'une ſtatuë &c.

Mais ſi vous vouliez me faire avouër qu'un Ouvrage de cette eſpece admiré de tout le pe ple, & mepriſé du petit nombre des cono ſeurs, eſt plus parfait qu'un autre Ouvrage a miré du petit nombre des conoiſſeurs, & m priſé de tout le peuple, vous y perdriez vôt peiñe. Supoſons pour un moment deux ou t choſes. I. Que l'on aſſemble tous les ha tans d'une ville pour ſavoir leur ſentiment un tableau qu'on veut conſacrer. II. Qu ſont au nombre de trois mille parmi leſqu

(1) Pelliſſon hiſt. de l'Academie Franc. pag. 331. 332. édit. de Paris 1672.

Il n'y en a qu'une vingtaine qui se conoissent en peinture. III. Que le tableau paroit mauvais à ces vingt-là, & très-bon à tous les autres, je compterai plus sur le jugement de ces 20. personnes, que sur celui des 2980. autres, & je suis persuade que vous croiez que je ressemble en cela aux têtes les plus sensées. Je sai qu'Apelles (1) vouloit savoir le jugement de tous les passans, & qu'il le mettoit à profit, mais je sai aussi que Polyclete aiant eu la complaisance de se conformer aux conseils du premier venu, fit un tableau que le peuple même trouva ridicule, & que le tableau qu'il avoit fait selon les regles étoit admiré en même tems (2). La conduite d'Apelles étoit sage : il ne s'assujetissoit point aux avis d'autrui, il les soumettoit à ses lumieres, & s'il profita de la remarque d'un cordonnier qu'il trouva bonne, il le rembarra en suite quand il le vit faire le capable sur des choses qui n'étoient point à sa portée : (3) *Ferunique à sutore reprehensum, quòd in crepidis una intus pauciores fecisset ansas, eodem postero die superbo emendatione pristinæ admonitionis elatillante circa crus, indignatum prospexisse, denuntiantem, ne supra crepidam sutor judicaret: quod & ipsum in proverbium venit.* Il avoit raison de croire que des gens qui n'étoient ni peintres, ni conoisseurs, pouvoient neanmoins s'apercevoir de quelque defaut qui lui seroit échapé. Il est plus facile (4) de decouvrir les imperfections que les perfections d'un bel ouvrage, & il est certain en general que ceux mêmes qui ne sont pas du metier, ont quelquefois assez de goût pour pouvoir être apellez à donner leur jugement : (5) *Qui dici à nobis Attico more volunt, ipsi autem se non oratores esse profitentur, si teretes aures habent, intelligensque judicium, tanquam ad picturam probandam, adhibentur etiam insii faciendi, cum aliqua solertia*

(1) *Perfecta opera proponebat pergula transeuntibus, atque post ipsam tabulam latens, vitia quæ notarentur ausculabat, vulgum diligentiorem judicem, quam se præferens.* &c. Plin. l. 35. c. 10. P. m. 209.

(2) Ælian. var. histor. lib. 14. cap. 8.

(3) Plin. ibid.

(4) Voyez ci-dessus pag. 37. n. (4.)

(5) Cicero de optimo genere Orat. fol. m. 130. B.

nement populaire briguent une charge. Ils
font fort eſtimez tous deux, & l'on trouve diſ
ficile de decider ſi l'un eſt plus accompli que
l'autre. Mais la deciſion viendra bien-tôt. le
peuple s'aſſemblera demain en un tel lieu : tous
les corps des metiers s'y trouveront: la charge
fera donnée à celui qui aura le plus de fuſrages
Croirez vous de bonne foi demain au ſoir lorſ
qu'on vous dira, *Mevius a été choiſi, il a u*
2587. voix, Titus n'en a eu que 560. que Mevius a beaucoup plus de merite que Titius, que
c'eſt une verité fondée ſur un arrêt definitif &
inconteſtable, & qu'il n'eſt plus permis de he-
ſiter là-deſſus ? Vous êtes trop ſage & trop
éclairé pour juger ſi mal des choſes.

Ciceron qui avoit vû une infinité d'aſſemblées populaires pour l'élection des Magiſtrats,
& qui étoit obligé de s'exprimer avec quelque
circonſpection ſur les defauts de la multitude,
puis qu'il vivoit ſous une democratie, Ciceron,
dis-je, vous a pu aprendre que les plus dignes
(1) d'un emploi ne ſont pas ceux qui l'obtien-
nent ordinairement à la pluralité des voix. Il
y va de mon honneur, diſoit un Romain
qu'on ait donné la preference à un autre pour
une charge que nous demandions tous deux au
peuple Point du tout, lui repondit Ciceron
& je vous croirois plus fletri ſi dix homme
ſages & juſtes vous avoient trouvé indigne
de cette charge, que ſi toute l'aſſemblée du
peuple avoit fait de vous ce jugement. Le peu
ple ne juge pas toûjours dans ſes aſſemblées
il choiſit ſouvent par faveur, il cede aux pri-
res, il prefere ceux qui l'ont le plus brigué
S'il juge ce n'eſt point par choix, ou par lu
miere, c'eſt quelquefois par impetuoſité & par
boutade. Il n'y a point de conſeil en lui, point
de raiſon, point de diſcernement, point d'ap
plication ni d'exactitude : & les ſages ont ju

(1) *Tuan dignitatis Judicem putas eſſe populum? Fortaſſe. nonnun-quam eſt. Utinam vero ſem-per eſſet: ſed eſt per-raro.* Cicero pro Plan-cio cap. 3. pag. 562. 563. to. 4. edit. Græv.

qu'il faloit toûjours ſoufrir mais non pas loüer toûjours ce qu'il faloit. Voiez, je vous prie, ſi j'ai bien traduit les paroles de cet Orateur: (1) *Si meliùs fidius decem ſoli eſſent in civitate viri boni, ſapientes, juſti, graves, qui te indignum ædilitate judicaſſent, graviùs de te judicatum putarem, quam eſt hoc, quod tû metuis, ne a populo judicatum eſſe videatur. Non enim comitius judicat ſemper populus, ſed movetur plerumque gratia: cedit precibus: facit eos, a quibus eſt maximè ambitus. denique, ſi judicat, non delectu aliquo, aut ſapientia ducitur ad judicandum, ſed impetu nonnunquam, & quadam etiam temeritate. Non eſt enim conſilium in vulgo, non ratio, non diſcrimen, non diligentia: ſemperque ſapientes ea, quæ populus feciſſet, ferenda, non ſemper laudanda duxerunt.* Un peu après il compare les aſſemblées du peuple (2) aux flots de la mer excitez par des tempêtes ſubites qui les pouſſent d'un coté, & les éloignent de l'autre, & il remarque que l'on a très ſouvent vû avec un pareil étonnement qu'un tel étoit preferé, & qu'un tel ne l'étoit pas. Il dit ailleurs que le peuple même, l'Auteur de la preference, s'en étonnoit quelquefois. C'eſt dans l'O aiſon pour Murena qu'il fait cette derniere remarque. Il y a donné en quelque façon une ſatire des aſſemblées du peuple Romain. Il s'y moque de ceux qui s'imaginoient que quand ce peuple s'etoit conduit une fois d'une certaine maniere, c'étoit un engagement par contract à ſuivre la même route. Mais où eſt l'Euripe, dit-il, qui ſoit ſi ſujet au flux & reflux? Le delai d'un jour renverſe toutes les meſures qu'on avoit priſes: un bruit repandu en fait autant, & quelquefois ſans que l'on ſache pourquoi on chan-

Tom. *III.*   C

(1) *Id. ib. cap. 4. pag. 564. 565.*

(2) *Sin hoc perſæpe accidit, ut & factos aliquos, & non factos eſſe miremur: ſi campus, atque illæ undæ comitiorum, ut mare profundum & immenſum, ſic efferveſcunt quodam quaſi æſtu, ut ad alios accedant, ab aliis autem recedant: in tanto nos impetu ſtudiorum, &*

motu temeritatis, modum aliquem, & conſilium, & rationem requiremus? Id. ib. c. 6. pag. 570.

(1) *Id.
Orat. pro
Murena
cap. 17.
pag. 60.
ejufd. to-
mi. Joi-
gnez à
cela ce
paſſage de
Seneque
de vita
beata cap.
1. pag.
m 817.
Idem eve-
nit quod
in comi-
tiis in qui-
bus eos
factos
praetores
iidem qui
fecere mi-
rantur,
cum ſe
mobilis
ſaver cir-
cumeglt.
Eadem
probamus
eadem re-
prebendi-
mus: hic
exitus eſt
omnis
judicii in quo lis ſecundum plures datur.*

change du blanc au noir (1). *Pergitiſne vos
tanquam ex ſyngrapha agere cum copulo , ut,
quem locum ſemel honoris cuipiam dederit , eundem reliquis honoribus debeat ? Quod enim fre-
tum, quem Euripum tot motus, tantas, tam varias habere putatis agitationes fluctuum; quan-
tas perturbationes, & quantos aeſtus habet ratio
comitiorum? Dies intermiſſus unus, aut nox in-
terpoſita, ſaepe perturbat omnia: & totam opinionem parva nonnumquam commutat aura rumoris. Saepe etiam ſine ulla aperta cauſa fit aliud
atque exiſtimamus, ut nonnumquam ita factum
eſſe etiam populus admiretur: quaſi vero non ipſe
fecerit. Nihil eſt incertius vulgo, nihil obſcurius
voluntate hominum, nihil fallacius ratione tota
comitiorum.*

Je remplirois je ne ſai combien de pages ſi
je raportois tout ce que les anciens Poëtes, Philoſophes, Orateurs, Hiſtoriens ont dit ſur le
même ton. Ils en parloient par experience,
car ils vivoient ſous une forme de gouvernement où les ſufrages du peuple decidoient de
tout. Je ne vous alleguerai qu'un paſſage de
Tite Live. Cet Hiſtorien remarque qu'au tems
de Perſée Roi de Macedoine les villes libres de
la Grece étoient dans un tel état que les Nobles y formoient divers partis, dont le peuple
(2) ſelon ſa coutume ſuivoit le pire.

Il ne faut pas s'imaginer que ces tumultes,
& ces agitations inconſtantes vinſſent d'un
eſprit particulier ou aux Grecs, ou aux Romains. Toutes les nations y ſont ſujettes lors
que les afaires d'état ou autres y ſont conclues
à la pluralité des voix dans les aſſemblées de
tous

(2) In
libertis gentibus populiſque plebs ubique omnis fermè, Ut
SOLET. DETERIORIBUS erat . . . . . inclinata. Tum
Livius lib. 42. pag. m. 820.

tous les chefs de famille, & l'on voit même
une partie de ces confusions dans les assem-
bées d'un certain nombre de deputez. Les Conciles & les Synodes n'en sont point exempts.
Telle chose y est conclue aujourd'hui qui ne
le seroit pas quatre jours après, ou qui ne l'auroit pas été quatre jours auparavant. On auroit, ou l'on n'eut pas eu le loisir de gagner
quelques suffrages, non pas en communiquant
de nouvelles instructions, mais on donnant de
fausses alarmes, en promettant, en menaçant,
&c. On pourroit, ou l'on n'eut pas pu se prevaloir soit (1) de l'absence, soit de la presence
de quelques-uns des deputez. Laissons le detail
des autres raisons quel qu'il puisse être.

(1) *Voiez
dans le
Dictionai-
re histor.
& crit la
remarque
D de l'ar-
ticle* Yio.

§. XII.

*L'autorité populaire du grand nombre est princi-
palement foible par raport aux veritez historiques, ou dogmatiques.*

Mais si la pluralité des voix prouve très-mal
le merite des personnes, elle prouve encore
plus mal la verité des opinions soit par raport
aux faits historiques, soit par raport aux dogmes philosophiques. Ce sera le sujet de cette
section.

Vous ne me sauriez nier qu'un très-grand
nombre de fables sur la fondation des villes &
des états, sur les actions & sur les exploices des
anciens Rois, &c. ne passent parmi le peuple
pour des veritez certaines. Plusieurs historiens
les ont debitées quelques-uns les ont contre-
dites, & en ont desabusé beaucoup de personnes, mais si l'on assembloit tous les habitans
pour demander a un chacun ce qu'il en pense,
il y auroit mille voix du côté de l'afirmative,
contre une du côte de la negative. C'est dequoi

quoi l'on eût fait l'experience dans Athenes fi l'on eût recueilli les voix fur les actions de Thefée, & dans Rome fi on les eût recueillies fur la naiffance de Romulus, & fur la maniere dont il fut nourri par une louve.

La pluralité des voix eft encore plus notable lors qu'une tradition a du raport au culte divin, car quand même tous les habitans d'Athenes auroient été affurez de pouvoir dire impunement tout ce qu'ils croiroient concernant les contes que l'on faifoit de Ceres & de Minerve, on n'auroit pas trouvé deux fufrages pour la negative contre quatre mille pour l'afirmative. Difons la même chofe touchant les Romains par raport à ce bouclier tombé des nuës qui étoit commis à la garde des Saliens: étendons même ceci fur les Catholiques par raport aux tranflations de la chambre de la fainte Vierge, & par raport aux voiages ou de Lazare, ou de Denys l'Areopagite, ou de Saint Martial, &c.

Soiez affuré, Monfieur, qu'une infinité de fauffetez de religion gagneroient leur caufe fi l'on compromettoit les interêts de la verité entre les mains du vulgaire. Si l'on affembloit tous les habitans d'un païs pour deliberer fur le changement de l'ancienne religion, ils n'attendroient pas qu'on recueillit les fufrages, ils commenceroient par crier gardons nous des nouveautez. Vous favez l'hiftoire des cris (1) *grande eft la Diane des Ephefiens.* Et s'ils avoient la patience de foufrir qu'on comptât les voix, ils ne perdroient pas leur peine, ils verroient le nombre des novateurs fi petit qu'ils l'infulteroient en lui ordonnant de fe foumettre au grand nombre:

Servemus (2) *leges patrias: infirma minoris*
Vox cedat numeri, parvaque in parte filefcat.

(1) *Actes des Apôtres chap. 19. Voiez dans le Dictionaire Hifter. & Crit. la remarque Z. de l'article d'Euripide.*

(2) *Prudens. contra Symmach. lib. 1. v. 607. pag. m. 278.*

Ces

Ces deux vers ſont de Prudence: il les emploia contre les Païens qui étoient reduits au petit pied. Sa raiſon n'eut rien valu au tems des Apotres: elle étoit alors favorable à la religion païenne.

Quant aux dogmes philoſophiques il eſt évident que le peuple n'en peut point juger: il prendroit tout de travers, il condamneroit tout ce qui n'eſt pas conforme à ſon imagination, & à ſes yeux. Il nieroit les antipodes & le mouvement de la terre. Il ſoutiendroit que les couleurs ſont dans les objets, que les pierres tombent ſans que rien les pouſſe, & il ſe moqueroit de ceux qui diſent qu'il y a autant de matiere dans le tonneau après que le vin en eſt ſorti, que quand le vin y étoit. Dans toutes les matieres philoſophiques le ſufrage de très-peu de gens qui les ont étudiées toute leur vie eſt d'un plus grand poids que celui de trois millions d'hommes qui n'ont rien lu, qui n'ont jamais medité & qui n'examinent rien. Ils ne font que ſuivre leurs prejugez: (1) *S.e eſt vulgus: ex veritate pauca, ex opinione multa aſtimat.* Ciceron a fort bien dit (2) que la philoſophie ſe contente de peu de Juges, qu'elle fuit le vulgaire, qu'elle lui eſt ſuſpecte, qu'elle en eſt haïe, & que ceux qui la condamnent s'attirent l'aprobation de la multitude. Il ne veut point que l'on ſuive le jugement populaire ſur l'honnetété: (3) *hoc evenit., ut in vulgus inſi-pientium opinio valeat honeſtatis, quum ipſam videre non poſſit. Itaque fama & multitudinis judicio moventur, ut id honeſtum putent quod à pleriſque laudetur. Te autem ſi in oculis ſis multitudinis, tamen ejus judicio ſtare nolim, nec quod illa putet, idem te putare pulcherrimum. Tuo tibi judicio eſt utendum.*

Conſiderez, je vous prie, que la queſtion de l'exiſtence de Dieu apartient tout à la fois à la reli-

(1) *Cicero Orat. pro Roſcio Comoedo cap. 10. pag. m. 256. to. 1.*

(2) *Eſt enim philoſophia paucis contenta judicibus, multitudinem conſulto ipſa fugiens, eique ipſi & ſuſpecta & inviſa, ut vel ſi quis univerſam velit vituperare, ſecundo id populo poſſit facere.* Id. Tuſcul. 2. init. fol. 254. B.

(3) *Id. ib. ſub fin.* fol. 258. D.

religion & à la philoſophie la plus profonde, &
voiez après cela ſi le peuple eſt en etat de la decider.

A . . . . *le 8. de Novembre* 1703.

§. XIII.

*Premiere difficulté contre la preuve tirée du con-
ſentement des peuples touchant l'exiſtence de
Dieu. Cette preuve demande des diſcuſſions qui
ſurpaſſent la capacité humaine.*

Je vous permets de croire que toutes les choſes que j'ai dites juſques ici contre la preuve
qui vous tient ſi fort au cœur, ne ſont que des
eſcarmouches, mais enfin voici le combat en
forme.

Je ſupoſerai en 1. lieu que quelcun vous diſe; je croi, Monſieur, auſſi bien que vous, qu'il
y a un Dieu, nous n'aurons aucune diſpute ſur
ce point-là, mais peut-être vous fondez vous
ſur des raiſons qui diferent fort des miennes.
En ce cas-là nous pourrions bien diſputer l'un
contre l'autre, car ſi vous m'alleguez des preuves qui ne me paroiſſent pas ſolides, je vous
dirai librement que vous vous trompez, & ainſi
quoi que nous ſoions d'accord ſur le fait, j'o-
poſerai mes raiſons (1) aux vôtres, & vous
ſerez obligé de vous ſoumettre à toutes les loix
de la diſpute, & ſi vous avez le droit de me
pouſſer juſques aux derniers recoins de la dialectique, je l'aurai auſſi.

Je ſupoſerai en 2. lieu que vous repondiez
à ce quelcun, que le conſentement unanime de
tous les peuples du monde ſur l'exiſtence de
Dieu eſt une preuve certaine & demonſtrative,
car puis qu'il eſt ſi general, il vient d'une impreſſion de la nature, & cette impreſſion ne
peut être fauſſe.

Voilà

(1) Quia
non confi-
debas tam
eſſe id per-
ſpicuum
quàm tu
velis,
propterea
multis
argumen-
tis Deos
eſſe docere
voluiſti.
Mihi enim
unum ſatis
erat, ita
nobis ma-
jores no-
ſtros tra-
didiſſe.
Sed tu au-
ctoritates
omnes
contem-
nis, ratio-
ne pugnas.
Patere igi-
tur ratio-
nem
meam
cum tuâ
ratione
pugnare.
*Cicero de
nat. Deor.
lib. 3. pag.
m. 599.*

Voilà donc le ſujet de la diſpute: il ne s'agit
point de la queſtion s'il y a un Dieu, vous
convenez l'un & l'autre de l'exiſtence divine:
il s'agit uniquement de ces deux theſes, I. *Le
conſentement de tous les peuples eſt un argument
demonſtratif.* II. *Les impreſſions de la nature ne
peuvent être fauſſes.* Vous entreprenez de les
ſoutenir contre tout venant, vous êtes donc
obligé de ſatisfaire à toutes les objections.

La premiere difficulté qui vous ſera propoſée
eſt que vôtre preuve depend d'un fait qu'il eſt
impoſſible d'éclaircir. Montrez moi une mapp-
pemonde, vous dira vôtre Antagoniſte. Voiez
y combien il reſte encore de païs à decouvrir,
& combien ſont vaſtes les terres auſtrales qui
ne ſont marquées que comme inconuës? Pendant que j'ignorerai ce que l'on penſe en ces
lieux-là, je ne pourrai point être ſûr que tous
les peuples de la terre aient donné le conſentement dont vous parlez. Il vous eſt impoſſible
de me tirer d'incertitude là-deſſus: vous ne
pouvez aſſurer ni que ces lieux-là ſoient ſans habitans, ni que les hommes qui y vivent aient
une religion.

Si je vous accorde par grace qu'il nous doit
ſufire de ſavoir l'opinion des peuples du monde conu, vous ſerez encore hors d'état de me
donner une entiere certitude. Car que me repondrez vous ſi je vous objecte les peuples (1)
athées dont Strabon parle, & ceux que les
voiageurs (2) modernes ont decouverts en Afrique, & en Amerique? J'y ajoûterois peut-être
les Phlegyens dont Homere (3) a fait mention

C 4

(1) *Voiez ci-deſſus pag. 19. & notez que Diodore de Sicile lib. 3. cap. 9. dit la même choſe que Strabon touchant l'Atheiſme d'un peuple d'Ethiopie.*

(2) *Voiez leurs noms & leurs paſſages dans la Diſſertation de Mr. Fabrice intitulée Apologeticus pro genere humano contra calumniam Atheiſmi.* Notez qu'il ne parle point de ceux qui ont dit que les Druſes, peuple du Liban, ſont athées. Voiez Beſpier dans ſes remarques ſur Ricaut to. 2. pag. 649. Voiez auſſi Mr. le Fevre, preface du traité de la ſuperſtition, & Mr. Locke, eſſai de l'entendement liv. 1. ch. 3. pag. m. 71. (3) Homer. Hymn. in Apoll. pag. m. 786.

(1) *Apud Simplicium in Epictet.*

(2) *Voiez Simplicius ib. & Servius in Æn. lib. 6. v. 618. & Pausanias l. 9. cap. 36.*

(3) *Joh. Ludovicus Fabritius in apologet. generis humani pag. 159. & seq.*

tion, & les Acrothoites dont Theophraste (1) a parlé, si je savois certainement de quelle maniere ils étoient impies; mais j'ignore s'il croioient absolument qu'il n'y avoit point d Dieux, ou si sans le nier ils avoient l'audac de se moquer de leur culte & de commetr toutes sortes de sacrileges, ce qui fut caus (2) que leur païs fut englouti. Laissant don ces deux exemples, je vous presserai seulemen de me repondre sur les autres. Direz vous qu Strabon ne savoit cela que par oui-dire, & que les modernes ne se sont pas assez informez de tout le detail, qu'ils se contredisent quelquefois eux-mêmes; & que l'on peut oposer relations à relations? C'est ainsi que Mr. Fabrice (3) professeur en Theologie à Heidelberg élude la dificulté. Je veux que ses raisons soient plausibles & spécieuses, mais enfin elles ne sont point capables de fixer l'esprit. Tout ce qu'elles peuvent faire est d'inspirer quelque defiance sur l'exactitude des vojageurs, ce qui nous reduit à suspendre nôtre jugement jusques à ce que nous soions mieux informez de l'état de ces pretenduës nations athées. Resolvons nous donc à voiager en ces païs-là, aprenons leurs langues, & munissons nous de toute l'adresse qu'il faut avoir pour satisfaire une ardente curiosité, car sans cela une descente sur les lieux ne seroit pas sufisante à verifier si les relations nous trompent. Or dites moi en conscience si un homme quelque affamé qu'il puisse être de voiager, & quelque muni de tous les secours necessaires peut venir à bout de tous les travaux & de tous les soins qu'une telle verification exige.

§. XIV.

§. XIV.

Qu'il n'est point sûr de conclure de ce qu'un peu-
ple reconoit l'immortalité de l'ame, qu'il reco-
noit aussi la divinité.

Vous croirez peut-être que pourveu qu'il de-
couvrit que l'on croit l'immortalité de l'ame,
il seroit assez informé du reste, mais detrom-
pez vous de cette imagination. Les peuples que
l'on a trouvez dans les (1) Iles Marianes (2)
ne reconnoissoient aucune divinité, & avant qu'on
leur eust presché l'Evangile, ils n'avoient pas la
moindre idée de religion. Ils estoient sans Tem-
ples, sans autels, sans sacrifices, sans Prestres.
Neanmoins ils estoient *persuadez de l'immorta-*
lité de l'ame, & (3) *que les esprits reviennent*
après la mort. (4) Ils reconoissoient *même qu'il*
y a un Paradis & un Enfer, que les ames font
tourmentées dans l'Enfer, & très-heureuses
dans le Paradis, & (5) *au reste que ce n'est*
point la vertu ou le crime, qui conduit dans ces
lieux-là. Les bonnes œuvres ou les mauvaises
actions n'y servent de rien. Tout dépend de la
maniere dont on sort de ce monde. Si on a le mal-
heur de mourir d'une mort violente, on a l'Enfer
pour partage . . . . . . Si l'on meurt au contraire
de mort naturelle, on a le plaisir d'aller en Pa-
radis, & d'y jouïr des arbres & des fruits, qui
y sont en abondance. (6) „ Ils ignoroient entie-
„ rement qu'il y eust d'autres terres, & ils se
„ regardoient comme les seuls hommes qui
„ fussent dans l'Univers. „ C'est un signe que
leurs ancêtres n'avoient jamais vu personne
qui leur eût parlé de Dieu. (7) Ils n'ont aucun commerce avec quelques autres Iles qui
ne sont *pas éloignées des Marianes,* & dont on
a interrogé quelques habitans que la tempête

C 5   avoit

(1) *Elles*
sont éloi-
gnées de
trois à qua-
tre cens
lieües des
Iles Philip-
pines. Ma-
gellan fut
le premier
qui les de-
couvrit.

(2) *Char-*
les le Go-
bien, hi-
stoire des
Iles Maria-
nes pag.
64. *edit.*
de Paris
1700.

(3) *Id. ib.*
pag. 66.

(4) *Id. ib.*
pag. 65.

(5) *Id. ib.*
pag. 66.

(6) *Id. ib.*
pag. 43.

(7) *Id. ib.*
pag. 396.

(1) *Id. ib. pag.* 406.

avoit pouffez du côté de l'Ile de Samal l'a 1696. „ (1) Il n'a pas paru jufqu'a prefen „ qu'ils aient aucune conoiffance de la divinite „ ni qu'ils adorent les Idoles. „ .

Il ne faut point combatre ceci par des rai fons de Metaphyfique, ce font des faits con tenus dans une hiftoire très curieufe publiée de puis peu par un Jefuite celebre. L'efprit d l'homme eft capable d'une irregularité encor plus grande que ne l'eft celle d'ignorer qu'il a un Dieu, & d'admettre cependant l'immor talité de l'ame. Voici donc un furcroit de pei ne pour le voïageur qui voudroit s'inftruire de la foi de tous les peuples.

§ XV.

Une bonne information demande que l'on recher- che de quelle maniere la religion s'eft introduite dans un païs.

Si l'on vous accorde par une nouvelle grace bien fpeciale qu'il pourra enfin en venir à bout, pourvu qu'il vive long tems, vous ne feréz pas encore tiré d'intrigue. Car afin que le con fentement de tous les peuples puiffe fervir d'un bon argument il faut favoir de quelle maniere la religion a commencé dans chacun d'eux, ou fi elle eft auffi ancienne que la nation même. En ce dernier cas la preuve feroit meilleure que dans le premier, & neanmoins il refteroit une queftion importante qui feroit celle-ci; la religion a-t-elle été embraffée fans aucun examen, ou avec un examen fevere de fes mo tifs de credibilité? Cette queftion eft infiniment plus neceffaire au cas qu'un peuple aiant été quelque tems fans religion, en ait embraffé quelqu'une, car s'il l'a embraffée fans l'exami ner, mais par une deference aveugle ou pour quel-

quelque legiſlateur , ou pour quelque conqué-
rant , la multitude des perſonnes qui l'ont pro-
feſſée depuis , ne ſert de rien à prouver la verité
de ſes dogmes , on ſait aſſez qu'une religion
quelque fauſſe qu'elle ſoit paſſe des peres aux
enfans , ſans aucun obſtacle , & qu'elle ſe communique par la voie de l'éducation auſſi aiſément à mille perſonnes qu'à une , de ſorte que
ſi l'éducation eſt le ſeul moien de la repandre ,
la raiſon pourquoi une religion n'a que cent
mille Sectateurs pendant qu'une autre en a deux
cens mille eſt uniquement qu'il y a eu moins
d'enfans dans celle-la que dans celle-ci. Je
vous demande ſi ce ſeroit un bon moien de
donner un grand relief à la religion Chretienne que d'alleguer le conſentement que lui ont
donné ou les Saxons , ou les habitans du Nord ,
ou les peuples de l'Amerique que l'on a contraints barbarement à recevoir le batême , &
à renoncer à leurs idoles ſans avoir ni convaincu , ni éclairé leur eſprit? La multitude de
ſemblables ſectateurs forcez ne ſert de rien à
prouver qu'une religion ſoit veritable , & ſi
leurs enfans ſe trouvent perſuadez, ce n'eſt point
un ſigne de verité , c'eſt le reſultat perpetuel
de (1) l'éducation quel que puiſſe être le ca-
techiſme national. Ainſi pour ſavoir le poids
de l'aprobation des peuples il eſt neceſſaire d'ê-
tre informé de quelle maniere ils ont embraſſé
la religion.

Je ne vous dis pas que les recherches qui
ſont ici abſolument neceſſaires demandent
beaucoup de travail, je vous dis tout net qu'elles ſurpaſſent les forces de l'homme, & vous
n'en ſauriez diſconvenir ſi vous y faites quelque attention.

Ne me dites pas qu'un Chretien ſe peut
épargner une partie de la peine, puis qu'il ſait
que la religion eſt auſſi ancienne que le genre

(1) *Platon
de legib.
lib. 10.
circa init.
pag. tom
946. Il
decrit fort
éloquem-
ment
de quelle
maniere
la foi de
l'exiſtence
des Dieux
ſe commu-
nique aux
enfans.*

C 6

(2) Sic aggredior ad hanc diſputationem, quaſi nihil unquam audierim de Diis immortalibus, nihil cogitaverim, rudem me & integrum diſcipulum accipe, & ea quæ requiro, doce. Cicero de nat. Deor. lib. 3. pag. 598. Ceci s'accorde avec les diſpoſitions que Mr. Deſcartes demande de tous ceux qui cherchent la verité.

(3) Voiez ci-deſſus pag. 19.

humain, car même ſelon mes (1) principes il s'enſuit de là qu'aucun peuple n'a jamais été ſans religion. Je vous repondrai deux choſes. 1. Qu'il reſtera toûjours plus de peine qu'aucun homme n'en peut porter. 2. Qu'afin que vôtre argument ſoit bon il doit être propre à convaincre non ſeulement un Chretien, mais auſſi un infidele; c'eſt-à-dire, qu'il faut que vous le faſſiez bon par des effets reſultans de l'argument même, & non pas par des ſecours empruntez d'une autre ſource. L'Antagoniſte que je vous ſupoſe vous peut & vous doit repreſenter ce que Cotta (2) repreſente au Stoicien Balbus, c'eſt qu'encore qu'il croie la verité, il diſpute comme s'il ne ſavoit rien, s'il n'avoit ouï parler de rien, & comme une table raſe qui recevra vos enſeignemens pourvu que vous les mettiez à l'abri des objections.

§ XVI.

Qu'il eſt neceſſaire de s'informer s'il y a eu quelques perſonnes qui aient nié l'exiſtence de Dieu.

Voici un nouveau champ de recherches trèspenibles, & inepuiſables. Toute la beſogne ne ſeroit pas faite ſi enfin l'on parvenoit à averer comme il faut que tous les peuples du monde croient l'exiſtence de Dieu. Il reſteroit encore à examiner ſi quelcun de tems en tems a nié cette exiſtence. Il ſe faudroit informer du nombre de ces athées, ſi c'étoient des gens d'eſprit, & qui ſe piquaſſent de meditation, s'ils avoient été chatiez, &c. On ſait que la Grece a produit de telles gens, & qu'elle en a puni (3) quelques-uns, & que cette peine a fait dire que bien d'autres euſſent declaré leur irreligion s'ils euſſent pu s'aſſûrer de l'impunité.

Lors

Lors que Platon s'aplique avec tant de ſoin à prouver l'exiſtence & la providence des Dieux, il (1) avouë qu'il y avoit un bon nombre d'Atheniens qui rejetoient le premier de ces deux dogmes, & que d'autres ſe contentoient de rejeter le ſecond. On devroit donc rechercher ſi dans chacun des autres peuples il y avoit eu de tels exemples, car ſans ces informations on ne pourroit pas donner au conſentement general ſon juſte poids, on lui en donneroit trop, vu qu'on n'en rabatroit point ce que lui ôtent les exceptions particulieres. Si ces perquiſitions renferment beaucoup de travail, & beaucoup de dificultez, on n'en trouveroit guere moins à mettre en balance l'autorite du plus grand nombre, & celle du petit. On ne pourroit point ſe ſervir de la proportion arithmetique, comme dans la juſtice commutative, il faudroit recourir à la proportion geometrique comme dans la juſtice diſtributive. Rien ne ſeroit plus trompeur que de deferer autant ſur des matieres philoſophiques à l'opinion d'une païſane qu'à celle d'un philoſophe. Il eſt évident, & la pratique de tous les peuples s'y accorde, qu'en matiere de Juriſprudence l'avis de trois ou quatre fameux Avocats eſt preferable à celui de trois mille païſans. Eſt-il queſtion d'un dogme d'Aſtronomie ? Mr. Caſſini ſera plus croiable lui ſeul que deux cent mille perſonnes qui ne ſavent ni A. ni B. Copernic dont l'hypotheſe triomphe preſentement n'avoit-il pas contre lui ſeul ou preſque ſeul toutes les Ecoles & tous les peuples ? N'établit-on pas pour principe qu'un chacun (2) doit être cru en ſon art, & que les arts ſeroient heureux (3) s'il n'y avoit que les connoiſſeurs qui en jugeaſſent, & qu'il faut (4) que chacun ſe mêle de ſa profeſſion ? Lors que quelcun fait chef d'œuvre pour être reçu au corps

C 7   d'un

(1) *Plato de legib.* lib. 10. circa init. pag. m. 945. C. & pag. 947. B.

(2) Unicuique in ſua arte credendum eſt.

(3) Felices artes eſſent, ſi de illis ſoli artifices judicaſent. *Quintil.*

(4) Hic (*Ariſtoxenus*).... hæc magiſtro concedat Ariſtoteli, canere ipſe doceat, bene enim illo Græcorum proverbio præcipitur, *Quam*

quisque no-
vit artem
in hâc se
exerceat.
Cicero.
Tuscul.
lib. 1. fol.
248.

d'un métier, il n'est jugé que par les gens du
metier, & leur temoignage, ne fussent-ils que
deux, contrepeseroit celui de deux mille personnes qui n'entendroient rien dans les regles
& dans les statuts de ce metier. Un jardinier est
plus croiable dans une question de jardinage
que cent critiques herissez de Grec, & que
tous les savans du monde qui n'auroient jamais
rien vu, ni rien lu concernant l'agriculture. En
un mot, Monsieur, dans tous les arts, & dans
toute sorte de professions le jugement d'un petit nombre d'experts est preferé à celui d'une
multitude d'ignorans.

Il seroit donc tres-dificile dans la matiere en
question de mesurer le rabais. Il seroit même impossible d'y proceder legitimement, car
il ne faudroit pas compter les voix, mais les
peser: & où trouveroit-on les balances necessaires? Je conclus donc que vous nous voulez
mener par un chemin impraticable.

§. XVII.

Combien il est dificile de discerner ce qui vient de la nature d'avec ce qui vient de l'é-ducation.

Vôtre seconde these n'expose pas à moins
de fatigues, car pour s'assurer pleinement que
tous les peuples de la terre ont puisé leur dogme de l'existence de Dieu dans les impressions
de la nature, & non pas dans celles de l'éducation, il faudroit avoir étudié en chaque païs le
premier état de l'enfance. Il faudroit y avoir
observé les premiers raions de lumiere qui sortent de l'ame des enfans, & distinguer bien en
eux ce qui precede l'instruction d'avec ce qui
n'en est que la suite. Où est l'homme qui ait
assez de loisir, ou qui vive assez pour faire toutes

tes ces experiences? Voudriez-vous bien repondre après y avoir bien penſé, qu'un homme qui les auroit faites exactement, aſſûreroit
qu'il auroit trouvé des veſtiges de religion dans
des enfans à qui l'on n'auroit jamais dit qu'il
y a un Dieu? C'eſt ordinairement par là qu'on
commence à les inſtruire dès qu'ils ſont capables de diſtinguer quelques ſons, (1) & de
begaier.　Cette coutume eſt très-loüable, mais
elle empêche qu'on ne verifie ſi d'eux-mêmes
& par les ſeules impreſſions de la nature ils ſe
porteroient à honorer Dieu.

§. XVIII.

Examen de la premiere & de la ſeconde reponſe
que l'on pourroit faire à la dificulté contenuë
dans les chapitres precedens.　Si les exceptions
au conſentement general ſont conſiderables.

Avant que de paſſer à la ſeconde dificulté je
veux bien vous dire que je ne vous croi point
encore reduit au ſilence. Il me paroît que vous
repondriez,

I. En premier lieu que quand même l'on
avereroit que les relations que Mr. Fabrice a
revoquées en doute ſont très-fideles, il ne faudroit pas y avoir égard: l'atheiſme ſe ſeroit
tout au plus gliſſé parmi quelques peuples barbares, & feroces. Cela ne tireroit point à conſequence.　Mais croiez vous que vôtre adverſaire ſe paiât de cette reponſe? Ne vous repli-
queroit-il point que vous reculez? Vous lui
aviez promis le conſentement de tous les peuples, & à preſent vous vous reduiſez à la plus
grande partie. Vous aviez fait fond ſur ce que
la barbarie la plus brutale n'avoit pas éteint la
connoiſſance de Dieu, & preſentement vous
voulez que ſous pretexte qu'une nation eſt
barbare, il ne faille point s'arrêter à ſon atheïſme.

(1) Ut
primum
fari inci-
piunt,
nomine
juſſi Com-
pellant,
primáque
ſonant te
voce mi-
nores.
Balzac.
epiſt. ſelect.
pag. m.
247. Il
s'adreſſe à
la Sainte
Vierge.
Veinz ce
que Pla-
ton de le-
gib. lib.
10. *pag.*
m 946.
E remar-
que ſur
la maniere
dont en
imprime la
religion au
cœur des
enfans.

me. Il vous repliquera, n'en doutez point, qu'une nation très-eloignée de la politesse est d'autant plus propre à representer la nature toute puie. La voix de la nature se peut-elle faire entendre sous un gros monceau d'arts & de sciences, de loix & de modes, de statuts & de coutumes, de ceremonies & de controverses, & de cent autres inventions de l'esprit humain? N'est-il pas à craindre qu'une voix qui doit passer par tant de canaux ne soit plutôt la voix de l'art que celle de la nature? N'y a-t-il pas lieu de soupçonner que le même legislateur qui a retiré de l'état sauvage une telle ou une telle partie des hommes, a commencé de leur aprendre le culte des Dieux? Vous vous souviendrez, s'il vous plait, que les Auteurs les plus orthodoxes ne font point dificulté de rechercher par des conjectures très-vraisemblables quelle a été l'origine de l'idolatrie. Ils croient donc que l'artifice a fait naître cet ouvrage. Le livre que Varron avoit écrit des antiquitez commençoit par les choses humaines, & finissoit par les divines, parce, disoit l'auteur, (1) que celles ci ont été posterieures aux societez.

II. Vous pouvez repondre en second lieu que si les remarques de Mr. Fabrice se trouvoient exactes, comme vous voulez bien l'esperer, il ne seroit plus question que de deux ou trois personnes dans chaque siecle, & alors le consentement passeroit pour general en toute rigueur. Deux ou trois monstres (2) par an

(1) Varro apud August. de civit. dei lib. 6. cap. 3.

(2) Maxime de Tyr dissert. 1. pag. m. 5. compare un athée à un bœuf qui naitroit sans cornes si δὲ ἐξηγίγοντο ἐν τῷ ξύμπαντι αἰῶνι δύο τε καὶ τρεῖς ἄθεοι καὶ ταπεινοὶ καὶ ἀναισθὲς γένος, καὶ πεπλανημένοι μὲν ταῖς ὀφθαλμοῖς, ἐξηπατημένοι δὲ ταῖς ἀκοαῖς,

ἐκτετιμημένοι δὲ τὴν ψυχὴν, ἄλογον καὶ ἄγνον καὶ ἄκαρπον, ὡς ἄθυμος λέων, ὡς βοῦς ἄκερος, ὡς ὄρνις ἄπτερος. Quòd si ab omni ævo duo aut tres exiterunt, tam abjecti homines, ut sine Deo, & sine ullo sensu oberrarent: quorum neque lucem certam oculi, neque certum sonitum aures admitterent; animo vero ac præstantiore sui parte mutili essent; irrationale, sterile atque inutile hominum genus, ut si leonem sine stomacho, bovem sine cornibus, avem sine alis dicas.

ne m'empechent pas qu'on ne dise que tous les enfans viennent au monde avec une tête, deux pieds, & deux mains. Si vous ne vous souvenez pas d'un beau passage du pere Rapin, je vous le suggererai. (1) *Ce consentement si general de tous les peuples,* dit-il, *dont il ne s'est jamais trouvé aucun sans la creance d'un Dieu, est un instinct de la nature qui ne peut-estre faux, estant si universel. Et ce seroit une sottise d'écouter sur cela le sentiment de deux ou trois libertins tout au plus, qui ont nié la Divinité dans chaque siecle, pour vivre plus tranquillement dans le desordre.* Un peu auparavant il avoit parlé ainsi „ cette „ verité . . n'est contestée que par des esprits „ corrompus par la sensualité, la presomption „ & l'ignorance . . . . . Il n'y a rien de plus „ monstrueux dans la nature que l'atheisme: „ c'est un déreglement d'esprit conceu dans le „ libertinage: ce ne sera point un homme sa- „ ge, reglé, raisonnable, qui s'avisera de dou- „ ter de la Religion. Ce sera un petit esprit „ enflé du succés d'un Sonnet ou d'un Madri- „ gal, lequel luy aura reüssi dans le monde; „ qui croira sottement qu'il est plus beau de „ douter de la Religion que de s'y soûmettre. „ Ce sera un débauché, qui n'a jamais eu la „ teste assez libre, ni l'esprit assez net, pour „ juger sainement d'aucune chose. Ce sera un „ courtisan qui n'a jamais rien étudié à fond, „ & qui ne sçait que quelques Chapitres de „ Montagne, ou quelques periodes de Charon. „ Ce sera un faux sage, qui n'a de prudence & „ de conduite que pour sauver habilement les „ apparences, bien faire son personnage, & „ joüer parfaitement la Comedie. Ce sera une „ femme enyvrée de son merite, & abandon- „ née à son plaisir, qui n'a d'esprit que celuy „ qu'elle s'est fait de son libertinage (2). „

Vôtre Antagoniste ne se verroit point ici demon-

(1) *Rapin, compar. de Platon & d'Aristote ch. dernier n. 11. pag. m. 425.*

(2) *Id. ib. n 8. pag. 423.*

eloges, les careſſes, & qui plus eſt, les preſens des femmes Il eſt le diſpenſateur des charitez; la direction des conſciences n'eſt point la culture d'un terroir ingrat. Enfin il eſt ſi commode d'être devot que beaucoup de gens qui ne le ſont point font ſemblant de l'être. En general l'Egliſe eſt une très-bonne mere, elle nourrit graſſement (1) ſes ſerviteurs: ils y trouvent dequoi ſe faire venerer & dequoi ſe faire craindre. Elle fait ſubſiſter beaucoup d'ouvriers, & il y va tant de leur interêt qu'elle ſe maintienne, qu'en un beſoin ils imiteroient ceux qui deciderent par des cris horribles (2) *grande eſt la Diane des Epheſiens.*

Savez-vous bien que les Eſprits forts trouvent tout-à-fait étrange ce que l'on publie ſur les grans progrez des Miſſionaires de l'Orient. S'ils croient que l'on exaggere le nombre de ceux qui embraſſent l'Evangile dans ces païs-là par la ſeule voie de la perſuaſion, & ſans qu'on ſe ſerve le moins du monde du *compelle intrare, contrain les d'entrer;* ils ſont d'ailleurs aſſez raiſonnables pour ne nier pas les faits dont ils voient que les Jeſuïtes & les autres Miſſionaires, qui ont des procez avec les Jeſuites, demeurent d'accord; ſavoir que la moiſſon eſt très-grande à la Chine & en quelques autres païs, & que les Chretiens y ont dreſſé des Egliſes bien nombreuſes. Dès que l'on ſupoſe que les Miſſionaires font des miracles, ou que la grace du Saint Eſprit ſeconde leurs predications, on donne facilement la raiſon des phenomenes, l'on ne s'étonne plus que tant de Paiens ſe rangent ſous les enſeignes d'un Dieu crucifié, & qu'ils donnent leur conſentement à des doctrines ſi peu conformes aux idées naturelles; mais les eſprits forts ne croiant ni les miracles, ni l'operation interieure de la grace, ſont obligez de chercher d'autres principes pour

(1) *Voici ce que Palingenius* lib 5 pag. m 111. *a dit des Prêtres & des Moines:* Deme autem lucrum, ſuperos & ſacra negabunt. Ergo ſibi, non cœlicolis, hæc turba miniſtrat. Utilitas facit eſſe deos: qua nempe remota, Templa ruent, nec erunt aræ nec Juppiter ullus.

(1) *Voiez ci-deſſus* pag. 52.

pour donner raison de ces changemens de foi,
& ils n'en trouvent point de plus specieuses
que de dire que l'on gagne les Chinois en les
étonnant d'abord par la terreur des Enfers, &
en les assûrant tout aussi-tôt non seulement de
la delivrance de ces peines, mais aussi d'une
felicité infinie, pourvu qu'ils mettent leur confiance en la croix de J E S U S-C H R I S T.

Vous, Monsieur, qui étes un bon Chretien
reformé, pourriez-vous blamer ici les esprits
forts? Vous ne croiez pas non plus qu'eux que
les Missionaires de Rome fassent des miracles
ni que la grace du Saint Esprit accompagne
leur predication; car selon vos principes cette
grace ne se donne qu'aux élus, & la conver-
sion faite par ces Missionaires ne retire personne de la voie large qui mene à la perdi-
tion, elle fait seulement passer d'une idolatrie
à une autre. Vous devez donc attribuer à des
causes purement naturelles la docilité que tant
de Chinois temoignent pour ces Catechistes-
là. Or je vous defie d'imaginer des raisons
plus vraisemblables que celles des Esprits forts.

N'allez point me donner le change, ne me
transportez point de l'Orient à l'Occident, ne
me parlez point, dis-je, des conversions Ameri-
quaines. Je sai qu'elles ont été l'effet de la
violence generalement parlant, & que la stupidité & la barbarie de la plupart des nations
subjuguées par les Espagnols, les rendoient in-
disciplinables sur les articles de la religion
Chretienne. Laissons donc cela, ne parlons
que des Chinois, nation savante & ingenieuse
autant qu'aucune autre. Quelle raison donneriez vous de ce qu'ils se laissent convertir par des
Missionaires qui ne sont nullement en état d'emploier la force du bras seculier, & qui ne peuvent
mettre en usage que les voies d'insinuation, &
d'instruction? Ne trouvez vous pas vrai-sem-

blable

blable que ces nouveaux Apôtres étalent d'a
bord avec toute l'industrie & avec toute l'a
dresse de leur eloquence les delices du Paradi
& les horreurs de l'Enfer, qu'ils commencent
par faire sentir que l'on est coupable devant
Dieu, que la peine du peché doit être infinie
puis qu'il offense un être infini, que la justice
divine est inexorable à moins qu'elle ne reçoi-
ve une satisfaction proportionée à l'infinité de
l'ofense, qu'elle l'a reçue cette satisfaction-là
par la mort de Jesus-Christ, & que Dieu
ajant été apaisé envers les hommes par cette
mort ne se contente pas de leur remettre la
peine qu'ils meritoient, mais leur ofra aussi
une felicité éternelle pourveû qu'ils embrassent
la religion de Jesus-Christ. La conclusion est que ceux qui refuseront de l'embrasser, seront beaucoup plus malheureux éternellement que ceux à qui elle n'a jamais été pre-
sentée. La plûpart de ces principes sont aisez
à insinuer, car il n'y a point d'homme qui
ne se souvienne qu'il a fait des choses qu'il
croioit être des pechez, & il n'y a point de religion qui n'enferme ces deux idees, l'une qu'il
y a une justice divine qui punit severement
ceux qui l'ofensent, l'autre qu'elle s'apaise par
les prieres, & par les ofrandes de l'homme.
Tous les Paiens ont eu recours à des sacrifices
& à des expiations quand ils ont voulu faire
cesser les malheurs publics ou particuliers dont
ils croioient que les Dieux les châtioient.

Vous comprenez donc sans peine que les
Chinois alarmez par les menaces de l'enfer, &
consolez par l'esperance du Paradis trouvent le
compte de l'amour propre à embrasser le Christianisme d'autant plus qu'on les assûre qu'a-
vant même qu'ils sortent de cette vie pour aller prendre possession d'une felicité inimagi-
nable, ils seront cent fois plus heureux que
les

les mondains. Pourquoi? C'est que la grace du Saint Esprit restira mille douceurs & mille consolations dans leur ame: c'est qu'ils seront protegez dans leurs afaires temporelles par l'intercession du Fils de Dieu, & par celle de la sainte Vierge, & d'une infinité de Saints, &c.

Aiant été ainsi gagnez il ne faut point craindre que la severité de la morale Evangelique les effarouche: on la leur montre successivement par les endroits les moins propres à rebuter, mais quoi qu'il en soit s'ils éprouvent qu'il est dificile de se maintenir dans l'état de grace, ils aprenent en même tems qu'il est facile de s'y rehabiliter. La même religion qui leur enseigne qu'il faut pratiquer des devoirs tout-à-fait durs à la nature, leur presente des remedes prompts & aisez contre les chutes, il n'y a qu'à se repentir, & qu'à declarer ses fautes à un Confesseur.

Le (1) ciel defend, de vrai, certains contentemens,
Mais on trouve avec lui des accommodemens.

Vous avez lu sans doute ces paroles de Mr. Daillé „ (2) Qui ne voit que l'esperance d'u-
„ ne absolution si facile, & si seure convie
„ plûtost à pecher, & augmente la licence &
„ l'audace du vice, au lieu de la mortifier?
„ Les sauvages du Canada comprirent bien
„ eux-mesmes ce secret; qui voyans un de
„ leurs compatriotes, converty au Christianis-
„ me, faire scrupule de quelque chose, à
„ quoy ils le sollicitassent, de peur d'offenser
„ Dieu; *Les robbes noires* (luy dirent-ils, en
„ parlant des Jesuites) *effaceront demain ton*
„ *peché. Ne crain pas ce peché, qui demain*
„ *ne sera plus quand tu te seras confessé* (a). „
Vous savez aussi ce que le même Ministre repli-
qua à ceux qui le critiquerent. (3) *C'est comme*
si j'eusse dit; Il n'est pas jusques aux hommes les
plus rudes & qui n'ont rien ajoûté par aucune

culture

(1) *Mo-*
liere dans
le Tartuffe
act. 4. sc.
5. pag. m.
76.

(2) *Daillé*
lettre à
Mr. le Côte
pag. 20.

(a) *Rela-*
tion du Ca-
nada de
l'année
1642. p.
32.

(3) *Id.*
replique à
Adam &
à Cottibi
3. part.
ch. 14. pag
226.

culture humaine a ce que la nature leur a donné de sens & d'esprit, qui ne sentens dès l'a-
bord que vôtre Confeſſion conduit le pecheur a
eſperer trop facilement le pardon de ſes fautes
. . . . Le témoignage que les Sauvages meſmes rendent a la verité, que j'ay miſe en avant,
en vaut mille, & conclut d'autant plus fortement
pour moy, que plus ceux, qui le rendent, ſont
groſſiers & ſimples; étant une fidele & naïve ex-
preſſion du jugement que la Nature fait d'elle
meſme de vôtre Confeſſion. -Je m'imagine que
vous adoptez de tout vôtre cœur ces ſentimens de Mr. Daillé, & par conſequent je dois
croire que vous ne douterez pas que les con-
vertis de la Chine infiniment plus ingenieux
que les Sauvages du Canada n'accomodent facilement avec l'amour propre le tribunal de la
confeſſion auriculaire.

　　Vous dirai-je que les Chretiens obſervent en
toute rencontre que Mahomet gagna une infinité de diſciples parce qu'il promettoit un Paradis ſenſuellement voluptueux? Or comme
le droit de retorſion a eu toûjours lieu dans
la diſpute, ne faut-il pas s'attendre que les Ma-
hometans (1) s'en ſervirent contre les Chretiens? Le Pere Rapin a-t-il dû croire que les
Eſprits forts n'en uſeroient pas contre lui? Il
leur auroit repliqué, & ils lui euſſent repliqué
toties quoties: & cela n'eut fait qu'embrouiller
de plus en plus la queſtion.

　　Mais qu'eut-il pu repliquer à un nouveau
Catholique qui avoit été un fameux Miniſtre
de l'Egliſe Reformée de Poitiers, & qui a
dit (2) qu'il eſt faux que les Athées ne viennent jamais à la Confeſſion, ou qu'ils n'y aillent
que par des raiſons mondaines; car combien y en
a-t-il parmi eux qui ne croyans point de Dieu,
FONT TOUS LEURS EFFORTS POUR EN
CROIRE, & qui n'eſtans tombez dans cette mau-

dite

(1) Voiez
dans le
Dictionai-
re biſtori-
que & cri-
tique la
remarque
M. de l'ar-
ticle Ma-
homet.

(2) Coſſiby
replique à
la lettre de
Monſieur
Daillé
pag. 52.

lite creance, que par un certain aſſoupiſſement
ſ'eſprit, CHERCHENT TOUTES LES OCCA-
SIONS DE S'EN RETIRER? Le Pere Rapin
trouve là ſa condamnation. On peut voir auſſi
le chapitre 187. de mes Penſées diverſes. J'y
ai cité deux paſſages que je puis fortifier par
un troiſiéme où Cotta deſire (1) qu'on lui ôte
tous les doutes qui l'embarraſſent quelquefois
ſur l'exiſtence des Dieux. J'ai dit quelque part
(2) que l'un des grans defenſeurs de la liberté
de Rome auroit voulu croire pour l'interêt de
ſa cauſe l'exiſtence des eſprits. C'étoit un Sec-
tateur d'Epicure. Il eſt certain en general que
comme il y a des choſes que l'on croit à cauſe (3) qu'on les ſouhaite, il y en a d'autres
que l'on ne peut croire quoi qu'on ſoit intereſſé à n'en douter point. Voiez le chapitre
14. du ſuplement (4) du commentaire philoſophique ſur *contrain les d'entrer.* Mr. Saurin
qui a refuté cet Ouvrage ſupoſe (5) qu'un autre interêt encore plus ſeduiſant empeche alors
la perſuaſion. Il pretend (6) que l'on n'em-
braſſe les fauſſes doctrines & que l'on n'y per-
ſevere que par l'inſtinct de quelque paſſion de
la nature corrompuë. Il diroit donc que les
Chinois ſe ſont faits Chretiens par quelque paſſion de ce genre-là. En voudroit-il bien exclure l'eſprit de mercenarité? Avez-vous jamais pris garde à ces paroles de Platon? *Je*
D 3 *crains*

(1) Ego
ipſe Pon-
tifex qui
cæremo-
nias reli-
gioneſque
publicas
ſanctiſſi-
mè tuen-
das arbi-
tror, is
hoc, quod
primum
eſt, eſſe
Deos, per-
ſuaderi
mihi non
opinione
ſolùm, ſed
etiam ad
veritatem
planè ve-
lim: multa
enim oc-

currunt quæ conturbent, ut interdum nulli eſſe videantur.
Cicero de nat. deor. lib. 1. *pag. m.* 85. (2) *Dans le*
Diction. hiſt. à la remarque I *de l'article de Caſſius le meur-*
trier de Jules Ceſar. (3) *Voiez Paſquier, recherch. de la*
France liv. 6. *ch.* 34. *pag. m.* 235. (4) *Il y a d'autres chapitres*
dans le même ſuplement qui ont du raport à cela. (5) *Sau-*
rin, reflex. ſur les droits de la conſcience pag. 227. & *ſuiv.*
(6) *Dans le même livre en cent endroits.*

(1) Θεόῦ-
μαι τὰς
μοχθηρὸς
....μήτως)
ὑμῶν κα-
ταφρονή-
σωσιν.
ὑμεῖς μὲν
γὰρ οὐκ
ἴςε αὐτῶν
περὶ τὴν
τῆς διαφο-
ρᾶς αἰτίαν,
ἀλλ᾽ ὑγρῶ-
δει ἀκρα-
σείᾳ μόνον
ἡδονῶν τε
κỳ ἐπιθυ-
μιῶν ἐπὶ
τὸν ἄσωτϐ
βίον ὁρμᾶ-
δαι τὰς
ψυχὰς
αὐτῶν:
Timeo
fceleftos
homines
...ne forte
vòs con-
temnant.

crains (1) fait il dire à un interlocuteur aprè
qu'un autre eut donné deux preuves de l'exi
ftence divine; *que les athées ne vous traitent d*
haut en bas, car vous ignorez leurs raifons. &
vous vous imaginez que la feule fougue de leurs
voluptez les entraine à l'impiété.

Vous favez la maxime de Petrone (2) que
la crainte infpirée aux hommes par la chute de
la foudre a été la premiere caufe de la religion. Seneque infinuё une autre origine. Il
dit (3) que la raifon pour laquelle tous les
hommes fe font accordez à l'invocation des
Dieux eft qu'ils les ont trouvez bienfaifans
tantôt par des graces qui fe prefentoient d'elles-mêmes, & tantôt par des faveurs accordées
aux demandes. Selon cette idée nous com-
prendrions avec la derniere facilité d'où eft venu que le ciel en general, & le foleil en particulier ont été l'objet de la plus ancienne idolatrie, car les hommes les plus ftupides ont pu
reconoître qu'il y avoit-là une caufe bienfai-
fante qui les prevenoit, qui par fa chaleur, &
par fes pluies faifoit croître fur la terre les alimens dont ils avoient le plus de befoin. Par le
même principe l'on a attaché fuccefivement
fon culte à tous les êtres dont on a cru recevoir des graces, l'on a deifé (4) les infi-
gnes bienfaiteurs, & l'on s'eft attaché à ces
objets

Vos enim differentiæ iftorum caufam ignoratis, & inconti-
nentia voluptatum cupiditatumque tantummodo putatis ad
impiam animos eorum vitam corruere. *Plato de legib. lib.*
10. *pag.* 945. E.   (2) *Voiez les Penfées diverfes ch.* 65.
(3) Nec in hunc furorem omnes mortales confenfiffent
alloquendi furda numina & inefficaces Deos, nifi noffent
illorum beneficia nunc ultro oblata, nunc orantibus data,
imagna, tempeftiva, ingentes minas interventu fuo folven-
tia. *Seneca de benefic. lib.* 4. *cap.* 4. *pag. m.* 70.   (4) *Voiez*
le Dićtion. hift. & crit. à l'article de Pericles *remarque* 7.

objets de religion afin de continuër d'en être
favorisé. Je ne vous dis pas que ni la maxime
de Petrone ni celle de Seneque soient veritables, je vous dis seulement que les esprits forts
vous en feront une chicane, une retorsion importune pendant que vous vous amuserez à
leur objecter que l'interêt de leurs passions est
la source de leur mecreance.

Mais revenons au Pere Rapin, & prions le
de considerer. l'argument fameux de Mr. Pascal, (1) cette raison tirée de l'interêt de l'amour propre laquelle a paru si solide à tant
d'Ecrivains, & si capable de faire entrer dans
le chemin de la religion.

(1) Voïez dans le Dictionaire hystor. & crit. la remarque *f* de l'article Paschal.

§. XX.

Examen d'une troisiéme reponse à la dificulté proposée dans le chapitre 13. En quel sens il est aisé de conoître qu'il y a un Dieu. Obstacles dans la voie d'examen.

Passons à une autre chose que vous pouvez
opofer à ma premiere dificulté.

III. Vous pourriez repondre en troisiéme
lieu que l'on conoît si facilement qu'il y a une
Divinité que le sufrage d'un homme docte n'est
pas plus considerable sur ce point là que celui
d'un païsan. Il n'est donc point necessaire de
peser les voix, il sufit de les compter, de sorte
que le rabais que l'on devroit faire sur le consentement general des peuples seroit bien-tôt
mesuré à cause de l'équivalence des temoignages. Ce seroit même trop honorer l'athée
Diagoras qui ferme les yeux au ciel, que de
mettre en concurrence son sufrage avec celui
d'un enfant qui n'a pas plutôt consideré la
vaste machine des cieux qu'il se persuade qu'il
y a un Dieu. Voilà qui est bien-tôt dit, mais
vôtre Antagoniste ne s'en contenteroit pas.

H

(1) Cum multæ res in philosophiâ nequaquam satis adhuc explicatæ sunt, tum perdifficilis, Brute (quod tu minimè ignoras): & perobscura quæstio est de Naturâ Deorum: quæ & ad agnitionem animi pulcherrima est, & ad moderandam religionem necessaria. De quâ tam variæ sunt doctiſſimorum hominum, tamque discrepantes sententiæ, ut

Il repliqueroit que vous sautez ses principales instances, & que vous ne resolvez pas celle que vous attaquez. Il n'y a rien de plus facile que de conoître qu'il y a un Dieu, si vous n'entendez par ce mot qu'une cause premiere & universelle. Le plus groſſier & le plus stupide païsan est convaincu que tout effet a une cause, & qu'un très-grand effet supose une cause dont la vertu est très-grande. Pour peu qu'il reflechiſſe ou de soi-même ou par l'avertiſſement de quelcun, il voit clairement cette verité. Le consentement general ne soufre aucune exception à cet égard-là, on ne trouve ni aucun peuple ni aucun particulier qui ne reconoiſſe une cause de toutes choses. Les athées sans en excepter un seul signeront sincerement avec tous les Orthodoxes cette these-ci: *Il y a une cause prémiere, universelle, éternelle, qui existe neceſſairement, & qui doit être apellée Dieu.* Tout est de plein pied jusques-là, personne ne fera un incident sur les mots: & il n'y a point de philosophes qui faſſent entrer plus souvent le nom de Dieu dans leurs systemes que les Spinozistes. Mais de là vous devez conclure que ce n'est point dans cette these si évidente que consiste le vrai état de la question. Un formulaire que les sectateurs de la fauſſeté peuvent signer conjointement avec ceux de la verité est une chose captieuse, & neceſſairement defectueuse. Il ne sufit donc point de conoitre qu'il y a un Dieu, il faut de plus determiner le sens de ce mot, & y attacher une idée, il faut, dis-je, rechercher quelle est la nature de Dieu, & c'est-là où commence la dificulté. C'est un sujet que les plus grands philosophes ont trouvé obscur, (1) & sur lequel ils ont été partagez en plusieurs sortes de sentimens fort contraires. On les a insultez sur leurs divisions, on

leur

leur a reproché qu'ils ne savoient à quoi s'en
tenir, les uns niant qu'il y eut des Dieux,
d'autres qu'ils se melassent de rien, d'autres soutenant leur existence & leur providence, quelques-uns leur assignant des figures, & des pla-
ces, & discourant de leurs actions & de leur
vie; & tous alleguant des raisons probables qui
pouvoient être un attrait & une amorce pour la
credulité de leurs auditeurs. Voilà ce que Julius Firmicus Maternus a objecté aux philosophes pour leur retorquer les variations, les
contradictions des astrologues. (1) *Nec hoc*
est admiratione dignum, cum sciamus inter istos
(Philosophos) *quanta sit de ipsa deorum natura*
dissensio, quantisque disputationum argumentis
vim totam divinitatis conentur evertere, cum alii
Deos non esse dicant, alii esse quidem, sed nihil
procurare definiant, alii & esse, & rerum nostra-
rum curam procurationemque suscipere, & tanta
sint hi omnes in varietate & dissensione, ut lon-
gum & absurdum sit . . . singulorum enumerare sen-
tentias. nam alii & figuras his pro arbitrio suo
tribuunt, & loca assignant, sedes etiam consti-
tuunt, & multa de actibus eorum vitaque descri-
bunt, & omnia que facta & constructa sunt ip-
sorum arbitrio regi gubernarique pronunciant.
Alii nihil moliri, nihil curare, & ab omni admi-
nistrationis cura vacuos esse dixerunt, afferuntque
omnes verisimile quiddam quod auditorum animos
ad facilitatem (2) *credulitatis invitet.*

Il ne peut point être facile à l'homme de conoître clairement ce qui convient, ou ce qui ne
convient pas à une nature infinie. Agit-elle necessairement ou avec une souveraine liberté d'in-
diference? Conoit-elle, aime-t-elle, hait-elle
par un acte pur & simple le present, le passé &
l'avenir, le bien & le mal, un même homme
successivement juste & pecheur? Est-elle infiniment bonne? Elle le doit être, mais d'où

vient

magno
argumen-
to esse
debeat,
causam,
id est
princi-
pium phi-
losophiæ.
esse scien-
tiam:
Cicero de
nat. deor.
init.

(1) Jul.
Firmicus
Maternus
astrono-
mie. lib. 1.
in præfat.
fol. a ii.
edit. Ven.
1499. in
fol.

(2) *Voiez*
dans le
Diction.
histor. &
crit. pag.
2782. let-
tre c de
la 2. édit.
une sem-
blable pen-
sée d'Ar-
nobe.

(1) *Voiez Seneque praf. lib. 1. natur. quaest.*

(2) *Diction. hist. & crit. pag. 2711. & suiv. 2. édit.*

(3) *Voiez ce que Ciceron lib. 1. de nat. Deorum raporte de la doctrine de plusieurs philosophes touchant les Dieux. Voiez aussi* Plutarque de placitis philosoph. lib. 1. cap. 7.

vient donc le mal? Est-elle immuable, ou change-t-elle ses resolutions flechies par nos prieres (1)? Est-elle étendue, ou un point indivisible? Si elle n'est point étendue, d'où vient donc l'étendue? Plusieurs & semblables autres questions qui se presentent à l'esprit humain l'étonnent & l'embarassent: les incomprehensibilites l'arrêtent à chaque pas, s'il se tourne d'un côté pour éviter des impossibilitez aparentes, il en rencontre qui ne sont pas moindres. Vous pourrez voir dans mon article de (2) Simonide combien il est malaisé de definir Dieu. Il y a de grans philosophes dont les meilleures idees sont ridicules sur cela (3). Ceux qui en certains endroits parlent le plus noblement de Dieu, en parlent ailleurs d'une maniere qui fait voir qu'ils le confondent avec la nature (4). On a donné des recueils des atheïsmes d'Aristote (5), & vous n'oseriez nier que le peuple (6) parmi les Chretiens ne se forme des notions si basses & si grossieres de Dieu que rien plus. Ne dites donc point que le sujet en question est si aisé qu'il ne faut qu'ouvrir les (7) yeux pour le conoitre. Souvenez vous que de très-grans philosophes ont contemplé toute leur vie le ciel & les astres, sans cesser de croire que les Dieux qu'ils reconoissoient, n'avoient point créé le monde & ne le gouvernoient point.

Les

(4) *Cela se peut prouver par divers passages de Seneque, & d'autres auteurs. Voiez ci-dessous le chap. 26. (5) Voiez le Dictionnaire hister. & critiq. pag. 351. de la 2. edition, & Samuel Parker disput. de Deo pag. 369. & seq. edit. Londin. 1678.*
(6) *Voiez Mr. Locke, essai de l'entendement liv. 1. ch. 3. pag. 79.*
(7) *C'est-à-dire, que regarder le ciel. Quid potest esse tam apertum, tamque perspicuum, cùm caelum suspeximus, caelestiaque contemplati sumus, quàm esse aliquod Numen praestantissimae Mentis, quo haec regantur. Cicero de nat. deor. lib. 2. p. m. 196. Voiez sur cela les notes de Lescalopier qui cite entre autres autoritez le prophete David Psal. 8. 18 (alias 19.)*

Les preuves de ſentiment ne concluent rien.
On en a en Saxe touchant la preſence réelle,
tout comme en Suiſſe touchant l'abſence réelle.
Chaque peuple eſt penetré de preuves de ſentiment pour ſa religion: elles ſont donc plus
ſouvent fauſſes que vraies.   Vôtre Antagoniſte
vous dira qu'il s'agit ici d'une queſtion ſemblable à une pillule qui étant avalée tout d'un
coup ne fait ſentir rien d'amer, mais qui étant
bien machée & bien remachée fait ſentir de
l'amertume.   C'eſt une queſtion qui apartient
à la plus profonde & à la plus abſtruſe philoſophie, (1) & par conſéquent elle demande beaucoup de meditations & de diſcuſſions.   Ne dites donc plus que les ſufrages y doivent être
comptez & non pas peſez: & ſi vous avez
envie de vous determiner par l'autorité, mettez
ſeulement en parallele les ſentimens des experts; c'eſt-à-dire, de ceux qui ont bien examiné.   Je vous accorde que vous y trouverez
vôtre compte.   Mais ce ſeroit une illuſion que
de vous fier aux conſentemens populaires. On
a été perſuadé avant l'age d'examiner, & l'on
continuë à l'être ordinairement parlant ſans
examiner.   Peu de gens ſont en état de faire
de bonnes diſcuſſions, car ou ils n'ont pas aſſez
de lumieres, ou ils ont trop d'attachement à
leurs prejugez.   Or de vouloir que des perſonnes zelées pour la religion examinent meure-
ment, équitablement, exactement le parti contraire, c'eſt pretendre que l'on peut être bon
juge entre deux femmes, de l'une deſquelles
l'on eſt amoureux pendant que l'on n'a pour
l'autre que de l'averſion.   Lycidas aime eper-
dument Uranie, & hait mortellement Corinne: ſachez nous dire, le priera-t-on, laquelle
des deux a le plus de charmes: examinez bien
la choſe: il promettra de le faire, mais à coup
ſûr il prononcera pour Uranie, & ne ſe con-

(1) *Voiez
Seneque
ubi ſupra,
& notez
que Mr.
Jaquelot
Préface
de la Diſ-
ſertat. ſur
l'exiſtence
de Dieu
reconoît
que la di-
vinité eſt
un objet
qui ne tom-
be pas ſous
les ſens,
mais un
être ſpiri-
tuel que
nous ne
pouvons
aborder
que par
l'effort de
l'eſprit &
de la me-
ditation.*

tentera pas de la preferer à Corinne; il la pre-
ferera auſſi à toutes les autres femmes, & même

Il dira qu'Uranie eſt ſeule aimable & belle.

Sa raiſon (1) ſera d'accord ſur cela avec ſon
cœur. C'eſt ainſi à-peu-près que l'on en uſe
dans l'examen des religions (2).

Ce n'eſt pas que tous ceux qui examinent
aient un vrai zéle, ce zéle qui attache principalement à la pratique des vertus: il eſt bien
rare ce zéle-là; mais ils ont pour le moins une
autre ſorte d'affection, un deſir ardent que
leur ſecte ſoit triomphante, ou bien établie, &
fort en état ou de ſubjuguer les autres, ou de ſe
defendre contre-elles. Ce zéle-là qui fait que
des gens qui ſuivent très-mal la morale de leur
Egliſe, ſe batent comme des lions pour le tem-
porel de la theorie, eſt un auſſi grand obſtacle
à l'examen des raiſons de chaque parti, que le
vrai zéle. Or puis que pour bien examiner les
raiſons du pour & du contre il faut mettre à
part tous les prejugez, & ſe conſtituer neutre
entre les parties, où trouverez-vous de bons
examinateurs de nôtre queſtion? Ignorez-vous
les vacarmes des Anti-Carteſiens? Que n'a-t-on
point dit ſur ce que Mr. Deſcartes ordonne de
douter de tout à ceux qui recherchent la ve-
rite? Ne lui en a-t-on pas fait un grand crime
comme s'il avoit permis d'être un moment
ſans une pleine & actuelle perſuaſion de l'exiſtence de Dieu.

Voici un argument de comparaiſon qui
vous fera voir de plus en plus combien eſt ſu-
perieure l'autorité d'un jugement qui n'a
point été traverſé par la preoccupation. On
objectoit anciennement aux philoſophes dogmatiques qu'ils n'étoient guere capables de
faire un juſte diſcernement parmi les diverſes
ſectes qui regnoient alors: on en donnoit pour
raiſon

(2) *Voiez
le fameux
ſonnet d'U-
ranie dans
les œuvres
de Voiture,
& Coſtar
dans la
defenſe des
ouvrages
de Voiture
pag. 134.
& ſuiv.*

(1) *Voiez
dans le
Dictionnai-
re hiſt. &
crit. la re-
marque D
de l'article
Pelliſſon.*

raiſon qu'ils s'étoient aſſujetis à un **parti** avant que d'être en état de juger de ce qui étoit le meilleur. Ils s'étoient laiſſé gagner dans leur jeuneſſe ou par un ami, ou par le diſcours du premier Docteur qu'ils avoient été entendre: ils avoient jugé d'une choſe qu'ils ne connoiſſoient pas, & ils s'arretoient à leurs premiers jugemens comme à une maiſon fixe. C'eſt à cauſe, diſoient-ils, que nous nous ſommes conformez à la doctrine d'un ſage; mais, leur repliquoit-on, étiez-vous aſſez éclairez pour juger que c'étoit un ſage? Ce jugement-là ne doit-il pas ſupoſer que l'on eſt habile, ne ſurpaſſe-t-il point les forces d'un écolier? Enfin on diſoit d'eux ou qu'aiant examiné comme ils avoient peu ils avoient porté jugement, ou qu'en ſuite de la premiere leçon ils s'étoient ſoumis à l'autorité d'un maitre. On ajoutoit que pour la plupart ils aimoient mieux ſoutenir avec une extreme chaleur la doctrine qu'ils avoient aimée, que d'examiner ſans obſtination. Je ne vous dis rien là que vous ne puiſſiez (1) trouver dans ce beau Latin: (2)

Cæteri primum ante tenentur aſtricti, quàm quid eſſet optimum, judicare potuerunt. Deinde infirmiſſimo tempore ætatis aut obſecuti amico cuidam, aut una alicujus quem primum audierunt, oratione capti, de rebus incognitis judicant, & ad quamcunque ſunt diſciplinam quaſi tempeſtate delati, ad eam tanquam ad ſaxum adhæreſcunt. Nam quod dicunt, omnino ſe credere ei, quem judicent fuiſſe ſapientem, probarem, ſi id ipſum rudes & indocti judicare potuiſſent. Statuere enim quid ſit ſapiens, vel maxime videtur eſſe ſapientis. Sed ut potuerunt omnibus rebus auditis, cognitis etiam reliquorum ſententiis judicaverunt, aut re ſemel audita ad unius ſe autoritatem contulerunt. Sed neſcio quomodo plerique errare malunt, eamque ſententiam quam adamaverunt,

(1) C'eſt-à-dire quant au ſens, car je n'ai point pretendu traduire.

(2) *Cicero Academ. quæſt. lib. 2. fol. 202.* C.

pugna-

pugnacissime defendere, quàm sine pertinacia quid constantissime vacant vaquirere. Or si les philosophes mêmes devenoient par ce choix prematuré mal propres au discernement des opinions, comment voudriez vous que la populace preoccupée dès le berceau fut reçu pour arbitre dans la matiere dont nous traitons?

§. XXI.

Recapitulation & confirmation du chapitre precedent. Remarque sur les systemes de Mrs. Cudworth & Grew.

Recapitulons, s'il vous plait, ce que je viens de repandre dans le 20. chapitre, & rendons le encore plus fort.

I. On trouvera sans aucune peine un centre d'unité à l'opinion de tous les hommes, pourvu que l'on se contente de ce formulaire general, *Dieu existe.* Cette proposition n'excluant point nettement la pluralité des Dieux, & n'enfermant aucune action auroit été acceptée par les Paiens aussi bien que par les Juifs, & n'auroit point deplu aux sectateurs d'Epicure, & comme elle n'exprime point un être qui agisse librement, & avec une conoissance generale de toutes choses, les athées les plus fiefez l'accepteroient, car quel homme est assez bourru pour s'amuser à une dispute de mot dans une afaire comme celle-là?

II. Mais si vous alongiez le formulaire en y ajoutant, *Dieu a fait le monde,* vous verriez sortir tout aussi-tôt du centre de l'unité quelques sectes de philosophes, les atomistes qui ont precedé Epicure, ceux qui l'ont suivi, les Physiciens (1) qui ont precedé Anaxagoras, &c.

III. Vous verriez sortir du même centre plu-

plusieurs philosophes si vous ajoutiez au formulaire, *Dieu gouverne le monde, & dispense les*
tonnerres. Ciceron sera mon témoin, car
voici ce qu'il affirme: (1) *Primum deos sumus, si*
sunt dii, beneficos homines sunt. Quae hoc vobis
dabit? Epicurusne qui negat quicquam deos nec
alieni curare nec sui? An noster Ennius? qui ma-
gno plausu loquitur assentiente (2) *populo:*

> Ego Deûm genus esse semper dixi, & dicam
>   caelitum
> Sed eos non curare opinor quid agat huma-
>   num genus.

Et quidem quare sic opinetur, rationem (3) *sub-*
jicit, sed nihil est necesse dicere quae sequuntur;
tantum sat est intelligi id sumere istos pro certo,
quod dubium controversumque sit. Sequitur por-
rò nihil deos ignorare, quod omnia sint ab iis
constituta. Hic vero quanta pugna est doctissimo-
rum hominum, negantium esse haec à diis immor-
talibus constituta.

IV. Si vous exprimiez dans le formulaire
qu'il n'y a qu'un Dieu, vous revoqueriez tout
le Paganisme, & il a été un tems que le petit nombre de signatures vous eut étonné.

V. Si vous declariez que Dieu est totalement distinct de l'étendue, qu'il n'a aucune
étenduë, je ne sai pas où vous trouveriez des
souscriptions. La plupart des anciens philosophes vous contrediroient: tous les esprits populaires vous repondroient au milieu même du
Christianisme que puis que Dieu est par tout,

il

---

(2) Il est
à remar-
quer que
cette sen-
tence impie
debitée sur
le theatre
ne choqua
pas le peu-
ple Ro-
main.
C'est tout
ce que j'en
dis, car je
doute de
ce grand
aplaudisse-
ment dont
Ciceron
veut qu'el-
le ait été
honorée.
Mais il est
sûr que les
Grecs &
les Ro-
mains tous
supersti-
tieux qu'ils
étoient,

---

laissoient dogmatiser les sectateurs d'Epicure. On ne sauroit
parler plus hardiment que Lucrece. (3) Ciceron de
nat. deor. lib. 3. fol. 302. D. raporte ainsi cette raison.
Nam si curetis, bene bonis sit, male malis, quod nunc
abest.

il faut qu'il soit étendu. Il est étendu virtuelle-
ment , & non pas formellement, leur repon-
driez-vous; mais ils vous repliqueroient que
l'étenduë virtuelle est une chose dont on n'a
aucune notion , & que personne n'a jamais
conuë.

VI. Abregeons, & contentons nous de dire
qu'à mesure que vous allongerez vôtre formulaire, vous verrez multiplier les opinions, &
sortir du centre de l'unité un plus grand nombre de gens les uns d'un côté, les autres d'un
autre. Vous verrez même que ceux qui seront
sortis par la même porte se diviseront en suite, & ne s'accorderont guere mieux ensemble
qu'avec ceux qui étoient sortis par un autre
endroit. Tout sera rempli de nonconfor-
mistes.

VII. Ne direz-vous pas enfin que cela témoigne que le sujet de la question n'est point
si aisé que vous l'aviez cru, qu'il faut autre
chose que des yeux pour le decider, que ceux
qui en ont voulu juger sur l'etiquete du sac, je
veux dire par la simple consideration du ciel,
sont tombez dans la folie de croire que les astres sont des Dieux. C'est, dit-on, la plus ancienne idolatrie qui ait infecté le monde. Per-
sisterez vous à dire que la foule des ignorans
doit decider cette question? Ne croirez-vous
pas qu'un fait si profond n'est point de la competence du peuple, mais seulement du ressort
des philosophes?

VIII. L'esprit humain est si rempli de tenebres à cet égard-là que des philosophes mêmes qui n'ont point cru être athées, ont enseigné un atheisme materiel. Je vous renvoie à
Mr. Cudworth (1) qui a trouvé quatre sortes
d'atheisme parmi les anciens philosophes, &
qui a fort bien remarqué outre cela que la
doctrine même de ceux qui ont reconu des
                                        Dieux

(1) *Voiez
les extraits
que Mr. le
Clerc en
donne dans
sa biblio-
thèque
choisie to.
2. pag. 11.
& suiv.*

Dieux , a été quelquefois un vrai athéïsme. (1) *Mr.*
Telle étoit celle d'Hesiode: Il „ (1) avoit dans *le Clerc*
„ le fonds les mêmes principes que les Athées *ibid. pag.*
„ Materialistes (2) & on ne le peut disculper 47.
„ d'Atheïsme , qu'en disant qu'il a appellé
„ *Dieux* Jupiter & les autres, comme on fai- (2) *Ils*
„ soit communement en Grece; par une dé- *croioient*
„ pravation de l'ancienne Théologie, laquelle *que toutes*
„ dépravation ne valoit guere mieux que l'A- *choses, ex-*
„ theïsme. Car enfin des Dieux qui n'ont point *cepté la*
„ créé le Monde, des Dieux qui ont commen- *substance*
„ cé & qui par consequent peuvent finir, com- *de la ma-*
„ me Mr. *Cudworth* l'a fort bien remarqué, *tiere, sont*
„ ne sont pas des Dieux. Quand on recher- *sujettes à*
„ che si quelcun a crû qu'il y a un *Dieu*, *la genera-*
„ on recherche s'il a crû qu'il y a un Créa- *tion, & à*
„ teur de toutes choses, sans commencement *la corrup-*
„ & sans fin; & si l'on trouve que celui, dont *tion; ce*
„ on veut savoir le sentiment, n'établit rien *qui est*
„ de semblable, & qu'il ne fait que nommer *un pur*
„ *Dieux* des Divinitez imaginaires, qu'il sup- *Atheïsme.*
„ pose avoir commencé après la creation du *Car enfin*
„ monde; on ne peut le regarder, que com- *il s'ensuit*
„ me une espece d'Athée. „ *de là que*
I X. Quand vous verrez dans les extraits de *non seule-*
Mr. Cudworth le detail des quatre especes de *ment les*
l'ancien atheïsme, & la reputation des philo- *Ames des*
sophes qui formoient ces quatre sectes, vous *animaux*
trou- *& des*
hommes,

mais encore des Dieux, (si ces Materialistes en reconnoissoient,
ce qu'ils faisoient peut-être en paroles, & en entendant par
là des Intelligences un peu plus parfaites que les Ames hu-
maines) étoient engendrées de la matiere & par consequent,
corruptibles. Dire qu'il n'y a point d'autre Divinité, qu'u-
ne Divinité, qui a été produite & qui peut cesser d'être;
qu'il y a eu un temps auquel il n'y en avoit point, & qu'il
pourroit se faire qu'il n'y en eût plus; est la même chose que
dire , qu'il n'y a point de Dieu; un Dieu né & mortel étant
une pure contradiction. Id. ib. pag. 34. 35.

trouverez un peu etranges les infultes du Pe
Rapin au petit nombre.

X. Permettez moi de vous dire que ceux
qui trouvent avec vous tant de clarté & tant
de facilité dans nôtre queftion, jugent des anciens fiecles par le nôtre. Mais il faudroit confiderer que ce qui nous eft fi facile & fi ma-
nifefte parce que Dieu nous a fait la grace de
nous communiquer fa revelation, ne l'étoit pas
à ceux qui n'avoient pour guide que la nature (1). L'efprit humain abandonné à lui-
même, s'égare facilement fur une mer auffi
vafte & auffi profonde que celle-là:

> Mer (2) où l'efprit prenant fa raifon pour fon
>   courfe
> Pourroit faire naufrage au milieu de fa courfe.

Nous reffemblons à ceux qui s'étant fervis d'un
bon telefcope, s'imagineroient que les autres
hommes auroient facilement vu les fatellites
de Jupiter s'ils avoient voulu. Reconoiffons
plûtôt que la chofe eft en elle-même difficile,
& n'allons point chercher des motifs d'erreur
dans la fenfualité des errans. Ils nous diroient
à leur tour que nous errons par des motifs
d'interet.

XI. Il faut bien que la chofe foit difficile,
puis que nous voions tous les jours que ceux
qui combatent le plus vivement l'atheïfme, lui
donnent des armes fans y penfer. Mr. Cudworth & Mr. Grew très-grans philofophes en
font un exemple. Ils n'ont pas trouvé qu'il
fut digne d'eux de fortifier & d'éclaircir l'hypothefe Cartefienne, qui eft dans le fond la plus
incapable de foutenir la fpiritualité de Dieu: ils
ont trouvé plus de gloire à fortifier la fecte
chancellante & prefque aterrée des Peripateticiens, je veux dire à mettre dans un plus beau
jour

(1) *Voiex
le livre
intitulé*
que la re-
ligion
Chretien-
ne eft
très-rai-
fonnable
*tom. 1.
pag. 321.
& fuiv.*

(2) *Ces
vers font
de du Bar-
tas.*

jour & sous (1) une nouvelle face, la doctrine des formes substantielles, l'un en illustrant
le systeme (2) de la faculté plastique, l'autre
en supposant un (3) monde vital distinct du
monde materiel. Vous ne sauriez croire le
tort qu'ils font à la bonne cause sans que ce
soit aucunement leur intention. Rien n'est
plus embarassant pour les athées que de se
trouver reduits à donner la formation des animaux, à une cause qui n'ait point l'idée de ce
qu'elle fait, & qui execute regulierement un
plan sans savoir les loix qu'elle execute (4). La
forme plastique de Mr. Cudworth, & le principe
vital de Mr. Grew sont cependant dans le même cas, & ainsi ils ôtent à cette objection contre les athées toute sa force. Car si Dieu a
pu donner une semblable vertu plastique, c'est
une marque qu'il ne repugne point à la nature des choses qu'il y ait de tels agents, ils peuvent donc exister d'eux-mêmes, conclura-t-on.
Vous comprendrez ceci par une comparaison.
Si la matiere peut recevoir de Dieu la force motrice, il y a une compatibilité naturelle entre
la matiere & la force motrice. On peut donc
supposer également & que la matiere existe par
elle-même, & que la vertu motrice lui est propre essentiellement. Ceux qui supposent comme
la plupart des Cartesiens que la matiere est incapable d'être investie de la force de se mouvoir, & que Dieu seul peut produire le mouvement, sont beaucoup plus en état de démon-
ter les athées.

Voilà des choses, Monsieur, que je vous
prie de bien peser, mais je vous suplie encore
plus instamment de faire attention à ce qui
suit.

C'est que l'Antagoniste qui vous allegueroit
toutes ces raisons ne laisseroit pas de convenir
avec vous, que vôtre formule de foi sur l'existence

(1) Je
parle ainsi
parce qu'en
effet ils ne
suivent
point la
route ordi-
naire des
Peripateti-
ciens.

(2) Voiez
la biblio-
theque
choisie
to. 2. pag.
78. & suiv.

(3) Voiez
la même
biblioth.
ib. pag.
352. &
suiv.

(4) Je
ne pense
pas que
l'hypothese
de Sennert
(Voiez la
remarque
F de son
article dans
le Diction.
histor. &
critique)
soit dans
ce cas-là.

(1) *A l'article* 1. *&* 2.

stence de Dieu, quand même vous y feriez entrer tout le detail de la confession (1) des Eglises reformées, est très-vraie & très-certaine, & que la multitude incroiable de ceux qui n'y voudroient point souscrire ne doit faire aucune impression sur nos esprits. Il n'a donc point d'autre but que de vous representer que sous pretexte que la doctrine orthodoxe sur ce point fondamental paroit aisée, & évidente à nos peuples & à nos Docteurs, qui l'ont succee avec le lait, & qui en entendent parler à tout moment, & qui confirment la lumiere naturelle par le secours de la lumiere surnaturelle de l'Ecriture, il ne faut pas pretendre qu'à l'égard de tous les hommes un simple coup d'œil, ou une legere attention à ce grand objet sufit à leur en montrer l'évidence, pourvu qu'ils ne s'obstinent pas malicieusement à s'aveugler. Souvenez-vous que pendant la guerre sacramentaire entre les Theologiens de la Confession d'Ausbourg, & ceux de Suisse, chaque parti se vantoit de l'évidence de la revelation, & accusoit l'autre de se crever les yeux pour ne pas abandonner ses opinions preconçuës. On se fait reciproquement le même reproche dans la plupart des controverses qui divisent les Chretiens. On n'excuse presque jamais ses adversaires ou sur l'obscurité du sujet, ou sur la force de l'éducation, ou sur la diversité des esprits dont les uns peuvent être naturellement disposez à voir mieux la force des objections que celle des preuves, pendant que les autres ont une disposition toute contraire. On donne toute la faute à la corruption du cœur. Cela n'avance point les afaires, & vous peut insinuer que lors que l'on est deja bien persuadé tout paroit facile, tout semble évident. On prend donc quelquefois pour l'évidence lors même qu'on est orthodoxe, ce qui n'est pas

l'é-

l'évidence. Or le vrai moien de difcerner l'évidence legitime d'avec la fauffe, c'eft d'avoir agi
en homme qui cherche la verité fans pretendre
l'avoir encore trouvée, & qui n'a choifi qu'après
avoir difcuté exactement, & fans aucune partiali-
té les raifons du pour & du contre jufqu'à la derniere replique. Vous m'avouërez que les peuples
ne font point cela fur la queftion de l'exiftence
de Dieu. Il faut donc les exclure de la qualité de
Juges, & la laiffer uniquement à ceux qui ont
examiné toutes les pieces du procés. On a un bon
nombre d'Ouvrages où de tels examinateurs
ont folidement prouvé l'exiftence d'un Dieu fpi-
rituel, auteur & confervateur de toutes chofes.

Vous ferez tel ufage qu'il vous plaira de cette penfée de l'un de nos beaux Efprits: „ (1) le
„ temoignage de ceux qui croient une chofe
„ déja établie, n'a point de force pour l'ap-
„ puyer, mais le témoignage de ceux qui ne
„ la croyent pas, a de la force pour la dé-
„ truire. Ceux qui croyent, peuvent n'eftre
„ pas inftruits des raifons de ne point croire,
„ mais il ne fe peut guere que ceux qui ne
„ croyent point, ne foient pas inftruits des
„ raifons de croire. C'eft tout le contraire
„ quand la chofe s'établit; le témoignage de
„ ceux qui la croyent, eft de foy-mefme plus
„ fort que le témoignage de ceux qui ne la
„ croyent point; car naturellement ceux qui
„ la croyent, doivent l'avoir examiné; & ceux
„ qui ne la croyent point, peuvent ne l'avoir
„ pas fait. . . . . . pour quitter une opinion
„ commune ou pour en recevoir une nouvelle,
„ il faut faire quelque ufage de fa raifon, bon
„ ou mauvais, mais il n'eft point befoin d'en
„ faire aucun pour rejetter une opinion nou-
„ velle ou pour en prendre une qui eft com-
„ mune. Il faut des forces pour refifter au tor-
„ rent, mais il n'en faut point pour le fuivre. „

§. XXII.

(1) Fon-
tenelle,
hift. des
Oracles
ch. 8. pag.
74. 75.
édit.
d'Amft.
1687.

§. XXII.

Adminicule tiré de la controverse si la tradition de tous les siècles est la marque des veritez du Christianisme. Consideration sur ce que Josephe a dit des caractere des veritez historiques.

Pour vous mieux faire comprendre que la voie du consentement general de tous les hommes est un labyrinthe d'où l'on ne peut point sortir, je vous prierai de jetter les yeux sur la fameuse controverse des Catholiques & des Protestans au sujet du caractere des veritez du Christianisme. Ce caractere selon les uns & les autres est la conformité avec la parole de Dieu, mais pour connoître cette conformité les Protestans se contentent de comparer une doctrine avec l'Ecriture: les Catholiques Romains au contraire veulent qu'on la compare & avec l'Ecriture & avec la tradition de tous les siècles. Ils veulent que cette tradition soit la veritable clef de l'Ecriture, & que pour être certain de la verité d'un dogme, l'on soit obligé de savoir qu'il a été toûjours cru & enseigné dans l'Eglise. Ils dispensent les particuliers de la peine de verifier si ce qu'on leur dit a cette marque. Ils leur ouvrent un chemin beaucoup plus court: il suffit, disent-ils, qu'on sache que l'Eglise a decidé ceci ou cela, car comme elle est infaillible, dès qu'on sait ses decisions on conclut qu'elles sont vraies, & par consequent qu'elles sont conformes à la tradition & à la foi de tous les siècles, on n'a nul besoin après cela de consulter aucun livres, on fait sans s'en informer ce qu'ont dit les Peres & tous nos predecesseurs. Cette maniere de fixer la foi des simples est sans doute très-commode: elle reduit tout à un point de fait qui est de savoir

si le Concile de Trente a decidé telle ou telle
chose. Un païsan qui sait lire s'en peut assûrer par ses propres yeux, & s'il ne sait point
lire, il peut prier un notaire de lui delivrer un
acte signé de temoins, & portant que tels & tels
mots se trouvent dans une édition authentique du Concile de Trente. Voilà ce qu'il pourroit faire s'il se defioit de son Curé.

Les Protestans ne peuvent pas se servir de
cette voïe abregée: ils ont droit d'examiner
les decisions des Synodes, & de ne s'y soumet-
tre qu'au cas qu'ils les trouvent conformes à
l'Ecriture. Mais quelque diferente que soit en
cela leur Theorie de celle de l'Eglise Romaine,
ils en usent à-peu-près quant à la pratique
comme ceux de l'autre Communion.

Les Docteurs Romainsépargnent par là beaucoup de peine aux laïques, mais ils sont cruel-
lement fatiguez par les Protestans, qui leur dis-
putent l'infaillibilité de l'Eglise, & qui leur
nient que le Concile de Trente ait decidé con-
formement à des traditions perpetuelles, ou
marquées au coin que nous trouvons dans un
ouvrage (1) de Vincent de Lerins. De là
naissent une infinité de disputes dans lesquelles
la pretension des Protestans est, 1. Qu'une
tradition quelque ancienne & generale qu'elle
puisse être, * doit passer pour fausse si elle
est contraire à l'Ecriture. 2. Qu'il n'est pas
vrai que les doctrines qu'ils rejettent comme
fausses, aient été cruës par tous les Chretiens
depuis la mort des Apôtres jusqu'à nôtre terme.
Le premier de ces deux articles vous est fort
contraire, car si le consentement general des
Chretiens ne dispense pas de chercher la preuve d'un dogme dans l'Ecriture, & ne le garantit pas de la rejection en cas de contrarieté avec
la regle de la foi Chretienne, le consentement
general de tous les peuples ne nous dispense
pas

(1) *Voiez
les nouvel-
les de la
Rep. des
Lettres
Sept. 1685.
art. 7.*
* *Posé
qu'une
doctrine
soit vraye
& conte-
nuë en
l'Ecriture,
quand de-
puis les
Apôtres
personne
ne l'auroit
defenduë
l'obligation
à la croire
& mainte-
nir en tout
temps &
par tous
ne seroit
pas de
moindre
necessité.*
David
Blondel,
Esclaircis-
sement de
la contro-
verse de
l'Eucha-
ristie
pag. 3.

pas de chercher la preuve de l'exiſtence de Dieu dans les lumieres philoſophiques, & d'en deci- der ſelon la regle commune des opinions. Le ſecond article ne vous eſt pas plus favorable. Voici comment je le montre.

En 1. lieu les Proteſtans ont declaré que la recherche de ce qui a été cru dans le Chriſtia- niſme depuis les Apôtres juſqu'à ces derniers tems eſt une afaire d'une diſcuſſion infinie, embaraſſée de mille dificultez, un chemin ſi long, ſi tortueux, ſi ſemé d'épines qu'on ne ſauroit s'en tirer. La preuve de tout cela a été donnée par Mr. Daillé dans ſon excellent (1) Ouvrage de l'emploi des Peres. En 2. lieu l'experience nous montre que cette recherche n'a pu terminer aucun diferent. On a fait je ne ſai combien de volumes de part & d'au- tre pour prouver que les anciens Peres enſei- gnoient ceci ou cela, ou qu'ils ne l'enſeignoient pas, & nous ne voions point encore que ſur ces queſtions de fait on ſe trouve plus avancé qu'au commencement. Chaque parti s'attri- buë la victoire, & renouveleroit le combat com- me au premier jour, ſi le public ne s'étoit laſſé de tant d'écritures qui ne peuvent rien decider. En 3. lieu les Proteſtans ont demandé avec raiſon que l'on conſultât principalement les écrivains des trois premiers ſiecles; mais les Catholiques n'ont guere agréé cette condition. *Quelques-uns de ces écrivains*, diſent-ils, (2) *ont été heretiques, ils n'ont tous écrit que fort peu de choſes, nous n'avons que des fragmens de leurs livres, ils n'oſoient publier nos myſteres:* (3) *il y a cent veritez dont ils n'ont jamais par- lé, nous n'y trouvons pas l'explication de quel- ques-unes de nos veritez les plus importantes au ſalut: ils n'ont écrit la pluſpart que des Apologies pour les Chrétiens, où ils juſtifient plus leur inno- cence contre les accuſations injuſtes dont on les*

cbar-

(1) *Im- primé à Geneve l'an 1633. in 8.*

(2) *Voiez Mr. Daillé dans la replique à Adam & à Cot- tibi 1. part. cb. 3. pâg. 11.*

(3) *Ibid. pag. 15.*

chargeoit, qu'ils n'establiſſent les veritez de la foi, dont les infideles n'étoient pas alors capables. Mr. Daillé (1) avouë que l'une des dificultez que nous avons à ſcavoir les ſentimens des Peres ſur nos differents en la religion vient de ce qu'il ſe trouve peu de leurs eſcrits; ſur tout des trois premiers ſiecles . . . . . (2) les fideles en ces temps bien heureux ſe contentoyent pour la pluſpart d'eſcrire leur foy és cœurs des hommes avec les rayons de leur ſaincteté & le ſang de leurs martyres, ſans s'amuſer à en faire livres : ſoit qu'ils eſtimaſſent que le Chriſtianiſme, comme l'enſeigne ſi elegamment Origene, (a) doive s'eſtablir & ſe defendre par l'innocence de la vie & l'honneſteté des mœurs, pluſtoſt qu'avec l'artifice des paroles : ſoit que leurs ſouffrances continuelles ne leur donnaſſent pas le loiſir de tailler leurs plumes, & de les employer à ce travail, ſoit pour quelque autre raiſon que nous ne ſçachions pas. Tant y a qu'il eſt certain, qu'excepté les eſcrits des Apoſtres, il en fut compoſé fort peu d'autres en ces premiers temps; d'où vient la peine où ſe trouve Euſebe au commencement de ſon hiſtoire, n'ayant que peu ou point de lumiere pour l'adreſſer en ſon deſſein, & marchant, comme il dis, (b) par un chemin nouveau & non battu par aucun de ceux qui l'avoyent precedé. Mais encore la plus grande partie de ce peu d'eſcrits que donnerent lors les Chreſtiens au monde n'a peu parvenir juſques à nous, ayant eſté abolie ou par l'injure du temps qui conſume toutes choſes, ou par la fraude des hommes, hardis à ſupprimer ce qui n'eſt pas entierement à leur gouſt. Je ſai qu'il parle un peu autrement dans un Ouvrage qu'il publia environ 30. ans après. Il y refute le Pere Adam qui ſoutenoit que les Peres des trois premiers ſiecles n'ont écrit que fort peu de choſe. Vous leur faites une extreme injuſtice, lui repondil, „ (3) & leur ôtés une notable partie de la

Tom. III. E „ gloire

(1) Daillé de l'emploi des Peres ch. 1. pag. m. 8.

(2) Id. ib. pag. 14.

(a) Orig. praef. operis contra Celſ. p. 1. 2.

(b) Euſeb. Hiſt. Eccl. l. 1. c. 1. Οἷα τινὰ ἐρήμην κ᾽ ἀτρίβη ἰέναι ὁδὸν ἀρχόμενοι.

(3) Daillé replique à Adam & à Cottibi ubi ſutra pag. 11.

„ gloire qui leur eſt deue, ne ſe pouvant nier,
„ qu'outre l'unique & incomparable treſor des
„ Ecritures Apoſtoliques que nous devons au
„ premier ſiecle, & qui ſeul doit regler tous
„ les autres, les Chrétiens des deux ſiecles
„ ſuivans n'ayent enrichi l'Egliſe, & eclairè la
„ foy d'une ſi grande quantitè de livres, que
„ c'eſt une merveille comment, en des temps
„ ſi rudes, ils avoient peû avoir, ou le coura-
„ ge, ou le loiſir de tant écrire. „ Il donne
enſuite un long catalogue de leurs ouvrages, &
puis il demande (1) _avec quelle verité_ on a _peu
dire de ces grands hommes_, _après la_ P R O D I-
G I E U S E   Q U A N T I T É´ _de beaux Ouvrages_,
_qu'ils ont donnez à l'Egliſe de leur tems & à la
poſterité_, qu'ils´ n'ont écrit que fort peu de
choſes. Je ſai cela, Monſieur, mais conſiderez ce qu'il ajoûte tout auſſi-tôt, _ô douleur! le
temps nous a ravy la plus grande partie de ce
riche treſor._

. Il paroit par là 1. qu'il avoit raiſon de ſoutenir dans ſon autre livre qu'il eſt mal aiſé de
ſavoir quels étoient les ſentimens des trois premiers ſiecles. 2. Que les Catholiques Romains
ont ſujet de dire qu'il nous manque trop de
monumens de ces ſiecles-là pour prouver que
l'on y croioit ou que l'on n'y croioit pas telle
ou telle choſe. Il eſt donc certain qu'on ne
peut trouver la chaine de la tradition à cauſe
de ce grand _hiatus_, ou de cette grande lacune
de trois cens ans. Tout homme qui ne veut
pas être trompé demandera, qu'on lui certifie
que les ouvrages qui ſe ſont perdus ne conte-
noient rien qui ne fut conforme aux ouvrages
qui nous reſtent. Il dira qu'à moins d'un cer-
tificat là-deſſus on ne ſauroit être aſſûré du
conſentement general. Ne vous objectera-t-on
point la même dificulté pendant que vous ignorez ce que croient les nations auſtrales, & les
peu-

(1) _Id. ib._
pag. 13.

peuples de l'ancien monde qui ne ſont point encore conus., & ſi Mr. Fabrice a bien refuté les hiſtoriens qui parlent de quelques peuples athées?

L'occaſion eſt favorable de dire un mot ſur une maxime de Joſephe, que (1) quand tout le monde s'accorde à parler & à écrire uniformement des mêmes faits, c'eſt un ſigne qu'ils ſont veritables. Je ne penſe pas qu'on puiſſe attendre un plus certain caractere de verité que celui-là dans les matieres hiſtoriques : mais prenez garde à deux choſes, l'une ſi tous les hiſtoriens qui ont du parler d'un fait ſubſiſtent encore; l'autre ſi tous ceux qui en ont parlé ont vécu long tems après, & ont été du même parti, ſans que les derniers ſe piquaſſent de rectifier les precedens, & de s'élever au deſſus de la profeſſion de copiſte. Au premier cas l'uniformité n'exclut point tout doute, car on peut preſumer vraiſemblablement que les auteurs que l'on a perdus parloient d'une autre maniere que ceux qui nous reſtent. Au ſecond cas l'uniformité ne prouve rien, cela eſt viſible, il ſeroit ſuperflu d'en alleguer des raiſons.

§. XXIII.

Seconde difficulté contre la preuve tirée du conſentement general. Il n'eſt point ſûr que les impreſſions de la nature ſoient un ſigne de verité.

L'analyſe (2) du raiſonnement de Velleius vous a donné à conoître qu'il comprend deux queſtions de fait, & une queſtion de droit. Il eſt tems d'examiner celle-ci; voions donc s'il eſt certain, comme on le ſupoſe, que ce à quoi la nature de tous les hommes donne ſon conſentement eſt neceſſairement vrai.

E 2   Vous

(1) Τῆς μὲν γὰρ ἀληθῶς ἐςι τεκμήριον ἱςορίας εἰ περὶ τῶν αὐτῶν ἅπαντες ταῦτα κὴ λέγοιεν κὴ γράφοιεν. Vero ſi quidem hiſtoriæ indicium eſt, ſi de eiſdem rebus omnes eadem dicant & ſcribant. *Joſeph. contra Apion. lib.* 1. *pag. m.* 1035. F.

(2) Voiez ci-deſſus pag. 16,

Vous ne pouvez pas pretendre que ce soit une de ces premieres notions qui n'ont besoin d'aucune preuve, & qui portent avec elles leur évidence si nettement qu'on en est tout penetré aussi-tôt qu'on les considere. N'allez point vous figurer que cette proposition est évidente comme celles qu'on ne peut prouver, parce que le moien dont on se voudroit servir pour les prouver leur est inferieur, ou ne leur est point superieur en évidence, ne la comparez point, dis-je, avec celles ci, *le tout est plus grand que sa partie: rien ne peut exister pendant qu'il n'existe point: deux & deux sont quatre.* Il est manifeste que chaque homme se peut tromper, & que fort souvent ceux qui se trompent sont plus nombreux sans comparaison que ceux qui ne se trompent point, & il y a beaucoup d'aparence qu'en certains siecles il n'y a pas eu un seul homme qui ne se trompât sur la cause des éclipses, sur la figure de la terre, sur le mouvement du soleil, &c. Il ne paroit donc point impossible que tous les hommes donnent leur consentement à une erreur, il faut donc que ceux qui pretendent que cela n'arrive jamais, & ne peut jamais arriver selon le cours de la nature, fassent voir par quelques raisons la verité de leur axiome; car enfin ce n'est pas une verité developée : on la peut nier, on la peut combatre, ou pour le moins on en peut douter.

Mr. Fabrice s'étant proposé l'examen de deux questions, 1. Si tous les peuples de la terre ont conu la divinité. 2. Si ce consentement general est une preuve certaine de l'existence de Dieu * prit l'afirmative sur l'une & sur l'autre, & discuta la premiere; mais il renvoia la discus-

* *Duo præstruis fundamenta meo judicio infirmissima; Primum, Nullum unquam fuisse Populum, neque sanæ mentis quemquam hominem, quin Deum esse cognoverit. Alterum; Ea qua omnium hominum testimoniis celebrantur, pro veris atque indubitatis habenda esse. Utrumque hoc effatum tanquam immota præmunis axiomata. Fabric. apolog. generis humani pag. 158.*

diſcuſſion de la ſeconde (1) à un autre tems, ce qui fait voir qu'il jugeoit qu'elle avoit be-ſoin d'être prouvée. Je ſouhaitois paſſionnement qu'il publiât cette ſuite de ſon Ouvrage, & ce fut à cauſe de cela que pour le piquer d'honneur je me ſervis de ces termes en donnant l'extrait de ſon livre: „ Il promet un autre Diſcours „ où il montrera que ce conſentement univer-„ ſel de tous les Peuples à croire qu'il y a un „ Dieu, eſt une preuve neceſſaire qu'il y en „ a un. C'eſt-là où on l'attend, & il eſt à ſou-„ haiter qu'il travaille à bien établir cette con-„ ſequence. La matiere eſt belle, & feconde „ en obſervations tres-inſtructives Il faudroit „ ne ſe contenter pas des notions Morales, „ mais aller juſqu'aux principes de Metaphyſi-„ que. Les preuves morales ſont les plus pro-„ pres de toutes à perſuader les gens du com-„ mun, mais comme ils ſont aſſez perſuadez „ de l'exiſtence de Dieu, ils n'ont pas beſoin „ qu'on la leur prouve. Il ne faut la prouver „ qu'aux eſprits forts, & pour ceux là les preu-„ ves morales n'ont pas toute la vertu neceſ-„ ſaire (2). „ Mr. Fabrice a pu ſavoir que ſon axiome ne paroiſſoit pas convaincant à Mr. le Fevre (3) de Saumur: neanmoins quoi qu'il ait vecu encore pluſieurs années, je ne penſe pas qu'il ait retouché à ce grand ſujet.

Je ne me ſouviens point que l'on ait donné d'autre raiſon de la conſequence que l'on tire du conſentement general des peuples que cel-le-ci: c'eſt (4) *qu'un inſtinct de la nature ne peut eſtre faux, eſtant ſi univerſel.* Vous avez vu (5) ci-deſſus dans un paſſage de Thomas d'A-quin que la nature ne peut manquer tout-à-

E 3   fait

(1) Alte-rius diſ-quiſitione in aliud tempus dilata. *Id. ib.*

(2) *Nou-velles de la Republ. des lettres Juillet* 1684. *art.* 3. *pag.* 478. *de la* 1. *édit.* & 481. 482. *de la* 2.

(3) De illo autem fundamento, eſſet for-taſſe quod contra Velleium Epicu-rumque dici poſ-ſet. *Ta-naq. Fa-ber epiſt.* 34. *part.* 1. *pag.* 90. *edit.* 1674.

Voiez auſſi ſa preface de la traduction du traité de la ſuperſti-tion. (4) Rapin, compar. de Platon & d'Ariſtote ch. dernier pag. m. 425. (5) Pag. 27.

fait, & qu'ainſi ce que la plupart des hommes croient, étant naturel ne peut être entierement faux.

C'eſt un principe qui me ſemble fort douteux, pour ne rien dire de pis. Il a dû être ſuſpect aux Païens, & il le doit être encore plus aux Chretiens. On ne remarque que de mauvaiſes inclinations dans les enfans. Ceux qui les élevent trouvent toûjours quelque vice à corriger, & ſi par les menaces & par les promeſſes, & par de bonnes inſtructions on ne reparoit les defauts de la nature, tous les enfans deviendroient des garnemens, & incapables de rien valoir de toute leur vie. Or la maxime du Fils de Dieu (1) que l'arbre qui porte un mauvais fruit n'eſt point bon, & que chaque arbre eſt conu par ſon propre fruit, eſt à la portée de tous les hommes ; les Païens pouvoient donc comprendre que nôtre nature humaine eſt un fond gaté & corrompu, & une terre maudite, car quels ſont les premiers fruits qui en ſortent, les uns plutôt, les autres plus tard ? La gourmandiſe, l'orgueil, la colere, (2) l'avarice, la jalouſie, l'envie, le menſonge, le deſir de vangeance, la luxure. Ce n'eſt point l'éducation qui fait pouſſer ces mauvais germes: il la devancent preſque tous, & ils ſe font jour au travers des grans obſtacles qu'elle leur opoſe. L'eſprit des enfans n'eſt pas mieux conditionné que leur coeur. Ils ne jugent des choſes que ſelon le temoignage des ſens: ils n'examinent rien, ils avalent les erreurs ſans aucune defiance: ils croient aveuglement tous les recits qu'on leur fait: les contes de peau d'âne, de ma mere l'oie, des fées, les traditions les plus fabuleuſes, tout ce qui ſent le prodige & le merveilleux, les hiſtoires romaneſques leur plaiſent infiniment davantage que la ſimple & naïve verité. Ces chimeres s'enracinent de telle

(1) Evangile de Saint Luc ch. 6. v. 43. 44.

(2) C'eſt-à-dire l'avidité des preſens, & le ſoin de les garder.

le

le forte dans leur esprit, qu'ils ne s'en desabu-
sent qu'à proportion qu'ils les voient rejetter à
tous ceux qui sont sortis de l'enfance; car pour
celles que le peuple croit, ils les retiennent
toute leur vie. Les religions monstrueuses,
abominables & ridicules dont le monde a été
toûjours rempli, confirment cela plus qu'il ne
faudroit. Exceptons un petit nombre de personnes qui par la bonté du temperament, ou par
une superiorité de raison & de genie, ou par
l'aplication aux sciences, ou par la faveur du
ciel corrigent les defauts de la nature, & se re-
levent des prejugez de l'enfance. On n'est honnête homme, & bien éclairé qu'autant qu'on a
pu guerir les maladies naturelles de l'ame, &
leurs suites. Jugez après cela si l'on peut raisonner bien quand on conclut que puis qu'une
chose sort du fond de la nature, qu'elle est un iq-
stinct de la nature, elle est veritable. Ne seroit-il
pas plus à propos d'en inferer qu'elle ne vaut rien?

Les Chretiens & sur tout les Protestans sont
plus obligez que les autres à tirer cette derniere
conclusion, eux qui savent que le peché originel
a corrompu la nature humaine, & qu'il l'in-
fecte de telle sorte qu'il n'y reste rien d'entier.
Les tenebres obscurcissent l'entendement, la
malice deprave la volonté Les Paiens disoient
de quelques personnes disgraciées de la nature,
qu'elles naissoient *diis iratis*, sous la mauvaise
humeur des Dieux. Saint Paul (1) nous enseigne que tous les hommes sont les enfans de
la colere de Dieu. Les Eglises Reformées con-
fessent publiquement à l'entrée de leurs exercices, *que nous sommes de pauvrez pecheurs, con-
ceus & nez en iniquité & corruption, enclins à
mal faire, inutiles à tout bien, & que par nôtre vice nous transgressons sans fin & sans cesse
les saints commandemens de Dieu.* Mr. Drelin-
court (2) a prouvé que l'Ecriture nous a prescrit

E 4

(1) *Epitre
aux Ephe-
siens ch. 2.
v. 3.*

(2) *Dre-
lincourt
Dialogue
1. contre
les Missio-
naires sur
le service
des Eglises
Reformées.*

(1) *Id. ib.*
Dialogue
3. pag.
130.
(2) *Ibid.*
pag 131.
132.
(3) *Il cite*
pag. 235.
ces paroles
du Concile
de Trente
selon la
version de
Gentien
Hervet,
Bien con-
fefle &
fent ce
Saint Con-
cile, qu'**en**
ceus qui
font bati-
fez de-
meure en-
core la
concupi-
fcence, ou,
ainfi qu'on
l'appelle
F O M E S,
c'eſt à dire
le nourri-
cement &
fomenta-
tion du
peché.
* Nemo
adeo ferus

fcrit ce langage, & qu'il y a des Catholiques
Romains qui s'expriment plus fortement , &
que le batême (1) n'efface point la fouillure
du peché originel. *Cette corruption naturelle,*
dit-il, (2) *cette habitude vicieufe & cette man-*
dite convoitife, qui eft originellement en nous , y
demeure après le Batefme, ou en tout ou en par-
tie. *L'experience ne verifie que trop la verité de*
cette doctrine. *Car, d'où vient que fans precep-*
teur & fans exemple, les enfans qui ont efté bati-
fez fe portent d'eus mefmes au menfonge, à la va-
nité, à l'orgueil, à l'envie, au dépit, à la co-
lere, à la vengeance, & à d'autres vices fem-
blables; Il eft fans doute, que s'ils n'avoyent en
eus-mefmes la racine du peché, ils ne produiroient
pas de fi mauvais fruits. Il fait voir en fuite
(3) que les Catholiques Romains ont à peu
près la même opinion.

§. XXIV.

Inutilité de quelques moiens dont on fe voudroit
fervir pour prouver que les inftincts de la natu-
re font veritables.

En confequence de cette doctrine vous m'a-
vouërez, Monfieur, fi l'interêt de vôtre caufe
ne vous empeche de parler ingenument, 1. Que
tout le defordre moral de la vie humaine vient
de la nature comme d'une fource corrompuë.
2. Que la mauvaife éducation & que les mauvais exemples font croître les vices dont le germe eft femé dans la nature. 3. Que tout le bien
moral qui fe voit parmi les hommes vient de la
peine qu'on a prife d'arracher les mauvaifes herbes naturelles, & d'en femer d'autres; que c'eſt
un fruit de culture; que l'inftruction, * la reflexion, la philofophie, la religion le produifent; que
de là vient que la vertu fe fortifie fi mal aifement, & que les vices croiffent avec tant de facilité.

lité (1).   4. Que ce qu'on apelle bon naturel dans un enfant n'eſt autre choſe qu'un peu plus de facilité de ſe redreſſer vers le bien. C'eſt donc un prejugé tout-à-fait deſavantageux que de ſavoir qu'une choſe vient des impreſſions de la nature, & neanmoins on nous allegue cela comme une preuve de verité.

I. Si vous repondiez à l'antagoniſte que l'impreſſion naturelle qui a porté tous les peuples à reconoitre qu'il y a un Dieu, doit paſſer pour veritable puis qu'il eſt très-vrai qu'il y a un Dieu, vous pecheriez contre les regles de la diſpute, & il ne manqueroit pas de vous repliquer , vous donnez dans le ſophiſme que l'on apelle *la peſition du principe,* vous ſupoſez ce dequoi nous diſputons, vous reſolvez l'objection par la theſe même que l'on attaque. C'eſt violer les loix du raiſonnement, loix tout autrement inviolables que les loix civiles.   On donne ou l'on laiſſe prendre quelquefois aux Souverains une puiſſance arbitraire ſur les loix l'etat.   Mais ce deſpotiſme n'a point de lieu par raport aux loix de la Dialectique.   Perſonne n'en eſt diſpenſé & ne les enfraint impunement. Il eſt inconteſtable, Monſieur, que vous ne les obſerveriez pas ſi vous vous ſerviez de la reponſe que j'ai marquée; car vous diſputez contre un homme qui vous nie que le conſentement general ſoit une raiſon valable de l'exiſtence de Dieu : il faut donc que pendant le cours de la diſpute vous vous abſteniez de ſupoſer cette exiſtence comme demontrée dejà par d'autres preuves: ce n'eſt point dequoi il s'agit, vous n'avez aucun procès là-deſſus avec vôtre antagoniſte. Vôtre procès roule uniquement ſur la validité d'une certaine raiſon , il faut que vous la montriez concluante independamment des autres preuves, & que vous ne ſupoſiez pas la verité du fait en queſtion. Vous

devez

et ut non mitcſcere poſſit. Si modo culturæ patientem commodet aurem. *Ho-ras. epiſt. 1. lib. 1.*

(1) *On peut apliquer à ceci la reponſe d'Eſope au Jardinier qui demandoit pourquoi les herbes qu'il avoit ſemées croiſſent moins que celles qui venoient d'elles-mêmes. Voiez la vie d'Eſope pag. m. 28.*

devez prouver que les impreſſions de la nature
ſont veritables. quand cela ſera fait, vôtre concluſion *donc Dieu exiſte* ſera dans les formes,
mais vous ne pouvez pas faire dependre de cette concluſion anticipée la verité des inſtincts de
la nature, car il s'agit encore de prouver cette
concluſion : on vous la (1) nie, on vous fait
une objection que vous devez refuter par des
principes qui vous ſoient communs avec l'op-
poſant.

J'ajoute qu'on pourroit vous reprocher *le
cercle vitieux.* Vous voudriez prouver que cet
inſtinct de la nature eſt veritable parce qu'il
eſt vrai qu'il y a un Dieu, & vous avez entrepris de prouver qu'il y a un Dieu parce que
cet inſtinct eſt veritable.

II. Si vous lui repondiez une autre choſe,
je veux dire que nonobſtant la ſouillure du peché originel Dieu imprime ſon image ou ſon
idée dans le cœur de tous les enfans, & que de
là vient que cet inſtinct de la nature eſt veritable, vous vous commettriez beaucoup. Vous
vous engageriez dans la diſpute des idées innées qui a mille & mille dificultez, de ſorte
que ce ſeroit expliquer *obſcurum per obſcurius,*
une choſe obſcure par une choſe plus obſcure.
Que ſi neanmoins vous voulez à toute force
vous ſauver par là, & ſoutenir que Dieu n'a
pas tellement abandonné la nature humaine
aux ravages du peché, qu'il n'ait voulu que toutes les ames d'homme reçuſſent au premier
moment de leur creation l'empreinte de ſon
image, avec les idées des principes moraux,
je vous conſeille de commencer par une bonne refutation d'une preface (2) de Mr. le Fevre, ou plutôt par bien repondre à Mr. (3) Locke. Vous trouverez-là à qui parler, & quand
même vous n'entreprendriez de reſoudre qu'un
ſeul argument, vous éprouveriez que la peine
ſeroit

(1) C'eſt-à-dire en-tant que pretendüë prouvée par l'argu-ment du conſente-ment des peuples.

(2) Celle qu'il a mi-ſe au de-vant de ſa traduction Françoiſe du traité de Plutar-que de la ſuperſti-tion.

(3) C'eſt-à-dire au 2. & au 3. chapitre du 1. livre de ſon Eſſai de l'enten-dement.

feroit grande. Ce feul argument confifte dans ces deux queftions. Dites nous 1. pourquoi tant de peuples ont eu des idées fi fauffes de la divinité qu'à la place d'un Dieu fouverainement parfait dont l'image felon vous étoit gravée dans le cœur de tous les enfans, ils ont fubftitué un nombre innombrable de Dieux imparfaits? 2. Pourquoi rien ne paffé pour jufte ou honnête parmi quelques peuples, qui ne paffé (1) pour injufte ou pour mal honnête parmi d'autres peuples?

Le legiflateur de Crete (2) voulant empêcher qu'il ne naquît trop d'enfans, ordonna certaines feparations entre les gens mariez, & permit en dedommagement la pederaftie. Les mariages inceftueux étoient aprouvez dans plufieurs nations & le font encore. *Les Drufes (3) epoufens leurs propres filles, & il y a un jour de l'année où ils fe melent indifferemment avec les femmes les uns des autres.* Ils habitent fur le mont Liban. On a mille exemples de pareilles contraventions aux principes de morale, aprouvées de certains peuples, & l'on ne voit point que les auteurs (4) qui entreprenent de fatisfaire à cette difficulté s'en tirent à leur honneur. Il n'y a rien de plus embrouillé que ce qu'ils débitent touchant la loi naturelle.

III. Vous me direz peut être que pour répondre aux deux queftions propofées ci-deffus, il fufit de dire que Dieu grave en general dans le cœur de l'homme l'idée de divinité, & celle du bien honnête, & que l'homme change en fuite & pervertit cette idée par une fauffe aplication à des objets particuliers. Gardez-vous bien de vous fervir de cette reponfe, car qu'y auroit-il de plus inutile que ces idées abftraites? Vous n'ignorez pas que les idées abftraites fupofent que l'on a déjà conu des objets qui fe reffemblent. L'abftraction ne convient

E 6   vient

(1) *Voiez* Mr. *Locke* *effai de l'entendement liv.* 1. *cb.* 2. *pag. m.* 44. *& feq.*

(2) *Arißot. polit. lib.* 2. *cap.* 8.

(3) *Voiez* Bespier *remarques fur Ricaut* 10. 2. *pag.* 649.

(4) *Voiez entre autres Balthazar Meifterus, Differtat. de legibus lib.* 3. *pag. m.* 200.

vient donc pas à une premiere idée, & l'on ne sauroit se persuader que si Dieu communiquoit immediatement une idée ce fut la notion d'un être qui ne peut point exister. Dieu entant que Dieu n'est sous aucun genre, ni sous nulle espece, par consequent une idée de divinité en general est fausse.

IV. Il ne vous reste, ce me semble, qu'un seul moien de soutenir la dispute. C'est de dire que les impressions naturelles sont veritables, puis que 1. tous les peuples y donnent leur consentement. 2. Qu'un tel consentement est un signe d'évidence. 3. Que l'évidence est le caractere de la verité. Mais vous seriez là dans un mauvais poste, dans *le cercle vitieux* tout de nouveau: vous prouveriez tour à tour deux propositions l'une par l'autre, la verité de l'instinct par celle du consentement general, & la verité du consentement general par celle de l'instinct. Après cela vous vous serviriez de l'argument de l'évidence; c'est le meilleur de tous. Il ne vous faudroit que celui-là. Le mal est que la veritable évidence ne donne point lieu aux exceptions, & vous savez bien que l'on vous objecte l'exception de quelques peuples entiers, & celle de quelques grans philosophes, & que quant au fait celle-ci est incontestable. Je vous ai cité (1) un Ministre qui avoué que cette verité *il y a un Dieu* n'est pas aussi évidente que celle-ci *six font la moitié de douze.* Comme il a été une maniere d'inquisiteur de la foi, son temoignage vaut celui de plusieurs autres. Je vous ai fait voir aussi (2) en quel sens vous pourriez-vous glorifier de l'évidence, ce seroit en n'attachant au mot de Dieu qu'une idée generale de principe, ou de moteur. C'est-là un centre d'unité pour tous (3) les hommes, pour les athées & pour les Deistes aussi bien que pour les idolatres & pour

les

(1) Ci-dessus pag. 71.

(2) Ci-dessus pag. 80.

(3) Exceptez pourtant les Sectateurs d'Epicure.

les orthodoxes, mais en definiſſant Dieu comme font ceux qui le conoiſſent bien, on ne rencontre que le conſentement d'une petite partie de l'eſpece humaine: les autres s'égarent en
mille manieres extravagantes. Ce qui prouve
qu'il n'y a rien là d'évident pour eux.

V. Ne me dites point que les axiomes les
plus évidens de la lumiere naturelle ſont expo-
ſez aux chicaneries des Pyrrhoniens, car je
vous repons que ceux qui ont le plus hardiment douté de tout, n'ont point nié les aparences. Ils n'ont point nié qu'il ne parut évident
que le tout eſt plus grand que ſa partie, que
deux & deux ſont quatre, mais ils n'ont pas
voulu reconoître que l'évidence ſoit un caractere certain de la verité.

§. XXV.

*Troiſiéme dificulté contre la preuve fondée ſur le
conſentement general. Cette preuve ſi elle
étoit bonne établiroit le dogme impie de la pluralité des Dieux, & non pas l'exiſtence d'un
ſeul & vrai Dieu.*

De toutes les objections que j'ai à faire
contre la preuve que vous fondez ſur le conſentement general des peuples, celle que je
m'en vais vous propoſer eſt, à mon avis, la
plus ſolide. Je dis, Monſieur, que ſi cette
preuve avoit quelque force, ce ne ſeroit point
pour l'exiſtence du vrai Dieu, mais pour celle de pluſieurs fauſſes divinitez. Suivez moi,
je vous en prie.

Au tems que l'Epicurien Velleius étaloit avec
tant de pompe ſon argument, on ne conoiſſoit
preſque point de peuple qui n'adorât pluſieurs
Dieux. Les Juifs étoient ſa ſeule nation de qui
l'on put dire qu'elle n'admettoit qu'un Dieu,

(1) Esse
igitur
Deos con-
fitendum
eſt. *Cicero*
lib. 1. de
nat. deor.
pag. 68.

(2) *Ci-deſ-*
ſus pag. 24.

(3) *Maxi-*
mus Tyrius
orat. 1.
pag. 4.

(4) Ἐν το-
ςύτῳ δὴ
πολέμῳ κỳ
ςάςει κỳ
διαφορίᾳ,
ἵνα ἴδοις ἄν
ἐν πάςῃ γῇ
ὁμόφωνον
νόμον κỳ
λόγον, ὅτι
Θεὸς εἷς
πάντων Ϭα-
ςιλεὺς κỳ
πατήρ, κỳ
Θεοὶ πολ-
λοὶ, Θεῦ
παῖδες, συ-
νάρχοντες
Θεῷ. ταῦτα
δὲ ὁ ἕλλυν
λέγει κỳ ὁ
βάρϬαρ☉.

& comme ils étoient peu conſiderables dans le monde, vous voiez bien qu'ils ne pouvoient faire qu'une très-petite exception au conſente-ment general Prenez garde que la conſequen-ce que Velleius a tirée de ſon principe n'eſt pas qu'il y a un Dieu, (1) mais qu'il y a des Dieux, & conſiderez que Seneque (2) lorſ qu'il donne de l'autorité au conſentement de tout le monde fait tomber ce conſentement ſur l'exiſtence des Dieux, & non pas ſur l'exiſ-tence d'un ſeul Dieu.   Maxime de Tyr eſt fort éloquent lors qu'il repreſente la reünion des ſufrages ſur l'article de la divinité. Convoquez, dit-il, (3) le peuple, ordonnez à tous les corps des metiers de ſe trouver à l'aſſemblée, interrogez les touchant la divinité, croiez-vous que la reponſe des ſtatuaires diferera de celle des peintres, & que les poëtes repondront au-trement que les philoſophes? Le Scythe, le Grec, le Perſe, l'Hyperboréen s'accorderont en ceci.   Vous voiez que ſur les autres matie-res les hommes ſont partagez en diferens ſen-timens.   Ce qui paroit bon ou mauvais, hon-nête ou malhonnête aux uns, ne le paroit pas aux autres.   Quant aux loix & à la juſtice la diverſité des opinions eſt ſi grande que non ſeulement une nation ne s'accorde pas avec une autre, mais qu'il y a même de la diſcor-de entre une ville & une ville, entre une fa-mille & une famille, entre un particulier & un autre particulier, & que cette varieté ſe re-marque dans un ſeul homme, car il change quelquefois du ſoir au matin. (4) Dans ce grand conflit d'opinions vous verrez les loix & les ſentimens de toute la terre ſe reünir ſur ce point qu'il y a un Dieu Roi & pere de tou-tes choſes, ET PLUSIEURS DIEUX QUI SONT SES ENFANS, ET SES COLLEGUES À LA ROIAUTÉ. En cela le Grec s'accorde
avec

avec le Barbare, l'habitant de terre ferme avec l'insulaire, le savant avec l'ignorant. Allez jusques à l'extremité de l'Ocean, vous y trouverez aussi DES DIEUX qui se levent & qui se couchent les uns près des autres. Voilà ce que dit Maxime de Tyr grand philosophe Platonicien.

Il est clair qu'il considere la nature divine comme une espece qui a sous soi un grand nombre d'individus, & qu'il pretend que c'est l'opinion de tous les peuples. S'il faloit donc reconnoître que le consentement general des nations est une preuve de verité, il faudroit rejetter l'unité de Dieu, & embrasser le (1) polytheisme, qui est pire, selon quelques-uns, que l'atheisme, & selon tous les autre orthodoxes le plus haut grade de l'impieté après l'atheisme.

Savez-vous bien comment Platon a combatu les athées? Ce n'est pas en leur prouvant qu'il n'y a qu'un Dieu, c'est en leur prouvant qu'il y a des Dieux: la premiere des deux raisons (2) qu'il met en avant est tirée de la beauté de l'univers, & la seconde de ce que toutes les nations, tant les Grecs que les Barbares, s'accordoient à reconnoître qu'il y a des Dieux (3). Il pretend qu'il est facile par là de vuider cette ques-

rarum atque opiniones convenire videbis: Deum esse unum, regem omnium & patrem. Huic multos additos esse Deos alios, qui supremi illius filii sint, & quasi in imperio collegæ. In eo Græcus cum Barbaro, mediterraneus cum insulano, sapiens consentit cum stulto. Ut si usque ad extrema Oceani littora procederis, hic quoque Deos inventurus sis, qui non procul ab altis oriuntur, ab aliis occidunt. *Id. ib. pag. 5.* (1) *C'est-à-dire la multitude des Dieux.* (2) *Plato de legib. lib.* 10. *init. pag. m.* 945. E. (3) Καὶ ὅτι πάντες Ἕλληνές τε καὶ βάρβαροι νομίζουσιν εἶναι θεούς. Græcorum præterea barbarorumque omnium consensus DEOS esse fatentium. *Id. ib.*

queſtion.   Cela me fait ſouvenir que Lactance
a dit qu'il n'a pas été dificile de refuter par le
conſentement general de tous les peuples l'impieté d'un petit nombre de gens qui nioient la
providence : *Nec difficile ſane fuit , paucorum*
hominum prave ſentientium redarguere mendacia
teſtimonio populorum, atque gentium in hac una
re non diffidentium (1).   Il ſemble qu'il s'imagine qu'il s'agit ici d'un combat de main, où
une poignée de gens quelque braves qu'ils puiſſent étre eſt facilement vaincue par une armée
de cent mille hommes.   Mais il devoit prendre garde que ſa maniere de raiſonner ruinoit
ſans reſſource au tems de l'auteur (2) qu'il
cite, le dogme des Juifs touchant l'unité de
Dieu, car en comparaiſon des idolatres les Juifs
ne pouvoient paſſer que pour un petit peloton
d'hommes. On conoiſſoit peu le detail de leur
religion, mais on ſavoit en general (3) qu'ils
n'admettoient point la pluralité des Dieux, &
ſur ce pied-là on les regardoit comme (4) des
impies, quoi qu'on crut très-fauſſement qu'ils
adoraſſent le ciel (5).

Remarquez bien, s'il vous plait, qu'on ne
peut plus dire que puis que le conſentement
general eſt fondé ſur une impreſſion de la nature, il eſt veritable; car ſi d'un côté l'on vous
accordoit tout ce que vous pretendez touchant
cette idée innée de Dieu, on vous nieroit de
l'autre qu'elle ſoit la regle de l'opinion de tous
les peuples, & l'on ſe fonderoit ſur l'experience qui nous a apris qu'il ſe ſont tous acordez
à reconoître la pluralité des Dieux.   Il n'y a
donc point de liaiſon entre le conſentement general & la voix de la nature, ou l'impreſſion

naturelle ...

(1) Lac-
tant. lib. 1.
cap. 2.
pag. m. 6.

(2) C'eſt
Ciceron.

(3) Judæi
mente ſo-
la unum-
que nu-
men intel-
ligunt.
Tacit.
hiſtor. lib.
5. cap. 5.

(4) Nec
quidquam
prius im-
buantur
quam
contem-
nere Deos.
Id. ib. Ju-
dæa, gens
contume-
lia numi-
num inſi-
gnis.
Plin. lib.
13. cap.
4. pag.
m. 69.

(5) Nil præter nubes & cæli lumen adorant. *Juven. Sat.*
14. v. 97. Voiez auſſi Origene contre Celſus lib. 5. pag.
m. 234.

naturelle gravée dans le cœur de tous les enfans. S'il n'y a point de liaiſon entre ces deux
choſes comment pourriez-vous prouver l'une
par l'autre?

Il n'y a perſonne qui ait parlé plus afirmati-
vement de l'idée innée de Dieu qu'Arnobe,
ni qui ait marqué plus diſtinctement qu'elle
repreſente l'unité de Dieu, & neanmoins il
emploie tout ſon livre à refuter la multitude
innombrable de divinitez ridicules qui avoient
été adorées par toute (1) la terre. Il aſſûre
que l'idée de l'unité de Dieu eſt communiquée
à tous les enfans, & que ſi les bêtes & les plantes pouvoient parler, elles s'exprimeroient ſelon cette idée: (2) *Quiſquamne eſt hominum,
qui non cum iſtius principis notione diem prima
nativitatis intraverit? cui non ſit ingenitum, non
affixum, imò ipſi pene in genitalibus matris non
impreſſum, non inſitum, eſſe Regem ac Dominum, cunctorum quæcunque ſunt moderatorem?
Ipſa denique hiſcere ſi animantia muta poſſis eſſent, ſi in linguarum noſtrarum facilitatem ſolvi:
immo ſi arbores, gleba, ſaxa, ſenſu animata
vitali vocis ſonitum quirent & verborum articu-
los integrare, an non duce natura, & magiſtra,
non incorrupta ſimplicitatis fide, & intelligerent
eſſe Deum, & cunctorum dominum* SOLUM *eſſe
clamarent?* Je ne croi point que cet auteur eût
pu citer une experience qui prouvât que des
enfans ont opoſé cette idée innée aux inſtructions qu'on leur donnoit du polytheiſme, & je
ſuis ſûr que les enfans des Chretiens recevroient
ſans aucune dificulté l'opinion que chaque ri-
vière, & chaque montagne ſont des Dieux,
ſi on le leur aſſûroit à l'age de 5. ou 6. ans. Ils
ne s'apercevroient point qu'ils ont l'idée de
l'unité de Dieu imprimée dans le cœur. Mais
il ne s'agit plus de cela entre vous & moi.

(1) *Il faut
excepter la
Judée.*

(2) *Ar-
nobius
lib. 1. pag.
m. 18. 19.*

§. XXVI.

§. XXVI.

Examen de quelques reponses que l'on peut fa
à la dificulté proposée dans le chapitre prec
dent. Si l'on peut dire que quelques Paiens o
connu l'unité de Dieu.

Paſſons donc à d'autres choſes: examinons
ce que vous pouvez repondre à ma troiſiéme
dificulté.

I. Vous m'alleguerez d'abord le peuple Juif
qui n'a jamais donné ſon conſentement au polythéiſme, & vous pretendrez que cette exception empêche que l'on ne puiſſe faire valoir en faveur de la multitude des Dieux l'argument de l'aprobation generale de tous les
peuples. Mais ſi l'exception d'un petit peuple
qui étoit en quelque maniere ſequeſtré des autres nations par la haine qu'elles lui portoient,
& par l'averſion qu'il avoit pour elles, pouvoit
ôter au polythéiſme cet argument, en le pourroit
ôter auſſi à la doctrine de l'exiſtence de Dieu
en faiſant voir qu'il y a des peuples athées. Et
ſi vous voulez vous inſcrire en faux contre
tous les voiageurs qui ont parlé de ces peuples,
on vous repondra que pour le moins il faut
ſuſpendre ſon jugement juſques à ce que l'on
ait connu la certitude du fait. Je ne m'amuſe-
rai pas à retrecir vôtre exception: je vous
laiſſe toute entiere la nation des Juifs quoi que
je ſache qu'aſſez ſouvent ils ſont preſque tous
tombez dans l'idolatrie. Je n'entens pas cette idolatrie qu'on fait conſiſter dans l'adoration
du vrai Dieu ſous des ſimulacres: j'entens celle
qui conſiſte dans le culte des faux Dieux. Il
eſt certain (1) qu'elle a regné pluſieurs fois
parmi les Juifs.

II. Vous me pourrez alleguer auſſi que les
Juifs

(1) *Voiez*
en les preu-
ves dans
Gregoire
de Valence
au traité
de idolo-
latria pag.
106. &
ſeq. 133.
& ſeq.
312. &
ſeq edit.
Ingolſt.
1580. in 8.

Juifs, & les Païens s'accordoient enſemble à condamner l'atheïſme, d'où vous conclurez que l'on avoit contre les athées un conſentement general. Mais je vous repons que ce n'eſt pas là le cas où deux opinions diferentes peuvent être reünies contre une troiſiéme. Vous trouverez dans Grotius (1) qui l'avoit apris de Pline (2) que ſi une partie des juges abſolvent un accuſé, pendant qu'une autre partie le condamnent à la mort, & que les autres le condamnent au banniſſement, ce ſont trois opinions dont il ne faut point reünir les deux dernieres contre la premiere, car l'une de ces deux-là n'eſt point contenuë dans l'autre. Il faut donc compter à part les voix de chaque parti, & s'il s'en trouve quinze pour l'abſolution, dix pour le dernier ſuplice & douze pour le banniſſement, l'accuſé doit être abſous. Supoſez que par malheur les athées fuſſent trente contre vint Païens & quinze Juifs: les trente ſufrages pour l'atheïſme devroient (3) prevaloir ſur les vint ſufrages pour le polytheïſme, & ſur les quinze ſufrages pour l'unité de Dieu. Les Païens ne pourroient pas être reçus à unir leurs voix à celles des Juifs ſous pretexte que l'on nie l'atheïſme, ſoit que l'on admette une infinité de Dieux, ſoit qu'on n'admette qu'un ſeul Dieu, car l'opinion du polytheïſme eſt totalement contraire à celle de l'unité de Dieu: ce ſont deux dogmes ſi opoſez qu'ils ne peuvent compatir enſemble, l'un renverſe l'autre de fond en comble. Les athées ne pourroient-ils pas demander aux deux autres ſectes, comment pourriez-vous reünir vos voix pour un moment contre nous, puis que d'abord vous ſeriez à couteaux tirez l'une contre l'autre? Si vous voulez nous convertir, accordez vous premierement, vuidez la queſtion s'il n'y a qu'un Dieu, ou s'il y en a pluſieurs. Et ſi
vous

(1.) *Grotius de jure belli & pacis lib. 2. cap. 5. n. 19.*

(2) *Plin. epiſt. 14. lib. 8. Voiez auſſi Quintilien declam. 365. pag. m. 475.*

(3) *C'eſt-à-dire ſi l'on ſe regloit ſur les formes du bareau.*

vous voulez, diroient - ils aux Juifs, nous condamner parce que nous fommes en petit nombre, vous avez tort de n'être pas idolatres.

Il eſt donc certain, Monfieur, que l'exception du Judaïfme ne pouvoit jamais rentrer dans la maſſe du confentement general au polytheïfme. Je vous donne maintenant à choiſir entre ces deux chofes, l'argument du confentement general eſt-il ruiné par l'exception d'un ſeul peuple, ou conferve-t-il toute ſa force nonobſtant cette petite exception? Au premier cas vous ne pourrez rien conclure contre les athées ſi les relations des voiageurs ſont veritables. Au ſecond cas vous ne pourrez rien conclure contre le dogme de la pluralité des Dieux. Il faudra qu'il paſſe pour vrai.

III. Enfin vous me pourrez objecter que l'on a conu l'unité de Dieu dans les tenebres du Paganiſme. Je ſai que les anciens Peres (1) ſe ſont prevalus d'avoir trouvé cette verité dans les écrits de quelques poëtes & de quelques philoſophes Païens. Minucius Felix (2) a cité beaucoup ſur cela. Je n'examine point ſi tous ceux qu'il cite ont reconu l'unité de Dieu, ou plutôt l'unité de la nature, ou l'unité de l'ame du monde. Mais je ne ſaurois m'empecher de faire une obſervation ſur l'avantage qu'il tire de quelques façons de parler qui étoient fort en uſage parmi les Païens: (3) *Dieu eſt grand, Dieu eſt veritable, ſi Dieu le veut.* Tertullien ſe ſert du même argument: *Hinc ergo tibi anima de conſcientia ſuppetit domi ac foris nullo irridente vel prohibente prædicare, Deus videt omnia, & Deo commendo, & Deus reddet, & Deus inter*

(1) Voiez le commentaire d'Abram ſur l'oraiſon de Ciceron pro Milone pag. 214. 215. mais plus encore Tobie Pfannerus Syſt. Theologiæ Gentilis purioris cap. 2. n. 11. & ſeq.

(2) Minuc. Felix in Octavio pag. m. 144. & ſeq.

(3) Quid? quod omnium de iſto habeo conſenſum? Audio vulgus, cum ad cœlum manus tendunt, nihil aliud quam Deum dicunt, &, Deus magnus eſt, &, Deus verus eſt : &, ſi Deus dederit. vulgi iſte naturalis ſermo eſt, an Chriſtiani confitentis oratio? *Id. ib.*

inter nos judicabit (1). Cela ne prouve nullement que ceux qui parloient ainsi conussent
l'unité de Dieu: ils pouvoient sans prejudice
de leur polytheïsme employer ces phrases. On
a de coutume lors-même que l'on conçoit une
chose comme une espece de se servir indiferemment ou du nombre singulier, ou du pluriel, pour faire entendre ce qui est commun
aux individus. C'est ainsi que nous disons,
*l'homme est une étrange creature: l'homme est
inconstant: l'homme est sujet à beaucoup d'infirmitez.* Les Chretiens qui croient le plus
fermement qu'il y a un très-grand nombre de
Diables se servent ordinairement du singulier,
*le Diable m'emporte: le Diable l'emporta: le Dia-
ble est ennemi de Dieu: le Diable le tenta*, &c.
Ne dit-on pas tous les jours, *le soldat aime le
pillage: le soldat doit être tenu sous une severe
discipline?*

Au fond si je vous accorde qu'il y a eu parmi les Paiens quelques grans esprits qui ont reconu l'unité de Dieu. Si, disje, je vous l'accorde mettant à part les erreurs horribles dont ils
accompagnoient cette foi, quel usage ferez-
vous de leur temoignage? L'oposerez vous
au consentement general que les peuples ont
donné au polytheïsme? Ne sera-ce pas renoncer à vôtre preuve? Ne sera-ce point passer
dans mon sentiment que le sufrage d'un petit
nombre de Philosophes qui ont medité, & examiné profondement est preferable à celui d'u-
ne infinité de personnes qui suivent les opinions
& les traditions populaires sans nul examen?
Que si vous voulez vous servir du consentement des peuples contre les athées, & puis
n'en faire aucun cas lors qu'il favorise la pluralité des Dieux, mais lui preferer une poignée
de gens qui se sont soustraits à l'opinion domi-
nante, on vous dira que vous avez double poids

(1) Ter-
tull. de
testimonio
animæ.
*Voiez le
aussi de
resurre-
ctione
carnis
init.*

& double mefure: on ne voudra plus vous écouter.

Je veux bien vous dire que fi j'aimois la difpute, & fi je cherchois à en ménager tous les avantages, je ne vous accorderois pas que quelques Païens aient eu la conoiffance de l'unité de Dieu. Je pourrois vous contefter ce faict, car on peut dire que ceux qui femblent reconoître cette unité, ont reduit à la feule divinité du foleil tous les autres Dieux du Paganifme, ou qu'ils n'ont point admis d'autre Dieu que l'univers même, que la nature, que l'ame du monde. Je ne vous citerai point les autoritez qui prouvent cela, il me doit fufire de vous indiquer un ouvrage (1) où vous les pourrez trouver toutes raffemblées. Il a été compofé par Samuel Parker qui a été Evêque d'Oxford. Vous comprendrez aifément pour peu que vous y faffiez attention que l'unité ne peut convenir ni au foleil, ni au monde, ni à l'ame du monde. Cela eft vifible à l'égard du foleil & du monde, car ils font compofez de plufieurs portions de matiere réellement diftinctes les unes des autres, & il ne feroit pas moins abfurde de foutenir qu'un vaiffeau n'eft qu'un feul être, ou qu'un elephant n'eft qu'une feule entité que de l'afirmer du monde, foit qu'on le confidere comme une fimple machine, foit qu'on le confidere comme un animal. Toute machine, tout animal eft effentielement un com-

(1.) *C'eft le tentamina Phyfico-theologica de Deo de Samuel Parker. Il fut imprimé à Londres l'an 1665. in 4. Voiez y le 1. & le 2. chapitre du 2. livre pag. 181. & fuiv. le titre de ce 1. chapitre eft* Gentilium de Deo placita perperam ad fupremum, quem colimus, Deum traduci: fed aut de fole aut de anima mundi, quæ fuprema omnium numina effe cenfuerunt, intelligi oportet. *Il faut pourtant avouër que dans la vaſte compilation de Pfannerus ubi fupra, il y a quelques paffages qui femblent marquer une autre unité de Dieu. Voiez auffi Mr. Huet,* Alnet. quæft. lib. 2. cap. 2. pag. m. 107. & feq. *Mais prenez garde qu'il cite entre autres l'opinion de Varron, & de Pline, laquelle étoit très-fimple.*

composé de diverses pieces. On ne voit pas avec la même facilité que l'ame du monde soit composée de parties diferentes, mais la reflexion & l'attention peuvent faire conoître manifestement que ce qui anime un arbre, n'est point en nombre la même chose que ce qui anime un chien. Personne n'a mieux decrit que Virgile le dogme de l'ame du monde, laquelle il prenoit pour Dieu:

> *Esse* (1) *apibus partem divinæ mentis, & haustus*
> *Æthereos dixére: Deum namque ire per omnes*
> *Terrasque, tractusque maris, cælumque profundum:*
> *Hinc pecudes, armenta, viros, genus omne ferarum,*
> *Quemque sibi tenues nascentem arcessere vitas.*

(1) Virgil. Georg. lib. 4. v. 220.

Il repete la même chose dans l'Eneide:

> *Principio* (2) *cælum, ac terras, camposque liquentes,*
> *Lucentemque globum Lunæ, Titaniaque astra,*
> *Spiritus intùs alit, totamque infusa per artus*
> *Mens agitat molem, & magno se corpore miscet.*
> *Inde hominum pecudumque genus, vitæque volantum,*
> *Et quæ marmoreo fert monstra sub æquore pontus.*

(2) Id. Æneid. lib. 6. v. 724.

Vous voiez là clairement la divinité divisée en autant de parties qu'il y a de bêtes & d'hommes. Sur quoi je vous prie de vous souvenir de l'objection qui a été faite (3) à Pythagoras, qui enseignoit que nos ames étoient tirées de la substance de Dieu. Cet esprit, cet entendement repandu selon Virgile. par toute la masse de la matiere peut-il être composé de moins de parties, que la matiere? Ne faut-il pas qu'il soit dans l'air par des portions de sa
sub-

(3) Par Ciceron lib. 1. de nat. Deor. pag. m. 41. Voiez dans mon Dictionaire la remarque N de l'article Pythagoras.

substance numeriquement distinctes des portions par lesquelles il est dans l'eau? Ne vous arrêtez pas au terme de *spiritus*, car il ne signifie point un être non étendu, mais un être dont l'étenduë est insensible, & qui comme la matiere subtile de Mr. Descartes se repand & s'insinuë par tout. Les Anciens se servoient indiferemment des mots *animus*, *spiritus*, *aër*, *æther*, *cælum*, &c. pour designer l'ame du monde (1).

(1) *Voiez Samuel Parker ubi supra pag. 247.*

Réellement donc les Philosophes qui semblent avoir enseigné l'unité de Dieu ont été plus polytheistes que le peuple. Ils ne savoient ce qu'ils disoient s'ils croioient dire que l'unité apartient à Dieu. Elle ne lui peut convenir selon leur dogme que de la maniere qu'elle convient à l'ocean, à une nation, à une ville, à un palais, à une armée, & à tels autres êtres qui sont *unum per aggregationem*, & que l'on designe par le nombre singulier entendu *collectivement*. Le Dieu qu'ils reconoissoient étoit un amas d'une infinité de parties. Si elles étoient *homogenes*, chacune étoit un Dieu, ou aucune ne l'étoit. Or si aucune ne l'avoit été, le tout n'auroit pas pu être Dieu. Il faloit donc qu'ils admissent au pied de la lettre une infinité de Dieux, ou pour le moins un plus grand nombre qu'il n'y en avoit dans le poëme d'Hesiode, ni dans aucune liturgie. Si elles étoient *heterogenes*, on tomboit dans la même consequence, car il faloit que chacune participât à la nature divine, & à l'essence de l'ame du monde: elle n'y pouvoit participer sans être un Dieu, puis que l'essence des choses n'est point susceptible du plus ou du moins, on l'a toute entiere, ou l'on n'en a rien du tout. Voilà donc autant de Dieux que de parties dans l'univers. Que si la nature de Dieu n'avoit point été communiquée à quelques-unes des parties, d'où seroit venu qu'elle au-

auroit été communiquée à quelques autres? Et
quel compoſé bizarre & monſtrueux ne ſeroit
ce pas qu'une ame du monde compoſée de parties non vivantes & non animées, & de parties vivantes & animées? Il ſeroit encore plus
monſtrueux de dire qu'aucune portion de Dieu
n'etoit un Dieu (1), & que neanmoins toutes
enſemble elles compoſoient un Dieu; car en
ce cas-là l'être divin eût été le reſultat d'un aſſemblage de pluſieurs pieces non divines, il
eût été fait de rien, tout comme ſi l'etenduë
étoit compoſée de points mathematiques.

J'ajouterai pour confirmer mon objection
qu'il n'y auroit rien de plus abſurde que de dire que les parties d'une ſubſtance ne ſont pas
chacune une ſubſtance; car ſi elles exiſtoient
à la maniere des accidens dans le compoſé
dont elles ſont des parties, ſi elles y exiſtoient,
dis-je, comme dans leur ſujet d'inheſion, elles
ne pourroient pas être des parties d'une ſubſtance. Il eſt donc certain qu'elles doivent
exiſter ſans être le mode d'une ſubſtance, ou
ſans inherer à aucun ſujet, elles ont donc toute l'eſſence de la ſubſtance, & ſont par conſequent des ſubſtances. Puis donc que Dieu eſt
une ſubſtance, il faut conclure que s'il eſt compoſé de parties chacune d'elles eſt une ſubſtance. Or comme elle ne ſauroit être qu'une
ſubſtance divine, elle ſeroit neceſſairement un
Dieu, car qu'y auroit-il de plus monſtrueux
& de plus contraire à la nature des choſes, qu'u-
ne ſubſtance divine qui ne ſeroit point un Dieu?
Pour couper court, je dis que l'ame du monde ſeroit neceſſairement compoſée de parties:
ſi donc Dieu étoit l'ame du monde, il y auroit autant de Dieux que de parties dans l'univers. Or cette opinion n'eſt pas moins abſurde que le polytheiſme du peuple d'Athenes. Je
vous renvoie au chapitre où Saint Auguſtin a

(1) *Voiez dans Ori-
gene lib. 5.
pag. m.
234. 235.
le raiſon-
nement de
Celſus con-
tre les
Juifs, &
la reponſe
qu'on lui
fait, la-
quelle n'eſt
bonne
qu'en ſuppo-
ſant que
les philoſo-
phes Grecs
ont mal
raiſonné.*

(1) *August. de civit. Dei lib. 4. cap. 12. pag. 431.*

(2) *Voiez dans le Diction. histor. & crit. la remarque A de l'article Spinoza pag. 2768. col. 2. de la 2. édition.*

(3) *Virgile immediatement après les paroles raportées ci-dessus pag. 119. n.*

(1) *ajoutés* Scilicet hùc reddi deinde, ac resoluta referri Omnia, nec morti esse lo-

refuté le dogme de l'ame du monde: *Quod si ita est,* dit-il, (2) *quis non videat quanta impietas & irreligiositas consequatur ut quod calcaverit quisque, partem Dei calcet? & in omni animante occidendo, pars Dei trucidetur? Nolo omnia dicere qua possunt occurrere cogitantibus: dici autem sine verecundia non possunt.* Il ne refute pas avec moins de force ceux qui vouloient seulement que Dieu fût l'ame des creatures raisonnables. Cette opinion faisoit donc de Dieu une quantité discrete, au lieu que l'autre en faisoit une quantité continuë; mais la distinction des parties étoit également réelle dans l'une & dans l'autre. Les Peripateticiens par un jargon inintelligible admettent une grande difference entre l'*ens per se* & l'*ens per accidens,* le *totum per se* & le *totum per aggregationem;* neanmoins ils reconnoissent la multiplicité de parties réellement distinctes les unes des autres aussi bien dans un arbre, & dans l'air que dans un monceau de pierres, & il est certain que la continuité laisse tout autant de distinction entre les parties, que la contiguité ou que la distance. On ne pouvoit donc pas reprocher avec plus de fondement à ceux qui vouloient que Dieu n'animât que l'homme, qu'à ceux qui le faisoient l'ame de tout l'Univers, qu'ils le divisoient en plusieurs parties, mais ceux-ci donnoient en particulier dans un étrange galimatias (2) lors qu'ils disoient que la mort du corps faisoit que les ames se reünissoient à l'ame du monde, & rentroient dans Dieu (3). Si l'autre secte évitoit ce grand écueil, elle en rencontroit un autre. Lisez ces paroles de Saint Augustin: (4) *Si autem sola ani-*

cum; sed viva volare Sideris in numerum, atque alto succedere cœlo. *Virgil. Georg. l. 4. v. 225.* (4) *August. ubi supra cap. 13 pag. 433.*

animalia, ſicut ſunt homines, partes Dei eſſe contendunt: non video quidem ſi totus mundus eſt Deus, quomodo beſtias ab ejus partibus ſeparent? Sed obluctari quid opus eſt? De ipſo rationali animante, id eſt, homine, quid infelicius credi poteſt, quàm Dei partem vapulare, cùm puer vapulat? Jam vero partes Dei fieri laſcivas, iniquas, impias, atque omninò damnabiles, quis ferre poſſit, niſi qui prorſus inſaniat? Poſtremò quid iraſcitur eis, à quibus non colitur, cùm à ſuis partibus non colatur?

Qu'on ſe tourne de quelque côté qu'on voudra, on ne peut trouver jamais dans ce ſyſteme l'unité de Dieu. Ce ſera toûjours une unité collective qui n'exclut point la pluralité des cauſes. Affectez de dire ſans nommer jamais l'armée que tels & tels bataillons ont fait ceci, ou ſans jamais articuler ni regimens ni bataillons, que l'armée a fait cela, vous marquerez également une multitude d'acteurs, vous exclurez également l'unité de cauſe. Par le mot *armée*, ſingulier tant qu'il vous plaira, on ſignifie pluſieurs ſoldats auſſi clairement que par le pluriel *pluſieurs ſoldats*. Diſons auſſi que le ſingulier *nature*, ou *ame du monde*, ou *Dieu* dans le ſyſteme de ces Philoſophes ſignifie néceſſairement, eſſentiellement une multitude de cauſes diſtinctes.

Vous ne pouvez donc oppoſer leur ſentiment à celui de la pluralité des Dieux, car ou ils ne ſavent ce qu'ils diſent, ou ils admettent une infinité de Dieux particuliers qui compoſent une eſpece, ou une nation, ou un continu. S'il n'y a qu'un Dieu ſelon eux, c'eſt de la même maniere qu'il n'y a qu'un peuple Romain, ou que ſelon Ariſtote, il n'y a qu'une matiere premiere. Voiez dans Saint Auguſtin (1) les embaras où la doctrine de Varron ſe trouve reduite. Il croioit que Dieu n'étoit

(1) *Auguſt. de civit. Dei lib. 7 cap. 6. & ſeq.*

F 2   autre

autre chofe que l'ame du monde. On lui fait voir
(1) que c'eſt une diviſion de Dieu en pluſieurs
choſes, & la reduction de pluſieurs choſes à un
ſeul Dieu. Lactance (2) auſſi a tres-bien montré le ridicule du ſentiment des Stoiques qui
étoit à peu près le même que celui de Varron.

Spinoza eſt dans le même labyrinthe. Il
ſoutient qu'il n'admet qu'une ſubſtance, & il la
nomme Dieu, il ſemble donc n'admettre qu'un
Dieu, mais dans le fond il en admet une infinité ſans le ſavoir. Jamais on ne comprendra
que l'unité de ſubſtance à quoi il reduit l'univers, ſoit autre choſe que l'unité collective dont
jai parlé ci-deſſus, ou que l'unité formelle des
Logiciens, qui ne ſubſiſte qu'idealement dans
nôtre eſprit. Tout ce qui exiſte hors de nôtre
eſprit & qui ne peut recevoir les attributs qu'on
peut afirmer d'une autre choſe eſt diſtinct réellement de cette choſe. Voila ce que je crois
avoir prouvé (3) contre Spinoza par des raiſons
qui ne ſoufrent point de replique ce me ſemble.

Ne faites point le tort ou l'honneur à ces
anciens Philoſophes qui ont dit que Dieu eſt
l'ame du monde, d'avoir cru qu'un être parfaitement un & ſimple ſe peut tellement repandre dans un grand eſpace qu'il ſoit tout en
chaque point, *totum in toto, & totum in ſin-*
gulis partibus. Ils ne ſavoient point cette belle diſtinction qui ne peut ſervir de rien, tant
elle eſt inintelligible. Croiez plutôt qu'ils ſe
faiſoient à peu près la même idée de l'ūnité
de Dieu que nos Peripateticiens de la matiere
premiere. Ils la conçoivent comme un être
qui en lui-même n'eſt ni terre ni eau, &c. mais
qui devient terre ou eau, &c. par ſon union
avec telle ou telle forme. Avant cette union
ils ne conçoivent en elle aucune diverſité, mais
après cela ils trouvent ici une matiere fluide,
là une matiere dure & ainſi du reſte. Ces anciens

(1) *Id. ib.*
cap. 16.

(2) *Lac-*
tant. di-
vin. inſtit.
lib. 7. cap.
3. Voiez
le auſſi de
ira Dei
cap. 11.

(3) *Dans*
les remar-
ques de
l'article de
Spinoza
au Dictio-
naire hi-
ſtor. &
critique.

ciens Philoſophes pouvoient reduire pareillement l'ame du monde à l'unité lors qu'ils la
conſideroient en general, & par abſtraction,
mais ils en faiſoient un partage dès qu'ils la
conſideroient en detail ou comme unie avec le
ſoleil, ou comme unie avec la terre, & ils
vouloient bien alors que l'on adorât pluſieurs
Dieux. C'eſt ce que je prouve par ces paroles
du Stoïcien Balbus: (1) *Deus pertinens per na-*
turam cujuſque rei, per terras Ceres, per ma-
ria Neptunus, alii per alia poterunt intelligi,
qui qualeſque ſint quoque eos nomine conſuetudo
nuncupaverit, quos (ou hos) D E O S & venerari
& colere debemus.

S'il y a quelques paſſages (2) qui ſemblent
prouver que des philoſophes Païens ont reconu d'une maniere plus orthodoxe l'unité de
Dieu, ce ne ſont la plupart du tems qu'un galimatias pompeux. Faites en bien l'analyſe, vous
n'y trouverez qu'un Dieu plus puiſſant que tous
les autres, le chef & le ſouverain des autres.
Or cela n'exclut point le polytheïſme, car les
poëtes qui en ont été les plus ardens promoteurs parlent, de la ſuperiorité de Jupiter en
d'auſſi forts termes que les Stoïciens. Ne
vous moqueriez vous pas de ceux qui ſous pretexte qu'il n'y a qu'un chef dans une armée,
& qu'un Roi dans un Roïaume, ſoutiendroient
qu'il n'y a qu'un homme dans une armée &
dans un roïaume? On diroit que Platon eſt celui de tous les anciens Philoſophes qui (3) s'eſt
le plus approché de l'orthodoxie quant à l'unité de Dieu, neanmoins il admettoit un grand
nombre de divinitez dignes (4) de nos vœux,
de nos ſacrifices, & de nôtre adoration; &
s'il raiſonnoit conſequemment il les faiſoit (5)
improduites, éternelles, & d'une vertu motrice non communiquée.

A . . . . le 18. de Novembre 1703.

F 3 §. XXVII.

(1) *Cicero*
de nat.
deor. lib. 2.
ſub fin.
pag. m.
346.

(2) *Voiez*
ci-deſſus
p. 118. la
nôte mar-
ginale.

(3) *Voiez*
Saint Au-
guſtin de
civit. Dei
lib. 8. cap.
9.

(4) *Ibid.*
cap. 12.

(5) *Voiez*
la réponſe
aux queſ-
tions d'un
Provincial
pag. 80.
& ſuiv.

§. XXVII.

Digression sur ce que certaines propositions du Pere le Comte furent censurées par la Sorbonne le 18. d'Octobre 1700.

Je m'imagine, Monsieur, que vous avez eu quelque petit pressentiment de ce que je viens de vous objecter, car vous avez trouvé fort étrange que la Sorbonne ait censuré ce que le Jesuite le Comte a dit de l'orthodoxie des anciens Chinois. On denonça cinq propositions extraites de son ouvrage. La premiere est conçuë en ces termes : *le peuple de la Chine a conservé* (1) *près de deux mille ans la connoissance du veritable Dieu, & l'a honoré d'une maniere qui peut servir d'exemple, & d'instruction même aux Chretiens* : & fut declarée *fausse, temeraire, scandaleuse, erronée, injurieuse à la sainte religion Chretienne.*

Vous m'avez écrit des lettres sur ce sujet qui me faisoient bien connoître que les propositions de ce Jesuite ne vous étoient pas desagreables. Je n'en comprenois pas alors la raison, mais je conjecture presentement que vous preniez son parti à cause que vous preveïez que je tirerois quelque usage de ce qu'il y avoit autrefois si peu de gens qui connussent le vrai Dieu. Si la Sorbonne n'eût pas censuré les propositions du Pere le Comte, vous eussiez pu m'opposer avec plus de confiance les faits historiques qui sont propres à prouver que le dogme de la pluralité des Dieux n'a point été favorisé du consentement general de tous les peuples.

Ce que vous m'écriviez en ce tems-là ne rouloit que sur cette affaire. Je ne vous y recdacttion point, vous me paraissiez meta-

mór-

(1) Dans la 3. édition il y a *plus au lieu de près.*

morphoſé en un autre homme, je vous avois toûjours vu diſpoſé à loûer le zéle de la Faculté de Theologie de Paris, pour peu que vous cruſſiez qu'elle combatroit les Jeſuites, mais vôtre chagrin contre la cenſure du Pere le Comte étoit marqué viſiblement dans chaque ligne de vos lettres. Vous m'aſſûriez que l'hiſtoire de cette cenſure ne feroit aucun honneur à la Faculté; que l'on en avoit deux relations, l'une (1) compoſée par un ennemi des Jeſuites, & l'autre (2) par un de leurs amis, & qu'il paroiſſoit par l'une & par l'autre que les aſſemblées où les Docteurs de Sorbonne avoient agité & terminé cette queſtion avoient été extremement tumultueuſes. Vous me parliez d'un imprimé où un Docteur avoüoit que de telles aſſemblées faiſoient beaucoup de tort à la Faculté. *La confuſion qui y regne, diſoit-il, la paſſion qui y paroiſt ôtent à nos cenſures tout le poids & toute l'autorité qu'elles devroient avoir. On diroit qu'on ne s'aſſemble dans la ſale de Sorbonne que pour crier, & pour ſe dire des injures. Paroles, geſtes, œilliades, ſtile, maniere d'opiner tout y eſt indigne de la gravité de ceux à qui l'on donne dans vos écoles, comme par excellence, le titre de nos tres-ſages Maiſtres. Que peuvent penſer la Cour, le Parlement, les autres Magiſtrats d'un jugement porté au milieu de tout ce tumulte?* Vous remarquiez que la relation compoſée par l'ennemi des Jeſuites diffamoit horriblement tous les Docteurs qui n'opinoient pas pour la cenſure, & que l'on s'étoit haté de publier les commencemens de cette hiſtoire, (3) afin que la crainte d'être bafoüé obligeât les fauteurs du Pere le Comte à changer de ſentiment. Cette conduite, m'écriviez-vous, eſt pleine d'iniquité. la crainte d'une lettre de cachet n'eſt pas plus propre par raport à bien des gens à ôter la liberté des ſufrages, que la terreur

(1) *Intitulée* Six lettres d'un Docteur, ou Relation des aſſemblées, &c. *Voiez l'hiſtoire des Ouvrages des Savans Mai 1701. pag.* 203.

(2) *Intitulée* Journal hiſtorique des aſſemblées tenues en Sorbonne pour condamner les memoires de la Chine. *Voiez l'hiſtoire des Ouvrages des Savans* Mars 1702. *pag.* 122.

(3) *Voiez la preface du Journal hiſtorique des aſſemblées pag.* a iii.

reur d'une fatire qui fait des portraits difamans
ou ridicules. On eſt quelquefois ſi ſenſible à
la ſatire (1) que l'on en meurt. Vous me ci-
tâtes ces paroles d'un bel Eſprit: ,, Un hom-
,, me qui par un bon mot accable ſon homme
,, ne merite gueres plus de loüanges que celuy
,, qui le tuë d'un coup de piſtolet. Et je ne
,, ſay pourquoy les mêmes perſonnes qui au-
,, roient horreur d'un homme qui manieroit
,, adroitement le poignard, applaudiſſent à un
,, Poëte qui place adroitement dans ſes ouvra-
,, ges des *mots aſſaſſins & des rimes meurtrie-*
,, *res* (2). ,, Vous ajoutâtes que la maniere dont
l'auteur de la relation vouloit convertir les Sor-
boniſtes contraires à la Cenſure étoit une eſpece de dragonade, & l'une des plus dures machines du *compelle intrare, contrain les d'entrer,*
vu que les Prêtres & les Curez ont plus de beſoin d'une bonne reputation que les autres
hommes. Vous n'oubliâtes point de blamer
ceux qui s'efforcent de prevenir les changemens de religion en accablant de libelles.(3) les
perſonnes qui en changent.

En toute autre rencontre vous auriez preferé
la relation d'un Anti-Jeſuite à celle d'un parti-
ſan des Jeſuites, mais dans celle-ci les ſix lettres du Docteur vous plurent infiniment moins
que le Journal hiſtorique. Elles vous ſemble-
rent remplies d'un emportement ſauvage, furieux & feroce, & vous trouvâtes au contraire que le Journal étoit écrit finement, delicate-
ment, & que ſous une aparence adroite de
moderation il piquoit juſques au vif, & tour-
noit admirablement en ridicule les Docteurs
qui ont condamné les memoires de la Chine.
La preface ſelon vous, eſt accablante pour celui qui a publié les ſix lettres: (4) *On l'eſti-*
meroit peut être ſi on le connoiſſoit, pour les bon-
nes qualitez qu'il ne laiſſe point appercevoir dans

ſes

(1) Voiez
le Dictio-
naire hi-
ſtor. &
crit. à la
remarque
F. de l'ar-
ticle Hip-
ponax.

(2) L'Abbé
de Villiers
reflexions
ſur les de-
fauts d'au-
trui chap.
de la rail-
lerie pag.
21. édit.
d'Amſt.
1695.

(3) Voiez
dans le
Diction.
hiſtor. &
critique la
remarque
de l'article
Weidne-
rus.

(4) Pre-
face du
Journal
hiſtorique
fol. a ii
verſo.

ses écrits. Ce trait vous a pleu: à la bonne heure!

Mr. du Pin d'ailleurs vôtre grand heros vous a paru foudroié par la reponse aux remarques sur la protestation du Pere le Gobien.

Les irregularitez (1) de la Sorbonne qui ne voulut avoir nul égard à cette protestation, ni aux éclaircissemens que ce Jesuite & son Confrere le Pere le Comte donnerent sur les propositions denoncées, vous faisoient presque declamer. Je ne doute pas que ces éclaircissemens ne vous aient prevenu par cet endroit-ci: ,, (2) Ne seroit-il pas au contraire bien plus ,, dangereux de condamner ce qu'on reprend ,, icy dans mon Livre, en disant, que les an- ,, ciens Chinois, comme ceux d'apresent, étoient ,, Athées. Car les Libertins ne tireroient-ils ,, pas avantage de l'aveu qu'on leur feroit, que ,, dans un Empire si vaste, si ancien, si éclai- ,, ré, établi si solidement, & si florissant, soit ,, par la multitude de ses Habitans, soit par ,, l'invention de presque tous les Arts, on n'au- ,, roit jamais reconnu de Divinité. Que de- ,, viendroient donc les raisonnemens que les ,, saints Peres, en prouvant l'éxistence de Dieu, ,, ont tiré du consentement de tous les Peu- ,, ples, ausquels ils prétendent que la nature ,, en a imprimé si profondément l'idée, que ,, rien ne la peut effacer? Et sur tout, pour- ,, quoy se seroient-ils donné la peine de ra- ,, masser avec tant de soin, tous les témoigna- ,, ges qu'ils ont pû trouver dans les Livres des ,, Philosophes Gentils, pour établir cette veri- ,, té, s'ils n'avoient crû qu'il étoit tres-impor- ,, tant d'en user de la sorte, pour amener plus ,, facilement les Peuples à la Religion Chré- ,, tienne. . . . . . . (3) Eusebe pour com- ,, battre les Superstitions du Paganisme, par le ,, témoignage des Payens mêmes, rapporte

F 5 ,, un

(1) On en voit le detail dans ses écrits intitulé Jugement d'un grand nombre de Docteurs des Universitez de Castille & d'Arragon, &c. Et dans les reflexions sur la censure des nouveaux Memoires de la Chine, &c.

(2) Eclaircissement sur la denonciation . . . . des memoires de la Chine pag. 14.

(3) Ibid. pag. 17.

„ un extrait fort long de Bardezanes, où cet
„ Auteur dit, que, chez les Indiens & les
„ Bactres il y a plusieurs milliers d'hommes,
„ qui selon la tradition de leurs Ancêtres
„ & de leur Loy, n'ont point d'Idoles, n'u-
„ sent ni de viandes ni de vin, ni d'aucune
„ autre liqueur semblable, sont uniquement
„ occupez à honorer Dieu, & vivent dans
„ une grande pureté de mœurs.　Comment
„ Eusebe ne l'a-t-il point apperçu du poison
„ contenu dans ces paroles? Car enfin il y en
„ a, si les miennes en ont autant qu'on le
„ veut faire croire? Devoit-il ainsi, pour éta-
„ blir les veritez de notre Religion, rapporter
„ un passage capable d'en détruire le plan? „

„ Vous êtes merveilleusement édifié de ce
qu'on montra aux Sorbonistes qu'ils avoient
censuré des choses qui avoient déja été publiées
par des auteurs approuvez, & à qui l'on ne s'é-
toit jamais avisé de susciter la moindre affaire.

(1) Juge-
ment d'un
grand
nombre de
Docteurs
des Uni-
versitez de
Castille &
d'Arragon
sur les pro-
positions
censurées
en Sorbon-
ne pag. 5.

„ (1) Le Pere le Comte avoit dit dans ses Me-
„ moires de la Chine, que les anciens Chinois
„ ont conservé long-temps la connoissance du vray
„ Dieu, laquelle ils avoient reçeue par tradi-
„ tion des Fondateurs de leur Empire, neveux
„ ou arriere neveux de Noé. Cette proposi-
„ tion d'où dependent presque toutes les au-
„ tres comprises dans la Censure n'étoit point
„ nouvelle.　Plusieurs Missionnaires non seu-
„ lement Jesuites, mais encore des Ordres de
„ S. Dominique & de S. François l'avoient fai-
„ te avant le Pere le Comte, sans que jamais
„ on en eust esté scandalizé.　Le Pere Rapine
„ Recollet, le P. Beurrier Chanoine Regulier,
„ Curé de S. Estienne du Mont, & depuis Ab-
„ bé de S. Geneviève, le Pere Thomassin Pres-
„ tre de l'Oratoire, qui avoient fait des propo-
„ sitions pareilles, ou même plus fortes, ont
„ esté approuvez avec éloge par plusieurs Doc-

„ teurs

„ teurs de la Faculté de Paris, & n'ont esté re-
„ pris de personne. Ce que le Pere le Comte
„ a dit des Chinois, plusieurs de nos Histo-
„ riens l'ont dit des anciens Gaulois; Philippe
„ Cluvier l'a dit des anciens Habitans de la
„ Germanie; Jean de la Fuente Dominicain,
„ & quelques autres Ecrivains Espagnols l'ont
„ dit de leurs anciens Compatriotes; on l'a
„ dit des Ethiopiens & des Abyssins, des an-
„ ciens habitans de l'Egypte, des Bactriens,
„ des Brames, des Perses, des Indiens & des
„ Americains: on l'a dit de presque toutes les
„ Nations du monde, dans presque tous les
„ temps & tous les lieux, sans que jamais per-
„ sonne se soit plaint qu'il y eût en cela quel-
„ que chose contre la Foy. „ Ces particulari-
tez historiques étoient un baume sur vôtre
plaie, & vous faisoient attribuer toute l'accep-
tion de personnes à la même politique humaine qui se croit permis de s'opposer *per fas &*
nefas par tous les moiens imaginables à un voi-
sin qui s'agrandit trop ou qui s'est dejà trop
agrandi. Le (1) *metus crescentis potentiæ* paroit une raison legitime de faire des querelles
d'Allemand, & des irruptions injustes en elles-
mêmes, mais conformes à la souveraine loi
des états, savoir à l'utilité publique. Ces reflé-
xions vous parurent très-édifiantes.

Mais vous fûtes encore plus édifié de voir
que (2) *Pres de cent Docteurs Espagnols, Secu-*
liers & Reguliers, de toutes sortes d'Ordres pres-
que tous Professeurs en Theologie, Qualificateurs
du Saint Office, ou constitués en dignité, ont jugé que les propositions du Pere le Comte censurées par 106. Docteurs de Sorbonne ne meritent aucune censure. Vous me marquâtes
qu'il y (3) eut 48. Docteurs de la Faculté
de Theologie de Paris qui s'oposerent au
sentiment des 106. autres, & vous me fîtes

clai-

(1) *Voiez*
Grotius au
livre 2. *de*
jure belli
& pacis
cap. 1. n.
17. *On*
peut voir
aussi la
Disserta-
tion de G.
C. W. im-
primée à
Leide l'an
1679. *avec*
un traité
qui a pour
titre arma
anserina.

(2) *Juge-*
ment d'un
grand
nombre de
Docteurs
pag. 20.

(3) *Ibid.*

clairement conoître que le fufrage de plus des deux tiers de la Sorbonne n'eſt point ici d'un poids trebuchant, & qu'au contraire le fufrage du petit nombre doit emporter la balance. Vous m'alleguâtes le decret de la Faculté (1) contre Henri III. où les plus anciens Docteurs aiant la raiſon de leur côté furent vaincus par le grand nombre : (2) *En matiere de conteſta-tions Theologiques*, ajoutâtes vous, *ce n'eſt pas au plus grand nombre qu'il faut avoir égard*, diſent (a) *Melchior Canus, & Dominique Ban-nez, ... mais à la bonté des raiſons ſur leſquel-les les avis ſont appuyez*.

Voila, Monſieur, une partie des choſes que je trouvois dans vos lettres il y a trois ans. Vous en parliez avec beaucoup de chaleur, & cela me ſurprenoit, c'étoit pour moi un myſ-tere & une enigme, dont il me ſemble que je trouve aujourd'hui la clef. Vous étiez faché que la Sorbonne énervât vôtre argument favo-ri de l'exiſtence de Dieu. Vous ſentiez qu'on le pouvoit faire ſervir à juſtifier le polytheïf-me, mais que les propoſitions du Pere le Com-te vous aidoient admirablement à parer le coup. C'eſt ma conjecture, & je m'en vais vous com-batre comme ſi en effet j'avois deviné vôtre penſée.

§. XXVIII.

Que les faits qu'avance le Pere le Comte ne de-truiſent point la troiſiéme difculté alleguée ci-deſſus dans le chapitre 25.

D'abord je vous avouërai ingenument que je n'ai point lu avec aſſez d'attention les pieces de ce procez de la Sorbonne pour être en état d'en juger. Elles firent beaucoup de bruit, celles du procez des ceremonies de la Chine *en*

(1) *Voiez ci-deſſus pag.* 14. *& la re-ponſe aux remarques de Mr. du Pin ſur la proteſta-tion du Pere le Gobien pag.* 37.

(2) *Re-flexions ſur la cenſure pag.* 8.

(a) *Can. lib.* 8. *c.* 4. *conc.* 6. *Ban. in* 2. *p. q.* 1. *art.* 8. *dub.* 3.

en faisoient encore davantage. Il a paru de part & d'autre une infinité d'écrits. J'en ai lu quelques-uns non pas tant dans l'esperance de parvenir à la precision sur le veritable nœud de la controverse, qu'à cause que j'y trouvois beaucoup de choses curieuses, beaucoup de tour, & de finesse d'esprit. Mais faute de tems, & par les difficultez qui se presentoient je mis cette afaire au nombre de plusieurs autres sur quoi je suspens mon jugement. Ainsi, Monsieur, je n'ai point examiné le detail de vos remarques, je ne les adopte point, vous en ferez ce qu'il vous plaira, je m'en raporte à ce qui en est.

Je vous dirai seulement qu'encore que les decisions de la Sorbonne me pussent fournir de grans avantages contre l'argument que je vous conteste, je veux bien avoir la complaisance d'y renoncer. Ce n'est pas vous faire un fort petit sacrifice, car enfin s'il étoit contraire à l'Ecriture & aux fondemens de l'Evangile, que d'autres peuples que les Juifs eussent conu & adoré le vrai Dieu, il seroit certain que tous les peuples du monde hormis les Israëlites auroient été idolatres, ou athées, & s'ils avoient été idolatres, ce seroit par vôtre argument une bonne preuve de la verité du polytheisme. Dès là vôtre argument ne vaudroit plus rien: il seroit ruïné sans ressource par ce peu de mots, *ce qui sert de preuve à l'impieté ne peut être veritable.*

Mais en me privant de ces avantages je ne laisse point de trouver ici de nouveaux moiens de vous faire voir l'illusion de vôtre argument. Vous voulez qu'on croie que les Chinois, que les Gaulois, que les Allemans, &c. ont adoré le vrai Dieu. Vous esperez de reduire par ces faits-là vôtre Antagoniste, puis qu'il ne pourra plus pretendre que tous les peuples ont con-

senti

senti à reconoitre la pluralité des Dieux, mais ne vous répondra-t-il pas que vous batissez sur une suposition tout-à-fait douteuse? Ne vous dira-t-il pas qu'un des plus celebres corps de Theologiens qui soient en Europe l'a declarée fausse, & contraire à la parole de Dieu, & injurieuse au Christianisme? Vous lui repondrez que la Faculté de Theologie d'Oxford, qui n'est pas moins vigilante que la Sorbonne à mainte- nir les fondemens de la religion Chretienne, n'a point censuré Mr. Hyde (1) qui a soutenu que les Perses ont conservé pendant fort long tems la veritable religion. Vous lui alleguerez le ju- gement des Theologiens d'Espagne sur la cen- sure Sorbonique, & cent autres choses. Il vous repliquera que dans ce conflit d'opinions, il est juste de se tenir en suspens jusques à ce que l'on ait pu decouvrir de quel côté est le mensonge, mais que ce travail demande des discussions qui surpassent les forces humaines. Il faudroit étudier beaucobp de langues, consul- ter beaucoup d'auteurs, les examiner selon les regles de la critique & de la logique, chercher des documens qui se sont perdus, concilier les autoritez opposées, & s'engager en un mot dans des details infinis, & qui n'aboutiroient qu'à fomenter les incertitudes. Croiez-vous qu'a- vec beaucoup d'esprit & d'erudition on ne fe- roit pas un systeme opposé à celui de Mr. Hy- de & aussi probable? Vous voiez que les Mis- sionaires qui se vantent les uns & les autres d'avoir consulté les archives des Chinois assu- rent des choses contradictoires sur l'ancienne religion de ce peuple. Les uns avec le Pere le Comte la font orthodoxe, les autres preten- doient que (2) l'atheisme a regné dans la Chi- ne jusques à Confucius, & que ce grand phi- losophe (3) même en fut infecté. S'ils ont raison, quelle breche ne font-ils pas à vôtre ar- gu-

(1) Voiez son livre intitulé Historia religionis Veterum Persarum imprimé à Oxford l'an 1700. in 4. les Journalis- tes en ont parlé am- plement.

(2) Voiez la reponse aux re- marques de Mr. du Pin sur la Protesta- tion du Pe- re le Go- bien pag. 88. 89.

(3) Lettre de Mr. Maigrot pag. 15.

gument ? (1) Ils vous enlevent un grand peuple, subtil, savant & ingenieux. Allez dire après cela que l'atheïsme n'a eu que deux ou trois sectateurs en chaque siecle. Vous nierez le fait sur cet ancien atheïsme de la Chine, mais vous serez obligé de donner des preuves incontestables de vôtre denegation, & cela seul vous engagera à des recherches si penibles que vous sentirez que vôtre preuve du consentement general est un chemin impraticable. Remarquez en passant que si les Chinois avoient professé l'atheïsme comme l'assurent plusieurs Missionaires, l'Epicurien Velleius eût été coupable d'une extreme temerité, & de mensonge. Il se vantoit du consentement de tous les peuples avant que d'avoir connu l'histoire de l'Orient, & il se seroit trompé. On se fondera sur cet exemple pour vous avertir qu'il ne faut point se vouloir d'une telle chose pendant qu'il reste des nations à decouvrir.

Mais quand même l'on vous accorderoit ce que le Pere le Comte, Mr. Hyde, & quelques autres suposent touchant l'unité de Dieu reconnuë de quelques peuples, vous demeuriez toujours dans l'embaras. Vous obtiendriez seulement que la religion de Noë se conserva pendant plusieurs siecles dans quelques-uns des païs où ses descendans s'établirent. Mais puis qu'en

(1) Voilà donc le grand service que viennent de rendre à la religion les auteurs de les preuves de cette Censure. C'est ..... enfin de suggerer à tout ce qu'il y a de libertins parmi nous un pré- cieux pré- texte de se confirmer dans leur impieté et leur donner pour une chose donc il n'est pas

permis de douter, que la nation Chinoise, la plus ancienne, la plus spirituelle & la plus polie qui fust au monde, a esté deux ou trois mille ans sans croire ny subsistance spirituelle & non mortelle, ny une autre vie après celle-cy, ny aucune Divinité douée d'intelligence. Qu'y a-t-il de plus propre pour persuader aux impies cette maxime fondamentale de l'Atheïsme, que la créance de la Divinité n'est que l'effet de la superstition? Primus in orbe Deos fecit timor. *Censure de quelques propositions ..... refutée par les Ecrits des Dominicains, &c.* pag. 98.

qu'enfin l'idolatrie prevalut par toute la terre
à la Judée près, les defenseurs du polytheïsme
ont pu se glorifier en un certain tems que le
dogme de l'unité de Dieu étoit contraire au
consentement general des peuples.   Les Apôtres & leurs Disciples eurent à combatre par
tout la pluralité des Dieux.   Ils passoient pour
des athées, (1) & ils étoient persecutez sur
ce pied-là, parce qu'ils prechoient contre toutes
les divinitez que l'on adoroit alors.   Le Pere
le Gobien avouë que la Chine *est devenuë idolatre* (2) *cinq ou six cens ans avant la naissance de
Jesus Christ*.   Il n'en faut pas davantage pour
conserver à la retorsion de vôtre argument
toute la force que vous avez aprehendée, car si
le consentement general des peuples à reconoître l'existence divine est un bon moien de
prouver cette existence, le consentement general des peuples à reconoître la pluralité des
Dieux sera une bonne preuve de l'existence de
plusieurs divinitez, & par consequent la proposition du Pere le Comte ne vous peut favoriser
qu'au cas qu'elle porte que la connoissance du
vrai Dieu a toûjours regné dans la Chine.   Or
bien loin de dire cela il avoue le contraire.

En vain allegueriez vôus que pour le moins
la doctrine de ce Jesuïte vous procure cet avantage, que le consentement general au polytheïsme n'a pas duré sans interruption depuis le de-
luge jusqu'à JESUS-CHRIST.   Cela, dis-je,
ne seroit qu'une pure chicanerie tout-à-fait in-
fructueuse, car vous donneriez lieu de croire
que le consentement general n'est un caractere
de verité que lors qu'il renferme non seulement toute l'étenduë de lieu, mais aussi toute
l'étenduë de tems, & en ce cas-là il est incapable

(1) *Voiez
Justin
Martyr &
les autres
Apologistes
des pre-
miers
Chrestiens.*
(2) *Char-
les le Go-
bien his-
toire de
l'édit de
la Chine
pag. 104.
Notez que
le Pere le
Comte
dans son
éclaircisse-
ment pag.
11. reco-
noit qu'il
se peut
faire que
long tems
devant
Confu-
cius (il
naquit
483. ans
avant
la venuë
de Jesus-
Christ)
il y eut
parmi le*

peuple, & en certaines Provinces, des idoles & un culte superstitieux

ble de rien prouver. Deux grandes raisons
l'empechent de servir à la moindre chose: la
premiere est que si l'on refuse de se rendre à
cet argument on vous engagera à prouver que
tous les peuples ont cru depuis le commencement du monde ce qu'ils croient aujourd'hui.
Ce seroit vous demander l'impossible Il ne
reste point de monumens non pas même fabuleux qui ne soient posterieurs aux premiers
siecles. La seconde raison est qu'on ne peut
repondre de l'avenir, desorte que si pour savoir que le consentement general des peuples
dans ce siecle-ci est une marque qu'une doctrine est veritable, il faloit savoir que tous les peuples la croiront jusques à la fin du monde, il
feroit impossible de rien conoître-là dedans, à
moins que par le don de prophetie on ne fût
bien assûré qu'il n'arrivera jamais * aucune revolution de dogmes. On ne peut être certain
de cela que par raport aux notions communes;
le tout est plus grand que sa partie, &c.

Reviendrez (1) vous à vôtre derniere ressource que soit que tous les Gentils aient été idolâtres, soit qu'une partie d'entr'eux ait conservé
la connoissance d'un seul Dieu, ils se sont tous
accordez avec les Juifs contre les athées, desorte qu'il y a eu là un consentement universel contre l'atheïsme. On vous repondra encore une fois qu'il ne faut point se repaître
d'une concorde si chimérique. Voilà trois
sectes dont chacune est absolument & totalement contraire aux deux autres. Dès qu'il est
certain qu'il y a un Dieu, il est impossible
également que l'atheïsme & que le polytheïsme soient veritables. S'il y avoit plusieurs
dieux, l'unité de Dieu & la non-existence de
Dieu seroient dans la même impossibilité. Et
si les athées avoient raison, l'unité de Dieu &
la pluralité des Dieux ne seroient pas plus pos-
sibles

* Conferez
avec ceci
ce que j'ai
dit dans
mon Dic-
tionaire
pag. 1775.
col. 1. de
la 2. édi-
tion.

(1) Voïez
ci-dessus
pag. 115.

fibles l'une que l'autre. Si les Juifs & les Gentils euffent pu dire aux athées, *nous fommes fous contre vous*, les athées euffent pu répondre aux Gentils, *nous fommes contre vous avec les Juifs*, & à ceux-ci, *nous fommes contre vous avec les Gentils*. Il faut donc, Monfieur, que vous conveniez qu'aucun de cés trois partis ne peut concourir avec l'un des autres contre le troifiéme.

Sur quoi voudriez-vous reünir contre les athées les Ifraëlites & les Païens? Ne faudroit-il pas que ce fut fur quelque dogme veritable qui étant embraffé par les athées à caufe du poids du confentement general les fit paffer dans le bon chemin? C'eft ce que vous ne fauriez attendre de vôtre point de reünion, ce ne peut être qu'une idée vague de (1) providence, ou qu'une notion abftraite de la queftion s'il n'y a qu'un Dieu, ou s'il y en a plus d'un. Or peut-on former un acte de foi qui ne renferme que cette abftraction? Voudriez-vous bien croire qu'il y a des gens qui ont fait des actes de foi de cette nature? Et dequoi ferviroient-ils ces actes de foi? Ne feroit-ce pas une belle orthodoxie que de fufpendre fon jugement entre l'unité de Dieu, & la multitude des Dieux? Que fi vous vous contentez d'un centre de reünion fitué dans des idées abftraites, montez d'un degré plus haut, vous reünirez les athées avec les Païens & avec les Juifs. Ils conviendront tous d'un être éternel qui eft la caufe de toutes chofes, fauf à examiner après cela (car ils en feroient abftraction) s'il eft libre, intelligent, &c.

(1) Notez que tous ceux qui admettoient des Dieux (les Epicuriens par exemple) n'euffent pas pu fe reünir fous cette notion abftraite.

§. XXIX.

§. XXIX.

*Pourquoi on ne veut pas ſe prevaloir de la plainte
que la bonne cauſe ait eu contre elle la pluralité des ſufrages dans la cenſure des propoſitions du Pere le Comte.*

Au reſte, Monſieur, n'aprehendez pas que
je me prevaille de ce que vous reconoiſſez que
le parti de la juſtice a eu contre lui plus des
deux tiers des Docteurs dans l'afaire du Pere le
Comte, & que ce n'eſt pas la premiere fois
que le grand nombre a fait triompher l'injuſtice dans les decrets de la Faculté de Paris. Vous
auriez pu m'alleguer outre ce qu'elle decida
contre Henri III. l'an 1589. ce qu'elle fit (1)
contre la doctrine & contre la perſonne de Mr.
Arnauld l'an 1656. Vous euſſiez pu, dis-je,
me citer ces paroles remarquables de l'Auteur
de l'une des deux relations. „(2) La condam-
„ nation de M. Arnauld, faite contre toutes les
„ formes, eſt la plus grande plaie qu'ait jamais
„ reçu notre Faculté. C'eſt une furieuſe éclip-
„ ſe, que ce bel aſtre a ſoufferte. C'a été un
„ tel brigandage, que la plûpart de nos Doc-
„ teurs qui regardent maintenant les choſes de
„ ſang froid, confeſſent franchement qu'on le
„ peut nommer: *Horrendum ſacræ Facultatis
„ Pariſienſis latrocinium.* „ Quantité d'exemples tirez des regitres de ce même Corps, ou
de ceux de pareilles compagnies ne juſtifie-
roient que trop que le grand nombre s'eſt declaré bien ſouvent pour le parti de l'injuſtice,
& je pourrois en faire uſage pour vous montrer que la preuve dont nous diſputons vous
doit paroître ſuſpecte. Car ſi lors même qu'on
ne conſulte qu'une poignée de gens d'élite,
juges naturels d'une queſtion, on s'expoſe très-

ſou-

(1) *Voiez
les nouvel-
les de la
Republique
des lettres
Juin 1686.
art. 3. pag.
643. 646.*

(2) *Rela-
tion des
aſſemblées
de Sorbonne
ſur les opi-
nions des
Jeſuites
touchant
la religion
des Chi-
nois, lettre
5. pag.
228. édit.
de Cologne
1701.*

souvent à se tromper en se reglant au plus grand nombre de voix; que sera-ce si l'on veut suivre la même regle dans le jugement que des assemblées populaires voudront porter sur une question dogmatique qui passe leur competence? Mais ne craignez point que je veuille profiter de cette comparaison, ou argumenter *ex concessis* contre vous par cet endroit-là. Ce seroit une pure chicanerie, j'ai trop de bonne foi & trop d'équité pour ne vous pas faire cet aveu.

Il est rare qu'une Faculté nombreuse entreprene le jugement d'une doctrine sans que l'esprit de parti n'y jette quelque desordre.

(1) *Reponse aux remarques de Mr. du Pin sur la protestation du Pere le Gobien pag. 35. 36.*

„ (1) Les gens éclairez & vertueux qui voyent „ & qui ne veulent pas trahir la verité, ne sont „ pas toujours le plus grand nombre. Si c'est „ une affaire de caballe & d'intrigue, on ne „ les choisit pas pour Rapporteurs & pour Deputez, & de là dépend d'ordinaire le succés „ d'une Censure. On trouve & l'on fait ve„ nir un grand nombre de Docteurs, tels qu'on „ les souhaite, afin de grossir les suffrages. Le „ vrai merite ne voulant point intriguer, se „ voit vaincu par le nombre. Beaucoup de „ gens de bien s'absentent des assemblées, & „ aiment mieux s'éloigner, que de s'attirer sur „ les bras un gros parti. De ceux même qui „ assistent aux deliberations, il en est qui n'ont „ pas assez de force pour soutenir la verité, „ quand ils voyent que quoi qu'on fasse, elle „ sera abandonnée. Ainsi peuvent se porter, „ & se portent quelquefois, les Censures les „ plus injustes, par la Faculté en corps. „ L'anonyme qui fait cette description a voulu sans doute l'apliquer aux assemblées qui ont condamné les propositions du Pere le Comte. S'il a raison ou s'il a tort c'est ce que je n'examinerai pas, je ne sai point assez la carte, & je n'ai rien

rien à dire ni contre ceux qui soutiennent que c'est un portrait infidelle, ni contre ceux qui le nient. Mais je croi qu'en general il convient à plusieurs Corps qui en diferens païs du monde ont aprouvé ou condamné de certains Ouvrages. Dès qu'il regne deux factions dans une assemblée, rien ne s'y conclut qu'avec beaucoup de passion: les decisions mêmes pour la verité sont (1) un effet de cabale: ceux qui en sont les promoteurs ne travaillent pour la verité que par accident: leur grand but est de triompher de la faction ennemie, de la mortifier, de l'humilier. Voilà pourquoi ce n'est pas un signe qu'un sentiment soit mauvais que de voir que le plus grand nombre des opinans le condamne. On peut craindre que les uns n'aient parlé contre leurs lumieres, & que les autres n'aient été aveuglez par leur animosité. Mais si l'on recueilloit les sufrages pour ou contre l'atheïsme on pourroit-être très-persuadé que le grand nombre se declareroit contre l'atheïsme sans avoir été corrompu par le manege d'aucune cabale, & que chacun auroit parlé selon sa pensée. Je ne serois donc point équitable si je pretendois que vôtre aveu sur la preference du petit nombre dans les assemblées Sorboniques tire à consequence contre l'argument que vous fondez sur l'aprobation des peuples, car vous auriez une pluralité de sufrages non mendiée, non extorquée, non suspecte d'hypocrisie.

Je vous le repete, Monsieur, je ne m'ingererai point d'examiner si la Sorbonne a été remuée par des ressorts de faction en condamnant le Pere le Comte. Mais je vous dirai que les opinans, soit pour la censure soit contre la censure, ont allegué tant de raisons très-plausibles qu'il me semble que sans deferer aux respects humains ni à l'esprit de cabale, on a pu sincerement

rement opiner eu que le vrai Dieu n'a été conu que dans la Judée, ou qu'il a été conu hors
de la Judée. Le choix entre ces deux opinions
peut venir naturellement de la pente que l'on
se donne au commencement de son cours de
Theologie selon l'hypothese que l'on adopte,
car en donnant en suite la preference à ce qui
s'accorde mieux avec l'hypothese on se trouve
toûjours disposé à rejetter ce qui ne lui convient pas. Il me paroît donc aussi possible que
chaque Docteur aiant une pleine liberté d'opiner, cent six prononcent que Dieu a été conu
en Judée, & que quarante huit prononcent qu'il
n'a point été conu hors de la Judée, qu'il est possible que cent six aient condamné le Pere le
Comte, & que quarante huit ne l'aient pas
condamné. Et de là je tire cette conséquence
que la pluralité des voix n'est point ici une
preuve decisive : chacun se peut dispenser d'y
avoir égard, & se maintenir dans un plein droit
d'examiner les raisons des deux partis, & de
se ranger ou au petit nombre ou au grand
nombre selon le poids des raisons. C'est ce
qu'on apelle peser les voix & non les compter.

Je me prevaudrai, s'il vous plaît, de ce que
vous avouëz (1) *qu'en matiere de contestations*
Theologiques ce n'est pas au plus grand nombre
qu'il faut avoir égard, mais à la bonté des rai-
sons sur lesquelles les avis sont apuiez. Vous cou-
pez la gorge par là à vôtre argument, car il
n'y a personne qui ne vous dise qu'après cet
aveu vous devez avoir égard non pas à la pluralité des sufrages sur l'existence de Dieu, mais
à la superiorité des raisons de ceux qui combatent l'atheïsme. C'est une contestation d'une
autre nature que celle que l'on decide par des
temoins : elle est philosophique & Theologique tout ensemble. Vous savez ce que Ciceron disoit à son frere qui avoit voulu lui prouver

(2) *Voïez*
ci-dessus
pag. 132.

ver par des temoins l'existence des divinations.
Cela n'est pas d'un Philosophe, lui representa
t-il; (1) il faut qu'il explique par des raisons
la cause de chaque effet.

§. XXX.

Quatriéme dificulté contre l'argument du con-
sentement general des peuples. Il est propre à
porter chaque nation à preferer à toute au-
tre la croyance de ses ancêtres.

Afin que vous puissiez voir par tous les côtez le foible de vôtre argument, je m'en vais
faire une reflexion sur les effets qu'il produit.

Toutes les fausses religions se servent de cet
argument lors qu'elles se peuvent vanter ou
d'une grande étenduë, ou d'une longue durée.
Car ne vous imaginez pas que l'on supôse en
toute rigueur qu'il n'y a que le consentement
universel de tous les peuples qui puisse servir
de preuve. Si l'on se trouve combatu par les
loix ou par les usages de quelques nations, on
les traite de barbares & on les exclut de la qualité de juges. C'est ainsi que l'on dit d'abord
que le droit des gens, ou que le droit naturel
(2) est celui qui est aprouvé de toute la terre, & puis on se reduit aux peuples civilisez
c'est-à-dire, que l'on se contente de la plus
petité

(1) Quum
explicare
nihil pos-
ses, pu-
gnasti
commen-
titiorum
exemplo-
rum miri-
ficà copiâ,
de quo
primum
hoc libet
dicere.
Hoc ego
philosophi
non esse
arbitror,
testibus
uti, qui
aut casu
verl, aut
malitia
falsi ficti-
que esse
possunt.
Argumen-
tis & ratio-
nibus
oportet
quare quic

que ita sit docere non eventis, his præsertim troibus nihil liceat
non credere, *Cicero de divinat. lib.* 1. *fol.* 215. C. (2) Si
non certissima fide, certe probabiliter admodum juris naturalis esse colligitur id, quod apud omnes gentes AUT MO-
RATIORES omnes tale esse creditur. *Grotius de jure belli*
& pacis lib. 1. *cap.* 1. *n.* 12. *Il cite quelques Auteurs qui*
ont dit qu'il ne faut point faire cas du jugement des nations
barbares.

petite partie des peuples fi l'on ne peut s'a-
puier fur l'autorité de la plus grande.

Le Paganifme infultoit les premiers Chretiens fur leur petit nombre, & leur oppofoit
fon antiquité, & le fufrage general d'une infinité de nations. L'Eglife Romaine fe fervit
de la même bâterie contre Luther & Calvin.
Les Proteftans s'en ferviroient dès aujourd'hui
contre une fecte naiffante au milieu d'eux.
C'eft une methode très-aifée de refuter les innovations: on évite le detail des controverfes;
la voie de prefcription épargne toutes les fatigues de l'examen: car on fe difpenfe des dif-
cuffions à l'égard même du point de fait fur l'antiquité & l'étendue prefuppofées: on s'en raporte pleinement à la voix publique. Tout cela flate beaucoup la pareffe humaine. C'eft
pourquoi l'on fe munit de cet argument dans
toutes les occafions, & pour une fois qu'il peut
être utile à la verité, il eft cent fois favorable à
la fauffeté.

Les Miffionaires du Pape ont trouvé presque par tout les infideles (1) armez de cette
methode de prefcription Si l'on ne peut rien
repondre directement à leurs remontrances,
on a pour le moins cette reffource que l'on ne
veut point abandonner la doctrine de fes ancêtres, une religion qui de tems immemorial eft
paffée des peres aux fils, & fous les aufpices de
laquelle on a triomphé, on a profperé. La
verité, repond-on, eût-elle attendu à paroître
que des étrangers & des inconus s'avifaffent de
voiager en nôtre monde? Nous ne voulons pas
être plus fages que nos ancêtres. Si le Chrif-
tianifme étoit veritable, feroit-il contraire à la
religion de tant de peuples qui nous environ-
nent & qui font auffi anciens que la nature?

Vous

re religion receuë & fuivie dans tout mon Royaume fans
difcontinuation depuis deux mille deux cens vingt neuf ans.

(1) *Voïez*
dans le
Diction.
hift. &
crit. re-
marque D
de l'article
Gregoire I.
la reponfe
d'Ethelre-
de Roi
d'Angle-
terre. Le
Pere Ta-
chard
voïag. de
Siam pag.
262. édit.
de Holl.
raporte
que le
Roi de
Siam ex-
horté par
le Roi de
France à
fe faire
Chretien
repondit
c'eft une
afaire bien
delicate
que le
change-
ment d'u-

Vous ſavez la remontrance du Païen Sym-
maque, & de quelle maniere il ſupoſe que la
ville de Rome ſuplie les Empereurs Chretiens
de lui laiſſer ſuivre ſon ancienne foi : (1) *Si
longa ætas authoritatem religionis faciat, ſervan-
da eſt tot ſeculis fides, & ſequendi ſunt nobis parentes, qui ſecuti ſunt feliciter ſuos. Romam nunc
putemus aſſiſtere, atque his vobiſcum agere ſer-
monibus. Optimi Principes, patres patriæ, reve-
remini annos meos, in quos me pius ritus addu-
xit, ut utar ceremoniis avitis. Neque enim pæ-
nitet. Vivam more meo, quia libera ſum. Hic
cultus in leges meas orbem redigit, hæc ſacra An-
nibalem à mœnibus, à Capitolio Senonas repulerunt. Ad hoc ergo ſervata ſum, ut longæva re-
prehendar? Video quale ſit quod inſtituendum pu-
tatur. Sera tamen & contumelioſa eſt emendatio
ſeneŭutis. Ergo Diis patriis, Diis indigetibus
pacem rogamus.*

Vous avez vu ci-deſſus (2) & dans les Penſées (3) diverſes les principes de Ciceron : c'eſt
que l'autorité des ancêtres eſt le grand motif
qui doit inſpirer la foi de l'exiſtence des Dieux.
Je pourrois m'arrêter un peu ſur ce qu'il fait
dire par un de ſes interlocuteurs. Il ſemble
qu'il le fait tomber en contradiction, ou jouër
la Comedie trop viſiblement, car le même
Cotta qui trouve vaine (4) la preuve que l'on
tiroit du conſentement general des peuples, reconoît que l'autorité de ſes ancêtres eſt pour
lui une ſuſiſante raiſon de croire qu'il y a des
Dieux, & de (5) venerer les ceremonies de

Tom. III.   G   la

(1) Symmach. epiſt. 54. lib. 10. pag. m. 673. 674.
(2) An ch. 7. p. 25.
(3) Penſées diverſes ch. 127. pag. 368.
(4) Voiez ci-deſſus p. 26. 29.
(5) Non mediocriter moveor autoritate tuâ, Balbe, orationeque eâ quæ me in perorando cohortabatur, ut meminiſſent me & Cottam eſſe, & Pontificem. Quod eô

credo, valebat, ut opiniones quas à majoribus accepimus de
Diis immortalibus, ſacra, cœremonias, religioneſque defende-
rem. Ego verò eas defendam ſemper, ſemperque defendi: nac
me ex ea opinione quam à majoribus accepi de cultu Deorum
immortalium, ullius unquam oratio aut docti, aut indocti
movebit. *Cicero de nat. deor. lib. 3. pag. 595.* La ſuite de ce
paſſage ſe trouve dans les Penſées diverſes ch. 127.

Harum ego religionum nullam unquam contemnendam putavi: mihique ita persuasi, Romulum auspiciis, Numam sacris constitutis fundamenta jecisse nostræ civitatis: quæ nunquam,

la (1) religion Romaine. Comment se peut-il contenter (2) de cela si l'autorité de tous les peuples du monde ne lui paroit être d'aucun poids par raport au dogme de l'existence de Dieu? Je pourrois faire là-dessus quelques remarques, mais je les renvoie à l'endroit où je repondrai à vôtre question sur le chapitre 127. de mes Pensées sur les Cometes.

§. XXXI.

Confirmation de la quatriéme dificulté par les principes de Platon touchant le culte divin. Ce que Ciceron a dit de la tradition.

Je vous prie de bien examiner ce que Platon établit à l'égard de la religion. Il fait un denombrement de plusieurs sortes de Dieux, & il observe qu'en consequence des opinions que l'on a sur ce grand point, on instituë diverses especes de culte divin, mais qu'il faut bien se garder de la moindre innovation par raport à celles qui ont été instituées. (3) Tout legislateur,

profectò sine summâ placatione Deorum immortalium tanta esse potuisset. Habes, Balbe, quid Cotta, quid Pontifex sentiat. Fac nunc ergo intelligam, tu quid sentias: à te enim philosopho rationem accipere debeo religionis: majoribus autem nostris etiam nullâ ratione redditâ, credere. *Id. ibid.*
(2) Multis argumentis Deos esse docere voluisti, mihi unum satis erat, ita nobis majores nostros tradidisse. *Id. ib. p. 599.*
(3) Τέτων πάντων νομοθέτας, ὅστις τῶν κέντρητοι ἢ τὸ βραχύτατον, οὔποτε μὴ τολμήσῃ καινοτομεῖν ἐπὶ θεσπίσεων, ὅτις μὴ σαφὲς ἔχῃ τι, τρέψας πάλιν ἑαυτῷ. ἢ ρώμα ὧν ᾖ ὁ καιρῷ θεσμῷ μαθών περὶ θυσιῶν ἀποκαλύψει, μηδὲ τετάρτται εἰδώς· ὥσπερ ᾖ ἂν δυνατὸς εἰδέναι τῷ θνητῷ φύσει τῷ τοιοῦτον τι φῶ. harum omnium legislator qui vel minimam mentis habeat, nunquam aliquid innovabit. Cavebit enim ne ad novum minus certæ religionis cultum civitatem suam vertat. Nec quæ patriâ lege vel consuetudine de sacrificando firmata sunt, movere audebit. Scire namque debet, mortali naturæ non esse possibile certi quicquam de his cognoscere. *Plato in Epinom. p. 2011. C.*

heur, dit-il, qui aura un peu de bon sens évitera de les changer, & de donner aucune atteinte aux rites que les loix de la patrie ont établis, car il doit savoir qu'il n'est pas possible à la nature mortelle de parvenir à la certitude là-dessus. Immediatement après il condamne ceux qui refusent les honneurs divins aux Dieux visibles; c'est-à-dire, aux astres. Il assûre dans un autre dialogue que pour ce qui est des autres Dieux il ne faut point entreprendre d'en rechercher l'origine, cela passé nôtre portée, mais qu'il s'en faut tenir à ce qui en a été dit par les premiers hommes qui étant à ce qu'ils disoient, issus des Dieux connoissoient bien leurs parens. Il n'est donc point possible, ajoûte-t-il, de refuser nôtre creance aux enfans des Dieux, quoi que leur doctrine ne soit appuiée ni sur des raisons vraisemblables ni sur des raisons necessaires: il faut les croire suivant la loi puis qu'ils ont dit qu'ils parloient des choses qui leur étoient familieres & domestiques (1). Croions donc sur leur parole que l'Ocean & Tethys naquirent du Ciel & de la Terre, & qu'ils engendrerent Phorcys, Saturne, Rhea, &c. & que Jupiter & Junon & leurs autres freres dont on nous parle tous les jours, naquirent de Saturne & de Rhea.

Les maximes de ce Philosophe, comme vous

G 2

(1) Περὶ δὲ τῶν ἄλλων δαιμόνων εἰπεῖν ϰ γνῶναι τὴν γένεσιν, μεῖζον ἢ καθ᾽ ἡμᾶς, πεισέον δὲ τοῖς εἰρηκόσιν ἔμπροσθεν, ἐκγόνοις μὲν θεῶν οὖσιν, ὡς ἔφασαν, σαφῶς δὲ που τοὺς αὐτῶν προγόνους εἰδόσιν. ἀδύνατον οὖν θεῶν παισὶν ἀπιστεῖν, καίπερ ἄνευ τε εἰκότων ϰ

ἀναγκαίων ἀποδείξεων λέγουσιν, ἀλλ᾽ ὡς οἰκεῖα φάσκουσιν ἀπαγγέλλειν, ἑπομένους τῷ νόμῳ πιστευτέον: Cæterorum verò qui dæmones appellantur, & cognoscere & enunciare ortum eorum maius est opus quàm ferre nostrum valeat ingenium. Priscis itaque viris hac in re credendum est, qui diis geniti se ipsi dicebant, parentes suos optimè noverant. Impossibile sanè doctrina filiis fidem non habere, licet nec necessariis nec verisimilibus rationibus eorum oratio confirmetur. Verùm quia de suis ac notis rebus loqui se affirmabant nos legem secuti fidem praestabimus. *Id. in Timæo pag.* 1073. E.

vous voiez, ſont un p:u. bien cavalieres. Il
decide que l'homme n'eſt pas capable de ſavoir
rien de certain ſur la réligion, & qu'ainſi la
meilleure voie que l'on puiſſe prendre eſt de
ſuivre la tradition & les loix de la patrie. C'eſt
comme s'il diſoit que pour un peu moins d'incertitude ce n'eſt pas la peine de remuer les
bornes dejà poſées, que l'on pourroit juſtifier
les innovations, & les troubles qu'elles cauſent,
ſi après tout elles nous menoient à des veritez
certaines; mais que ce bien-là ne pouvant pas
être eſperé, il faut laiſſer les ceremonies, & la
doctrine de la religion dans l'état où on les
trouve, les maux que l'on cauſeroit par une reformation étant plus conſiderables que ce que
l'on gagneroit en paſſant d'une doctrine incertaine, à une doctrine moins incertaine. C'eſt
ainſi que l'on peut paraphraſer le premier paſſage de Platon; mais il paroit par le ſecond
qu'il ne convient pas qu'on puiſſe innover d'u-
ne maniere à rendre les choſes plus vraiſem-
blables. Il ſoutient que l'on ne peut rien ſavoir de meilleur touchant les Dieux que ce que
les premiers hommes nous en ont apris, &
qu'il faut ajoûter une entiere foi à leur temoignage ſans qu'ils en donnent de bonnes raiſons. Or à quoi tend tout cela? N'eſt-ce pas
à autoriſer l'idolatrie des aſtres, & les chimeres poëtiques ſur l'origine des Dieux, le fondement & la baſe de la religion des Grecs?
N'eſt-ce point fermer l'entrée à la bonne religion? N'eſt-ce pas exiger que l'on obeiſſe aveuglement à une coutume par la raiſon qu'elle
ſubſiſte de tout tems, & que nos ancêtres y ont
conſenti? L'illuſion épouvantable qui ſe me-
loit là-dedans eſt que les Grecs n'euſſent pas
pu remonter juſques à la ſource, ni demêler
des changemens que leur religion avoit ſouferts.
Ils euſſent été contraints de s'arrêter à une

ſonfontaine empoisonnée, & ils euffent apliqué aux fables des poetes le caractere qui convient d'ailleurs à l'orthodoxie, je veux dire la veritable antiquité. Les Atheniens aiant demandé à l'oracle de Delphes quels rites il faloit principalement tenir? *Ceux qui font conformes aux coutumes de vos ancêtres,* repondit-il: mais ces coutumes ont fouvent changé, lui dirent-ils dans une feconde confultation: quelle eft donc la coutume que nous devons preferer à toutes les autres? *La meilleure,* repondit-il; c'eft-à-dire, au fentiment de Ciceron, (1) la plus ancienne. Or vous avez vu à quoi Platon a reduit la premiere antiquité, n'eft-ce pas aux Dieux de la fable?

Parmi les loix des Romains nous en trouvons deux qui fe suivent immediatement: l'une commande d'obferver les rites de la famille & de la patrie, l'autre de fervir les Dieux qui ont été toûjours reputez pour Dieux, & ceux qui par leurs merites ont été faits Dieux, favoir Hercule, Bacchus, Efculape, Caftor, Pollux, Romulus : *ritus familiæ Patriæque fervanto. Divos & eos qui cælestes femper habiti colunto. Illos quos in cælum merita vocaverunt, Herculem, Liberum, Æfculapium, Caftorem, Pollucem, Quirinum* (2). Lors que Ciceron explique la premiere de ces deux loix il dit que l'obfervation des rites de la famille, & des ancêtres eft la même chofe que de pratiquer la religion que les Dieux ont enfeignée ou donnée

G 3   aux

(1) Deinceps in lege eft ut de ritibus patriis colantur optimi: de quo quum confulerent Athenienfes Apollinem Pythium quæ potiffimum religiones tenerent, oraculum editùm eft, eas quæ effent in more majorum. Quò quum iterum veniffent,

majorumque morem dixiffent fæpe effe mutatum, quæfiviffentque quem morem potiffimum fequerentur è variis, refpondit optimum. Et profecto ita eft, ut id habendum fit antiquiffimum, & deo proximum, quod fit optimum. *Ciccro de legib. lib. 2. fol. 335. B. Joignez à ceci la v. citation de la page fuivante, & la 2. de la page* 152. (2) Id. *ibid. fol.* 333. D.

(1) Jam ritus familiæ patrumque servabit id est, quoniam antiquitæ proxime accedit ad Deos à diis quasi traditam religionem tueri. *Id. ib. fol.* 334 *B.*

(2) *Par exemple les auspices. Voiez Ciceron lib.* 2. *de divinat. fol.* 318. C. *où il dit,* Non sumus ii nos augures qui avium reliquarumque signorum

aux hommes, vu qu'il n'y a rien qui soit plus proche des Dieux que l'antiquité (1). Voilà un systeme bien specieux, bien capable d'éblouir. Nous trouvons tels & tels cultes établis dans nos familles, & dans le public, pouvoient dire les bourgeois de Rome, ce sont des cultes qui nous viennent de bon lieu, les premiers hommes les ont apris des Dieux mêmes, & les ont transmis à leurs descendans. Cela est venu de main en main & de pere en fils jusques à nous, de sorte qu'en remontant jusques à l'antiquité la plus reculée, nous attaignons les disciples immediats des Dieux, & nous nous reünissons à des ancêtres qui avoient de la premiere main la religion veritable. Mais à quoi aboutissoit un systeme si brillant? A fomenter les superstitions les plus ridicules, & l'idolatrie la plus execrable, & des rites (2) dont les Romains mêmes reconnurent la vanité, quand ils furent plus savans qu'on ne l'étoit dans les premiers siecles.

Si je ne craignois de m'écarter, je vous dirois que les anciens Peres ne raisonnoient pas toûjours avec assez de jugement lors qu'ils tâchoient de prouver que les veritez Evangeliques avoient été insinuées par les Philosophes Païens. Quelle consequence croiez vous que Clement d'Alexandrie ait tirée de ce que Platon ordonne d'ajoûter foi aux enfans des Dieux? C'est que les Grecs ont clairement temoigné que Jesus-Christ & les Prophetes sont dignes de toute croiance (3).

§. XXXII.

observatione futura dicemus. Et tamen credo Romulum qui urbem auspicato condidit habuisse opinionem esse in providendis rebus augurandi scientiam. Errabat enim multis in rebus antiquitas quam vel usu jam vel doctrina vel vetustate immutatam videmus. (3) Clem. Alex. Stromat. *lib.* 5. *pag.* 589.

§. XXXII.

Cinquiéme & derniere difficulté contre le même argument. Il autoriſe beaucoup d'erreurs & beaucoup de ſuperſtitions.

Vous venez de voir l'une des mauvaiſes ſuites de vôtre argument. Il conduit de degré en
degré à maintenir les plus fauſſes religions,
car ſi l'on commence par le fonder ſur le ſufrage de tous les peuples du monde, on ne
continuë pas à le bâtir ſur cette univerſalité.
On ne compte d'abord pour rien l'exception de
trois ou quatre perſonnes: on ſe porte en ſuite à mepriſer l'exception de quelque peuple
que l'on traite de barbare, (1) & puis on mepriſe
l'exception de pluſieurs peuples, ſi l'on croit
avoir encore la pluralité du nombre, & enfin
on ne conſidere plus que ſa nation, ou ſa ſecte,
& l'on pretend que dans chaque peuple le ſentiment de quelques particuliers doit ceder à l'o-
pinion generale. On l'apelle generale dès qu'elle eſt la plus commune: la porte eſt ainſi fer-
mée à toute réformation: & ſi l'on ſuivoit ce
principe, il n'y auroit plus moïen de convertir
aucune nation infidelle. Les predicateurs de
l'Evangile auroient eu par tout contre eux la
pluralité des voix, & ils ſeroient aujourd'hui
dans les mêmes termes à la Chine, & au Ja-
pon, au Roïaume de Siam, au Mogol, en Perſe, &c. On ne ſauroit éviter ces grans inconveniens de vôtre preuve, ſi l'on s'obſtine une
fois à vouloir que la deciſion d'une verité philoſophique & Theologique depende de la pluralité des ſufrages.

Mais voici quelques autres ſuites fâcheuſes
de vôtre argument. On s'en eſt ſervi pour autoriſer des choſes condamnées par l'Ecriture,

(1) Con-
ferez ce
qui a été
dit ci-deſ-
ſus pag.
143.

je

je veux dire les arts pernicieux & superſti-
tieux de deviner. Vous avez vu (1) de quelle maniere Cicéron a expoſé cet argument
pour en conclure non pas qu'il n'y a qu'un
Dieu, mais qu'il y en a pluſieurs. Il l'a mis
en œuvre en quelques autres endroits..de
ſes Ouvrages tantôt pour confirmer une verité, & tantôt pour confirmer une fauſſeté. Il l'emploie dans ſes Tuſculanes pour faire voir que l'ame de l'homme ne meurt point
avec le corps. Il prouve que ce dogme eſt
veritable parce que les premiers hommes l'ont
cru comme le temoignent les anciennes ceremonies ſepulcrales, & la divinité attribuée
à quelques heros : (2) *Auctoribus quidem ad
iſtam ſententiam, quam vis obtinere, uti optimis
poſſumus, quod in omnibus cauſis & debet & ſolet
valere plurimum: & primum quidem omni anti-
quitate, quæ quo propius aberat ab ortu, & divina progenie, (3) eo melius ea forſaſſe quæ erant
vera, cernebat. Itaque unum illud erat inſitum
priſcis illis, quos Caſcos appellat Ennius, eſſe in
morte ſenſum, neque exceſſu vitæ ſic deleri hominem, ut funditus interiret: idque quum multis
aliis rebus, tum è pontificio jure, & cerimoniis
ſepulchrorum intelligi licet, quas maximis inge-
niis præditi, nec tanta cura coluiſſent, nec viola-
tas tam inexpiabili religione ſanxiſſent, niſi hæ-
ſiſſet in eorum mentibus, mortem non interitum
eſſe omnia tollentem, atque delentem, ſed quandam quaſi migrationem commutationemque vitæ,
quæ in claris viris & fœminis dux in cœlum ſole-
ret eſſe, in cæteris humi retineretur, & perma-
neret tamen. Ex hac & noſtrorum opinione Romulus in cælo cum diis agit ævum, ut fama aſ-
ſentiens dixit Ennius, & apud Græcos, indeque
prolapſus ad nos, & uſque ad Oceanum Hercules
tantus & tam præſens habetur deus. Hinc Liber
de Semele natus*, &c. Il n'oublie pas d'obſerver

que

(1) Ci-
deſſus pag.
37. 110.

(2) *Cicero
Tuſcul.* 1.
fol. m.
247. B.

(3) *Voiez*
ci-deſſus
pag. 147.
149.

que cette opinion que l'ame survit au corps a été reçue avant que l'on eut philosophé, on l'avoit donc tirée des impreſſions de la nature (1), & non pas du raiſonnement, ou de la recherche des cauſes. Il donne du poids à cette preuve en remarquant que pour établir qu'il y a des Dieux rien n'eſt allegué de plus fort que l'aveu de tous les peuples, aveu que l'on doit conſiderer comme une loi de la nature: (2) *Ut porro firmiſſimum hoc afferri videtur, quur deos eſſe credamus, quod nulla gens tam fera, nemo omnium tam ſit immanis, cujus mentem non imbuerit deorum opinio. Multi de diis prava ſentiunt: id enim vitioſo more effici ſolet, omnes tamen eſſe vim, & naturam divinam arbitrantur. Nec vero id collo.utio hominum aut conſenſus efficit, non inſtitutis opinio eſt confirmata, non legibus. Omni autem in re conſenſio omnium gentium lex naturæ putanda eſt.* Si cet argument de l'immortalité de l'ame eſt bon, il ne ſera plus permis de condamner ce qui étoit pratiqué dans le paganiſme en l'honneur des morts, les ſacrifices & les ofrandes mortuaires, l'évocation des manes, &c. car c'étoient des choſes que ni la revelation, ni la phyſique n'aprenoient point: elles avoient donc leur ſource dans la nature, & par conſequent elles étoient veritables. Voilà donc un argument qui après avoir ſervi à la preuve d'un bon dogme, ſavoir que nôtre ame eſt immortelle, peut prouver l'une des ſuperſtitions les plus condamnables du paganiſme.

Ciceron ne nous laiſſe point la peine de tirer une ſemblable conſequence en faveur de la di-

G 5. vina-

(1) Qui nondum ea quæ multis poſt annis, tractari cœpiſſent, phyſica didiciſſent, tantum ſibi perſuaſerant, quantum natura admonente cognoverant, rationes & cauſas rerum non tenebant. *Id. ib.* C.

(2) *Id. ib. Ajoûtez à cela ce qu'il dit dans le 1. livre des loix. fol.* pa 329. Di Ex tot generibus nullum

eſt animal præter hominem quod habeat notitiam aliquam dei. De ipſis quidem hominibus nulla gens eſt, neque tam immanſueta, neque tam fera, quæ non etiam ſi ignoret qualem habere deum deceat, tamen habendum ſciat.

vination: il prouve lui-même que c'est un art legitime & très-bien fondé, & il en allegue deux raisons. l'une *à priori,* c'est l'existence des Dieux, l'autre *à posteriori,* c'est l'opinion universelle des peuples, le credit qu'ont eu les devins par toute la terre, leur autorité également recommandable par son étenduë & par sa durée. Vous verrez dans les premieres paroles du passage que je m'en vais raporter que cet Orateur semble se mettre en colere de ce qu'on doutoit s'il ajoûtoit foi aux augures: (1) *Ego*

(1) *Id. lib. 2. de legib. fol. 334. D.*

ne divinationem quam Græci μαντικὴν appellant, esse censeo? & hujus hanc ipsam partem quæ est in avibus cæterisque disciplina nostra, quæd quum summos deos esse concedamus, eorumque mente mundum regi, & eorundem benignitatem hominum consulere generi & posse nobis signa rerum futurarum ostendere, non video quare divinationem esse negem. Sunt autem ea quæ posui, ex quibus id quod volumus efficitur & cogitur. Jam vero permultorum exemplorum & nostra plena est resp. & omnia regna omnesque populi, cunctæque gentes, augurum prædictis multa incredibiliter vera cecidisse: neque etiam Polida, neque Melampodis, neque Mopsi, neque Amphiarai, neque Colchautis, neque Heleni-tanium nomen fuisset, neque tot nationes id ad hoc tempus retinuissent Arabum, Phrygum, Lycaonum, Cilicum, maximaque Pisidarum, nisi vetustas ea certa esse docuisset. Nec vero Romulus noster auspicato urbem condidisset, neque Accii Navii nomen memoria floreret tam diu, nisi hi omnes multa ad veritatem, & mirabilia dixissent.

(3) *Au chapitre 45.*

Vous avez vu dans mes Pensées (3) diverses un pareil raisonnement raporté par Ciceron, & qui tend à faire voir la verité & la certitude de l'Oracle de Delphes.

Mais je dois vous avertir que Ciceron n'a fait aucun compte de cet argument, car il refute

fute (1) la pretenduë divinité de cet oracle jufqu'à la tourner en ridicule, & s'il a dit dans fon fecond livre des loix comme nous venons de voir, qu'il refpectoit les divinations, il les a combatuës de toute fa force dans un autre livre, où il foutient que l'on les doit abolir (2) puis qu'elles fe font repanduës par toutes les nations, & qu'elles opriment prefque tous les hommes. Il veut que l'on fomente la religion, mais que l'on arrache toutes les racines de la fuperftition, car elle fe prefente de tous côtez pour nous troubler, & pour nous perfecuter par le grand nombre de prefages qu'elle a introduits. Le fommeil qui fembloit être un azyle contre les travaux & les inquietudes eft devenu une fource de chagrins, & d'apprehenfions à caufe des prefages que l'on a unie aux fonges & que de grans Philofophes ont foutenus. (3) *Ut religio propaganda etiam eft, quae eft jun_cta cum cognitione naturae, fic fuperftitionis ftirpes omnes eiiciendae. Inftat enim & urget, & quò te cunque verteris perfequitur, five tu vatem, five tu omen audieris, five immolaris, five avem afpexeris fi Chaldaeum, fi arufpicem videris, fi fulferit, fi tonuerit, fi taEtum aliquid erit de coelo, fi oftenti fimile natum factumve quippiam, quorum neceffe eft plerumque aliquid eveniat, ut nunquam liceat quieta mente confiftere. Perfugium videtur omnium laborum & follicitudinum effe fomnus. At ex eo ipfo plurima cura metufque nafcuntur, qui quidem ipfi per fe minus valerent, & magis contemnerentur, nifi fomniorum patrocinium philofophi fufcepiffent.* Vous voiez en paffant que c'eft là une juftification de ce qu'a dit le Poëte Lucrece que le genre humain étoit oprimé honteufement fous le pefant fais de la religion (4). Vous voiez auffi le choix que l'on peut vous prefenter, ou de fuivre Ciceron lors qu'en vertu de vôtre argument il

G 6 ,admet

(1) *Cicero de divinat. lib. 2. fol. 321. B.*

(2) Explodatur hæc quoque fomniorum divinatio pariter cum cæteris, nam ut vere loquamur fuperftitio fufa per genteis oppreffit omnium fere animos, atque hominum imbecillitatem occupavit. *Id. ib. fol. 323. B.*

(3) *Id. ib.*

(4) Humana ante oculos fœde cum vita jaceret In terris oppreffa

admet les divinations, ou de le suivre lors qu'il
juge qu'elles doivent être d'autant plus soigneusement exterminées, qu'elles ont infatué
presque tout le monde. Ce choix est emba-
raffant: vous ne sauriez prendre que le dernier
parti. Or cela incommode vôtre preuve favo-
rite.

N'oubliez pas de considerer que la reponse
de ce grand Auteur à la preuve que son frere
avoit fondée sur le consentement general des
peuples par raport aux divinations, est une maxime generale, de sorte qu'il est facile de conjecturer qu'il ne faisoit aucun cas de l'argument de
Velleius. Il lui a donné en faveur de la divination tous les mêmes caracteres qu'en faveur de
l'existence des Dieux: *Vetus opinio est*, dit-il, *
iam usque ab heroicis ducta temporibus eaque &
P.o. Ro. & omnium gentium firmata consensu, ver-
sari quandam inter homines divinationem . . . .
Gentem quidem nullam video neque tam huma-
nam ac doctam neque tam immanem atque barba-
ram qua non significari futura & à quibusdam in-
telligi pradicique posse censeat. Tous les Rois, tous
les peuples, toutes les nations se servent d'auspices, disoit son frere. Comme s'il y avoit rien
d'aussi commun, lui repond-on, que la sotise, ou
comme si vous vous regliez vous même sur l'o-
pinion de la multitude quand vous jugez d'u-
ne chose. Qui est-ce qui nie (1) que la volupté ne soit un bien? Et n'y a-t-il pas beaucoup de gens qui assûrent qu'elle est le souverain bien? Ce nombre innombrable d'adversaires fait-il changer de sentiment aux Stoïques? La multitude suit-elle leur autorité en
plusieurs choses? Se faut-il donc étonner qu'en
matiere de divinations les esprits foibles em-
braffent ce qui est superstitieux, & ne puissent
voir la verité? (2) *At omnes reges, populi na-*
tiones utuntur auspiciis. Quasi vero quicquam
sit.

* *Cicero.*
lib. 1. de
divinat.
ium.

(1) *Con-*
fer qua
supra pag.
27. à la
citation.
(5.)

(2) *Cicero*
de divinat.
lib. 2. fol.
319. A.

ſit tam valde quàm nihil ſapere vulgare: aut
quaſi tibi ipſi in judicando placeat multitudo.
Quotus quiſque eſt, qui voluptatem neget eſſe
bonum? Pleriqꝰ etiam ſummum bonum dicant.
Num igitur eorum frequentia Stoici de ſententia
deterrentur? aut num pleriſque in rebus ſequitur
eorum autoritatem multitudo? Quid mirum igi-
tur ſi in omnibus auſpiciis, & in omni divinatio-
ne imbecilli animi ſuperſtitioſa iſta concipiant?
Verum diſplicere non poſſint.

Je ne repeterai point ce que j'ai dit dans
l'endroit de mes Penſées diverſes que je vous
ai allegué en dernier lieu, & je me contenterai de vous indiquer les erreurs groſſieres que
j'ai montré que l'on autoriſeroit, ſi la preuve du
conſentement general étoit reçuë pour valable.

L'aſtrologie judiciaire (1), les preſages des
éclipſes (2), la vertu de la canicule (3), celle
de la Lune (4), les menaces des Cometes (5),
& du debordement des rivieres (6), la ſuperſtition pour les prodiges (7), ont obtenu le
conſentement general des peuples. Cent autres ſuperſtitions des Païens ont paſſé (8) dans
le Chriſtianiſme, & ne ſont pas encore tout-à-
fait deracinées, on peut même les nommer
encore erreurs populaires. Voudriez-vous, Monſieur, que l'on adoptât toutes ces folies ſous pretexte du conſentement general? Et pourriez-
vous les refuter ſi vous perſiſtiez à maintenir la
pretenduë demonſtration que j'ai attaquée?

Je ne dois pas oublier la divination des ſon-
ges. Qu'y a-t-il de plus trompeur & de plus
vain generalement parlant, car j'excepte les cas
extraordinaires canoniſez dans l'Ecriture? Cependant c'eſt une ſuperſtition qui ſe peut vanter de l'étenduë la plus generale, & de l'antiquité la plus reculée. Il y a eu des auteurs graves (9) qui l'ont redigée en art, c'eſt l'une des
chimeres qui ſe ſont le mieux maintenues (10)

G 7   par-

(1) *Voiez*
les Penſées
diverſes
ch. 18. &
ſuiv.

(2) *Ibid.*
ch. 50. &
ſuiv.

(3) *Ibid.*
ch. 45.

(4) *Ibid.*
ch. 46. &
89.

(5) *Ibid.*
ch. 79.
& *ſuiv.*

(6) *Ibid.*
ch. 63.

(7) *Ibid.*
chap. 67.

(8) *Ibid.*
ch. 89.

(9) *Voiez*
dans le
Dictionai-
re hiſtor. &
crit. l'arti-
cle d'Arte-
midore.

(10) *Voiez*
dans le
même Dic-
tionaire
l'article
Maius.

parmi les Chrétiens. Fiez-vous à vôtre principe, vous ne pourrez point combâtre cette fri-
vole credulité, il faudra que vous passiez condamnation là-dessus, vous serez contraint de
dire que le passage d'Aristote cité par (1) le
Jesuite Lescalopier est très-raisonnable. Il y aura du réel & du solide dans cette espece de divination, puis que la nature en est la base, comme
il paroit par l'aprobation de tant de peuples.

On pourroit hautement par là justifier l'esprit de superstition. Il est si commun & si general par toute la terre que même des peuples
qui n'ont aucune idée de divinité, (2) sont superstitieux. Qui empêchera de dire qu'il éma-
ne de la nature de l'homme, que c'est une loi
& une voix de la nature, & par conséquent une
bonne chose, & une verité necessaire?

Elien est un des Auteurs qui ont remarqué le
consentement general des peuples à reconnoître
& à honorer les Dieux. Il loüe (3) sur ce
point-là les nations barbares, il soûtient qu'aucun barbare n'est jamais tombé dans l'atheïsme, que jamais aucun Indien, ni aucun Celte,
ni aucun Egyptien n'a mis en doute comme
ont fait quelques Philosophes de la Grece, s'il
y a des Dieux, & s'ils se mêlent de nos affaires, que tous ces barbares sousiennent & l'existence & la providence divine, & le soin que
prenent les Dieux de nous reveler l'avenir par
les oiseaux, par les entrailles des victimes, par
les songes, par les astres, & par quelques autres moiens. Ainsi voilà des choses que vous
ne sauriez séparer. Le consentement des peuples les combatte également. S'il est bon pour
les premieres, il le doit être pour les dernieres. S'il prouve trop pour celles-ci, il ne sauroit rien prouver pour celles-là.

Vous êtes trop raisonnable, Monsieur, pour
ne ceder pas à tant de preuves de la fausseté de
l'ar-

(1) Ci-
dessus pag.
27.

(2) Voiez
l'histoire
des Iles
Marianes
pag. 6y.

(3) Aelian.
var. histor.
lib. 2. cap.
31.

l'argument qui vous paroissoit demonstratif. La derniere dificulté que je viens de vous proposer doit sufire seule à guerir vôtre prevention, car que peut-on oposer à l'experience?

§. XXXIII.

Cinq remedes contre le scrupule qui pourroit venir de ce que j'ai refuté ceux qui emploient à la preuve de l'existence de Dieu le consentement general des peuples.

Mais afin que vous renonciez sans regret à l'argument que j'ai combatu, & que vous ne soiez nullement scandalisé de ma franchise, je vous exhorte à faire attention à quelques remarques que je vais vous communiquer comme des remedes lenitifs.

I. Premierement vous devez considerer que la lumiere naturelle nous fournit tant de fortes preuves de l'existence de Dieu, qu'on n'a rien à craindre de ce que l'on avoueroit de bonne foi que parmi les argumens que les écrivains emploient pour établir cette existence il s'en rencontre quelcun qui n'est pas demonstratif. Quand on n'a qu'une pistole on perd beaucoup si elle se trouve de mauvais aloi, mais s'il ne s'en trouve qu'une de legere parmi un grand nombre qui ont leur poids, la perte n'est d'aucune importance. Apliquez-vous ceci, Monsieur, (1) quand vous verrez que l'on vous enleve l'une des preuves qui vous paroissoient solides, il vous en reste assez d'autres.

II. En second lieu vous devez considerer que l'on fait beaucoup de tort à une cause lors qu'on la soutient indiferemment par de bonnes & par de mauvaises raisons. L'adversaire fait bien son compte là-dedans; il s'attache aux preuves foibles, il les detruit, & par ce triomphe il rend suspecte toute la cause, il jette

(1) Nec Tam tenuis censûs tibi contigit ut mediocris Jactura te mergat onus. *Juven. Sat.* 13. *v.* 6.

te de la pouſſiere aux yeux des lecteurs, ſi ſoʼmente l'illuſion de ceux qui ſouhaitent de ne point changer d'avis; pour le moins il fait durer la diſpute, & il obtient que l'on croie qu'il y a là du pour & du contre. L'importance eſt de ſe fixer aux argumens convaincans. N'eut-on qu'une très-bonne raiſon, il voudroit mieux n'alleguer que celle-là, que de la mêler avec cinq ou ſix moiens faciles à refuter.

Le Stoicien Balbus ſe voïant repris de ce qu'après avoir declaré que l'exiſtence divine eſt évidente & reconuë de toute la terre, il avoit accumulé pluſieurs raiſons pour la prouver (1) ſe juſtifia par la pratique des Avocats qui étalent toutes les preuves que le ſujet peut fournir. Il ajouta que c'eſt auſſi la coutume des Philoſophes. Son adverſaire qui avoit plaidé quelquefois lui repondit que même dans le barreau il n'emploioit point de raiſons pour des ſujets évidens & avouëz de tout le monde, car c'eſt afoiblir l'évidence que d'argumenter; mais que s'il en uſoit autrement en matiere de Palais, il n'auroit garde de le faire ſur une diſpute philoſophique: *ego neque in cauſis, ſiquid eſt évidens, de quo inter omnes convenias, argumentari ſoleo: perſpicuitas enim argumentatione elevatur: nec ſi id facerem in cauſis forenſibus, idem facerem in hac ſubtilitate ſermonis* (2).

III. Outre cela je veux vous faire obſerver qu'on a toûjours mis une grande diference entre les dogmes & leurs preuves. On exige la creance de certains dogmes pendant qu'on permet de rejetter telle ou telle des raiſons emploiées ordinairement pour les ſoutenir. Je vous nommerois, ſi cela étoit neceſſaire, des Theologiens

---

Primum illud (*requiro*) cur qui id perſpicuum in iſtam partem ne egere quidem oratione dixiſſes, quod eſſet perſpicuum, & inter omnes conſtaret, de eo ipſo tam multa dixeris. Quia te quoque, inquit, animadverti, Cotta, ſæpe cum in foro diceres, quàm plurimis poſſes argumentis onerare judicem, ſi modò eam facultatem tibi daret cauſa: atque hoc idem & philoſophi faciunt, & ego ut potui feci. *Cicero de nat. deor. lib. 3. pag. 598.* (2) *Id. ib. pag. 599.*

giens très-orthodoxes qui ont avoüé que certains paſſages de l'Ecriture ſont alleguèz mal à
propos pour prouver la divinité coeſſentielle
du Verbe. Vous n'ignorez pas que Calvin fut
accuſé de favoriſer le Judaïſme par l'explication qu'il donnoit à pluſieurs paſſages du vieux
& du nouveau Teſtament, laquelle les rendoit
mal propres à prouver les trois perſonnes divines, & la miſſion de Jesus-Christ. Vous
ſavez auſſi que David Pareus repouſſant cette
accuſation maintint l'honneur de l'orthodoxie
de l'accuſé (1).   Vous dirai-je que des Theologiens non ſuſpects ont reconu (2) qu'aucune des preuves philoſophiques de l'immortalité
de l'ame n'eſt demonſtrative? Vous ſavez avec
quel acharnement on perſecuta dès qu'elles parurent les nouvelles demonſtrations de l'exiſtence de Dieu propoſées par Mr. Deſcartes.
Cette guerre s'eſt renouvellée depuis trois ou
quatre ans: vous avez pu voir dans les journaux
de litterature divers memoires ſur ce ſujet, &
cela ſufit à vous convaincre qu'en même tems
qu'on eſt aſſûré de l'exiſtence de Dieu, on declare hardiment & publiquement que certaines
preuves qui en ſont données comme des demonſtrations, ne valent rien.   On n'a pas eu
plus de deference pour les preuves de Thomas
d'Aquin, car Gabriel Biel dont le nom eſt fort
celebre entre les Theologiens Scholaſtiques,
n'a point fait dificulté (3) de declarer que la
lumiere naturelle peut bien fournir des raiſons
probables de l'exiſtence de Dieu, mais non pas
des preuves certaines & évidentes. Il n'y a
pas long tems qu'un Docteur en Theologie de
la Faculté de Paris a combatu tout à la fois
les demonſtrations de Mr. Deſcartes, & celles
de Thomas d'Aquin. Il eſt vrai que des cinq
demonſtrations de ce dernier il en admet une,
c'eſt celle (4) qui ſe tire de la ſtructure de l'U-
nivers,

(1) *Voiez
dans le
Diction.
hiſtor. &
critique la
remarque
J de l'ar-
ticle Hun-
nius.*

(2) *Voiez
dans le
même Dic-
tionnaire la
remarque
L de l'ar-
ticle Per-
rot à la
fin.*

(3) *Voiez
Voſſius de
origine
idololatria.
lib. 1. cap.
2. pag.
m. 10.*

(4) *Notez
que d'au-
tres habi-
les gens
ont le mê-
me goût.
Voiez les
Nouvelles
de la Rep.
des lettres.
Fevrier
1704. pag
217.*

(1). Voiez le Journal de Trevoux Mai & Juin 1701. pag. 316 317. édit. d'Amst.

(2) Ibid.

(3) Il faut entendre ceci avec cette restriction; les Scholastiques ne se servent pas toûjours de cet argument parmi leurs preuves Metaphysiques, mais soit eux, soit une infinité d'autres écrivains s'en servent com-

nivers, mais à celle-là près il rejette toutes les autres comme des paralogismes (1). Remarquez qu'aucune des cinq ne porte sur le consentement general des peuples, & que ces cinq là *sont ordinairement employées par les Philosophes & par les Theologiens* (2). Il semble que ce soit un signe qu'ils ne font pas de vôtre consentement des peuples (3) une grande levée de bouclier. Ne soiez donc point surpris que je le mette au rang des paralogismes: & en tout cas souvenez vous bien que la liberté que j'en prens n'est qu'une copie de ce que des Theologiens orthodoxes ont mis en usage. N'auriez-vous pas bien tort après cela de vous choquer tant soit peu de ma conduite?

IV. Mais voici une quatriéme remarque. Si le juste vit de sa foi, un Philosophe doit vivre aussi de la sienne; c'est-à-dire, qu'il ne doit point faire dependre de ce que penseront les autres hommes ce qu'il doit juger des choses. Il doit examiner (4) profondement les objets, en consulter bien les idées, & la nature, & former en suite son jugement selon les motifs qu'il tire de leur essence, & de leurs proprietez intrinseques, & non pas selon des motifs externes & étrangers, tels que sont les sentimens des autres hommes. S'il parvient à l'évidence par l'examen même de l'objet, il afirme sans craindre de se tromper, & ne se met point en peine si tous les hommes jugent comme lui ou non. Il est bien certain en quelques cas, à l'égard des proprietez des nombres, & du cercle

me d'une preuve morale, ou d'une confirmation, ou autrement. Les Pascals s'en sont fort servis, voiez ci-dessus chap. 5. & 7. & 25. & pag. 65. 153. 158. J'ajoûte que Dion Chrysostome orat. 12. & Simplicius in Epict. cap. 38. s'en servent: consultez Theoph. Raynaud theol. natur. dist. 5. n. 149. & seq. (4) Reportez à ceci les paroles de Ciceron alleguées ci-dessus pag. 143.

cle par exemple, que tous les hommes s'accorderont avec lui dès qu'ils entendront la choſe,
mais il ne fait point dependre de cela ſa certitude. S'il croit fermement qu'il eſt impoſſible qu'une choſe ſoit vraie & fauſſe en même
tems, ce n'eſt pas à cauſe qu'il ſe perſuade que
tous les hommes le croient, mais au contraire
il ſe perſuade que tous les hommes le croient
à cauſe de l'évidence ſur quoi il fonde ſon jugement, & il ne demordroit point de ſon opinion quand même on lui viendroit dire qu'il y
a des gens qui n'en ſont point. Suivez ce plan,
je vous en prie. Apuiez vôtre creance philoſophique de l'exiſtence de Dieu ſur des raiſons
tirées de l'objet même, & non pas ſur des
motifs étrangers. Ne croiez pas que la choſe
ſoit évidente, parce que les peuples y donnent
leur conſentement, croiez plutôt que ſi elle eſt
évidente les peuples y conſentiront, & que s'ils
n'y conſentent pas ce ſera la faute ou de leur
cœur ou de leur eſprit. Par ce moien vous
ſerez ſûr de vôtre fait ſans être obligé d'entrer
dans des details hiſtoriques qui vous embarraſ-
ſeroient horriblement.

V. Mais ſi à toute force vous voulez que
l'autorité s'en mêle, je vais vous fournir un
moien de vous contenter. Laiſſez-là le peuple,
ſeparez en ſeulement un certain nombre de
particuliers qui aient été diſtinguez par leur genie, & par leur érudition. Diviſez les en deux
claſſes: mettez dans l'une ceux qui ont paſſé
pour athées, & dans l'autre ceux qui ont admis la divinité. Comptez en ſuite, vous trouverez plus de perſonnes dans celle-ci que dans
celle-là, de ſorte que vous aurez pour vous
plus de voix que contre vous. Je parle de voix
poſées.

§. XXXIV.

§. XXXIV.

Solution d'une difficulté qu'on pourroit trouver dans
le dernier des cinq remedes propofez au chapi-
tre precedent. David Derodon multiplioit trop
les athées.

Je prevoi que le dernier de ces cinq remedes ne vous plaira pas: vôtre imagination
s'eft acoutumée au fpectacle d'un triomphe où
vous voiez dans vôtre parti le concours de
toute la terre, & l'opofition feulement d'un
très-petit nombre de particuliers. Vous ne
pourrez donc vous contenter d'une victoire où
ce petit nombre ne fera pas fi abforbé qu'il ne
puiffe faire le calcul de fa proportion. Ce calcul eft impoffible fi l'on compte univerfelle-
ment les fufrages de tous les hommes, & il
ne le fera pas fi l'on ne compte que les fufrages des gens doctes. Peut être même que vous
tomberiez dans quelque inquietude parce que
vous avez lu des auteurs qui difent que le nombre des athées eft fort grand. Vous ne pourriez mieux vous tranquillifer que par l'union
de toutes vos forces; c'eft-à-dire, qu'en rejet-
tant la reduction que j'ai propofée.

Mais ce n'eft pas le feul moien de calmer vôtre inquietude. Vous pouvez être affuré de la
victoire lors-même que vous emploierez mon
expedient, car il ne faut pas vous allarmer de
la multitude que ces auteurs prônent. Le nombre des athées n'eft ni auffi petit que le fait
(1) le Pere Rapin, ni auffi grand que le fait
(2) le Pere Merfenne. C'eft la coutume de
ceux qui écrivent fur l'exiftence de Dieu, ou
fur la divinité de l'Evangile de reprefenter que
l'impieté fe deborde, & qu'une neceffité pref-
fante les a engagez à s'opofer à ce torrent.

Soiez

(1) Ci-
deffus pag.
65.

(2) Ci-
deffus pag
66.

Soiez sûr qu'ils grossissent les objets, ils prennent pour des athées quantité de gens qui ne le sont pas, mais qui auront seulement proposé quelque objection avec trop de feu, ou qui se seront donné la licence de debiter des railleries profanes.

David Derodon étoit, comme vous savez, un Professeur en philosophie fort subtil & fort renommé, si bon Protestant outre cela qu'il fut bani de France pour avoir écrit trop vivement contre la Messe. Il composa (1) un livre contre les athées qui fut imprimé à Geneve l'an 1665. Voici les premieres paroles de sa preface „ la licence débordée qui se trouve „ en plusieurs Cours des Grands, & és Villes „ les plus considerables de l'Europe; où quan„ tité d'esprits forts . . . . ozent s'en „ prendre à la Majesté souveraine de nostre „ Dieu, nians impudemment son existence, „ & se moquans effrontement de sa saincte Pa„ role. Cette licence (di-je) m'a obligé d'em„ ployer ce peu de cognoissance que Dieu m'a „ donné de sa verité; non tant à la conver„ sion de ces impies, qui est plus à desirer „ qu'à esperer; qu'à la conviction d'iceux, & „ à les rendre inexcusables au dernier jour. „ Joignez à cela ce qu'il dit dans la conclusion du livre. (2) *J'ay creu que j'estois obligé de desabuser quelques personnes pieuses, qui n'ayans jamais fait rencontre de ces prophanes, & n'ayans rien à demêler avec eux, s'imaginent qu'il n'y a point d'homme si meschant qui ne reconnoisse une Divinité; & en suite estiment que c'est un travail inutile de composer des livres contr'eux. Je dirai donc à ces bonnes ames, que j'ay trouvé dans le monde trois sortes d'Athées, à sçavoir des raffinés, des débauchés & des ignorans. Les Athées Raffinés sont des personnes qui ayans l'esprit subtil & quelque vaine Philosophie, cherchent*

(1) *Intitulé* la lumiere de la raison, opposée aux tenebres de l'impieté ou Traitez . . . . contre les athées

(2) *David Derodon traitté contre les athées pag.* 157.

chent des raisonnemens contre la Divinité, tâchent
à répondre aux raisons qui démontrent son existence & se trouvans dans les bonnes compagnies,
insinuent doucement & finement dans l'esprit de
ceux qu'ils fréquentent, le venin dont ils sont in-
fectez. Il ajoute qu'il avoit conféré avec plusieurs de ces gens-là, & qu'il leur avoit ouï
dire (1) les raisons qu'il a réfutées dans son
ouvrage Il met dans cette classe d'athées (2)
certains esprits fort dangereux, qui font profession
d'estre Sceptiques, & font semblant de douter de
toutes choses, pour pouvoir aussi discourir doucte-
ment de la Divinité. Contre toutes telles gens
il seroit bon d'établir une Inquisition d'Espagne
par tout le monde.

Les Athées debauchez, continuë-t-il , (3)
„ font pour la plus part des jeunes gens de
„ bonne maison, qui ayans esté mal nourris &
„ élevez, se laissent emporter à l'Atheïsme,
„ par la fréquentation des Athées fameuz; &
„ par les débauches du jeu, du cabaret & des
„ femmes; & ensuite s'abandonnent aux vices
„ les plus abominables de la terre & des en-
„ fers Ceux-ci font en beaucoup plus grand
„ nombre que les premiers; veu que la plus
„ part des Cours des Grands, & presque tou-
„ tes les plus grandes villes de l'Europe four-
„ millent de telles gens. Les Athées ignorans
„ qui passent de beaucoup en nombre les fa-
„ mez & les débauchez, sont ceux qui faisans
„ profession de croire qu'il y a un Dieu, n'en
„ ont neantmoins qu'une legere opinion, fon-
„ dée sur l'ouïr dire de leurs parens, ou de
„ ceux parmi lesquels ils conversent & ne font
„ persuadez de cette verité, ni par la création
„ du monde, ni par la disposition admirable
„ de toutes les choses qui y sont; ni par au-
„ cune des autres raisons que j'ay alleguées ci-
„ dessus. Tels sont ceux d'entre le peuple,
„ qui

(1) Les
unes aux
uns les
autres aux
autres.

(2) Id. ib.
pag. 158.

(3) Id. ib.

,, qui ne daignans s'inſtruire de leur ſalut, ne
,, croient un Dieu que pource qu'ils ſont nez
,, parmi ceux qui le croient. Tels ſont enco-
,, re tous ceux qui eſtans amorcez par leur
,, convoitiſe, pechent volontairement, ſans
,, en avoir du déplaiſir, ni faire de la reſiſtan-
,, ce: ,, *Partant,* conclut-il, (1) *que ces per-*
ſonnes devotes & religieuſes qui ont trop bonne
opinion des hommes, ne trouvent pas étrange ſi
le zele que j'ay pour la gloire de Dieu m'a fait
écrire contre ces impies & ces prophanes; afin
que la jeuneſſe eſtant munie de mes raiſons, ſe
puiſſe garder d'eſtre ſeduite par ces Demons.

(1.) *Id. iſ.*
pag. 160.

§. XXXV.

Comment on peut diminuer la multitude d'Athées decrite par David Derodon.

Cette multitude d'athées ne doit pas vous
faire peur ni vous degoûter de mon cinquiéme
remede, vous la tronquerez aiſément de ſes
principales parties.

Vous avez plein droit de revendiquer tous
les athées de la troiſiéme claſſe qui eſt ſans
comparaiſon la plus nombreuſe. Ils ne peuvent être qualifiez athées que par un abus viſible de la ſignification des mots. S'ils étoient
athées, les deux tiers du genre humain le ſeroient auſſi, car de trois hommes il y en a
pour le moins deux dont le principe & l'analyſe de la foi ſont l'éducation & la tradition.

Quant aux athées de la ſeconde claſſe, perſonne n'exigera que vous aiez aucun égard à leur
temoignage. Ce ſont des gens qui n'ont ni
principes ni ſyſtême, qui n'ont point examiné
la queſtion, & qui ne ſavent qu'imparfaite-
ment le peu de dificultez qu'ils debitent. Un
Diago-

(1) *Il y a des hommes qui attendent à être devots & religieux, que tout le monde se declare impie & libertin; ce sera alors le parti du vulgaire, ils sçauront s'en dégager; la singularité leur plaît.* La Bruyere ubi infra pag. 667.

Diagoras, un Theodore, un Spinoza, & tels autres philosophiquement athées ne reconoîtroient point pour leurs freres cette sorte de gens-là que la vanité ou la debauche font parler meprisamment de la religion, & quelquefois sans que leur langue soit d'accord avec leur pensée. Quelques-uns d'eux se font une sote gloire de passer pour esprits forts, ils en afectent le style pour se distinguer de la foule, tout prêts à prendre le parti de la religion dans les compagnies (1) s'il n'y avoit presque personne qui ne fut athée. Plusieurs autres ne cherchant qu'à se distinguer par les excés de leurs debauches, y mettent le comble en se moquant de la religion. Ils veulent faire parler d'eux, & leur vanité ne seroit pas satisfaite s'il n'y avoit quelque chose de superlatif & d'éminent dans leur mauvaise reputation. Le plus haut degré de l'infamie est le but de leurs souhaits, & il y a des choses qu'ils ne feroient pas si elles n'étoient extraordinairement odieuses. Messaline (2) en est un exemple. Seneque (3) decrit très-bien le caractere de cette

(2) Nomen matrimonii concupivit OB MAGNITUDINEM INFAMIÆ cujus apud prodigos novissima voluptas est. *Tacit. ann. lib.* 11. *cap.* 26. Voiez aussi *lib.* 15. *cap.* 37.

(3) *Dans son épitre* 122. *où il dit entre autres choses*: hoc est luxuriæ propositum gaudere perversis, nec tantum discedere à recto sed quam longissime abire, deinde etiam è contrario stare . . . . . luxuriosi vitam suam esse in sermonibus, dum vivunt, volunt nam si tacetur, perdere se putant operam. Itaque malè habent, quoties non faciunt, quod excitet famam. Multi bona comedunt, multi amicos habent: ut inter istos nomen invenias, opus est, non tantum luxuriosam rem, sed notabilem facere. In tam occupata civitate, fabulas vulgaris nequitia non invenit . . . . . nolunt solita peccare, quibus peccandi præmium infamia est. Hanc petunt omnes isti, qui, ut ita dicam, retro vivunt.

te ambition monſtrueuſe des debauchez. Soiez certain, Monſieur, que les railleries, les profanations, & les blaſphemes de cette ſorte d'impies ne ſont point une marque qu'en effet ils croient qu'il n'y a point de divinité. Il peut fort bien être qu'ils ne parlent de la ſorte que pour faire dire qu'ils encheriſſent ſur les debauchez ordinaires, & qu'ils ſe portent juſques à l'extremité de l'audace. En tout cas leur atheïſme n'eſt rien moins que raiſonné, il n'eſt pas même la cauſe de leurs debauches, (1) il en eſt plutôt le fruit, & l'effet, & pour ainſi dire le dernier progrez. Leur ſufrage doit donc être compté pour rien tout comme celui des Grands que Mr. de la Bruyere caracteriſe de cette façon „(2) L'atheïſme n'eſt point : les Grands „ qui en ſont le plus ſoupçonnez, ſont trop „ pareſſeux pour decider en leur eſprit que „ Dieu n'eſt pas; leur indolence va juſqu'à les „ rendre froids & indifferens ſur cet article ſi „ capital, comme ſur la nature de leur ame, „ & ſur les conſequences d'une vraie Re„ ligion : ils ne nient ces choſes, ni ne les ac„ cordent; ils n'y penſent point.„ Ces Grans, & les athées de la ſeconde claſſe de Derodon, doivent être exclus ici de la qualité de Juges, tout de même que les nations athées dont les voiageurs ont parlé, nations qui vivent ſans Dieu ou parce qu'elles n'ont jamais oui rien dire de Dieu, ou parce qu'elles n'ont fait aucune attention à ce qu'on leur en a dit. On ne vous a point propoſé un parallèle pour les Sectateurs d'un tel atheïſme, mais ſeulement pour ceux qui auroient rendu un arrêt contradictoire, c'eſt-à-dire, toutes les raiſons de part & d'autre exactement & meurenſent conſiderées, & defini ou qu'il n'y a point de Dieu tel que les orthodoxes le decrivent, ou que ſon exiſtence eſt très-incertaine. Vous voilà donc defait &

(1) Il faut entendre ceci en general & ſans exclure toute exception.

(2) La Bruyere, caract. au chap. des eſprits forts pag. m. 670.

de la seconde & de la troisiéme classe de Derodon.

§. XXXVI.

*Combien la vivacité avec laquelle certaines gens
se plaisent à disputer, excite de jugemens temeraires.*

La premiere classe, qui est la plus petite, est
la seule qui vous puisse faire de la peine, mais
soiez assuré qu'on la peut encore amoindrir no-
tablement, on y fait entrer des personnes qui
ne le meritent point. Vous ne pouvez pas
ignorer qu'il n'y ait certains esprits qui se pi-
quent de raisonnement, & qui ont beaucoup
de force dans la dispute. Ils abusent de leur
talent, & se plaisent à s'en servir pour embarasser un Docteur qui leur tombe sous la main dans
les compagnies. Ils lui font des objections sur
la religion, ils refutent ses reponses, & ne veulent pas avoir le dernier: ils crient, ils s'échau-
fent, c'est leur temperament, c'est leur coutume. Il sort très-mal satisfait, & les prend
pour des athées; quelques-uns des assistans prenent le même scandale, & jugent la même
chose. Ce sont quelquefois des jugemens temeraires. Ceux qui aiment la dispute, & qui
s'y sentent très-forts, soutiennent en mille rencontres le contraire de ce qu'ils croient bien
fermement.

Il sufira quelquefois pour rendre suspect des
heresies de Socin un Professeur en Theologie,
qu'il ait disputé avec chaleur sur la qualité d'u-
ne preuve. Suposons qu'il parle ainsi à un Auteur; *Vous venez de publier un livre contre les
Sociniens, où vous faites vôtre principal bouclier
d'une raison qui n'est guere propre à établir l'orthodoxie. Si* on lui repond, *Vous vous trompez,*

mon

mon argumens eſt demonſtratif; il s'élevera une
diſpute où le Profeſſeur étalera tout ce qu'il ſera capable d'imaginer de plus ſubtil, & de plus
plauſible en faveur des Sociniens, & s'il eſt d'un
temperament vif, il parlera avec la derniere
chaleur. Il court riſque quelque orthodoxe qu'il
ſoit de ſe voir bien-tôt decrié comme un here-
tique, car dira-t-on, il ne s'échauferoit pas
tant s'il n'étoit Socinien, quel interêt ſans cela
pourroit-il prendre dans cette diſpute? La belle
demande! N'y eſt-il pas intereſſé pour l'honneur de ſon diſcernement ? Voudroit-on qu'il
laiſſât croire qu'il prend pour une mauvaiſe
preuve un argument demonſtratif?

Je me ſervirai d'un autre exemple des jugemens temeraires. Qu'un homme attaque un
peu fortement une nouvelle qui plaît au public,
& qu'il s'obſtine a montrer que les raiſons qu'il
a de ne la point croire, ne ſont pas auſſi frivoles
que le pretendent les Nouveliſtes paſſionnez, il
n'en faut pas davantage pour faire dire, qu'il eſt
ennemi de l'état. Rien de plus faux quelquefois. Mais pourquoi donc s'échaufe-t-il tant?
C'eſt une habitude qu'il a priſe, & à quoi ſon
temperament l'a conduit. Il ne crieroit pas
moins s'il diſputoit ſur le ſens d'un vers de Virgile. Il ne s'intereſſe point aux avantages de
l'ennemi, il s'intereſſe à la reputation de ſon
jugement. il ne peut ſoufrir qu'on l'accuſe de
s'apuier ſur des raiſons pitoiables.

Il ſe pourroit faire que Derodon eût eu de
pareils caprices contre ceux qui lui avoient fait
des objections, qu'il avoit traitées de haut en
bas, & qu'ils s'étoient cru obligez de ſoutenir
juſques au bout, quoi qu'au fond de l'ame ils
fuſſent très-orthodoxes. Vous voiez donc,
Monſieur, combien vous pouvez apetiſſer ſa
multitude d'Athées.

H 2 §. XXXVII.

§. XXXVII.

Autre difficulté contre le dernier des cinq remedes proposez dans le chapitre 33.

Vous me pourriez faire une seconde objection si par un excés d'équité tout-à-fait extraordinaire vous aprehendiez que l'on ne mit pas dans l'autre parti tous ceux qu'ont droit d'y entrer. Il seroit impossible, me pourriez vous dire, de compter ceux qui après avoir discuté, examiné, enfilé une longue suite de raisonnemens, mauvais en eux mêmes, mais qui leur ont semblé solides, sont parvenus jusqu'à prononcer dans leur cœur que l'existence de Dieu est ou fausse ou du moins problematique. Gens au reste qui aiant aimé le repos, & n'aiant point voulu se commettre avec les Theologiens, ou se priver des avantages que la reputation d'orthodoxe peut procurer, ni encourir les desavantages qui peuvent naître de la reputation d'athée, n'ont decouvert à personne, ou qu'à deux ou trois amis les sentimens de leur cœur. Il se peut faire qu'il y ait eu de telles personnes en tout tems & en tout païs, mais où les chercheroit-on ? Quel moien de les trouver ? Je vous avouë que si vous me faites cette objection, & s'il vous vient des scrupules là-dessus, je n'y sai aucun remede. Mais cela vous doit aprendre de plus en plus combien la voie de l'autorité est impraticable ici, lors que l'on veut y proceder avec la derniere exactitude.

§. XXXVIII.

§. XXXVIII.

Pourquoi je me suis si fort étendu à disputer contre la preuve tirée du consentement general. Qu'elle a été refutée par des Theologiens orthodoxes. Examen d'une pensée de Mr. de la Bruyere.

Il me reste à faire une observation qui me regarde plus particulierement. Il se pourra trouver des personnes qui seront choquées non pas de ce que j'ai meprisé un argument qui a eu toûjours une aprobation assez generale, mais de ce que je l'ai combatu dans toutes les formes, & avec une longue & très-serieuse attention. Il est raisonnable de satisfaire ces personnes-là. Je m'en vais donc leur montrer cette afaire ici par un coté qui les peut edifier, & si elles en sont contentes, j'aurai lieu de croire que ceux qui se choquent simplement de ce que l'on desaprouve ce que le public adopte, n'auront pas un juste sujet de prendre scandale de ma conduite.

Je dis donc, Monsieur, que tout écrivain qui attaque les opinions generalement aprouvées s'expose à indigner ses lecteurs. Il se rend suspect d'une vanité temeraire, & d'un esprit de singularité qui deplait aux gens modestes, & plus encore aux cœurs orgueilleux & envieux. C'est pourquoi il doit mettre tout en œuvre pour faire voir que s'il s'écarte du chemin batu ce n'est que pour de très-grandes raisons. Voilà d'un côté le meilleur moien d'ôter à l'envie ses plus beaux pretextes, & de l'autre la meilleure satisfaction que l'on puisse faire aux honnêtes gens que les aparences de singularité peuvent avoir mis de mauvaise humeur.

Il y a des auteurs qui dans un tel cas se conten-

ten-

tentent d'indiquer en peu de paroles leurs principaux argumens : ils s'imaginent qu'il fufit de
les propofer en ton de maître , & qu'il ne feroit pas de leur dignité de les bien déveloper,
& de prevenir toute forte d'objections. Si cette conduite eft fuportable, c'eft feulement dans
un homme d'une grande autorité parmi les doctes. Il faut qu'il fe foit aquis un nom fi illuftre
dans la republique des lettres, qu'il en foit con-
fideré comme le principal ornement, & comme l'apui le plus ferme.

Merita cui doctior orbis
Submiffa defert fafcibus imperium.

Mais pour de petits auteurs comme moi rien
ne fauroit être plus meffeant, que le ftyle laco-
nique dans de femblables rencontres. Ils doivent mettre fous les armes, & en ordre de bataille toutes leurs forces, je veux dire étaler amplement toutes leurs raifons, les fortifier de tous
côtez le mieux qu'il leur eft poffible , & aller
au devant de l'ennemi par tout où ils peuvent
le foupçonner d'avoir deffein de faire irruption.
Ils font voir par là que les interêts de la verité
bien ou mal conuë font le reffort qui les tire du
grand chemin, & c'eft un fujet de confolation,
ou d'une grande édification pour les perfonnes
raifonnables qui autrement euffent pu fe fcanda-
lifer. Je n'en dis pas davantage, car j'ai dejà
emploié cette penfée en un autre (1) lieu &
fur un fujet encore plus delicat que celui-ci.

Pour ma plus ample juftification il me conviendroit extremement de vous nommer quelques orthodoxes, qui aient combatu avec la même prolixité, & avec le même detail que moi
vôtre argument favori, ou avec encore plus d'a-
parat, & plus d'attirail, ce qui fans doute leur
a été bien facile s'ils ont voulu s'en donner la
peine.

(1) *Dans*
le 1. éclair-
ciffement
à la fin du
3. tome du
diction.
biftor. &
critique
pag. 3138.
n. XII.

peine. Je vous en nommerois de bon cœur
tout autant que j'en connoîtrois, mais s'il y en
a ou non, c'est ce que je ne saurois vous dire.
Je puis seulement vous assûrer qu'un Docteur
en Theologie Anglois de nation, & Protestant
de religion a rejeté tout-à-fait la preuve tirée
du consentement general des peuples pour
montrer qu'il y a un Dieu.

Il avoue (1) qu'elle quadre à une assemblée
populaire qui se conduit par autorité & non
par raison, & qu'il ne dedaigneroit pas de
l'emploier en un tel endroit, mais qu'elle ne
sert de rien par raport à des Philosophes qui
se glorifient de n'écouter que la raison. Il
ajoûte que rien ne l'a tant degoûté de cet argument, que de voir que les Epicuriens qui
s'en sont le plus servis, n'ont reconu la Divinité que par maniere de raillerie. Epicure
aiant bani toutes les bonnes raisons, substitua
celle-là pour tromper le peuple, la croiant
fausse lui qui meprisoit souverainement l'autorité populaire. Il ne pouvoit (2) exposer l'idée
de Dieu à un plus grand mepris qu'en lui donnant une telle base. Aussi voions nous qu'il
tira de ce principe une fausseté ridicule, c'est
que les Dieux étoient de figure humaine, car
naturellement nous les concevons ainsi par
tout le monde, disoit-il: (3) *En Voltoins!* A
naturâ habemus omnes, omnium gentium,
speciem nullam aliam, nisi humanam, Deorum. Quæ enim alia forma occurrit unquam
aut vigilanti cuiquam aut dormienti (a). Le Docteur Anglois n'oublie point ce que Cotta repondit à cette raison impertinente. Il repon-

H 4 dit

(1) *Samuel Parker disput. 6. de Deo & providentia divina Sect. 17. pag. 541. & seq.*

(2) *Qui quæso omnem de Deo notio-nem majori contemptu onerare potuit, quàm quod in multitudi-nis temeri-tatem re-ferret, ip-samque in causam ab omni ratione se-cretam. Atque adeo huc tandem pervenit viri insulsi dis-*

putatio, quamvis vulgaris sit de Deo opinie, eam tamen nullâ ratione demonstrari posse. Quo mehercle non minus apertè ip-sam sustulit, quàm si nullum esse dixisset. Id. ib. pag. 542.
(3) *Id. ib. pag.* 545. (a) *De Nat. Deor. l.* 1.

(1) *Non pudet igitur physicum, id est, speculatorem, venatoremque naturae ab animis consuetudine imbutis petere testimonium veritatis? Isto enim modo dicere licebit Jovem semper barbatum, Apollinem semper imberbem, caesios oculos Minerva, caeruleos esse Neptuni.* Cicero de nat. Deor. lib. 1. pag. m. 118. Voiez aussi pag. 148.
(2) Id. ib. pag. 114.

dit (1) qu'elle prouveroit que Jupiter est barbu, & qu'Apollon ne l'est pas, & qu'en general tous les Dieux seroient semblables aux effigies qu'il a plu aux peintres d'en faire : *Jovem, Junonem . . . . reliquos deos ea facie novimus qua pictores, fictoresque voluerunt* (2). Le Docteur se sert de cette occasion pour faire voir que nous donnons à la nature ce qui ne vient que de la coutume. Il parle des Massagetes qui consideroient comme un instinct de la nature la loi qui s'observoit parmi eux que les enfans mangeassent les cadavres de leurs peres. Les Grecs au contraire s'imaginoient que la nature nous inspire d'enterrer les morts. Ainsi chaque nation se plait à donner à ses usages le glorieux titre de loix naturelles. Confirmez par là ce que j'ai dit ci-dessus (3), & aprouvez la conclusion du Docteur que pour ne pas s'exposer à prendre pour un instinct de la nature ce qui ne l'est pas, il faut examiner toutes nos idées par les regles de la raison, & ne retenir pour veritables que celles que la raison confirmera independemment des instincts les plus generaux.

Je vous laisse à juger presentement si cette preuve de Mr. de la Bruyere est solide: *Je sens qu'il y a un Dieu, dit-il, (4) & je ne sens pas qu'il n'y en ait point, cela me suffit, tout le raisonnement du monde m'est inutile; je conclus que Dieu existe: cette conclusion est dans ma nature; j'en ai reçu les principes trop aisément dans mon enfance, & je les ai conservez depuis trop naturellement dans un âge plus avancé pour les soupçonner de fausseté.* Un Païen n'eût-il pas prouvé par une semblable raison l'existence, & la figure humaine de toutes ses innombrables divini-

(3) Pag. 143. (4) La Bruyere caracter. au chap. des esprits forts pag. 262. édit. d'Amst. 1697.

vintez? Tous les bons Papistes ne vous prou-
veroient ils pas par le même raisonnement le
dogme de la presence réelle? Ne sentent-ils
pas que J. CHRIST est sous les especes de l'Eu-
charistie? Sentent-ils qu'il n'y est point? N'ont-
ils pas reçu ce dogme dans leur enfance avec la
derniere facilité? Ne l'ont-ils pas conservé depuis fort devotement, & de tout leur cœur,
& sans nulle peine? N'ont-ils pas trouvé étrange que ceux de la religion le combatissent?
Qu'auroit pu repondre Mr. de la Bruyere aux
Protestans qui lui auroient allegué ses propres
paroles pour lui prouver toutes les doctrines,
qui les discernent des Catholiques Romains?
Vous voiez donc, Monsieur, que sa preuve est
un brodequin de Theramene, une chaussure à
tout pied, une selle à tous chevaux, si vous
voulez bien me permettre ces locutions pro-
verbiales. Je reviens au Docteur Parker.

Il étoit Archidiacre de Cantorberi lors qu'il
publia son livre à Londres l'an 1678. C'est un
livre où il traite de Dieu & de la providence
divine. Il n'épargne ni son savoir, ni la force
de ses expressions, & de ses raisonnemens
pour bien établir la verité. Il parvint depuis
à (1) l'Episcopat, & fit un livre qui lui attira
beaucoup d'ennemis. On crut qu'il favorisoit
le Papisme, & les desseins de Jaques I I. Un tel
livre eut sans doute un effet retroactif: il fut
cause que l'on recercha la vie passée, & les
Ouvrages precedens, pour y trouver quelque
matiere d'accusation, mais je ne croi pas qu'on
l'ait critiqué sur la rejection de l'argument de
l'idée innée, & du consentement general des
peuples. J'ose donc vous assurer qu'un Archidiacre de Cantorberi, Docteur en Theologie a
soutenu la même chose que moi sans commettre sa reputation d'orthodoxe, & cependant il
s'étoit rendu si odieux par d'autres endroits

(1) *Il fut
fait Evê-
que d'Ox-
ford.*

H 5   qu'on.

qu'on lui auroit fait un crime de la moindre he-
terodoxie, qu'on auroit trouvée dans ses écrits
anterieurs. Cela se pratique par tout, c'est un
usage constant. Les mêmes choses qu'on avoit
laissé passer comme innocentes, deviennent criminelles si l'auteur ne se conduit pas au gré
des factions bonnes, ou mauvaises.

A . . . . le 30. de Novembre 1703.

§. XXXIX.

*Si je persiste encore dans le mepris que j'ai te-
moigné pour l'astrologie.*

Aiant été contraint d'interrompre pendant
deux ou trois semaines l'examen de vos objections, je me remets à ce travail aussi-tôt que je
puis, & comme selon le rang que vous leur
avez donné ce qui se presente en premier lieu
concerne l'astrologie judiciaire, je debute par
vous dire fort ingenument, que j'ai été bien
surpris de vous trouver si preoccupé en faveur
de cette pretendue science.

D'abord vous me demandez si je suis encore dans la même prevention, que lors que je
composai le livre sur les Cometes. Il vous
semble que j'étois bien decisif, & un peu trop
fier contre les principes des Astrologues. Vous
trouvez là je ne sai quelle presomption que
l'âge a pu corriger, & vous me dites que je
ne serois pas le seul qui aurois mis de l'eau
dans mon vin en vieillissant, ce sont vos termes. Vous conoissez des personnes de merite
qui à l'âge de trente ans coupoient bras & jam-
bes à tout ce qui s'écartoit de leur opinion, &
qui en parlent aujourd'hui d'une maniere plus
radoucie. De là vient que toutes les fois que
vous voiez un jeune homme frais émoulu de
l'école decider magistralement, *cela est ainsi,*

& il faut n'avoir pas le sens commun pour soutenir le contraire, vous lui repondez froidement, *si vous étiez plus âgé, vous seriez moins decisif, je vous attens à vôtre premiere année climaterique* (1)*; vous y brûlerez peut-être ce que vous aviez adoré, & vous y adorerez ce que vous aviez brûlé, & en tout cas vous aurez plus d'indulgence pour ceux qui ne seront pas de vôtre opinion.*

Tout cela, Monſieur, generalement parlant me paroît fort raiſonnable. J'en ai fait l'épreuve. Il y a des doctrines qui me paroiſ-ſent aujourd'hui très-incertaines, dont je ne croiois pas autrefois que l'on pût douter ſans extravagance, & je trouve beaucoup de probabilité pour le moins dans des opinions, qui me ſembloient ſi abſurdes il y a quelques an-nées, que je ne comprenois pas qu'on oſât les ſoutenir. Vingt ans d'étude peuvent produire de grans changemens dans une tête, & font bien voir du païs. Je ſai bien que certains Docteurs opiniâtres n'ont point de part à vôtre regle, & où ſont les coutumes qui ne ſoient ſujettes à des exceptions? Ils ne demordent jamais de leurs premiers ſentimens, ils jettent l'ancre pour toute leur vie par tout où l'engagement de la naiſſance, le hazard (2), où l'intereſt les ont conduits, & comme la paſſion eſt la principale ſource de la lumiere qu'ils ſuivent, ils s'enfoncent, & s'enracinent de plus en plus dans leurs prejugez, de ſorte qu'ils y tiennent plus fermement ſous les cheveux gris qu'à la fleur de l'âge. Je laiſſe à dire qu'un faux point d'honneur eſt cauſe que bien des gens ne voudroient pas renoncer dans leur vieilleſſe à des ſentimens, qui leur ont fait aquerir un nom, & une longue reputation. Ils craindroient qu'on n'attribuât leur changement à quelque foibleſſe d'eſprit, & que l'on ne s'écriât,

N'ont ils donc tant vécu que pour cette infamie?

(1) C'eſt-à-dire la 49.

(2) *Ad quamcun-que ſunt diſciplinam quaſi tem-peſtate de-lati, ad eam tan-quam ad ſaxum adhaeres-cunt.* Cicero Academic. quaſt. lib. 2. fol. 202.

Ils auroient honte de reconoître le besoin qu'ils auroient eu de vieillir pour discerner une verité.

Mais quoi qu'il en soit de toutes ces choses, je vous puis dire, Monsieur, très-sincerement que depuis l'an 1681. que mon traité des Cometes fut composé je n'ai senti aucun changement dans mes opinions sur l'astrologie. J'ai declaré en plusieurs (1) rencontres dans mon Dictionaire combien j'étois convaincu de la vanité, & du ridicule de cet art trompeur, & je vous declare ici qu'à l'heure qu'il est je ne rabats rien, ni à l'égard des pensées, ni à l'égard des expressions, de ce que j'ai avancé sur cet article dans le traité des Cometes.

(1) *Voiez les endroits de mon Dictionaire marquez dans la table des matieres aux mots astrologie & astrologue.*

§. XL.

Si c'est un prejugé favorable à l'astrologie de voir que les grandes lumieres philosophiques du XVII. siecle n'ont pu ruiner son credit.

La dificulté que vous m'avez proposée n'est point capable d'afoiblir ma persuasion. S'il étoit facile, dites vous, de faire voir la vanité & l'absurdité de l'astrologie judiciaire, le monde en seroit pleinement desabusé depuis que les Philosophes du 17. siecle ont combatu les vieilles erreurs avec un succés admirable. Mais tout le mal qu'ils ont pu faire à l'astrologie, ne va qu'à une diminution de son credit : elle se maintient encore, elle a des sectateurs considerables, & l'on ne sauroit nier que le Cardinal de Richelieu, & des personnes d'un rang encore plus relevé que le sien n'aient fait beaucoup de cas des predictions astrologiques (2) de Jean Baptiste Morin. Il paroit par un Ouvrage in folio imprimé à Padouë l'an 1684. que Mr. Reinaldini Mathematicien du Grand Duc, & Professeur en philosophie à Padouë

(2) *Voiez son article dans le dictionaire histor. & critique.*

Padoüe s'est hautement declare l'apologiste de l'astrologie judiciaire, & qu'il a donne beaucoup de tems à faire des horoscopes (1). On sait que Mr le Noble n'est point bigot, ou superstitieux, ou engagé dans les erreurs populaires, qu'il a infiniment de l'esprit, beaucoup de lecture, qu'il sait traiter une matiere galamment, cavalierement, qu'il conoit l'ançienne & la nouvelle philosophie. Cependant il a bien voulu faire savoir au public non pas qu'il adopte toutes les chimeres des astrologues, mais qu'il croit qu'ils peuvent predire les evenemens contingens. Il se vante d'avoir fait beaucoup d'horoscopes qui ont reussi, & il s'attache avec soin à maintenir le credit de l'astrologie judiciaire (2). Son Ouvrage fut imprimé à Paris l'an 1697. Personne n'ignore combien les sciences, & nommement la philosophie fleurissent en Angleterre, neanmoins l'astrologie n'y manque pas de sectateurs, & de protecteurs. Temoin le livre imprimé à Londres l'an 1690. sous le titre de *Astrometeorologia sana.* On en peut voir un extrait dans l'histoire (3) des Ouvrages des Savans.

Vous ne disconvenez pas qu'aujourd'hui le peuple n'est point credule comme anciennement lors qu'à Corinthe chacun alloit demander à un astrologue le (4) bon tems de se marier, de batir une maison, de commencer un voiage &c. Mais vous pretendez qu'il y a pourtant encore beaucoup de personnes, & sur tout dans le grand monde, qui font tirer leurs horosco-

H 7

(1) *Voiez les Nouvelles de la Republique des lettres Août 1685. art. 10. du catalogue des livres nouveaux.*

(2) *Voiez son Uranie ou les tableaux des Philosophes depuis le 20. chap. du 5. livre jusques à la fin du 6. livre.*

(3) *Au mois de Janvier 1691. pag. 204 & suiv.*

(4) *Corinthi nunc apud nos passim Chaldæus quidam hospes miris totam civitatem responsis turbulentat, & arcana fatorum stipibus emerendis edicit in vulgum, qui dies copulas nuptiales adfirmet; qui fundamenta mœnium perpetuet; qui negotiatori commodus; qui viatori celebris; qui navigiis opportunus.* Apul. Metam. lib. 2. pag. m. 120.

... & de con.

... e precis de vô-
... es raiſons qué
... théologie juri-

... thuſion, que l'on
... rendent que
... nombreux
... ſi elle eſt
... de ſes ſcien.

... jeune
... rendre des
... puis cela
... ſe changeon
... les
... faible ſe
... corpus fi-
... de leur, c'eſt
... ... avant, & me-

... ... élever la con.
... requ eux
... vous ne
... donner e-
... que ce qui
... & vne les Cure-
... Scholaſti-
... diminuer le
... le luy point
... intellectuelles,
... maniere, à
... le non-
... ce vaire, lq-
... du vo-
... ter des Phi-
... aſſés facheux
qu'elles

qu'elles ont été sifflées par une infinité d'habiles gens depuis l'introduction des principes mechaniques de la philosophie corpusculaire? Oseriez vous rejetter ces erreurs-là, si vous persistiez à vous apuier sur la maxime, que vous m'avez alleguée pour vous dispenser de mepriser l'astrologie?

Il est moralement impossible qu'une erreur qui est devenuë presque generale soit ruinée entierement. Si quelque grand homme la combat sous de favorables auspices, il donne naissance à une secte qui dresse autel contre autel, & d'abord quantité de beaux esprits se rangent à cette nouvelle secte, & sont imitez par tous ceux qui cherchent un air & un caractere de distinction. Mais enfin quelques-uns de ceux qui affectent la singularité trouvent mieux leur compte à se declarer pour la vieille secte decriée, & presque deserte. Trop de gens, disent-ils, se mêlent de la nouveauté, le metier n'en vaut plus rien, attaquons les, soutenons, rehabilitons, replâtrons ce qu'ils combatent. Ce sera le sort de l'astrologie judiciaire d'attirer toûjours les esprits souverainement curieux, & d'infatuer les ames ambitieuses, & impatientes de posseder les dignitez qu'elles souhaitent, & qu'elles esperent. Elle aura toûjours quelques sectateurs, mais gardez vous bien de croire, je vous en prie, que cela la rende moins fausse ni moins ridicule.

§. XLI.

Fausseté de quelques predictions Astrologiques.

Vous reconnoissez que les Astrologues ne font rien qui vaille, ni quand ils alleguent leurs preuves, ni quand ils repondent aux objections de leurs adversaires. Les modernes ne vous paroissent pas moins foibles à cet égard-là que les

(1) Voiez les extraits de son livre dans le 2. tome de la biblioth. choisie de Mr. le Clerc pag. 224. & suiv.
(2) Ci-dessus p. 143.
(3) Il y a trente ans que tous les Astrologues, & Charlatans, qui feignent de l'estre, me predisent chaque année que je cours fortune de mourir : & en celle que je mourray, on remarquera tous les presages qui m'en ont averty en icelle, dont l'on fera cas, & on ne

les anciens, que (1) Julius Firmicus Maternus par exemple ; mais vous vous retranchez sur l'experience, & vous ne pouvez vous imaginer qu'un art qui a si souvent predit l'avenir soit faux. Soufrez que je tache de vous defaire de cette illusion.

Je vous ai cité (2) un passage où vous pouvez decouvrir la foiblesse de vôtre methode de raisonner. Examinez bien ce que Ciceron dit à son frere qui au lieu d'expliquer les causes de la divination se contentoit d'entasser des contes, & des exemples qu'on lui pouvoit contester & même nier. Je vous trouve dans le même cas : toutes les histoires de predictions astrologiques que vous pouvez compiler sont très-incertaines, la plupart sont venuës après coup : il y en a de si ambigues, qu'on les pouvoit prendre pour vraies de quelque manière que l'évenement tournât. En un mot tout cet attirail de faits, & d'exemples est aussi sujet aux tempetes de la dispute que les principes, ou que les raisons à priori de l'astrologie.

Je m'étonne que vous m'aiez demandé, si l'on peut prouver par des exemples bien certains que les faiseurs d'horoscopes se sont trompez. Si vous vous étiez souvenu de ce que je cite de Seneque, & de Ciceron dans le chap 18. des Pensées diverses, vous ne m'auriez pas fait une semblable question. Je ne vous parle pas du bon mot de Henri IV. car je l'ai raporté sans citer personne, ce qui a pu vous persuader que je manquois de preuve imprimée. Il est pourtant vrai que je l'avois lû dans un Ouvrage (3) dont l'auteur avoit ouï dire cela à ce grand Prince. Mais s'il ne tient qu'à vous montrer par de bons exemples les mensonges des Astrologues, vôtre guerison est sûre : j'ajoûterai

terai aiſément de nouveaux faits à ceux que j'ai dejà alleguez dans mes Penſées diverſes, & je vous avertirai que vous en pourrez trouver beaucoup d'autres, ſi vous vous donnez la peine d'en chercher dans les auteurs qui ont écrit ſur cette matiere. Je ne vous parle pas de mon gros (1) Ouvrage, où j'en ai repandu beaucoup quand l'occaſion l'a demandé, & que je ne repeterai pas.

I. Le premier exemple que je vous alleguerai eſt un de ceux, que les partiſans de l'aſtrologie pronent avec le plus de faſte. Ils diſent que les Aſtrologues aiant ſu que Vitellius leur ordonnoit de ſortir de l'Italie dans un certain jour, firent aficher de nuit un papier par lequel ils lui ordonnoient de mourir à un certain jour prefix, qui fut effectivement celui de ſa mort. On ne peut nier que Xiphilin (2) l'abreviateur de Dion Caſſius ne diſe cela, & qu'il n'ajoûte, (3) *Tant ils connurent avec exactitude ce qui devoit arriver!* Zonaras a raconté la même hiſtoire. Mais vous allez voir qu'ils n'ont raporté qu'un fait gloſé & falſifié. Suetone nous aprend que Vitellius faiſoit mourir ſans forme, ni figure de procés tous les Aſtrologues qu'on lui deferoit, (4) étant irrité de ce qu'auſſi-tôt après la publication de l'édit par lequel il ordonnoit à ces gens-là de ſortir de Rome & de l'Italie pour le plus tard le 1. d'Octobre, il avoit paru une affiche, où ils lui ordonnoient de ſortir du monde ce même jour-là. Si leur prediction eût été vraie, il ſeroit mort le premier d'Octobre, mais il eſt certain qu'il fut tué vers la fin du mois de Decembre (5). Dion Caſſius

(1) *Dans le Dictionaire hiſtorique & critique.*

(2) *Dio Caſſins lib. 65. pag. m. 735.*

(3) Καὶ οἱ μὲν ἔτως ἀκριβῶς τὸ γεντόμενον προέγνωσαι: *Adeo futuros rerum eventus accurate praecognoverunt. Id. ib.*

(4) *Exacerbatus quod poſt edictum ſuum, quo jubebat intra Kalend. Octobris urbe Italiaque* ――

mathematici excederent, ſtatim libellus eſt propoſitus, & Chaldæos dicere, Bonum factum, ne Vitellius Germanicus intra eundem Kalendarum diem uſquam eſſet. *Suet. in Vitellio cap. 14.* (5) *Tacit. hiſtor. lib. 3. cap. 67. Voiez Mr. Ryck not. in Tacit. pag. 371.*

(1) *Suet. in Vespas. cap. 14.* (2) *Metium Pomposianum (interemit) quod habere Imperatoriam generatim vulgo ferebatur, & quod depictum orbem terræ in membrana, concionesque regum ac ducum ex Tito Livio circumferret, quodque servis nomina Magonis & Annibalis indidisset. Id. in Domit. cap. 10.* (3) *Mathematici*

Cassius est blamable d'avoir suivi des traditions populaires preferablement aux historiens, qui avoient marqué des dates extremement propres à refuter le merveilleux qu'on avoit fourré dans cette avanture, comme l'on a fait en cent autres occasions dont les Astrologues ont su profiter.

II. Ils avoient predit à Metius Pomposianus qu'il seroit Empereur. On le voulut rendre suspect par là à Vespasien, qui au contraire lui donna le Consulat (1). Vous savez bien qu'il ne parvint pas à l'Empire, & que son horoscope fut l'une des causes (2) pour lesquelles Domitien le fit mourir.

III. Laissons l'antique, passons au moderne qui pourra vous ébranler davantage. Les Astrologues avoient predit (3) au Duc de Viseü qu'il seroit Roi de Portugal. Cela le fit entrer dans une conspiration contre le Roi Jean II. & le remplit d'une telle confiance que malgré toutes les raisons qu'il avoit de se defier de ce Prince, il obeit à l'ordre d'aller lui parler. Il tomba ainsi dans le piege, car le Roi le poignarda de sa propre main (4).

IV. On fit pour la Princesse Marguerite sœur de Henri II. en 1564 un discours astrologique, qui donnoit l'horoscope de l'Eglise Romaine, & en predisoit la ruine, celle du saint siege, & de l'Empire d'Allemagne par des consequences tirées des mêmes aspects, & des mêmes influences des astres qui avoient dominé à la destruction des anciennes monarchies & republiques (5). Cela est-il arrivé?

V. Cardan n'avoit-il pas fait des predictions

genesis imperium quasi ex astrorum inspectione demonstrabant. Mariana de rebus Hispan. lib. 24. cap. 23. pag. m. 405. ad ann. 1483. (4) *Mariana ib. Turquet hist. d'Espagne to. 2.* pag. m. 1081. 1082. (5) *Voiez le Laboureur addit. aux memoires de Castelnau to. 1. pag. 751.*

tions du Roi d'Angleterre Edoüard VI. qui furent
bien-tôt après renversées par la mort de ce jeune Prince ? N'étoit-ce pas se moquer du monde , que de faire après cela un autre horoscope
qui contenoit ce qui étoit arrivé à Edoüard (1).

VI. Nostradamus fit l'horoscope de l'Archi-
duc Rodolphe fils ainé de l'Empereur Maximi-
lien II. *J'ai demeuré*, dit-il, (2) *plus de 14.
mois tant à la calculation qu'à l'explication d'i-
celle nativité.* Il travailla aussi à l'horoscope
du Prince Ernest second fils du même Empereur. Voicns ce qu'il nous aprend sur cela:
„ Et pource que par le vray jugement des as-
„ tres selon leurs nativités ces deux Princes doi-
„ vent parvenir à grandiss. exaltation de regne
„ & d'empire, ce m'a donné la cause d'y tra-
„ vailler tout ainsi que vous voyez. Cepen-
„ dant je luy envoye la nativité de ce Prince
„ & Roy inclite Rodolphe, dans la quelle est
„ contenu amplement & compris beaucoup de
„ grands articles concernant premierement sa
„ vie, santé & disposition de son corps, des
„ substances, voyages, religion, des freres,
„ sœurs & proches parents du sang du pere,
„ de l'oncle, ayeuls & bisayeuls, des enfans,
„ des plaisirs & delices & expeditions, des ma-
„ ladies, des serviteurs, du mariage & de quel-
„ le famille & nation sera la femme, & en quel
„ temps, & combien de femmes, des enne-
„ mis publiques & autres, de la mort & es-
„ pece d'icelle, & en quel temps & de ce que
„ les morts luy auront delaissé des regnes,
„ d'heredités, de poeur, de crainte, de poi-
„ sons, de voyages, des religions, peregrina-
„ tions, & en quel temps il changera de reli-
„ gion, d'empire, de magistrat, de devotion,
„ de exaltation & de supreme puissance, de
„ ses amis hors le sang, qui seront en grand
„ nombre, des ennemis secrets & occults, de
„ pri-

(1) *Voiez
le pere Par-
dies dans
la lettre
d'un Phi-
losophe à
un Carte-
sien de ses
amis. Voiez
aussi les
Nouvelles
de la Rep.
des lettres
Août 1685.
art. 10. du
Catologue
des livres
nouveaux.*

(2) *No-
stradamus
lettre à
Lobetius
pag. 93.
du pars
secunda
pietatis &
erudicio-
nis monu-
mentor.
edit.
Franc.
1702.*

„ prisons & exilemens & captiveté par voye
„ hostile. Et toutes telles significations & au-
„ tres sont amplement declarées dans la dite
„ nativité espandues sa & la selon les chapitres
„ & exigence du cas.„ Voilà ce qu'il écrivoit
le 5. d'Août 1565. Ne doutez point que si nous
avions cet horoscope, nous n'y trouvassions une
infinite de mensonges en le comparant à la vie
de l'Empereur Rodolphe. Il me sufit de vous
faire prendre garde 1. Que Nostradamus promettoit, *grandissime exaltation de regne & d'Empire au* Prince Ernest, qui cependant n'a été ni
Roi ni Empereur. 2. Qu'il a predit que Rodolphe seroit marié plus d'une fois, erreur insigne, car cet Empereur ne se maria jamais,
ce n'est pas qu'il n'aimât les femmes, mais il
trouva plus commode de faire des enfans ille-
gitimes, que d'en faire de legitimes (1).

VII. Mon dernier exemple sera pris de ce
même Reinaldini que vous m'avez (2) allegué. Il avoüe qu'il avoit trouvé par toutes les
regles de l'astrologie, que le siege de Vienne en
1683. se termineroit par la prise de la place (3).

§. XLII.

Si l'on peut dire que quand les Astrologues se trom-
pent, c'est la faute de l'ouvrier, & non pas
celle de l'art.

Vous avez prevu sans doute que je vous cot-
terois de grans exemples des faussetez des Astrologues, car vous vous êtes preparé un re-
tranchement, vous m'avez signifié par avance
que s'ils se trompent cela ne vient pas du defaut des regles, mais de ce qu'ils ne les obser-
vent pas, soit qu'ils en ignorent la precision,
soit que leur temperament les empeche d'être
aussi

(1) *Prin-*
ceps cetera
eximius,
sed matri-
monii ab-
stinens,
liberiori-
que quam
fas erat,
Veneri as-
suetus cul-
pam haud
modica dig-
nitatis ja-
ctura luit,
insuperque
literis or-
bus legiti-
mis. Joh.
Cluver.
epit. hi-
stor. uni-
vers. ad
ann. 1612.
pag. m.
644.

(2) *Ci-*
dessus pag.
180.

(3) *Voiez*
les Nou-
velles de
la Rep.
des lettres
ubi supra.

aussi attentifs à leur travail que le sujet le demande. Examinons un peu cette afaire-là.
C'est un subterfuge dont on se sert (1) depuis
plusieurs siecles.

Nous le pourrions laisser courir s'il étoit
possible de concevoir quelque proportion , ou
quelque sorte de liaison entre les regles de l'astrologie , & les evenemens qu'on en fait dependre , mais cela étant impossible j'aurai toûjours droit de vous objecter, que la prevision
de l'avenir n'est pas plus facile à l'Astrologue
qui observe les pretenduës regles de l'art , qu'à
celui qui ne les observe pas. Soufrez que je
vous regale ici d'un beau passage de l'art de penser, afin de vous mettre devant les yeux l'impertinence des principes de l'astrologie :
,, (2) Aprés que l'on voit tant de gens infa-
,, tuez des folies de l'Astrologie judiciaire, &
,, que de personnes graves traitent cette ma-
,, tiere serieusement, on ne doit plus s'étonner
,, de rien. Il y a une constellation dans le Ciel
,, qu'il a plû à quelques-personnes de nommer
,, balance, & qui ressemble à une balance com-
,, me à un moulin à vent: la balance est le sym-
,, bole de la Justice : donc ceux qui naîtront sous
,, cette constellation seront justes & équita-
,, bles. Il y a trois autres signes dans le Zo-
,, diaque qu'on nomme l'un Belier , l'autre
,, Taureau, l'autre Capricorne , & qu'on eust
,, pû aussi bien appeller Elephant, Crocodile,
,, & Rhinocerot : le Belier, le Taureau & le
,, Capricorne sont des animaux qui ruminent:
,, donc ceux qui prennent medecine, lors que la
,, Lune est sous ces constellations, sont en dan-
,, ger

(1) Si er-
raticis re-
sponsioni-
bus, is qui
Mathesin
se scire
profiteba-
tur, non
potuit im-
plere qua
dixerat,
sed respon-
sa ejus
mendacia
promissio-
nis immu-
cularunt,
imperitia
tantum
illius teme-
ritasque,
non Ma-
thesis ipsa
pulsanda
est ; & fal-
lax infa-
manda pro-
missio. Om-
ni enim
malo dig-
nus est
quod per
illum fiat,
ut tam
praeclara
artis stu-
dium, fal-

sis responsorum mendaciis obumbret. Jul. Firmicus Maternus
Astronomic. lib. 1. cap. 2. fol. a iij verso edit. Venetæ 1499.
in fol. (2) Premier discours au devant de l'art de penser
pag. 3. & 4.

(1) *Ja.
Broderus
Miscellan.
lib. 6. cap.
28. Il dit
entre au-
tres choses,*
nunquam
tamen, ut
video, de-
finent μω-
ρολογίω,
ineptissi-
mi scurræ
qui sub
lepore
editos,
venatores:
qui sub
lyra citha-
rædos fu-
turos (alia
prætereo)
pugnant
ac conten-
dunt, cum
nulla fit
interim
Lyra, nul-
lus meher-
cule lepus.

(2) *Voiez
le chapitre
suivant.*

„ ger de la revomeir... Le docte Broderus (1)
avoit déjà fait plusieurs semblables observations.

Je vous dis de plus que la maniere dont vous
voulez éluder mon argument, n'est point propre à vous épargner les discussions les plus in-
commodes; car en consequence de la mauvaise qualité des regles de l'astrologie l'on vous
soutiendra que si un Astrologue predit quelquefois la verité, c'est ou par hazard, ou par
le moien de quelque (2) passion qu'il inspire,
ou parce qu'il a suivi des conjectures indepen-
dantes de ses regles, & fondées sur la condition,
ou sur la profession du sujet dont il dressoit
l'horoscope. Predire qu'un homme que l'e-
xemple de ses ancêtres engagera selon toutes
les aparences aux plus grans perils de la guerre sera tué d'un coup de canon, est une chose
pour laquelle on n'a pas besoin de consulter une
figure de nativité: on la peut conjecturer par
d'autres principes, & si l'évenement la confirme, ce n'est pas une merveille fort surprenan-
te. Vous voiez donc que pour soutenir qu'une
prediction astrologique est fondée sur les regles, il faudroit être assuré que l'astrologue les
a suivies uniquement, & qu'il les a observées
avec la derniere exactitude. Comment decouvrir la premiere de ces deux choses? Elle est
cachée au fond du cœur. Et pour decouvrir la
seconde ne faudroit-il pas faire examiner par
d'autres savans Astrologues avant le tems de
l'évenement le travail de celui là? Croiez vous
bien que deux Astrologues consultez sur la même nativité prediroient les mêmes avantures?
Rien moins que cela: l'un s'écarteroit de l'autre en mille articles, & s'il s'attachoit à critiquer l'autre, il l'accuseroit de plusieurs defauts, de n'avoir pas observé tout ce qu'il faloit, & d'avoir tiré de mauvaises consequences.

Ainsi,

Ainsi, Monsieur, vous ne pourrez jamais aver-
rer qu'un horoscope soit parfaitement selon les
regles.

Il n'y a pas long tems qu'un très-honnête
homme, & fort habile m'a dit qu'un Anglois,
dont j'ai oublié le nom, avoit renoncé à l'astrologie parce qu'aiant eu la curiosité de revoir
plusieurs horoscopes qu'il avoit dressez, & qui
avoient été veritables, il y avoit trouvé beaucoup d'erreurs de calcul, & beaucoup d'autres
defauts. Cela lui fit juger qu'il y a quelque intelligence qui revele l'avenir aux Astrologues,
& que la peine qu'ils se donnent de dresser une
figure, d'examiner l'aspect des planetes, &
leurs influences, & de calculer n'est qu'une cause occasionnelle qui determine cette intelligence à inspirer la prediction. Dès lors il abandon-
na ce metier comme une espece de magie. Je
vous avouë que s'il étoit vrai que l'astrologie fît
rencontrer l'avenir, je ne croirois pas que ce
fut sans le secours d'une intelligence. J'en parle ailleurs (1).

Je croi que les Astrologues les plus habiles
corrigeroient bien des fautes dans leurs travaux, s'ils les retouchoient au bout de 7. ou 8.
ans avec toute sorte d'aplication. Les horoscopes dont ils se seroient le plus aplaudis n'é-
chaperoient pas à leur critique. Je conclus
que s'ils devinoient quelquefois ce ne seroit
point par une exacte observation des règles de
l'art, & qu'ainsi le mauvais succés qui accompagne pour l'ordinaire leurs predictions, doit
être mis sur le compte du metier, & non pas
sur l'inattention de l'artisan, ou sur l'ignorance des regles.

Je

(1) *Dans*
le Diction-
naire hist.
& crit.
pag. 862.
& 2618.
de la 2.
édition:
Cardan
raporte
qu'il y
avoit des
gens qui
disoient que
Paris Cæ-
sarius de
Mantonë,
couvroit
sous la
manteau
de l'astro-
logie son
commerce
avec le De-
mon.
Dæmonis
auxilio in-
nixum
prætendis-
se astro-
rum istam
immodi-
cam scien-
tiam, cùm
etiam au-
dierim à
viro fide

digno atque fortunâ illustri, constituisse in camini Pluteo ca-
pita marmorea, quæ cùm infortunium imminueret, sponte
circumverterentur. *Cardan. de genituris pag. m. 164. 165.*

(1) *Co-*
sin, œu-
vres galan-
tes t. 1.
pag. m.
231.
(2) *Il étoit*
de Frise, &
il mourut
environ
l'an 1586.
Son livre
est intitulé
de astrolo-
gia ratio-
ne & ex-
perientia
refutata,
& fut
imprimé à
Anvers
l'an 1583.
in 4.
* *De civit.*
Dei lib. 5.
cap. 5. *&*
seq.
(3) *Cal-*
vin, dis-
cours con-
tre l'astro-
logie judi-
ciaire pag.
1291.
1292. *de*
ses opuscu-
les édit. de
Geneve.
1611.
(a) *Luc.*
23. 44. 45.

Je ne vous exhorterai pas à examiner ce que Gassendi a écrit contre cet art prétendu. Vous en pourrez voir la vanité à moins de frais. Les Oeuvres galantes de l'Abbé Cotin, qui n'étoit pas un rude jouteur, vous fourniront sufisamment dequoi vous desabuser. Vous y trouverez un discours contre l'astrologie judiciaire dans lequel en badinant, il ne laisse pas de fraper d'assez bons coups. Il n'a pas oublié de dire (1) *qu'un certain* Sextus ab Heminga (2), *homme nourry dans le mestier toute sa vie, ayant dressé l'horoscope de tous les Grands Hommes de l'antiquité, trouve que par les fondemens de l'Astrologie ils ne devoient point estre ce qu'ils ont esté.* Que penserez vous de cela, Monsieur? Y a t-il rien de plus propre à refuter vôtre distinction entre les defauts de l'art, & les defauts de l'ouvrier?

Mais si vous vous trouvez trop grave, & trop éloigné de la jeunesse pour jetter les yeux sur un livre intitulé *Oeuvres galantes*, consultez Saint * Augustin: cherchez dans les opuscules de Calvin le beau discours que l'on y voit contre l'astrologie judiciaire. Vous l'y verrez refutée & tournée en ridicule. Permettez moi pour l'interêt que je dois prendre aux opinions sur les Cometes que je vous cite un passage de ce discours-là. Vous y verrez que si Calvin ne condamne pas tout-à-fait l'opinion de leurs presages, il ne s'en faut guere: *Qu'on puisse par les éclipses,* dit-il, (3) *deviner de ce qui doit advenir aux royaumes & principautez, ou aux hommes particuliers: c'est à faire aux idiots de le penser.* . . . . . *Que s'il faut qu'il y ait miracle extraordinaire pour signifier,* (a) *comment trouveront - ils telle propriété & vertu en l'ordre commun? Il en est quasi autant des cometes, combien que non pas du tout. Tant y a, que ce sont inflammations qui se procreent, non point à terme prefix, ains selon*

lon

lon qu'il plaiſt à Dieu. En cela, deſia on voit combien les comettes different des eſtoilles : veu qu'elles ſe procreent de cauſes ſurvenantes. Et neantmoins je n'accorde pas que leurs prediction ſoyent certaines, comme auſſi l'experience le mon-ſtre. Car ſi une comete eſt aparue, & que tan-toſt apres un prince meure : on dira qu'elle l'eſt ve-nue adiourner. S'il ne s'enſuit nulle mort nota-ble, on la laiſſe paſſer ſans mot dire. Cepen-dant je ne nie pas, lors que Dieu veut eſtendre ſa main pour faire quelque jugement digne de memoire au monde, qu'il ne nous advertiſſe quel-quesfois par les comettes. S'il avoit ſu ce que les nouveaux Aſtronomes nous ont apris, qu'elles ne ſont point formées des exhalaiſons de la ter-re, & qu'aparemment elles ont une durée con-ſtante, & peut-être auſſi un cours regulier, il en eut nié entierement les pronoſtics tout com-me ceux des éclipſes.

§. XLIII.

Comment un horoſcope ſe peut trouver veritable ſans que les eſtoiles s'en meſlent. Examen d'un horoſcope qui promettoit un très-heureux ma-riage.

Je vous ai dit (1) que les prediction d'un aſtrologue peuvent quelquefois devenir vraies par quelque paſſion qu'il inſpire. Un homme ſera quelquefois ſi conſterné de ce qu'on lui aura dit, que ſon horoſcope le menace d'une mort prochaine qu'il en mourra dans peu de jours. Un autre concevra de ſi vives eſperan-ces de parvenir à des dignitez que ſon horoſ-cope lui promet, & il travaillera ſi ardemment à les obtenir, qu'il les obtiendra. Mettrez vous ces bons ſuccés ſur le compte de l'aſtrologie ? Ce ſeroit un grand abus : elle n'y a contribué

(1) Ci-deſſus pag. 190.

que par accident; l'influence des étoiles n'y est
point entrée. Les passions de ces deux hommes
ont été la cause totale de l'évenement predit.

Je me servirai de ce principe pour combatre l'impression que fait sur vous ce que l'on a
vu arriver depuis un an dans vôtre ville. Une
veuve riche & noble qui n'avoit que 35. ans y
a épousé un bourgeois qui n'étoit recommandable que par sa jeunesse, par la fraicheur de
son teint, & par un grand fond de santé ac-
compagnée d'une complexion fort amoureuse.
Les parens de la Dame eurent beau lui representer le tort qu'elle se seroit par cette mesal-
liance, elle en fut ébranlée à la verité plus d'u-
ne fois, mais enfin elle succomba à la force
de l'étoile, car il est certain, ajoûtez vous,
qu'avant qu'elle eut eu la moindre pensée sur ce
mariage, il couroit un bruit que le jeune homme s'attendoit par son horoscope fait de main
de maitre, à épouser une riche veuve qui seroit
de meilleure maison que lui. Cet horoscope
caracterisoit si bien la veuve qu'à moins que de
nommer la Dame en question, on n'auroit
pas pu l'indiquer plus clairement. La naissance, l'âge, le bien, l'humeur, la taille de
la future étoient des choses que l'Astrologue
avoit marquées, & il n'avoit pas oublié de dire que le mariage seroit le commencement
d'une très-grosse fortune pour celui dont il
faisoit l'horoscope, & que son épouse se trouveroit la plus contente de toutes les femmes.
L'objection continuelle que l'on fait aux Astrologues de deviner après coup n'a point lieu
ici, dites vous: la prediction étoit suë par la
ville avant que personne soupçonnât que le
jeune roturier jettoit les yeux sur la Dame.

Si vous n'avez pas de meilleurs exemples
que celui-là, je vous assûre, Monsieur, que
vôtre ami est bien fragile, car selon toutes les
                                                    apa-

aparences, il eſt entré beaucoup de ruſe dans l'horoſcope en queſtion. Il y a lieu de croi-re que l'Aſtrologue ne promit ce mariage au jeune bourgeois, que pour lui faire naître l'envie de rechercher cette veuve avec une plei-ne confiance de reüſſir. Il eſpera ſans doute quelque gratification en cas que ſa pretenduë prophetie fut confirmée par l'évenement. Mais je veux qu'il ait agi de bonne foi, pouvez vous repondre que ſa prediction n'a pas été cauſe que le jeune homme ſe flatant de ce mariage, s'eſt ſervi de tous les ſecrets de ſon induſtrie pour venir à bout de ſon deſſein? N'avez vous point là un principe bien complet de l'execu-tion ſans recourir à l'influence des aſtres? Peut-être auſſi que le galant fier de ſa beauté, & des autres qualitez que la nature lui avoit données trés-propres à le faire aimer des femmes, jetta les yeux ſur la riche veuve, & que n'oſant pas neanmoins ſe declarer ſans de bons preparatifs, il apoſta un Aſtrologue pour ſe faire predire qu'il épouſeroit une Dame, dans le caractere de qui la veuve ſe reconoîtroit facilement. Il falut en ſuite recourir à quelque perſonne officieuſe, qui ſe trouvant auprès de la Dame fit tomber adroitement la converſation ſur l'aſtrologie pour avoir ſujet de lui parler de l'horoſcope du bourgeois. La veuve ſe trouvant ſi ſemblable à la femme deſignée par cet horoſcope, aura cru que c'étoit une fatalité inevitable, un arrêt du deſtin, une vertu neceſſaire des conſtellations qu'elle épouſât un tel homme. Cette penſée lui aura fermé les yeux ſur les inconveniens. Les diſproportions de naiſſance, d'âge, & de bien n'auront pu tenir contre l'impreſſion de la pretenduë deſtinée. Il ſe ſera formé une in-clination d'autant plus puiſſante que l'horoſco-pe promettoit beaucoup de fortune au galant à la ſuite du mariage, & une pleine ſatisfac-

tion

tion à son épouse.   Il étoit beau , jeune , d'un temperament amoureux , & vigou-
reux tout enfemble.   On trouvoit commode
de pouvoir tirer de ce fond-là beaucoup de
fervices fans craindre de ne pas affez menager
les forces & la fanté de l'epoux.   Ces menage-
mens peuvent gener la nature, ou les veritables interêts de la tendreffe: l'on n'eft pas toûjours bien aife d'être arreté par la maxime, *il*
faut faire vie qui dure , & il eft doux de ne
rien craindre de ce côté-là.   Il ne faudroit
donc pas s'etonner dans cette fupofition que
la riche & noble veuve ait agréé les recherches
du bourgeois , mais auffi il ne faudroit pas y
mêler l'influence des étoiles.

Voiez, je vous prie, par combien d'endroits
fort vraifemblables, on peut renverfer la preuve que vous fondez fur cet horofcope.   Vous
ne pourriez y avoir égard avec un pretexte
plaufible qu'à condition qu'il conftât, que l'Af-
trologue n'a rien conu dans la carte du païs,
qu'il n'a fait que fuivre la direction de fon art,
& qu'il n'a point même fcu qui étoit celui dont
il faifoit l'horofcope.   Or comment pourriez
vous averer cela? Ne fait-on pas les fourberies
& les charlataneries de cette efpece de gens,
& de leurs entremetteurs ? Mais quand même vous le pourriez averer vous ne tiendriez
rien; on vous foutiendroit toûjours que la prediction a été effectuée par des caufes entierement diftinctes de la vertu des planetes.

Il n'eft point fans exemple qu'on ait voulu faire acroire à certaines gens que leur horofcope
leur promettoit ceci ou cela.   Ce n'étoit qu'un
artifice deftiné à les mettre dans les voies.
L'un de ceux qui ont écrit contre les Jefuites
affure qu'aiant taché inutilement de faire prendre l'habit de leu Ordre à Virginio Cefarini fils
d'un Duc, ils s'aviferent enfin de lui montrer

ſon horoſcope, (1) où il étoit dit qu'environ l'âge de 40. ans il ſeroit le General des Jeſuites. Cela ne fit aucune impreſſion ſur lui. Le travail du pretendu aſtrologue ne produiſit rien.

Il faut que je vous faſſe conoître que je ne parle point ici par un eſprit de prevention, qui fait aprouver juſques aux chicaneries qui ſont emploiées en faveur du parti qu'on a embraſſé. Je vous declare hautement que le Philoſophe qui declama en vôtre preſence contre ceux qui alleguoient vôtre horoſcope du bourgeois comme une preuve de la verité de l'aſtrologie, raiſonnoit très-mal, & que vous êtez bien fondé à le condamner. Le bel honneur, diſoit-il, que l'on fait aux aſtres de les faire les auteurs d'un mariage ſi mal aſſorti, & qui choque toute une ville. A quoi bon remonter ſi haut pour trouver la cauſe de cet himen? Ne la trouve-t-on pas de reſte dans les qualitez des deux parties? D'un côté un beau jeune homme & bon mâle, & de l'autre une veuve qui n'a que 35. ans, & à qui ſans doute la continence de pluſieurs années peſoit beaucoup, peuvent bien faire un principe d'attraction reciproque, qui les unira intimement, & par contract ſans qu'il deſcende du ciel une vertu inviſible qui les pouſſe l'un vers l'autre. Quoi! ce jeune homme n'eût pas épouſé une telle femme s'il fut né une heure plûtôt, ou plus tard? Il a falu que les ſept planetes ſe ſoient trouvées preciſement à tels & tels points du ciel au moment de ſa naiſſance : à moins de cela point de mariage. C'eſt donc dans

I 3

(1) *Quod enim adoleſcentem ſummæ loco natum, & inſigni corporis ſpecie præditum animo elatiorem, & bonorum atque imperii præter cæteros cupidum eſſe conjicerent, eam Mathematico, an Chaldæo, neſcio cui dederunt provinciam, ut inſpectâ ejus geneſi omnis vitæ fata ei digereret, eumque ſic affectâ cælo, ſideribuſque compoſitis ortum prædicaret, ut ei circiter annum ætatis quadrageſimum ſummam Societatis Jeſu præfecturam non dubiè aſtra portenderent. Bernardinus Giraldus apolog contra Jeſuitas pag. m. 123. 124. Cette piece ſe trouve à la page 101. & ſuiv. du recüeil intitulé Arcana Societatis Jeſu, édit. de Geneve 1635.

dans la vûë de ce mariage que ces vastes corps ont été placez les uns au dessus des autres avec ordre de se mouvoir selon des degrez, & des proportions qui fissent qu'à une telle minute du 1. d'Octobre 1680. ils se trouvassent là & là. Combien de machines pour peu de chose! Ce seroit ici le lieu de dire, (1) *Parturient montes nascetur ridiculus mus:*

Une haute montagne enfante une souris,

Et cet accouchement ne produit que du ris (2).

Cela même ne repondroit pas à l'énorme disproportion qui se trouveroit ici entre l'effet & les causes. Tel étoit le discours de ce Philosophe.

Il y a, je vous l'avoüe, bien du travers, & bien du faux dans ses objections, car quand-même l'on établiroit selon l'opinion commune des Theologiens que les cieux, & toutes les autres parties de l'Univers n'ont été faites que pour l'homme, il seroit impertinent de réduire au sort d'un particulier les vertus des constellations sous lesquelles il seroit né. L'on ne pourroit pas objecter que les aspects des planetes auroient été preordonnez tels ou tels pour une telle minute du 1. d'Octobre 1680. dans la seule vûë de procurer à un bourgeois le lit nuptial d'une Dame. Vous pourriez reponde que ces aspects enferment les causes de plusieurs effets necessaires à la terre, le domicile du genre humain, & que ce mariage ne s'y trouve que comme un très-petit accessoire.

§. XLIV.

D'un Almanach imprimé à Amsterdam pour l'année 1688. Lettre pretenduë d'un Quaker.

Me voici enfin à vôtre Achille, à la preuve qui vous paroit la plus convaincante. C'est un Alma-

---

(1) *Horat. de arte poët.*

(2) *Ces deux vers (traduction du Latin d'Horace) se trouvent dans une critique de la Pucelle de Chapelain. Celui qui refuta cette critique remarque que le mot ris pour risus, ou l'acte de rire, n'est point François. On le trouve neanmoins en ce sens-là dans de bons Auteurs: Voiez le Dictionaire de Furetiere.*

Almanach imprimé à Amſterdam pour l'année 1688. Vous êtes très-aſſûré qu'il parut avant la fin de Dcembre 1687. & cela vous perſuade que la predicion que l'on y trouve du dethrônement de Jaques II. Roi d'Angleterre n'a pas été faite après coup, mais par une exacte conoiſſance des regles de l'aſtrologie. Je vous plains d'avoir donné dans un tel panneau, & j'eſpere qu'après avoir lu ce que je m'en vais vous dire, vous reconoîtrez vôtre erreur.

J'ai cet Almanach: on y voit au haut de la premiere page la figure d'une main qui tient une plume, & qui écrit MENE TEKEL. C'eſt une alluſion au prodige qui arriva dans Babylone, & qui a été decrit par le Prophete Daniel (1). Il y a au deſſous de cette main, OU JUGEMENT ASTROLOGIQUE *pour* L'ANNÉE M DC LXXXVIII. *dans lequel on montre par les principes de cette ſcience la* CATASTROPHE *prochaine du* PAPISME *en* ANGLETERRE. *Traduite de l'Anglois ſur la Copie de* LONDRES. Je me ſouviens qu'on fit beaucoup d'attention à cet Almanach pendant le mois de Janvier 1688. & qu'en ſuite l'on n'en parla plus juſques à ce qu'on eût remarqué vers la fin d'Août qu'il ſe faiſoit en Hollande bien des preparatifs, & des mouvemens pour une expedition maritime. Chacun ſe reſouvint alors de cet Almanach, & le voulut acheter. & cômme on ne doutoit point du ſuccés de l'entrepriſe, il y eut beaucoup de gens qui admirerent l'habileté de l'Aſtrologue, & la juſteſſe de ſes predictions. Il avoit dit qu'au mois d'Octobre il ſe feroit (2) *De grandes & frequentes aſſemblées pour deliberer ſur quelques afaires qui ſembloient exiger la diligence & le ſecret.* .... *Je puis vous aſſurer,* ajoûtoit-il, *que ce ſera un mois où il ſera plus diſcouru que traffiqué.* Et ce qu'il y avoit de principal, il avoit predit

(1) Daniel chap. 5.

(2) Pag. 21.

I 4   qu'au

qu'au mois de Novembre (1) la Princesse d'O-
range deviendroit Reine d'Angleterre. Mais
les plus sensez persisterent dans leur mauvaise
opinion pour l'astrologie, & quoi qu'ils vis-
sent qu'il en affectoit le jargon, ils ne crurent
point qu'il eut tiré de cette source ses pronostics. Le mois de Novembre, disoit-il (2),
„ commence avec deux Aspects fort remar-
„ quables, le premier est le *sextile* du *Soleil* &
„ de *Jupiter*, cela montre qu'une *fort Grande*
„ *Dame de l'Europe, montera à un fort grand degré*
„ *d'honneur & de grandeur; & plaise à Dieu*
„ *qu'elle en puisse joüir long-tems en paix &*
„ *prosperité.* Ce sont les Effets de son *Demi-*
„ *Ciel au corps* de la *Lune* & *Sextile* de *Venus*, le
„ *Trine de Jupiter* n'en estant pas éloigné : Le
„ second est la Conjonction de *Saturne* & *Mars*
„ sur la place de la derniere *Eclypse*; Cela mar-
„ que la ruine & la destruction de plusieurs
„ qui n'y pensoient gueres il y a peu de mois,
„ & ce ne seront pas des *gens de petite qualité* „
C'étoit jargonner en astrologue, mais les con-
noisseurs se persuaderent, qu'il ne debitoit sous
ce style-là que ce qu'il avoit conjecturé par la
connoissance de l'etat de l'Angleterre, & par
la disposition où il voioit les esprits. Quelques-
uns crurent qu'il hazarda des souhaits & des es-
perances plutôt que des opinions, & qu'il ne
parut si assuré de son fait que pour inspirer de
la hardiesse à son parti; & pour jetter l'allarme
parmi les Papistes. Il y eut même des gens
qui s'imaginerent que les principaux directeurs
des mesures que l'on prenoit depuis quelque
tems pour preparer cette grande revolution
lui donnerent ordre de la predire, & lui mar-
querent le mois où elle devoit éclorre.

On emploioit deux raisons à confirmer cette derniere conjecture.

I. L'une est qu'il n'y a rien sur quoi il insiste
tant

---

(1) *Il ne
la nom-
moit point
dans son
Alma-
nach, mais
il la desi-
gnoit clai-
rement, &
de plus il
disoit en
conversa-
tion à tous
ceux qui
de lui de-
mandoient
que c'etoit
d'elle que
cela se de-
voit enten-
dre.*

(2) *Pag.
21. & 22.
Notez
qu'il s'est
trompé
au mois,
car la
Princesse
d'Orange
ne chan-
gea de con-
dition
qu'après
la fuite
de son pere
vers la fin
de l'an.*

tant que ſur la mort du Roi Jaques. Voici ce
qu'il dit dans l'endroit où il explique *l'Entrée
Automnale:* „ (1) Comme le *Soleil* s'éloigne du
„ corps de *Mars* il s'attache au corps de *Satur-*
„ *ne*, lequel eſt Seigneur de Huit des Dix; Et
„ pour cette raiſon auſſi il ſemble menacer
„ de mort des Grands en. ces quartiers, &
„ peut eſtre meſme un Prince. Car le *So-*
„ *leil* ſignifie les Rois, &c. Outre cela, la
„ *Lune* qui eſt Maîtreſſe de la dixiéme, qui eſt
„ la Maiſon des Rois, ſe hâte pour joindre le
„ corps de Mars & le *paralléle Zodiacal de Sa-*
„ *turne*, ce qui fortifie merveilleuſement l'A-
„ phoriſme & le jugement cy-deſſus. J'ay vû
„ la Nativité d'un certain Grand en Europe,
„ duquel la deſtinée ſemble s'accorder avec cét-
„ te poſition. Et je ne fais pas beaucoup de dif-
„ ficulté de vous donner ces particularités des
„ Directions qui lui pendent à preſent ſur la
„ teſte, & autres circonſtances, deſquelles les
„ Aſtrologues communs ne ſçavent rien. Il a
„ *Leo* en ſon Aſcendant &c. „ Aiant donné une
table *des Arcs de Directions*, il ajoûte, (2) *Vous*
voyés qu'il y a ici. 13. *Directions,* & *la plus gran-*
de partie de ces Directions, commencent à operer
dans le mois d'Octobre de l'année preſente, ou en-
viron, & *la queſtion eſt de ſçavoir ſi elles ont le*
pouvoir de tuer ou non? *Je répons, qu'oüi, elles*
peuvent tuer, & *il n'y a qu'une ſeule objection*
qui puiſſe empêcher un homme de la Profeſſion d'ê-
tre Poſitif là deſſus. Il repond à cette objection, & aiant debité en ſuite un autre dogme
de ſon art il conclut de cette maniere: „ (3) Or
„ ſuppoſés que la queſtion ſoit, ſi un homme
„ âgé de 55. ans, ſous une ſi grande foule de
„ Directions, peut vivre ou non? Certes je
„ ſuis obligé de dire, quand ce ſeroit de mon
„ propre Frere, que je ne croi pas qu'il ſoit poſ-
„ ſible, qu'il puiſſe vivre. „ Joignez à cela ne

I 5   qu'il

(1) *Pag.*
12.

(2) *Pag.*
13.

(3) *Pag.*
14.

(1) Pag. 21.

(2) On croit qu'ils affecterent principalement de faire prendre le ton afirmatif sur ce point-là en presence des Papistes, car un historien Protestant remarque au sujet de l'évasion du Roi: ,,Que les ,,gens sen-,,sez dirent ,,d'abord ,,que rien ,,n'avoit ,,pû faire ,,prendre ,,une reso-,,lution ,,aussi sur-,,prenante, ,,que l'opi-,,nion où ,,les Ca-,,tholiques ,,étoient

qu'il dit sous le mois d'Octobre: (F) *Nous trouvons le Soleil en Conjonction avec Saturne environ à 27. degré de Libra. C'est une position remarquable, & je ne doute pas qu'elle n'ébranle & face trembler quelques gens. Saturne, selon la Notion commune en Astrologie, est fort en Libra, car c'est son Exaltation, & le Soleil y est foible, parce que c'est sa chute. De sorte que le Soleil est affligé par la presence de Saturne, & à cause de cela, j'attens la mort de quelque Grand, &c. L'Eclypse du Soleil montre aussi la même chose, estant au commencement du Scorpion entre les Etoiles violentes, & sa mort sera de la nature de Saturne, Mars, & Mercure.* On ne peut douter qu'il ne parle de Jaques Second qui regnoit alors en Angleterre. Il s'en expliquoit nommément à tous ceux qui le consultoient.

Il y a beaucoup d'aparence, disoit-on, que ceux qui tramoient en Angleterre la révolution, lui ordonnerent d'insister positivement sur la mort du Roi. Ils souhaitoient que ce Prince aprehendât le sort de son pere, & que cette peur lui fît prendre le parti de s'évader. Ils prevoioient un grand embaras s'il s'obstinoit à demeurer dans le pais: leur entreprise ne pouvoit aboutir en ce cas-là qu'à une très-foible ébauche. C'est pourquoi ils mirent tout en œuvre pour le jetter dans l'épouvante, ou du peuple soulevé qui l'égorgeroit, ou d'une assemblée de juges qui lui feroit sauter la tête comme au Roi Charles I. On repandoit adroitement ces menaces (2) afin qu'elles vinssent jusqu'à ses oreilles, & qu'elles lui inspirassent une telle consternation, qu'il se mît en fuite, & qu'on pût pretendre par là qu'il abdiquoit, & qu'ainsi le throne étoit devenu vacant. La chose leur reüssit à souhait, & ils regarderent cette reüssite comme le plus grand bonheur du mon-

monde (1). Voilà, Monſieur, ce qui fit croire à certaines gens que l'Aſtrologue fut chargé par les Directeurs de l'intrigue d'annoncer
poſitivement la mort de Jaques II. Je ne vous
garantis point la verité de leur ſentiment, je
ne ſai s'ils ſe trompent, ou s'ils ne ſe trompent pas, & je vous prie d'apliquer par tout
où beſoin ſera dans la ſuite de ce chapitre cette mienne declaration. Quoi qu'il en ſoit la
prophetie de l'Aſtrologue s'eſt trouvée fauſſe ſur
ce point-là. Le Prince qu'il condamnoit à la
mort, a vécu encore plus de 12. ans.

II. La ſeconde choſe qu'ils alleguoient pour
confirmer leur conjecture eſt la pretendue *lettre d'un Bourgeois de Londres Quacker de religion à ſon Collegue Mr. R. W. Marchand à Rotterdam.* Elle eſt datée de Londres le 24. de
Fevrier 1688. & on l'imprima tout auſſi-tôt en
Anglois & en François. On y trouve entre
autres choſes ceci: „Les Empires les plus aſſeu-
„ rez tombent ſouvent d'un ſeul coup. C'eſt
„ pourquoi je te conſeille d'avoir patience où
„ tu es, d'exhorter tous les Freres à en faire de
„ meſme, car *Dentſch* a eu une revelation & l'eſ-
„ prit lui a ſuggeré que dans le mois d'Octobre

I 6 „ pro-

„depuis le
„declin de
„leurs af-
„faires &
„de celles
„du Roi,
„qu'un
„Parle-
„ment ne
„manque-
„roit pas
„de lui fai-
„re le mê-
„me traite-
„ment
„qu'au feu
„Roi ſon
„Pere, &
„que la
„Nobleſ-
„ſe, le
„Clergé &
„le Peuple
„d'Angle-
„terre ne
„reſſiroient
„autre cho-
„ſe. Ils cru-

„rent même tous, ou firent ſemblant de croire depuis le com-
„mencement de ce deſſein, que la Religion & la liberté du Païs
„n'étoient que le pretexte, & que c'étoit à la Couronne ou au
„Roi qu'on en vouloit.„ Memoires de la dern. revolution
d'Anglet. to. 1. pag 651. 652. édit. de la Haie 1702. (1) *Le*
même hiſtorien Proteſtant remarque ubi ſupra pag. 690. *que*
l'évaſion du Roi fut regardée par les Anglois comme le plus
grand bonheur qui put arriver, & comme une ſuite des
benedictions du Ciel ſur la nation pour les établiſſemens
deſirez. *Il ajoûte que pour lui faciliter cette évaſion, on*
avoit donné ordre aux deux Capitaines qui le gardoient, de
fermer les yeux à tout ce qu'il feroit, & de le laiſſer partir
en plein jour s'il en avoit le deſſein.

„ prochain il y aura dans ce Roiaume un grand
„ changement, que le mois suivant Guillau-
„ me d'Orange passera la Mer, quand le temps
„ aprochera nous lui envoierons deux de nos
„ Freres pour lui souhaiter un heureux pas-
„ sage. Garde cette Lettre comme un de-
„ post pour lui faire voir quand il s'embar-
„ quera, afin que nous puissions obtenir sa
„ bienveuillance pour nous, comme autrefois
„ fit *Jaddus* celle d'Alexandre lors qu'il ap-
„ procha de Jerusalem. „ Je puis vous dire
comme une chose certaine qu'au commencement du mois de Novembre 1688. lors que
Mr. le Prince d'Orange attendoit à l'Ile de Goe-
rée le vent favorable, un Seigneur Anglois
aiant aperçu un Quaker dans l'antichambre lui
parla de la lettre de son confrere de religion,
& le felicita de ce que le Saint Esprit se communiquoit à eux d'une façon si particuliere
qu'ils devinoient juste les évenemens. Le Quaker homme de beaucoup d'esprit ne donna pas
dans le panneau: *celui qui a écrit cette lettre,*
repondit-il, *a plus de commerce avec les membres du conseil privé qu'avec nos freres.* On croit
qu'il avoit raison, & que ce furent les Directeurs de la trame qui fabriquerent cette lettre
sous le nom d'un pretendu Quaker.

Mais par quel motif firent-ils cela, deman-
derez vous. Il est facile de vous repondre. Il
n'y a rien qui dispose mieux un peuple à des
émotions que de savoir qu'elles ont été predi-
tes. Cela est principalement vrai dans la Grand'
Bretagne, car quoi qu'on y trouve incomparablement moins de fanatiques qu'il n'y en
avoit au tems de Cromwel, il y en a encore
beaucoup. Cromwel qui devoit son élevation
au fanatisme, & qui étoit lui même, à ce que
bien des gens croient, sujet à des intervalles fanatiques, faisoit mettre dans l'Almanach de
Lon-

Londres ses desseins assez souvent, & s'en trouvoit · bien , dit-on.   Et parce que cette confi-
dence donnoit beaucoup de credit à l'Almanach, l'Astrologue, qui le faisoit, craignant de
ne pouvoir pas soutenir sa reputation sous le
regne de Charles II. s'il ne se voioit gratifié
d'une semblable lumiere, fut trouver un jour
ce Prince pour lui demander la continuation
des influences politiques dont il avoit joui sous
l'Usurpateur.   Le Roi se moqua de lui , & le
renvoia en lui disant qu'il ne s'embarassoit pas
comme Cromwel de projets vastes, & de vuës
longues (1).

    L'Almanach de Milan a eu quelque reputa-
tion non pas tant pour ce qui regarde ou la
pluie, ou le beau tems, que pour ce qui concerne les afaires politiques.   Quelques personnes ont cru que l'auteur entretenoit des relations avec des Ministres d'Etat, & qu'ils lui
communiquoient bien des secrets.   Il n'avoit
peut-être d'autre ressource que sa propre saga-
cité, & une grande attention à suivre les Nou-
velistes, les gazettes imprimées, les gazettes à
la main, & les divers raisonnemens du public.
Avec cela l'on peut attraper (2) quelque chose
sur l'avenir, & principalement si l'on demeure
dans une ville, où chacun a la liberté d'examiner, & de discuter jusques dans les lieux publics les afaires d'Etat, & où la chaleur, & l'a-
nimosité des partis decouvrent à nu tout le
fond de l'ame, ce qu'elle souhaite, ce qu'elle
espere, ce qu'elle craint &c.   Sur ce pied-là un
Astrologue ne peut-être mieux qu'à Londres.
On m'a dit que pendant la derniere guerre celui qui rimprimoit à Bruxelles l'Almanach
de Milan avoit ordre d'y accommoder les
predictions au changement de la scene ; c'est-
à-dire, d'y ajoûter des choses qui pouvoient se raporter aux projets de la Cam-

(1) J'ai apris ceci d'un Gentilhomme très-docte de la grand' Bretagne.

(2) Mais il arrive le plus souvent que l'on s'y trompe. Voiez la reponse aux questions d'un Pro- vincial chap. 20.

pagne,

pagne, ou exciter des paſſions propres au
tems.

Je ſerois bien-tôt de l'avis de ceux qui ſe
perſuadent que l'Auteur de cet Almanach n'y
entendoit point d'autre fineſſe que de ſemer
par-ci par-là pluſieurs de ces événemens, qui
ne manquent guere d'arriver toutes les années
ou dans un païs, ou dans un autre, *conſpiration
decouverte, mort d'un Grand, ſedition, complot,
trahiſon, alliance rompuë, bataille, ſurpriſe de
ville &c.* Si quelquefois l'une de ces choſes
arrive au tems marqué par l'Almanach, on ſe
preoccupe de bonne opinion pour les lumie-
rés de l'Auteur, & en peu d'années il paſſera
pour un oracle, moiennant qu'il continuë de
s'accorder quelquefois avec les évenemens, ce
qui n'eſt pas dificile. On ſe rend ingenieux
à ſe tromper: on ne prend point garde à la
multitude de ſes fauſſes predictions, & l'on
n'oublie jamais le très-petit nombre de celles
que l'on croit avoir été veritables. On conoit
des gens qui ſe degoutent enfin de leur Almanach favori, apiès avoir vu que beaucoup de
choſes qu'il leur avoit fait eſperer, n'étoient point
venuës, mais ils le remettent facilement dans
leurs bonnes graces dès qu'ils le retrouvent
heureux en quelque point qui leur plaît. Cette
diſpoſition des eſprits eſt propre non ſeulement
à maintenir l'aſtrologie, mais auſſi à mettre en
branle beaucoup d'afaires.

Il eſt ſi vrai que les predictions ſur la politique inſerées dans l'Almanach peuvent être d'un
grand effet, que l'on a quelquefois puni (1) en
France ceux qui ſe meloient de pareilles predictions. On les a regardez comme des perſonnes
mal intentionnées, ou gagées par des mecon-
tèns qui ſe preparoient à cabaler contre l'Etat.
Demandez moi après cela à quoi bon faire predire dans un Almanach la revolution d'Angleterre en 1688.   Avois-

(1) *Voiez
dans le
Diction.
hiſtor. &
critique la
remarque
A de l'ar-
ticle* Luto-
rius.

Avois-je tort de croire que je vous détromperois de la credulité que cet Almanach vous a inspirée pour l'Astrologie ? Ne jugerez vous pas après avoir lû ceci qu'il est probable que l'Auteur n'écrivoit point selon les lumieres astrologiques, mais sur des memoires communiquez par quelqu'un des Directeurs ?

Examinez bien cet Almanach, vous y trouverez beaucoup de choses capables de vous détromper. On y refute violemment un Astrologue Papiste (1) qui faisoit pour son parti le même manége que l'autre pour les Protestans, c'est-à-dire, qui predisoit tout ce qui pouvoit flater, encourager, & animer les Papistes, & allarmer leurs adversaires. On l'acuse (2) de plusieurs fausses predictions, & d'en avoir fait qui n'étoient fondées que sur des projets de la Cour, d'être en un mot un grand fourbe. Ne doutez point qu'il ne fit les mêmes reproches à son antagoniste. Mais considerez seulement les pronostics de celui-ci. Combien de choses n'avance-t-il pas qui ne sont point arrivées ? Combien de fois s'exprime-t-il par un *peut-être*, mot absurde dans la bouche d'un Astrologue ! Ne dit-il pas que les changemens qu'il predit, (3) *ne se passeroient point sans effusion de sang ?* Si les astres eussent été la source de ses lumieres il auroit predit que cela se passeroit sans nulle effusion de sang, car c'est ainsi en effet que la chose est arrivée, mais comme il suivoit uniquement les conjectures d'état, & les aparences, il avança une fausseté. Il n'en est point excusable, car il a predit en Astrologue, disons donc qu'il a confondu & couvert de honte l'astrologie. Il seroit excusable s'il avoit predit en Politique, car personne n'eut pu deviner que le dessein d'épouvanter le Roi Jaques, & de le remplir de cette terreur panique qui le saisit, se voiant abandonné de ceux en qui il avoit mis sa plus

grande

(1) Nommé Jean Gadbuty.

(2) Voiez pag. 59.

(3) Pag. 14.

grande confiance, reüssiroit si pleinement. Tout
le monde s'étoit attendu (1) à le voir donner
des preuves de resolution, & chicaner le ter-
rain, ce qui eut sans doute couté la vie à beaucoup de gens.

§. XLV.

Qu'il entre souvent une malice très-punissable dans les predictions des Astrologues.

Je ne puis quitter cette matiere sans vous faire considerer que les pronostics des Astrologues
leur sont bien souvent inspirez par un esprit
de faction, ou par quelque autre malice très-
punissable. Ils en devroient être châtiez, & si
vous ne voulez pas vous en raporter à mon jugement, que direz vous de celui d'un homme
pour qui je sai que vous avez une grande estime ? Je m'en vais vous citer ce qu'il écrivit à
un Evêque l'an 1649.
  (2) *Si la credulité du* (3) *President estoit ri-*
dicule, n'avoüerez-vous pas que l'audace des As-
trologues estoit criminelle, & qu'elle ne fut pas
assez punie par la risée & la moquerie des hon-
nestes gens ? Et de fait, cette insolente temerité
est condamnée par les loix Imperiales, & vous
serez peut-estre bien aise de voir ici ces mots du
Jurisconsulte Paulus. ,, *Nous avons ordonné que*
,, *les Devins qui nous veulent faire croire qu'ils*
,, *sont remplis de l'esprit de Dieu, soient chassez*
,, *des villes avec defense d'y revenir, de peur que*
,, *par la credulité qui est attachée à la foiblesse*
,, *de la condition humaine, les mœurs des peu-*
,, *ples ne se corrompent sur l'esperance de quelque*
,, *nouvelle revolution, ou pour le moins que les*
,, *esprits vulgaires ne soient troublez par les pre-*
,, *dictions vaines & frivoles. C'est pourquoy*
,, *nous voulons que la premiere fois, après avoir*
                                   ,, *esté*

(1) *On avoit cru & l'on y a été trompé qu'il par-leroit com-me Turnus (voiez le 12. liv. de l'Eneide v. 643. & suiv.) & qu'il feroit dire de lui ce qui a été dit d'U-lysse,* Nec talia passus Ulysses, oblitusve sui est Ithacus discrimine tanto. *Virgil. Æn. lib. 3. v. 628.*
(2) *Costar lettre 254. du 2. to. pag. 610. 611.*
(3) *Il par-le du Pre-sident Au-riol qui craignit un second de-luge l'an 1524. Voiez le*

» *esté battus de coups de baston, ils ſoient con-*
» *traints de ſortir de l'enceinte des murailles, &*
» *que s'ils continuent dans leur dangereuſe profeſ-*
» *ſion, ils ſoient enfermez dans les priſons pu-*
» *bliques, ou confinez dans une Iſle, ou pour le*
» *moins qu'ils ſoient releguez...* (a) Vaticina-
tores qui ſe Deo plenos aſſimulant, idcirco à
civitate expelli placuit, ne humanâ credulitate
publici mores ad ſpem alicujus rei corrumpe-
rentur, vel certè ex eo populares animi turba-
rentur: ideòque primò fuſtibus cæſi civitate pel-
lantur, perſeverantes aut in vincula publica
conjiciantur, aut in inſulam deportentur, vel
certè relegentur.

Voilà les deux effets ordinaires des predictions: elles diſpoſent les eſprits à introduire
des nouveautez, ou bien elles jettent la fraicur
parmi le peuple. Cette fraicur eſt capable de
cauſer tant de confuſion dans les grandes
villes, que les ſcelerats & la canaille peuvent
ſe faire un chemin à piller & à ſaccager. On a
cru que par ce principe il y eut des gens qui re-
pandirent dans Rome (1) au mois de Fevrier
1703. la menace prophetique d'un noûveau
tremblement de terre. Ce fut peut-être par
une ſemblable vuë qu'un Aſtrologue voulut
(2) *faire aprehender aux Pariſiens* le 15. de
Janvier 1649. comme ſi la Seine dont les de-
bordemens avoient dejà fait de grans ravages, devoit ce jour-là jouer de ſon reſte. Cela fut faux.

Varron diſoit qu'il étoit utile (3) aux peuples que les gens braves ſe perſuadaſſent fauſſe-
ment qu'ils etoient iſſus des Dieux, car ce prejugé les engageoit à former plus hardiment
de grans projets, & les apliquoit plus fortement

Diction.
hiſtor. &
critique à
l'article
Stofler re-
marque B.

(a) *An 5.*
Livre
chap. 23.
de ſenſus.
de vaticin-
natoribus.

(1) *Voiez*
la reponſe
aux queſ-
tions d'un
Provincial
pag. 38.

(2) *Coſtar*
ubi ſupra
pag. 609.

(3) *Utile*
eſſe civita-
tibus dicis,
ut ſe viri
fortes,
etiamſi
falſum
ſit, ex Diis
genitos eſſe
credant:
ut eo modo
animus
humanus
velut divi-

na ſtirpis fiduciam gerens, res magnas aggrediendas præſumat
audacius, agat vehementius, & ob hoc impleas ipſâ ſecuritate
fœlicius. Auguſt. de civit. Dei lib. 3. cap. 4. pag. m. 274.

foldats dans une inquietude qui pouvoit nuire
à fes deffeins.   Ils pouvoient craindre la fatalité de cet oracle, mais en voiant à leur tête un
Scipion, ils devenoient fuperftitieux d'une maniere qui pouvoit fervir a leur triomphe.   Je
n'ai jamais pretendu nier que la fauffe imagination qu'il y a de la fatalité dans certains noms,
ne puiffe produire de grandes chofes, j'ai feulement pretendu qu'il n'y a point de realité
phyfique attachée à certains mots, & qu'ils ne
font caufe de rien que par accident, c'eft-à-dire, qu'en confequence des penfées qu'ils font
venir dans l'efprit. Remarquez, s'il vous plaît,
que Cefar vainquit Scipion, & concluez de là
que l'oracle étoit chimerique, car s'il avoit eu
quelque force ç'auroit été bien plutôt pour un
Scipion illuftre, & chef d'armée, que pour un
Scipion qui n'avoit aucun merite, & qui ne Faifoit aucune figure dans les troupes de Cefar,
lors qu'on l'emploia à la mommerie.

Vous m'alleguez un Duc de Guife qui entre-
prenant de fe rendre maitre de Marfeille, efpe-
ra d'y reüffir (1) parce qu'il étoit d'intelligence avec un homme qui fe nommoit Liberta, &
qui *commandoit à la porte Realle.*   Il prit *bon*
augure & du nom de la porte, & du nom du per-
fonnage, & il vint à bout de fon entreprife.   Je
vous repons que s'il crut que ces noms-là in-
flueroient fur fon deffein par quelque vertu naturelle, il donna dans une fuperftition puerile,
& c'eft un defaut dont la qualité de grand Seigneur n'exempte pas.   Le Marechal de Baf-
fompierre (2) y étoit auffi fujet qu'une femme
du commun.   Mais fi le Duc de Guife s'étoit
contenté d'animer fes gens par la rencontre
de ce bon augure fans y attacher aucune vertu,
il ne feroit point blamable.

Vous pouviez vous difpenfer de me citer ces
deux faits, je fai qu'on a mille exemples de pareilles

(1) *Voiez*
l'inventai-
re de l'hif-
toire de
France par
Jean de
Serres ad
ann. 1596.
pag. m.
790.

(2) *Cela*
paroit par
divers en-
droits de
fes memoi-
res.

illes fuperftitions. Suetone (1) nous aprend
ue la Maifon Claudia l'une des plus nobles
e Rome, ne fe voulut plus fervir du pre-
om de Lucius, depuis que deux Claudes qui
voient porté avoient été convaincus l'un de
ol, l'autre d'homicide. On avoit remarqué
ue tous ceux qui avoient été nommez *Caius*
afar avoient peri par le fer (2). Cette ob-
rvation myfterieufe attachoit une maledic-
on fatale au prenom *Caius*. Mais on alloit
rop vite dans le calcul. Il y avoit eu des (3)
Caius Cefars qui étoient morts d'une autre ma-
iere. N'importe, la remarque pouvoit em-
êcher qu'on ne donnât plus ce furnom. Vous
vez lu peut-être que le Succeffeur du Pape Ha-
rien Six voulut retenir fon nom, mais lors
u'on lui eut reprefenté que tous les Papes qui
voient gardé leur nom étoient morts avant la
n de l'année, il fe fit nommer Clement (4).
'eft une chofe bien dangereufe que de s'arie-
er à la pretendue fatalité des noms. Bien des
ens fe font mal trouvez de cette efpece d'au-
ures: vous en verrez des exemples dans l'Au-
cur (5) que je vous indique.
Il me femble que ces vers de Rutilius Nu-
matianus vous frapent trop:

minibus (6) certos credam decurrere mores,
Moribus an potius nomina certa dari?
Quicquid id eft, mirus Latiis annalibus ordo
Quod Lepidum toties reccidit enfe malum.

parle ainfi après avoir obfervé que plufieurs
mains nommez *Lepidus* avoient été fort me-
s, & fur cela il doute fi les noms font nai-
 certaines mœurs, ou fi on les donne à
nes mœurs. Mais c'eft une penfée qui
ne

l. chap. 15. o (6) Rutil. Numat. itiner. lib. 1.
309.

(1) Sue-
ton. in
Tiber.
cap. 1.

(2) Id. in
Calig. in
fine.

(3) Le Pe-
re du Dic-
tateur, &
le petit fils
d'Augufte.
Votez Pitif-
cus fur
Suetone
ibid.

(4) Don
Secondo
Lancilotti
da Perugia,
Chi l'indo-
vina e fa-
vio pag.
896. Il cite
Guicciar-
din, qui
en effet dit
cela liv. 15.
fol. m.
442.

(5) Louis
Guyon,
diverfes
leçons to. 1.

celebré le jour natal de son oncle l'Empereur
Othon. C'est ce que nous aprend Suetone (1)
qui tout aussi-tôt fait mention de Metius Pomposianus dans les termes que j'ai raportez (2)
ci-dessus, où vous pouvez voir que les noms
de Magon, & d'Annibal imposez à des esclaves, ne furent que la derniere des quatre raisons
pour lesquelles Domitien le fit mourir. Cette
derniere raison sans les autres, & sur tout sans
la premiere qui étoit que son horoscope lui
promettoit l'Empire, ne lui auroit pas aparemment attiré le moindre mal. Elle ne servit
qu'à confirmer les soupçons qu'il aspiroit à do-
miner. Quoi qu'il en soit Mr. de Balzac s'est
exposé un peu trop à la censure.

(1) *Sueton.*
in Domit.
cap. 10.

(2) *Pag.*
186. *n.* (2)

§. XLVII.

Addition à ce qui a été dit contre ceux qui cher-
chent la cause d'un effet imaginaire.

Quoi que je susse que Mr. de Fontenelle a
dit des choses qui confirment le chapitre 49. de
mon (3) Ouvrage, je ne laisse pas de vous
remercier très-humblement de m'en avoir averti. Je vous avoüe qu'il represente si bien la
conduite absurde de ceux qui cherchent la cause d'un effet imaginaire, que je ne saurois donner une marque plus solide de mon peu d'ambition qu'en exhortant mes lecteurs à joindre le commencement de son chapitre 4. de
l'histoire des Oracles avec mon chapitre 49.
Ils auront par ce moien une broderie d'or sur
une étofe grossiere, & ils conoîtront plus facilement le petit prix de ma fourniture.
Je les avertirai aussi de consulter Mr. Van
Dale vers la fin (4) de sa premiere dissertation
de oraculis Ethnicorum, & l'endroit où Photius
a censuré un docte compilateur qui avoit taché

(3) *C'est-*
à-dire, des
Pensées
diverses.

(4) *Pag.*
422. &
seq. edit.
1700. *in* 4.

d'ex.

d'expliquer les caufes de certains faits fabuleux. C'eft ce qu'il (1) trouve de plus abfurde dans l'Ouvrage.

Vous auriez voulu qu'en parlant de (2) *ce Philofophe qui aprit avec chagrin que la laine que l'on voioit fur des figues &c.* j'euffe cité un ancien Auteur, & non pas Michel de Montaigne qui attribuë un peu autrement la chofe à Democrite. J'avoue la dete, j'ai eu tort de ne m'être point muni d'une bonne autorité, & ce qui augmente m'a confufion, c'eft que 20. années après il m'a été impoffible de faire mieux, car même dans la 2. édition de mon Dictionaire (3) je n'ai pu raporter cette avanture de Democrite que fur la foi de Montaigne. Ce qui me confoloit un peu eft que Mr. Kuhnius qui a été l'un des plus doctes Humaniftes du XVII. fiecle n'a cité perfonne (4) en la raportant, d'où vous pouvez à coup fûr conclure qu'il en ignoroit la fource. Je la trouvai dans Plutarque (5) par hazard quelques jours après que l'on eut tiré la derniere feuille de la 2. édition de mon Dictionaire.

§. XLVIII.

Pourquoi je ne citai perfonne en raportant (6) qu'on remercia la belle Daphne &c. Affectation puerile de citer.

J'avois entierement negligé la remarque que vous avez faite fur le chapitre 18. mais ce que je viens de dire me fait penfer que je ne devois

Tom. III.   K   point

(1) Ἔχει δὶ πολλὰ καὶ τερατώδη καὶ κακόπλαττα, καὶ τὸ ἀλογώτερον, ὅτι καὶ ἑαυτὸν μυθαρίαν αἰτίας, δὶ ἃς ὑπίςανται, ἀποδίδωσαι πειρᾶται. Coniment autem prodigiofa multa, & falſo confiCta: quodque ABSURDUM MAGIS quarumdam etiam fabellarum caufas, ob quas verè eveniſſe putandæ fint redde-re conatur. Phot. cod. 190. pag. 472. in

excerpt. Ptol. Hephæſt.   (2) *Penſées diverſes ch.* 49. *pag.* 127.   (3) *Aux additions du* 1. *tome pag.* XV. *&* XVI. (4) *Voiez les mêmes additions ib. pag.* XVI.   (5) *Plut. Sympoſ. lib.* 1. *cap.* 10.   (6) *Dans le chapitre* 18. *des Penſées diverſes pag.* 47.

point en faire si peu de compte. Je la mett
donc ici hors de son rang, & puis que vous ê
d'un goût à souhaiter qu'on n'allegue rien
une preuve authentique, je reparerai la faute
que vous m'avez reprochée.

Vous m'avez trouvé blamable d'avoir raporté sans aucune citation la raillerie contenuë
dans le remerciment, qui fut fait à la belle Daphné. Je ne vous nierai point que c'est une de ces
choses qui demandent qu'on allegue quelque bon
Auteur qui les ait dites, mais, outre qu'en ce
tems-là je n'étois point convaincu de la neces-
té de citer, comme je l'ai été depuis, & comme
le sont bien (1) d'autres gens, je n'avois aucune
autorité à produire. Je vous avoue ingenument
mon ignorance, je ne savois cela que pour l'avoir
lu dans un Ouvrage de l'Abbé Cotin, & vous
pouvez bien juger qu'un tel nom mis à la mar-
ge n'eut pas donné un grand relief à cette pensée. Vous savez que Mr. Boileau & Moliere
avoient tellement prevenu contre cet Abbé
toute la France (2) qu'ils lui avoient fait perdre en quelque façon tout son droit de bour-
geoisie dans la Republique des lettres, ou que
pour le moins ils l'avoient reduit au plus bas
ordre, (3) *ad Ceritum tabulas.* Si j'avois pu
alleguer un ancien Auteur, comme je le puis
aujourd'hui, je l'aurois fait sans doute. Cet
ancien Auteur est de plus un des Peres de l'E-
glise. Je vous envoie (4) ses paroles en original. Je ne sai pas si l'Abbé Cotin les avoit
de la premiere main lors qu'il écrivoit ceci,
Ne seroit-on point en droit de dire à ce genre de
faux

---

(1) *Voiez
la Reponse
aux ques-
tions d'un
Provincial
chap. 47.
pag. 445.*

(2) *Voiez
la même
Reponse
chap. 19.*

(3) *Voiez
Lambin &
Mr. Da-
cier sur
ces mots de
la 6. épi-
tre du 1.
livre d'Ho-
race* Ceri-
te cera.

(4) Ἔπαι-
νῶ σε νῦν,
ὦ Δάφνη,
τὴν ἀκρα-
σίαν τῦ
Ἀπόλλω-
νⓄ νικέ-
σασα ἤλεγ-
ξας αὐτῦ
τὴν μαντι-

καὶ ὅτι μὴ προγνοὺς τὰ περί σε τῆς αὐτῦ τέχνης οὐκ ἔτυχε.
*Lauda te nunc ô Daphne, quæ Apollinis intemperantiam vicis-
ti, divinationem ejus redarguisti, siquidem eventuri tibi casus
ignarus, nibil ex arte sua fructus percepit.* Tatianus Orat.
contra Græcos pag. m. 148. B.

faux Prophetes (il parle des Aſtrologues) *ce que l'on diſoit autrefois au Dieu des Vaticinateurs? Je vous loüe, ô Daphné, de nous avoir délivrez de la ſuperſtition des Oracles d'Apollon; puiſque par le mauvais ſuccès de ſon amour, pour voſtre beauté, toute la terre eſt perſuadée qu'il ne reçoit aucun avantage de ſon art* (1).

Il n'avoit pas tort de comparer les oracles d'Apollon aux propheties des Aſtrologues. Les mêmes defauts ſe trouvent dans ces deux eſpeces de predictions, & ſi vous ſouhaitez des exemples par raport à la premiere vous n'a-vez qu'à lire la 106. lettre (2) de la Mothe le Vayer, le livre de Mr. Van Dale *de Oraculis Ethnicorum*, & celui de (3) Mr. de Fontenelle.

Ce que j'ai dit de vôtre goût demande une re-ſtriction, vous ne pretendez pas abſolument qu'un Auteur ne doive rien alleguer ſans une preuve authentique, vous pretendez ſeulement qu'il en doit uſer toûjours ainſi lors qu'il ra-porte quelques faits, ou des penſées conſidera-bles, & cela convient à la raillerie de celui qui remercioit, ou qui loüoit la belle Daphne. Quant au reſte je ſuis ſûr que vous aprouvez cet endroit de Mr. de la Bruyere: ,,(4) *Herille* ſoit ,, qu'il parle, qu'il harangue ou qu'il écrive, ,, veut citer: il fait dire au Prince des Philoſo-,, phes, que le vin enyvre, & à l'Orateur Ro-,, main que l'eau le tempere; s'il ſe jette dans ,, la morale, ce n'eſt pas luy, c'eſt le divin ,, Platon qui aſſure que la vertu eſt aimable, le ,, vice odieux, ou que l'un & l'autre ſe tour-,, nent en habitude: les choſes les plus com-,, munes, les plus triviales, & qu'il eſt mê-,, me capable de penſer, il veut les devoir aux ,, Anciens, aux Latins, aux Grecs: ce n'eſt ,, ny pour donner plus d'autorité à ce qu'il dit, ,, ny peut-être pour ſe faire honneur de ce ,, qu'il ſçait. Il veut citer.,, Si Herille ne veut

(1) *Cotin, Oeuvres galantes* to. I. pag. 231.

(2) Pag. 443. & ſuiv. du tome II. de ſes œu-vres édit. 1681. in 12.

(3) Intitulé l'hiſtoire des ora-cles.

(4) *La Bruyere* caract. au chapi-tre des ju-gemens pag. m. 525. Voiez dans le Dict. hiſt. & crit. p. 615. col. 2. de la 2. édit. une ſembla-ble cou-tuma du Medecin Blondel.

veut que cela, tous ceux qui l'imitent à citer ne se bornent pas à son but. Il y en a qui veulent qu'on sâche qu'ils ont lu les grans Auteurs. Richeome accusa de cette vanité l'un de ses Antagonistes qui avoit dit, *le Singe a les membres de l'homme & imite en toutes choses l'homme*, disoit S. *Jean Chrysostome* (2), *le faut il pourtant nommer homme?* (1) N'est il pas singe luy-mesme, lui repondit-il, „ & singe af-„ fecté, d'alleguer sainct Chrysostome pour „ preuver que les singes sont singes? Qui ne „ sçait qu'ils portent la figure de l'homme, & „ imitent ses actions, & ne sont pas hommes? „ Falloit-il employer le poids & l'antecedent „ d'une si grande auctorité, pour faire tom-„ ber la balance de cette conclusion de vent? „ Faut-il employer Platon pour verifier, que „ les grües volent avec deux aisles, comme „ les buses, & ne sont pas buses, ou Aristote, „ pour monstrer que les asnes ne sont pas ros-„ signols, encor qu'ils chantent au mois de „ May? ou dire, que trois & quatre font sept, „ & non dix, selon l'opinion d'Euclide? Pour-„ quoy donc allegue ce bon escrivain? C'est „ pour faire entendre qu'il a leu Sainct Chry-„ sostome, vanité: C'est pour imiter les sça-„ vans, & paroistre bien versé aux escrits des „ sçavans, singerie aussi ridicule que vaine. „

(a) *S. Chrys. hom. 29. in Matt. 7.*

(1) *Richeome, le Pantheon Huguenot descouvert chap. 2. pag. m. 4. & 5.*

§. XLIX.

Si l'on peut conclure quelque chose contre moi de ce qu'il y avoit des Paiens, qui conoissoient que la pureté du cœur étoit la principale partie du culte divin.

(2) *Pensées Diverses ch. 60.*

Vous m'accusez d'avoir passé trop legerement sur la remarque (2) qu'il y a eu des Paiens, qui ont reconnu que la bonne vie étoit *le veritable*

ble moien de plaire à la Divinité. Vous voudriez que j'eusse insisté sur cet article, & vous croiez que je m'y serois fort étendu si cela eut favorisé l'objection theologique, que j'ai proposée contre le dogme du presage des Cometes. En ce cas-là, selon vous, je ne me serois pas contenté de citer Horace, j'aurois étalé les beaux sentimens des plus illustres Auteurs de l'antiquité, & nommement cette sentence majestueuse de Perse:

Quin (1) damus id Superis, de magnâ quod dare lance
Non possit magni Messala lippa propago?
Compositum jus fasque animi, sanctosque recessus
Mentis, & incoctum generoso pectus honesto?
Hæc cedo, ut admoveam templis, & farre litabo.

C'est-à-dire, (2) *Que n'offrons-nous aux dieux, quelque chose que ni les Cotta, ni les Messala ne puissent pas leur présenter avec tous leurs magnifiques bassins remplis de la chair des plus exquises victimes? Que ne leur offrons-nous un cœur droit, sincere, généreux & pénétré des plus vifs sentimens de la justice & de l'honnêteté: je ne veux que cela pour leur présenter, & je suis seur d'en obtenir tout ce qui me plaira, quand je ne leur sacrifierois que du sel & de la farine mêlez ensemble.* La peine de rassembler des autoritez n'a pas pu me faire peur, j'en pouvois trouver un bon monceau dans un (3) commentaire dont vous savez que j'étois muni: vous croiez donc que pour ne pas faire voir un endroit foible de mon objection j'ai eu soin d'être succinct.

K 3

(1) Persius sat. 2. v. 71.

(2) Je me sers de la version du Pere Tarteron.

(3) Celui du Jesuite Lescalopier sur Ciceron de natura Deorum Voiez y pag. 347. la note sur ces paroles du livre 3. Cultus Deorum est optimus, idemque castissimus atque sanctissimus plenissimusque pietatis, ut eos semper purâ, integrâ, incorruptâ & mente

& voce veneremur. *Voiez aussi Grotius* not. in librum 4. de veritate relig. Christ pag. m. 487. & seq.

(1) *Per-*
fius ejus
impenſa
meminit
qua in ſa-
crificiis
verſatur:
ut duo ſi-
mul in iſtis
reprehen-
deret, pro-
fuſionem
partarum
jam opum
ſtudio no-
vas paran-
di: & ſtul-
tam illam
opinionem,
quaſi lar-
gitione iſta
ſua deos
oſtringe-
rent ſibi,
ut paria
ſecum fa-
cerent, ex
illa juriſ-
conſulto-
rum for-

faiſoit qu'on étoit prodigue envers les Dieux, & que l'on n'épargnoit rien en victimes & en ofrandes, dans la penſée que les Dieux auſſi ſenſibles que les hommes aux preſens d'or & d'argent accorderoiènt tout ce qui leur ſeroit demandé. Caſaubon (1) a très-bien decrit la corruption de cette pieté exterieure, fauſſe & intereſſée, & il a cité (2) ces paroles de Petrone: *Ipſe Senatus recti bonique praeceptor, mille pondo auri Capitolio promittere ſolet : & ne quis dubitet pecuniam concupiſcere, Jovem quoque pecunia exorat:* C'eſt-à-dire, *le Senat mème le Docteur de la juſtice & de la vertu, a de coutume de promettre mille livres d'or au Capitole; & afin que perſonne ne faſſe dificulté de ſouhaiter de l'argent, il fléchit & il gagne Jupiter avec de l'argent.*

Nous ne ſavons guere ſi les Prêtres du Paganiſme étoient doctes, & s'ils avoient philoſophé ſur la nature des Dieux, mais nous avons lieu de croire qu'ils n'avoient pas aſſez de vertu & de probité pour faire en ſorte que les hommes ſe confiaſſent beaucoup plus dans la pureté du cœur, que dans les pratiques exterieures du culte divin, & dans les depenſes de religion. Le profit des Prêtres auroit trop diminué ſi l'on avoit ſuivi les maximes des Philoſophes, qu'Horace & Perſe ont decrites ſi noblement.

Croiez moi, Monſieur, il y avoit une diference

mula; do ut des. ita commodiſſimè & ſenſim delabitur in ſermonem
de votis propriè ſic dictis, & fœda cum diis nundinatione. Caſaub. in Perſ. ſat. 2. pag. m. 207. *Voici ce qu'il dit ſur ces*
paroles de la même Satire, Mercuriumque Arceſſis fibra; „*Ju-*
„*gibus ſacrificiis litare tentas Mercurio, ut multus tibi quæ-*
„*ſtus obveniat vel ex mercimoniis tuis, vel ex ſtudiis & ope-*
„*ra forenſi, vel ex ruris proventu, aut neſcio unde ex inopi-*
„*nato. ejuſmodi ſunt lucra quæ conciliat* Mercurius.
(2) *Id. ibid. pag.* 216. *Voiez ci-deſſous pag.* 233.

rence extreme entre la religion publique & la theorie des Philoſophes ſur la religion ; & ſi l'on vouloit juger de l'une par l'autre on tomberoit dans un prodigieux mécompte. Ils avoient beau condamner certains abus, & en montrer le remede, on n'écoutoit point leurs maximes, & l'on ne s'y regloit point. Le grand Pontife Scævola fit des livres, où il dit qu'on avoit parlé de trois eſpeces de Dieux, la premiere comprenoit les Dieux Poëtiques, la ſeconde les Dieux Philoſophiques, la troiſiéme les Dieux établis par les fondateurs, ou par les chefs des états. Il rejetoit la premiere comme des fictions indignes de la nature divine, & il diſoit que la ſeconde ne convenoit pas aux ſocietez, parce qu'elle contenoit du ſuperflu, & certaines choſes dont la connoiſſance nuiroit aux peuples (1). Il mettoit entre ces choſes 1. ce qu'ils diſoient touchant Hercule, Eſculape, Caſtor & Pollux que la nature divine ne leur apartenoit pas, puiſque c'étoient des hommes qui avoient fini leurs jours à la maniere des autres hommes. 2. Ce qu'ils diſoient que les villes n'avoient point de veritables ſimulachres des Dieux effectifs, que le vrai Dieu n'a point de ſexe, qu'il n'a point d'âge, ni un corps organiſé. Je vous demande ſi cette doctrine des Philoſophes corrigoit en rien les religions nationales ? Vous voiez qu'un ſavant Pontife ſouhaitoit même que le peuple ne la conut point du tout. Et quant à celle des poëtes qui lui paroiſſoit ſi condamnable, en étoit-elle moins pour cela le fondement des cultes publics ? Les crimes que les Poëtes imputoient aux Dieux n'étoient-ils pas célébrez publiquement dans des actes ſolemnels de religion ? C'eſt ce que Saint Auguſtin repreſente au grand Pontife Scævola : (2) *O Scævola Pontifex maximo, ludos tolle, ſi potes:*

(1) *Relatum eſt in literis doctiſſimum pontiſicem Scævolam diſputaſſe tria genera tradita Deorum: unum à poetis, alterum à philoſophis, tertium à principibus civitalis. Primum genus nugatorium dicit eſſe, quòd multa de Diis fingantur indigna: ſecundum, non congruere civitatibus, quòd habeat aliqua ſupervacua, aliqua etiam quæ obſit populis noſſa.* Auguſt. de civit. Dei l. 4. c. 27. p. m. 465. (2) Idub.

præcipe populis, ne tales honores diis immortalibus deferant, ubi crimina deorum libeat mirari, & quæ fieri possunt, placeat imitari. Voiez un peu dans (1) Ovide les causes de plusieurs fêtes Romaines. Combien y trouverez-vous de contes empruntez de la Theologie poëtique? L'Empereur Auguste haranguant les Chevaliers, & loüant ceux qui étoient mariez, leur dit entre autres choses qu'il y avoit des Dieux mâles & des Dieux femelles, & qu'ils avoient procreé lignée, tant ces natures celestes qui se pouvoient passer de cela avoient trouvé beau de se marier, & de faire des enfans. Il loüa les Chevaliers de ce qu'ils avoient suivi non seulement l'exemple de leurs ancêtres, mais aussi l'exemple des Dieux (2). Voiez par là si l'on se regloit dans Rome sur le sentiment des Philosophes en matiere de religion. Pourquoi croiriez vous que leurs maximes sur la veritable maniere d'apaiser le ciel fussent pratiquées? On leur laissoit toutes ces belles speculations. Il n'étoit pas fort aisé de les mettre en acte comme il étoit fort aisé d'ofrir des victimes, & d'adorer des idoles.

Suposez tant qu'il vous plaira que les Prêtres du Paganisme n'ignoroient point ces veritez, & que même ils * les recommandoient aux peuples, il sera toûjours certain qu'on n'en a point profité. Parcourez l'histoire des Grecs & l'histoire des Romains depuis le commencement jusques à l'introduction du Christianisme, vous trouverez que la corruption des mœurs s'est augmentée de siecle en siecle, & que la superstition, & l'idolatrie ont toûjours fait de nouveaux progrez. Nouveaux temples de tems en tems, nouveaux Dieux, nouvelles fêtes, nouvelles ceremonies, les Cometes ranimoient le culte idolatre, & laissoient multiplier le dereglement des mœurs. Tant s'en faut donc

qu'el-

(1) *Aux livres des fastes.*

(2) *Voiez Dion Cassius lib. 56. init. pag. m. 571.*

* *Ce seroit dementir Lactance & Saint Augustin. Voiez ci-dessous le chapitre 53.*

qu'elles fissent faire des choses capables d'apaiser Dieu, qu'elles faisoient faire ce qui pouvoit
l'irriter tout de nouveau.

Je pourrois vous soutenir cette these quoi
que par un *dato non concesso*, je vous accordas-
se que les peuples mettoient en pratique le
dogme des Philosophes; c'est-à-dire, que pour
apaiser la divinité ils joignoient ensemble la
devotion exterieure, & la mortification du
cœur en renonçant à leurs habitudes criminelles. Pour vous prouver cela j'argumenterai *ad
hominem*, comme j'ai fait très-souvent dans les
Pensées diverses lors que j'ai deduit la preuve
theologique. J'y ai suposé comme des principes reconus par tous les Theologiens Catholiques & Protestans, & tirez de l'Ecriture & des
Peres, 1. Que Dieu est jaloux de sa gloire, &
ne peut souffrir qu'on la communique aux idoles. 2. Que tout l'honneur qu'on rend aux
idoles se termine ou aux idoles mêmes, ou aux
fausses Divinitez à qui elles sont consacrées.
3. Que les Demóns inventeurs de l'Idolatrie
ont été réellement l'objet, qui a été adoré par
les Paiens sous le nom de Dagon, ou de Ba-
hal, ou de Jupiter, ou d'Apollon &c. Ces
principes étant adoptez generalement par tous
les Theologiens qui admettent les presages des
Cometes, je m'en suis servi pour en tirer des
consequences qui ruinassent la doctrine de ces
presages. Je vais m'en servir presentement
pour vous prouver que si je vous accordois
tout ce que vous pretendez en faveur des idolatres, il seroit toûjours vrai qu'ils n'ont rien
pu faire qui fut agreable à Dieu.

Suposons que les Philistins à la vûë d'une
Comete aient couru en foule au temple de Dagon pour implorer la misericorde de cette ido-
le, qu'ils aient multiplié leurs sacrifices & leurs
prieres, & que pour se la rendre plus favora-

ble ils aient jeûné, pleuré leurs pechez, chaſ-
ſé de leur cœur l'envie, l'eſprit de vengeance, l'orgueil, l'impudicité, & les paſſions les
plus favoriſes, tout cela par un principe d'a-
mour de Dagon. Oſerez-vous en conclure
que le vrai Dieu leur a tenu compte de toutes
ces choſes, qu'il *a flairé une odeur d'apaiſe-*
ment, qu'il les a remis en grace auprès de ſa
majeſté ſouveraine? Ne ruineriez - vous pas en
tirant cette concluſion les trois principes ar-
ticulez ci-deſſus, & adoptez par tous nos
Theologiens? Ne faut-il pas au contraire que
ſi vous ſuivez ces principes, vous reconoiſſiez
que les Philiſtins faiſant tout ce que je viens de
detailler, auroient empiré leur cauſe? Car ſi les
ſimples actes externes d'idolatrie provoquent
la jalouſie de Dieu, l'adoration interieure des
idoles, l'amour fervent pour les idoles la doivent provoquer encore plus. C'eſt le cœur
que Dieu demande principalement: les genu-
flexions, les ſacrifices ne ſauroient lui plaire
qu'autant que ce ſont des ſignes d'une devotion
interieure, de ſorte que les Philiſtins en ce cas
auroient tranſporté ſur un faux Dieu la partie
du culte dont le vrai Dieu eſt le plus jaloux,
je veux dire le ſacrifice des paſſions, le cœur

(1) *Voiez*   contrit(1), l'ame penitente, l'amour en un mot.
le Pſeaume   Bien loin donc de l'apaiſer, ils euſſent embraſ-
51. v. 19.   ſé de plus en plus ſa juſte colere.

§. L.

Conſideration ſur la penitence des Ninivites.

Mais vous pretendez m'accabler par un grand
exemple. Vous m'alleguez les Ninivites qui
ſur la menace d'une deſtruction prochaine firent une penitence dont Dieu fut content, d'où
vous concluez qu'une Comete a pu introduire

un

un tel changement de mœurs dans une nation
idolâtre que Dieu ſe ſoit apaiſé. Mais ſoufrez
que je vous diſe que vous comparez des choſes qui ne ſe reſſemblent point. Une Comete
ne parle pas & ne s'adreſſe point à un païs plutôt qu'à un autre. Trouvez-vous ces deux circonſtances dans la predication de Jonas? N'entra-
t-il point dans Ninivé, & ne fit-il pas entendre ſa
voix aux habitans? Recoururent-ils à des idoles,
ou à des ſuperſtitions Paiennes, comme on auroit fait dans Rome pour detourner la menace
d'un prodige? Ils s'humilierent devant Dieu,
ils implorerent ſa miſericorde, ils abandonne-
rent leurs vices (1). Ce fut ce qui les ſauva.
Le livre de Jonas ne dit rien qui nous inſinuè,
que les Ninivites adoraſſent les faux Dieux, &
s'ils euſſent ignoré le vrai Dieu lors que ce
Prophete entra dans leur ville, il eſt probable
que par ſa predication ils ſeroient devenus orthodoxes. Nous voions que le diſcours de Jonas convertit tous les idolâtres ſur le vaiſſeau où
il s'étoit embarqué (2). Sa predication dans
Ninivé eût pu avoir la même efficace. Mais il
eſt inouï qu'aucune ville ſoit paſſée du culte
des faux Dieux à la conoiſſance du vrai Dieu
ſans nulle inſtruction verbale, ou ſans le mini-
ſtere d'aucune perſonne (3). Je n'ai pas beſoin d'un plus long diſcours contre vôtre comparaiſon; je la compte pour ruinée.

Je ne vous dirai point que la penitence des
Ninivites fut bien balotée en Sorbonne pendant qu'on y deliberoit ſur les propoſitions (4)
du Pere le Comte. Ce ſeroit porter de l'eau
à la fontaine. Vous ſavez toutes ces choſes infiniment mieux que moi.

(1) *Voiez
le 3. chap.
de Jonas.*

(2) *Voiez
le 1. chap.
du même
livre, &
conferez le
verſet 5.
avec le 14.
& 16.*

(3) *Con-
ferez le
chap. 218.
des Penſées
diverſes.*

(4) *Voiez
ci-deſſus le
chapitre
27. & ſuiv.*

§. LI.

Nouvelles remarques qui prouvent que la religion Paienne se contentoit du culte exterieur.

Je ne sai comment j'ai pris si peu garde à une chose sur quoi vous comptez beaucoup : revenons y. Vous m'objectez que non seulement les Philosophes, mais aussi les loix publiques prescrivoient la pureté du cœur comme une chose essentielle au culte divin, & vous me citez ces paroles de Ciceron : (1) *Ad divos adeunto caste, pietatem adhibento, opes amovento. Qui secus faxit, deus ipse vindex erit.* C'est-à-dire, qu'ils s'aprochent des Dieux chastement, qu'ils employent la pieté, qu'ils éloignent les richesses. Quiconque agira autrement est renvoié à la justice de Dieu même.

Voilà, Monsieur, trois preceptes dont il n'y a que le second qui puisse servir à vôtre dessein, car le troisiéme n'est qu'une loi d'œconomie, qui tendoit plus à ne point decourager les pauvres, qu'à la purification de l'ame. Le premier ne signifie necessairement qu'une certaine exemption de je ne sai quelles souillures corporelles dont il se faloit laver, ou faire expier si l'on vouloit comparoître legitimement devant les autels. Les Juifs avoient de semblables rites. (2) La gonorrhée, l'enfantement, & bien d'autres choses faisoient contracter parmi eux une souillure legale, dont il faloit se purifier avant que de pouvoir assister aux assemblées Ecclesiastiques. Il y avoit aussi des actions à quoi il faloit qu'ils se preparassent en lavant bien & leurs corps, & leurs habits, & en s'abstenant du devoir du mariage. On apelloit cela se sanctifier (3). Le Rituel des Paiens étoit fort chargé de cette sorte

de

(1) *Cicero de legib. lib. 2. fol. 333. D.*

(2) *Voiez le chap. 15. du Levitique & le chap. 12. &c.*

(3) *Voiez le ch. 19. du livre de l'Exode.*

de ceremonies. Vous n'avez qu'à consulter les Auteurs (1) qui ont écrit là-dessus. Vous vous souvenez de la precaution d'Enée qui revenant du combat ne se crut point propre à mettre les mains sur les Dieux Penates avant que de s'être bien lavé:

> *Tu, (2) genitor, cape sacra manu, patriosque Penates:*
> *Me bello è tanto digressum & cæde recenti*
> *Attrectare nefas, donec me flumine vivo*
> *Abluero.*

Quand donc la loi ordonnoit d'approcher des Dieux chastement, elle vouloit seulement dire qu'il faloit être purifié de toutes les tâches exterieures que l'on pouvoit avoir contractées. C'est ainsi que vous pourries expliquer (3) l'inscription qu'on avoit mise à l'entrée du temple d'Epidaure. Mais Ciceron, dites vous, observe positivement que c'étoit sur tout la pureté interieure qui étoit prescrite par la loi. (4) *Casto jubet lex adire ad deos, animo videlicet in quo sunt omnia: nec tollit castimoniam corporis, sed hoc oportet intelligi, quum multum animus corpori præstet observeturque ut casta corpora adhibeantur, multo esse in animis id servandum magis. Nam illud vel aspersione aquæ, vel dierum numero tollitur; animi labes, nec diuturnitate vanescere, nec maniribus ullis elui potest.* Je vous avouë qu'il a fait cette remarque, mais vous ne devez pas confondre avec le texte des loix la glose d'un homme d'esprit, ni les consequences qu'il en tire, car comme il peut avoir des lumieres que les legislateurs n'ont point euës, il peut étendre l'interpretation au delà du sens qu'ils ont entendu. Et vous savez bien qu'on dit que dans les choses favorables, il faut expliquer les loix selon le sens le moins onereux. Tous les Païens par ce principe ont pu pretendre que la loi ne les engageoit qu'à la pureté exterieu-

(1) Entre autres Lomeier de lustrationibus veterum gentilium.

(2) Virgil. Æn. lib. 2. v. 717.

(3) Ἁγνὸν δὴ χρεῶ ναοῖο θυώδεος ἐνδὸν ἰόντα Ἔμμεναι. Castus odorati venias ad limina templi Fas jubet. Porphyr. de abstin. lib. 2.

(4) Cicero ubi supra fol. 384. B.

δὲ ἰδῖτε
μὴ λαμ
πρὰς περὶ
σῶμα μὴ
καθαρὸν
ἀμφιασα
μένοις, ἐκ
ἀρχῶν νο
μίζουσιν
πρὸς τὸ
τῶν θυσιῶν
ἄγιον.
ὅτων δὲ τὸ
σῶμα μισ
τὰ τῆς ἐσθῆ
τος τοῖς
λαμπρυνώ
μενοι, μὴ
καθαρὰν
κακῶν τὴν
ψυχὴν
ἔχοντες, ἴω
σιν πρὸς
τὰς θυ
σίας, οὐδὲν
διαφέρειν
νομίζουσιν.
*Nunc verò
eum qui
non candida puraque*

re, vû que la pureté intérieure est un joug trop incommode. Porphyre qui a vecu au 3. siecle a glosé selon l'esprit de Ciceron l'inscription du temple d'Epidaure, mais il reconoit en même tems qu'il y avoit des personnes qui ne croioient pas que la pureté du cœur fût necessaire à la validité d'un sacrifice, que la netteté des habits suffisoit, & qu'elle étoit seule d'une indispensable necessité. (1). Cela montre que l'on pretendoit qu'il n'y avoit que cela qui fût de precepte, & que de pousser les choses plus loin c'étoit s'ériger en Rigoriste qui interprete les loix à sa mode, & par humeur. Mais si vous le souhaitez je conviendrai tant qu'il vous plaira, que le sens du legislateur Romain a été le même que celui de la paraphrase que vous m'objectez. Je n'ai nul interêt à vous le nier, j'ai toûjours pretendu que les Philosophes du Paganisme n'ignoroient pas la necessité des bonnes dispositions de l'ame dans le service divin, il me sufit que la pratique ait été contraire à leurs beaux enseignemens, & qu'elle n'ait point été combatuë par les personnes qui expliquoient la religion. Je vous ferai voir ci-dessous qu'elles se bornoient au culte externe.

Que gagnerez vous, Monsieur, si je vous accorde que l'esprit des loix qui condamnoient la depense dans le service des Dieux, étoit d'arracher de l'ame l'ostentation & la vanité? Ciceron n'en donne pas ce motif, (2) il se contente de
louër

amictus sit veste idoneum negant qui purè sacrificet. Ubi verò & corpore & vestitu nitentes quidam, animum interim à malis purum non habens, & sic ad sacra accedunt, id nihil reservè existimant. Porphyr. ubi supra. (2) Quid est enim quàm paupertatem divitiis etiam inter homines esse aequalem velimus, quur eam sumptu ad sacra adhibito deorum aditus arceamus? praesertim quum ipsi deo nihil minus gratum futurum sit, quàm non omnibus patere ad se placandum & colendum viam. Cicero ubi supra.

louër ce reglement par la raiſon, que les pauvres ne doivent pas être exclus du culte divin, & que rien ne pourroit-être moins agreable à Dieu que de voir, que le chemin de l'apaiſer & de l'honorer ne fut pas ouvert à tout le monde. Je veux qu'outre cela l'on ait ſouhaité d'éloigner la préſomption avec laquelle les gens faſtueux faiſoient parade de la ſomptuoſité de leurs ofrandes. Dequoi cela ſervit-il ? Cette loi ne fut pas mieux obſervée que tant d'autres loix ſomptuaires qui limitoient les fureurs du luxe. Chacun fut prodigue envers les Dieux à proportion de ſa vanité, & des biens terreſtres qu'il leur demandoit, car ne vous imaginez pas (1) qu'on leur demandât la vertu ou la ſageſſe, on n'attendoit d'eux que les biens de la fortune, & l'on ne briguoit leur faveur (2) à force de magnifiques preſens que par un trafic ſordide, & de la maniere que l'on tâche de corrompre ou les Juges, ou les collateurs des charges.

Je ſai que vous n'étez pas content d'un Medécin de Paris, dont j'aurai à vous parler en tems & lieu. Vous le blamez d'avoir taché de faire acroire qu'Hippocrate n'avoit point d'autres ſentimens que Democrite ſur la nature des Dieux. Vous le condamnerez tant qu'il vous plaira ſur cet article, mais je vous aſſûre qu'il n'a point falſifié, comme vous l'en ſoupçonnez, le paſſage qu'il allegue de ce Prince des Medecins. (3) *Il y a un endroit*, ce ſont ſes paroles, *qui montre aſſez évidemment qu'Hip-*

(1) *Voiez ci-deſſous. le chap. 54.*

(2) *Mox depravatis hominum moribus, & pravis perſuaſionibus eorum animis corruptis, eò tandem impietatis ventum eſt, ut deos more hominum capi donis, eamque eſſe mercedem beneficiorum quæ à diis acciperentur, cæcum vulgus ſibi perſuadoret. auxit errorem poëtarum natio quo-*

rum vox eſt, Δῶρα θεοὺς πείθει, δῶρ᾽ αἰδοίους βασιλῆας: *Et ſimiles multa. Ita paullatim numinatio quædam, & ut vocat Plato in Eutyphrone,* ἐμπορικὴ τέχνη *inter deos atque homines fuit inſtituta.* Caſaub. in Perſ. ſat. 2. pag. 173. *Voiez ci-deſſus pag. 224.* (3) *Lami, reflex. ſur les diſcours ſtoïques pag. 140. 141.*

qu'Hippocrate & Democrite *eſtoient de meſme opinion touchant la Divinité. C'eſt dans le Livre de l'air, de l'eau & des differentes contrées de la terre ; où aprés avoir dit , que les Scythes eſtoient ſujets à devenir impuiſſans , & qu'ils croyent que c'eſtoit un châtiment des Dieux , il refute cette opinion, en diſant que ſi leur penſée eſtoit veritable, les pauvres qui negligent davantage le culte des Dieux, y ſeroient plus ſujets que les riches , qui leur bâtiſſent des Temples , leur élevent des ſtatuës, leur font des preſens, & leur offrent plus ſouvent des victimes. Du moins, ajoûte-t-il , s'il eſt vray que les Dieux ayent du plaiſir d'eſtre honorez, parmy les hommes, & leur faſſent pour cela quelques faveurs.* J'ai examiné attentivement ce paſſage (1) d'Hippocrate, & je m'en vais vous en donner le precis.

La plûpart des Scythes deviennent impuiſſans, & vivent & parlent comme les femmes. Les habitans du païs croient que cela vient de Dieu, & venerent ces gens-là, car chacun craint qu'il ne lui en arrive autant. Ces infirmitez tout comme les autres viennent de Dieu, il n'y en a aucune qui ſoit plus divine ou plus humaine que les autres, elles ſont toutes divines puis qu'elles ont toutes leur nature , & que rien ne ſe fait ſans la nature. Hippocrate recherche enſuite les raiſons de cette impuiſſance , & croit les avoir trouvées dans la maniere dont les Scythes tachoient de guerir certaines incommoditez, qui leur venoient d'être trop ſouvent à cheval. Ils ſe faiſoient ouvrir les veines qui ſont derriere les oreilles. Ils s'endormoient aprés cela , quelques-uns ſe trouvoient gueris à leur reveil, mais voulant jouïr de leurs femmes , ils ne pouvoient. Le mauvais ſuccés de cette premiere tentative ne les decourageoit pas, mais lors que ni la ſeconde, ni la troiſiéme. ni les ſuivantes, ne reüſſiſſoient pas mieux que la premiere,

(1) ils

1) ilš s'imaginoient que c'étoit une punition divine de leurs pechez, & prenoient l'habit de femme, & vivoient en femmes. Les plus riches d'entre les Scythes font fujets à ce malheur, les pauvres y ont peu de part , & neanmoins fi c'étoit une maladie plus divine que les autres , il faudroit qu'elle tombât également fur les nobles, & fur les roturiers, fur les riches, & fur les pauvres , (2) ou plutôt qu'elle tombât principalement fur ceux qui ont peu de bien, car ils n'honorent point les Dieux, fi toutesfois les Dieux fe plaifent à être honorez des hommes , & leur font du bien en recompenfe.) C'eft le devoir des riches d'offrir fouvent des facrifices & des dons aux Dieux, & de les honorer. Mais les pauvres ne font pas en cet état, & ils fe plaignent des Dieux qui ne leur accordent pas des richeffes. Il femble donc que les pauvres foufrent bien plus que les riches la peine de leurs pechez, mais, comme on l'a dejà dit, (3) cette impuiffance vient des Dieux tout de même que les autres maladies, ce font tous accidens qui viennent de la nature. Vous avez là un extrait fidele de cet endroit d'Hippocrate.

Voiez à cette heure, je vous prie, quelle pouvoit-être la morale du commun des Païens quant aux exercices de la religion, puis qu'Hippocrate lui même, ce genie fi éclairé a dit qu'il n'y avoit que les perfonnes opulentes qui puffent honorer les Dieux. N'étoit-ce pas compter

(1) Νομί-σαιτές τι ἡμαρτηκέ-ναι τῷ βίῳ ὃν ἐπαιτιῶνται: *Deum in quem culpam conferunt fe offendiffe exiftimantes.* Hippocr. de aëre, locis & aquis pag. 293. edit. Genev. 1657, in fol.

(2) Καὶ μᾶλλον τῶν ὀλίγα κεκτημένων, ἢ τὰ μαχρίσιον ἢδη, εἰ χαὶ εἰσιν οἱ θεοὶ χ θαρμασμένοι ὑπ' ἀνθρώπων,

(3) Θεῖα

καὶ αὐτὰ ταῦτα χάριτας ἀποδιδῶσι. *Idque potius eis qui paucas opes poffident neque honorem exhibent , fi modo Dii hominum cultu gaudent & pro eo his beneficia conferunt.* Id. ib.
μὲν καὶ ταῦτ' ἐστὶ δμοίως τοῖς ἄλλοις γίγνεται ἢ κατὰ φύσιν ἕκαστα. *Verum hæc quidem divina funt perinde ut reliqua & fecundum naturam quæque accidunt.* Id. ib.

ter pour rien les dispositions interieures, & donner tout à l'exterieur?

§. LII.

Reponse à une objection fondée sur le Prologue des loix de Zaleucus.

(1) *Vous la trouverez dans Diodore de Sicile l.* 12. *cap.* 20. *& plus amplement encore dans Stobée serm.* 42. *fol. m.* 149. *verso.*
(2) *Scal. animadv. in Euseb.* pag. 81.
(3) *Diodor. Sicul. ubi supra.*
(4) *Voiez dans le Diction. histor. & crit. les remarques C, F, G, de l'article* Pythagoras.
(5) I. *épitre de Saint Pierre ch.* 3. v. 3. *&* 4.
(6) I. *épitre à Timothée ch.* 2. v. 9. *&* 10.

Si vous m'aviez allegué les loix de Zaleucus, vous m'auriez fait une objection plus considerable que celle que vous fondez sur les paroles de Ciceron. Il ne se peut rien voir de plus beau que la preface (1) des loix de Zaleucus, & ce n'est pas sans raison que Scaliger (2) l'a traitée de divine. Elle marque le plus clairement du monde la necessité du culte interieur, & de la pureté de l'ame si l'on veut servir les Dieux legitimement. Aussi devez vous remarquer que Zaleucus (3) étoit disciple de Pythagoras, & il ne faut point douter qu'il n'ait eu en vûë d'introduire la reformation des mœurs parmi les Locriens ses compatriotes, comme son maître Pythagoras l'avoit introduite (4) dans la ville de Crotone. Mais, Monsieur, ne vous imaginez pas que les beaux statuts de ces deux legislateurs Philosophes aient été observez long tems. Souvenez-vous que les ordres de Jesus-Christ, & de ses Apôtres sur le mepris des richesses, & des plaisirs sensuels, & des ornemens du corps sont extremement negligez depuis plusieurs siecles, quoi qu'on n'ait jamais cessé de representer fortement la necessité de les observer. On preche tous les jours sur ce sujet, & l'on imprime une infinité de livres de devotion, qui exhortent à ne se plus conformer aux instincts de la nature corrompuë. Que peut-on souhaiter de plus precis que l'ordre que (5) Saint Pierre, & que (6) Saint Paul ont donné aux femmes

nes de s'orner de bonnes œuvres, & non pas
le pierreries, & d'entortillemens de cheveux?
Et dequoi eſt-ce qu'elles s'occupent autant que
les parures de la tête ? Ne faut il pas que les
Moraliſtes (1) implorent l'autorité du bras ſecu-
ier contre ce mepris des loix Chretiennes, lequel ils declarent inutilement la voie de la
damnation ? Penſez-vous que les femmes de
Crotone aient mieux gardé les preceptes de Py-
hagoras après ſa mort? Maïs pour vous mon-
rer que les Locriens ne ſuivirent pas l'eſprit
de Zaleucus, il me ſufira de vous marquer un
vœu public, où ils ſe conformerent entierement à ce que la Theologie poëtique pouvoit
inſpirer de plus infame. Se trouvant un peu
preſſez par un voiſin qui leur avoit declaré
la guerre, ils firent un vœu de proſtituer
leurs filles le jour de la fête de Venus, s'ils
remportoient la victoire : *Cum Rheginorum ty-*
ranni Leophronis bello Locrenſes premerentur, vo-
verant, ſi victores forent, ut die faſto Veneris
vir-

(1) Sup-
plions, ...
que toutes
les femmes
& filles
s'accou-
ſtrent auſſi
honeſte-
ment, avec
une honte
& ſobrieté,
ſans tor-
tillonne-
mens de
cheveux,
ne bagues
d'or &
d'argent,
perles, ne
autres ha-
bits pre-
cieux.

Mais tant
s'en fault, mes dames (qui prenez plaiſir à cela) que vous veuil-
liez ſuyvre ce conſeil de monſieur ſainct Paul, qu'en deſpit qu'il
en parle, vous en porterez en voſtre confuſion & damnation, ſi
Dieu ne vous fait la grace de vous en ratirer. Il eſt autant
poſſible, de vous detacher de vos parures que d'arracher
la Lune aux dents, ſi Meſſieurs de Juſtice ne prennent ceſte
matiere à cueur. Car la chair & le ſang vous aveugle ſi
fort, que vous ne craignez Dieu ne diable, pour predication
qu'on vous face: dont, comme diſoit noſtre Seigneur aux Juifs,
vous mourez en voſtre orgueil & vaine gloire, ſi vous n'en faites penitence. Il fault, vueillez ou non, que vous deſtortil-
lenniez, deſchauveſouriſſiez, deretez, c'eſt à dire, ne portez
plus en ailes de chauveſouris, ou en façon de rets, vos cheveux, par leſquels pretendez prendre diaboliquement, & en-
filer les hommes, pour raſſaſier voſtre deſordonné appetit : ou
bien que vous ſoyez perdues & damnees: Des Caures, œuvr.
Morales fol. 304. verſo. & 305. édit. de Paris 1575.

(1) Justin. lib. 21. cap. 3. pag. m. 402.

(2) Voiez dans le Diction. hist. & crit. la remarque B de l'article Lais.

(3) Virtus cum scientia conjuncta, est sapientia. Lactant. divin. inst. lib. 3. cap. 8. pag. m. 163.

(4) Id. ib. lib. 4. cap. 3. pag. 227.

(5) Philosophia, & religio Deorum disjunctæ sunt, long-

virgines suas proflituerent (1). C'étoit là un acte de religion que l'on emploioit souvent pour (2) s'attirer les faveurs du ciel. Les menaces d'une Comete pouvoient être! cause que l'on se servit de cette ressource, & de plusieurs autres qui ne valoient guere mieux, ou qui étoient même plus criminelles.

§. LIII.

Passages des Peres qui prouvent que la religion Païenne n'instruisoit point à la vertu, mais seulement au culte externe des Dieux.

Lactance a reproché aux Païens avec une extreme force qu'ils desunissoient miserablement l'étude de la sagesse, & l'étude de la religion. Il entend par la sagesse, les sciences & la vertu (3). Ceux qui enseignent la religion Païenne, dit-il, ne recherchent point la verité, & ne disent rien qui puisse servir aux bonnes mœurs, ils se contentent d'aprendre les ceremonies du service divin, or ce sont des choses qui n'ont besoin que du ministere du corps, l'ame n'y a rien à faire. Cette religion-là ne peut donc être veritable, puis qu'elle ne donne aucune leçon sur la vertu: (4) *Nihil ibi disseritur, quod proficiat ad mores excolendos, vitamque formandam, nec habet inquisitionem aliquam veritatis, sed tantummodo ritum colendi, qui non officio mentis, sed ministerio corporis constat. Et ideo non est illa religio vera judicanda; quia nullis justitia, virtutisque praeceptis eruditi, efficitque meliores.* La philosophie, continuë-t-il, (5) & la religion Païenne sont deux choses à part, puisque

geque diversæ; siquidem alii sunt professores sapientiæ, quos utique ad Deos non aditur; alii religionis antistites, quos sapere non discitur. Id. ib.

ne ceux qui enſeignent la ſageſſe ne ſont pas
: mêmes perſonnes qui préſident à la reli-
ian. Les Philoſophes ne montrent point le
hemin du ciel: les Prêtres ne montrent point
: chemin de la vertu. Il ajoûte que la vraïe
eligion a fait ceſſer ce divorce, parce que les
mêmes perſonnes qui ſont les Prêtres de Dieu
: ſont auſſi les Docteurs de la ſageſſe: *Ubi erge
ſapientia cum religione conjungitur ? ſcilicet, ubi
Deus colitur unus; ubi vita, & actus omnis ad
unum caput, & ad unam ſummam refertur. Denique iſdem ſunt doctores ſapientia, qui & dei
ſacerdotes* (1). Il ſe fait une objection tirée de ce
qu'un Philoſophe pouvoit quelquefois être re-
vêtu de la Prêtriſe; mais, repond-il, cela ne
reuniſſoit point les caracteres de ces deux charges. Comme ce Prêtre Philoſophe ne traitoit point de la religion lors qu'il parloit en
Philoſophe, il ne traitoit point de la ſageſſe &
de la vertu lors qu'il agiſſoit en Prêtre, il lui
ſuffiſoit en ce dernier cas d'inſtruire les mains,
& les doigts: les rites du Paganiſme ne demandent que cela. (2) *Nec tamen movaat quamquam, quia ſape factum eſt, & fieri poteſt, ut
philoſophus aliquis, Deorum ſuſcipiat ſacerdotium,
quod cum fit, non tamen conjungitur philoſophia
cum religione; ſed & philoſophia inter ſacra ceſſa-
bit; & religio, quando philoſophia tractabitur. Illa
enim religio muta eſt; non tantum, quia muta eſt; ſed quia ritus ejus in manu, & digitis eſt; non
in corde, aut lingua, ſicut noſtra, qua vera eſt.*

Par quelle preuve plus poſitive pourrois-je
vous faire voir que les notions des Philoſophes
n'influoient point ſur la religion du peuple ?
Ils avoient beau dire que la vertu, & la pureté de l'ame étoient le veritable moïen d'apaiſer
les Dieux; le peuple ne ſe regloit point ſur
cette doctrine, il n'en avoit point de conoiſ-
ance, puis que les Prêtres n'en diſoient rien.
&c

(1) *Cela paroit par le 27. chapitre du 5. livre de civitate Dei.*
(2) *Deos paganorum nunquam benè vivendi sanxisse doctrinam.* C'est le titre du chap. 6. du 2. livre de civitate Dei. *Voiez aussi le chap. 4. & 22. du même livre.*
(3) *Persius sat. 3.* Voici comment le Pere

& qu'ils se bornoient à des leçons sur la pratique des ceremonies religieuses.

Saint Augustin a écrit ses livres de la cité de Dieu dans un tems où des Paiens subsistoient encore, & le menaçoient même (1) de le refuter. Cependant il leur soutient (2) que leurs Dieux n'ont jamais prescrit la maniere de bien vivre, qu'ils ne se sont point souciez des mœurs des peuples qui les adoroient, & qu'ils leur ont permis de se remplir l'ame des mechancetez les plus horribles, car ils ne le leur ont jamais defendu. S'ils l'ont defendu, continue-t-il, qu'on nous le montre, qu'on nous le prouve. Je sai bien qu'on vante certains discours souflez à l'oreille d'un petit nombre de gens, & comme sous le seau, & sous le mystere d'une religion occulte, certains discours, dis-je, qui aprenoient la probité, & la pureté, mais qu'on nous montre, & qu'on nous nomme les lieux qui ont été quelquefois consacrez à de semblables conventicules, où l'on ne celebrât point des jeux malhonnêtes, & destituez de toute pudeur, mais où les peuples entendissent les ordres que les Dieux donnoient de reprimer l'avarice, l'ambition & la luxure, & où l'on pût être instruit de ce que Perse declare qu'il faut aprendre:

Disciteque, (3) ô miseri, & causas cognoscite rerum,

Quid

Tarteron a traduit ces vers : *Apprenez, mortels, apprenez donc de bonne heure à vous connoître, & à raisonner sur les choses: apprenez ce que c'est que l'homme; pour quoi il est au monde; quel ordre il doit garder en tout; avec quelles précautions il faut éviter les écüeils & les dangers dans le cours de la vie; par où il faut commencer; jusques où l'on doit aller; la modération avec laquelle on doit rechercher le bien; à quoy nous devons borner nos desirs, quel usage on doit faire de l'argent; ce qu'on en doit employer pour ses proches & pour sa patrie. Concevez bien ce que le ciel a voulu que vous fussiez en ce monde, & le rang que vous y tenez.*

Quid ſumus, & quidnam victuri gignimur,
   ordo
Quis datus, aut meta quâ mollis flexus, &
   unde:
Quis modus argento; quid fas optare, quid
   aſper
Utile nummus habet; patriæ, cariſque propin-
   quis
Quantùm elargiri deceat; quem te Deus eſſe
Juſſit, & humanâ quâ parte locatus es in re.

(1) Tiré
de Saint
Auguſtin
de civit.
Dei lib. 2.
cap. 6
Voiez auſſi
Arnobe
lib. 7. pag.
215.

Qu'on nous diſe où de tels preceptes des Dieux
étoient recitez ordinairement aux aſſemblées du
peuple (1). *Dicatur in quibus locis hæc docen-*
tium deorum ſolebant præcepta recitari, & à cul-
toribus eorum populis frequenter audiri (2).
Voilà les defis que Saint Auguſtin faiſoit aux
Païens. Ils prouvent ſi clairement que les inſtructions des Prêtres ne regardoient que l'exterieur des ceremonies ſans toucher à la morale,
qu'il ſeroit inutile de mettre ici ce que l'un des
commentateurs des livres de la cité de Dieu a
remarqué pour confirmer par le temoignage
d'Euſebe, & par celui de Saint Athanaſe l'obſervation de Saint Auguſtin : (3) *Ita Euſeb.*
lib. 5. de demonſtr. Euang. in præfat. & lib. 4. de
præparat. Euang. & Athanaſ. orat. contra gentes
ſtendunt, nihil unquam boni aut honeſti, aut
cum virtute conjunctum à diis illis in homines pro-
ctum.

(2) Au-
guſt. ib.

(3) Leon.
Coqueus in
Auguſtin.
ib.

Si les devoirs de la morale ont été conus aux
Philoſophes, s'ils ont été enſeignez par les Philoſophes, cela ne ſervoit de rien au peuple, pen-
ſant qu'il ne recevoit de ſes Prêtres que des
inſtructions ſur les pratiques externes du culte
des Dieux. Soufrez que je vous allegue ici une
remarque de Mr. Arnauld.
Il examine (4) ſi les nations *que Dieu avoit*
auſſi marcher dans leurs voyes, ont eu des moiens

(4) Ar-
nauld, ſe-
conde de-
nonciation
du peché
philoſo; bi-
que pag.
90.

qu'Hippocrate & Democrite *estoient de mesme
opinion touchant la Divinité.* C'est dans le Livre de l'air, de l'eau & des differentes contrées de
la terre ; où apres avoir dit, que les Scythes estoient sujets à devenir impuissans, & qu'ils
croyoient que c'estoit un châtiment des Dieux, il
refute cette opinion, en disant que si leur pensée
estoit veritable, les pauvres qui negligent davantage le culte des Dieux, y seroient plus sujets que
les riches, qui leur bâtissent des Temples, leur
élevent des statuës, leur font des presens, & leur
offrent plus souvent des victimes. Du moins,
ajoûtè-t-il, s'il est vray que les Dieux ayent du
plaisir d'estre honorez, parmy les hommes, & leur
fassent pour cela quelques faveurs. J'ai examiné attentivement ce passage (1) d'Hippocrate, &
je m'en vais vous en donner le precis.

. La plûpart des Scythes deviennent impuissans,
& vivent & parlent comme les femmes. Les habitans du païs croient que cela vient de Dieu, &
venerent ces gens-là, car chacun craint qu'il ne
lui en arrive autant. Ces infirmitez tout comme
les autres viennent de Dieu, il n'y en a aucune
qui soit plus divine ou plus humaine que les
autres, elles sont toutes divines puis qu'elles ont
toutes leur nature, & que rien ne se fait sans
la nature. Hippocrate recherche ensuite les
raisons de cette impuissance, & croit les avoir
trouvées dans la maniere dont les Scythes tachoient de guerir certaines incommoditez, qui
leur venoient d'être trop souvent à cheval. Ils
se faisoient ouvrir les veines qui sont derriere
les oreilles. Ils s'endormoient après cela, quelques-uns se trouvoient gueris à leur reveil, mais
voulant jouir de leurs femmes, ils ne pouvoient. Le mauvais succés de cette premiere
tentative ne les decourageoit pas, mais lors que
ni la seconde, ni la troisiéme, ni les suivantes,
ne reüssissoient pas mieux que la premiere,

(1) *Notez
que Costar
defense de
Voiture
pag. 109.
falsifie
étrange-
ment ce
passage,
pour s'être
fié à un
Medecin
Espagnol:
voyez son
apologie
pag. 213.
Girac dans
la section
24. de sa
reponse le
censura
comme il
faloit, &
developa
la pensée
d'Hippo-
crate.*

(1) ils

(1) ils s'imaginoient que c'étoit une punition divine de leurs pechez, & prenoient l'habit de femme, & vivoient en femmes. Les plus riches d'entre les Scythes ſont ſujets à ce malheur, les pauvres y ont peu de part, & neanmoins ſi c'étoit une maladie plus divine que les autres, il faudroit qu'elle tombât également ſur les nobles, & ſur les roturiers, ſur les riches, & ſur les pauvres, (2) ou plutôt qu'elle tombât principalement ſur ceux qui ont peu de bien, car ils n'honoient point les Dieux, (ſi toutesfois les Dieux ſe plaiſent à être honorez des hommes, & leur font du bien en recompenſe.) C'eſt le devoir des riches d'offrir ſouvent des ſacrifices & des dons aux Dieux, & de les honorer. Mais les pauvres ne ſont pas en cet état, & ils ſe plaignent des Dieux qui ne leur accordent pas des richeſſes. Il ſemble donc que les pauvres ſoufrent bien plus que les riches la peine de leurs pechez, mais, comme on l'a dejà dit, (3) cette impuiſſance vient des Dieux tout de même que les autres maladies, ce ſont tous accidens qui viennent de la nature. Vous avez là un extrait fidele de cet endroit d'Hippocrate.

Voiez à cette heure, je vous prie, quelle pouvoit-être la morale du commun des Païens quant aux exercices de la religion, puiſqu'Hippocrate lui même, ce genie ſi éclairé a dit qu'il n'y avoit que les perſonnes opulentes qui puſſent honorer les Dieux. N'étoit-ce pas compter

(1) Νομίζαιτές τι ἡμαρτηκέναι τῷ θεῷ ὃν ἐπαιτιῶνται: *Deum in quem culpam conferunt ſe offendiſſe exiſtimantes.* Hippocr. de aëre, locis & aquis pag. 293. edit. Genev. 1657. in fol.

(2) Καὶ μᾶλλον τοὺς ὀλίγα κεκτημένους, ἢ τὰ μαρμαίροντα ἤδη, εἰ καὶ ϕέρω εἰ θεοὶ καὶ θαυμαζόμενοι ὑπ' ἀνθρώπων,

καὶ ἀντὶ τούτων χάριτας ἀποδιδοῦσι. *Idque potius eis qui paucas opes poſſident neque honorem exhibent, ſi modo Dii hominum cultu gaudent & pro eo his beneficia conferunt.* Id. ib.

(3) Θεία μεν καὶ ταῦτ' ἐστὶ ὁμοίως τοῖς ἄλλοις γίγνεται ἃ κατὰ ϕύσιν ἴκασα. *Verum hæc quidem divina ſunt perinde ut reliqua & ſecundum naturam quæque accidunt.* Id. ib.

(1) *Vous la trouverez dans Diodore de Sicile l. 12. cap. 20. & plus amplement encore dans Stobée serm. 42. fol. m. 149. verso.*

(2) *Scal. animadv. in Euseb. pag. 81.*

(3) *Diodor. Sicul. ubi supra.*

(4) *Voiez dans le Diction. histor. & crit. les remarques C, F, G, de l'article Pythagoras.*

(5) *I. épi- tre de Saint Pierre ch. 3. v. 3. & 4.*

(6.) *I. épi- tre à Ti- mothée ch. 2. v. 9. & 10.*

ter pour rien les dispositions interieures, & donner tout à l'exterieur?

§. LII.

Reponse à une objection fondée sur le Prologue des loix de Zaleucus.

Si vous m'aviez allegué les loix de Zaleucus, vous m'auriez fait une objection plus considerable que celle que vous fondez sur les paroles de Ciceron. Il ne se peut rien voir de plus beau que la preface (1) des loix de Zaleucus, & ce n'est pas sans raison que Scaliger (2) l'a traitée de divine. Elle marque le plus clairement du monde la necessité du culte interieur, & de la pureté de l'ame si l'on veut servir les Dieux legitimement. Aussi devez vous remarquer que Zaleucus (3) étoit disciple de Pythagoras, & il ne faut point douter qu'il n'ait eu en vuë d'introduire la reformation des mœurs parmi les Locriens ses compatriotes, comme son maître Pythagoras l'a voit introduite (4) dans la ville de Crotone. Mais, Monsieur, ne vous imaginez pas que les beaux statuts de ces deux legislateurs Philosophes aient été observez long tems. Souvenez vous que les ordres de JESUS-CHRIST, & de ses Apôtres sur le mepris des richesses, & des plaisirs sensuels, & des ornemens du corps sont extremement negligez depuis plusieurs siecles, quoi qu'on n'ait jamais cessé de representer fortement la necessité de les observer. On preche tous les jours sur ce sujet, & l'on imprime une infinité de livres de devotion, qui exhortent à ne se plus conformer aux instincts de la nature corrompuë. Que peut-on souhaiter de plus precis que l'ordre que (5) Saint Pierre, & que (6) Saint Paul ont donné aux femmes

luy-ci, supplanter ce pupile, substituer dans ce
testament mon nom à la place du sien! Je suis
le premier après luy; aussi bien ne peut-il pas vi-
vre long-temps; la bile est répandüe sur tout son
corps; il est tout couvert de gale. Voilà déja la
troisiéme femme que Nérius épouse; qu'il est heu-
reux! Hé bien, pour sanctifier tous ces vœux,
vous vous-plongez la tête le matin dans le Tibre
à deux & trois reprises; vous ne manquez point
de vous laver à votre réveil.

Voilà le motif des ofrandes que l'on promettoit aux Dieux. Petrone vous l'aprendra:
peut-on venir au Temple, dit-il (1), *quelqu'un*
eus le dessein de prier les Dieux de lui donner la
perfection de l'Eloquence, & de lui decouvrir les
secrets de la Philosophie? On n'y vient pas même
leur demander la droiture de l'esprit & la santé
du corps. Mais de tous ceux qui vont au Capitole,
avant même qu'ils arrivent à la porte, l'un pro-
mer de grosses Ofrandes à la Divinité qu'on y ado-
re, afin qu'elle hâte la mort d'un riche parent;
l'autre, afin qu'il puisse trouver un tresor; Ce-
lui-ci, afin qu'il soit assez heureux pour aquerir
des millions de bien. Le Senat même, qui est la
regle &c. (2). C'est ainsi que le cœur de l'homme avoit gaté la religion, & qu'à son tour la
religion avoit gaté l'esprit de l'homme. On
imagina que les Dieux semblables à l'homme
aimoient les richesses, & puis on conclut de ce
qu'ils en étoient avides, qu'il étoit juste de souhaiter de s'enrichir par toute sorte de moiens.
On se flata d'effacer l'injustice du brigandage,

pour-

(1) *Quis*
unquam
venit in
templum,
& votum
fecit, si
ad eloquen-
tiam per-
venisset?
quis, si
philosophia
fontem in-
venisset?
ac ne bo-
nam qui-
dem men-
tem, aut
bonam va-
letudinem
*petit: *
sed statim,
antequam
limen Ca-
pitolii tan-
gant, alius
donum pro-
missit, si
propin-
quum divi-
tem extu-
lerit: alius,
si thesau-
rum effode-
rit: alius,

trecenties H. S. *salvus pervenerit. Ipse Senatus, recti bo-*
nique praeceptor, mille pondo auri Capitolio promittere solet: &
quis dubitet pecuniam concupiscere, Jovem quoque peculio
vincas. Petron. in satyr. pag. m. 77. 78. *Je me sers de la*
version de Mr. Nodot. (2) *Vous trouverez ci-dessus pag.*
ce qui manque ici.

fuñfans pour cenoître Dieu & fa loi, & il confidere *dans ces peuples les femmes qui en faifoient
la moitié, les foldats, les artifans & le refte de
la populace fans aucune application aux fciences,
qui faifoient plus des trois quarts & demi de l'autre moitié.* Il foutient (1) qu'ils n'eftoient
point capables *de trouver d'eux mêmes les preuves populaires de l'exiftence de Dieu Createur du
monde, dont la loy devoit fervir de regle aux actions des hommes, & qu'ainfi ce qu'ils avoient
naturellement d'efprit* ne leur etoit point *un moien
fuffifant pour le conoître.* Il prouve que par l'inftruction des autres, dont la plus ordinaire eft celle que les Peres & les Meres donnent à leurs enfans, ils n'ont point pu parvenir à ce degré de
lumiere. (2) *Vous direz peut-eftre,* ajoûte-t-il,
*qu'ils pouvoient eftre inftruits de l'exiftence de Dieu
par les Philofophes, à qui St. Paul témoigne que
Dieu avoit découvert fa divinité & fes perfections
infinies.* Mais, ropond-il, „ les Philofophes n'in-
„ ftruifoient que leurs difciples, & ne par-
„ loient point de ces chofes à ceux qui ne fai-
„ foient point profeffion d'étudier. Car ce n'é-
„ toit pas comme dans la religion Chrétienne,
„ où on fait des Sermons à toutes fortes de
„ perfonnes indiferemment, pour leur appren-
„ dre ce qu'ils doivent croire, & ce qu'ils doi-
„ vent faire. Ainfi quelque idée que ces Phi-
„ lofophes euffent de la Religion, les femmes
„ & la populace n'en fçavoient que ce qu'ils en
„ voioient prattiquer à leurs Preftres & à leurs
„ Pontifes; de forte qu'ils ne connoiffoient au
„ lieu du vrai Dieu que des créatures, comme
„ les aftres, ou des hommes morts, dont la fu-
„ perftition répandue parmi une infinité de na-
„ tions avoit fait des Dieux, à quoi on pour-
„ roit rapporter ces paroles de Ciceron: (a) *Su-*
„ *perftitio fufa per gentes omnium imperit ani-*
„ *mos, atque hominum imbecillitatem occupavit* „

§. LIV.

(1) Id. ib. pag. 91.

(2) Id. ib. pag. 92.

(a) J'ai cité ces pa-roles de Ci-ceron ci-deffus pag. 155. n. (2)

§. LIV.

*Inutilité de la religion Païenne par raport à l'a-
quiſition de la vertu.*

Mais pour vous montrer d'une maniere plus
dégagée combien la religion des Gentils étoit
inutile à faire aquerir les vertus morales, je
me ſervirai de cet argument.

Elle n'y pouvoit être utile qu'en perſuadant
aux hommes, qu'ils ne pouvoient être bien
avec les Dieux ſans la pureté de l'ame, & qu'ils
devoient s'adreſſer aux Dieux pour obtenir la
vertu.

Or elle ne travailloit point à perſuader aux
hommes ces deux choſes-là.

Elle étoit donc inutile à faire aquerir les vertus morales, d'où il faut conclure que les bonnes mœurs, qui ont paru dans la conduite de
quelques Gentils, ont été le fruit de l'honneur
humain, ou de la raiſon.

La majeure de ce Syllogiſme n'a pas beſoin
d'être prouvée: arrêtons nous donc ſeulement
à la mineure.

Il eſt évident qu'on n'enſeignoit point au
peuple parmi les Païens, que la pureté de l'a-
me fût neceſſaire à la validité du culte des
Dieux. Je vous ai fait voir qu'on ne l'inſtrui-
ſoit qu'à la pratique des ceremonies exterieures.

Il eſt certain auſſi que les Païens ne demandoient point aux Dieux la bonne vie, la bonne conſcience, la ſainteté, ils ne leur demandoient que les biens de la fortune, la ſanté, les
richeſſes, les honneurs, les victoires, une longue vie, le gain d'un procés &c. Le Poëte
Perſe s'étonne d'une grande force contre ce de-
reiglement:

(1) Non tu prece poſcis emaci,
Quæ niſi ſeductis nequeas committere Divis.

At

(1) Per-
ſius ſat. 2,
v. 3.

At bona pars procerum tacitâ libabit acerrâ.

Haud cuivis promptum est, murmurque humi-
 lesque susurros

Tollere de templis, & aperto vivere voto.

Mens bona, fama, fides! hæc clare, & ut au-
 diat hospes:

Illa sibi introrsum, & sub linguâ immurmurat:
 O si

Ebullit patrui præclarum funus! & ô si

Sub rastro crepet argenti mihi seria dextro

Hercule! pupillumve utinam, quem proximus
 heres

Impello, expungam! namque est scabiosus, &
 acri

Bile tumet. Nerio jam tertia conditur uxor.

Hæc sanctè ut poscas, Tiberino in gurgite mer-
 gis,

Manè caput bis, terque, & noctem flumine
 purgas.

C'est-à-dire, selon la version du Pere Tarteron:
Vous ne pretendez pas acheter, si j'ose parler ainsi,
par de somptueux sacrifices, certaines graces qu'on
ne demande aux dieux qu'après avoir tâché de les
corrompre. La pluspart de nos grands Seigneurs
ne vous ressemblent pas; ils viennent présenter de
l'encens aux dieux; mais leurs vœux & leurs
prieres se font sans que personne sçache ce qu'ils
disent; ils ont pour cela leurs raisons. Hélas! Il
n'est pas facile de bannir des Temples ces sortes
de prieres, ¡qui se font à voix basse & à petit
bruit. Voicy ce qu'ils demandent tout haut, & ce
que tout le monde entend. Grands dieux, don-
nez-vous de l'esprit, du crédit, de la réputation.
Et que demandent-ils tout bas, & marmotans
entre leurs dents? Ah! dit l'un, si mon oncle
mouroit subitement! que je plaindrois peu la dé-
pense d'un superbe convoy! Ah, dit l'autre, si je
pouvois, à la faveur d'Hercule, trouver un tré-
sor en labourant ma terre! Si je pouvois, dit ce-
        luy-ci,

lui-ci, supplanter ce pupille, substituer dans ce testament mon nom à la place du sien! Je suis le premier après luy; aussi bien ne peut-il pas vivre long-temps; la bile est répandüe sur tout son corps; il est tout couvert de gale. Voilà déja la troisiéme femme que Nérius épouse; qu'il est heureux! Hé bien, pour sanctifier tous ces vœux, vous vous-plongez la tête le matin dans le Tibre à deux & trois reprises; vous ne manquez point de vous laver à votre réveil.

Voilà le motif des ofrandes que l'on promettoit aux Dieux. Petrone vous l'aprendra: *Voit=on venir au Temple*, dit-il (1), *quelqu'un dans le dessein de prier les Dieux de lui donner la perfection de l'Eloquence, & de lui decouvrir les secrets de la Philosophie? On n'y vient pas même pour demander la droiture de l'esprit & la santé du corps. Mais de tous ceux qui vont au Capitole, avant même qu'ils arrivent à la porte, l'un promet de grosses Ofrandes à la Divinité qu'on y adore, afin qu'elle hâte la mort d'un riche parent; L'autre, afin qu'il puisse trouver un tresor; Celui-ci, afin qu'il soit assez heureux pour acquerir des millions de bien. Le Senat même, qui est la regle &c.* (2). C'est ainsi que le cœur de l'homme avoit gaté la religion, & qu'à son tour la religion avoit gaté l'esprit de l'homme. On s'imagina que les Dieux semblables à l'homme aimoient les richesses, & puis on conclut de ce qu'ils en étoient avides, qu'il étoit juste de souhaiter de s'enrichir par toute sorte de moiens. On se flata d'effacer l'injustice du brigandage,

L 3 pour-

(1) *Quis umquam venit in templum, & votum fecit, si ad eloquentiam pervenisset? quis, si philosophiæ fontem invenisset? ac ne bonam quidem mentem, aut bonam valetudinem petiit: sed statim, antequam limen Capitolii tangant, alius donum promisit, si propinquam divitem extulerit: alius, si thesaurum effoderit: alius,*

si ad trecenties H. S. salvus pervenerit. Ipse Senatus, recti bonique praeceptor, mille pondo auri Capitolio promittere solet: & ne quis dubitet pecuniam concupiscere, Jovem quoque peculio exorat. Petron. in satyr. pag. m. 77. 78. Je me sers de la version de Mr. Nodot. (2) Vous trouverez ci-dessus pag. 224. ce qui manque ici.

(1) *Voïez
dans Tite
Live lib.
36. init.
le vœu
solemnel
des Ro-
mains d'u-
ne partie
du butin
à Jupiter,
& Serapis
sur ces pa-
roles de
l'Eneïde
lib. 3. v.
222. Et di-
vos ip-
sumque
vocamus
In præ lam
partem-
que Jo-
vem.*

(2) *La-
Ctant. lib.
2. cap. 4.
& lib. 6.
cap. 25.*

(3) *Sene-
ca epist. 10.*

(4) *Voïez
les notes
de Lipse
in Seneca
epist. 10.*

pourveu que l'on en voüât (1) une partie aux
Temples. C'étoit une espece d'aveu de la protection des Dieux, c'étoit les engager par leurs
propres interêts à la reüssite d'une affaire. Que
Lactance (2) a eu raison de se moquer des en-
nemens d'or, & des pierreries que l'on consacroit aux Dieux. Il ne paroisoit pas que les
Chrétiens tomberoient un jour dans une pareil-
le foiblesse.

Seneque (3) & plusieurs autres écrivains (4) du
Paganisme, ont censuré avec tant de force l'injustice & la turpitude des prieres qu'on faisoit
aux Dieux, qu'il faut croire que ce desordre
étoit un peché regnant.

Au moins, direz vous, les prieres des Philosophes & de leurs disciples tendoient à obtenir les vertus morales, qu'ils croioient absolument necessaires à la validité du culte exterieur
des Dieux. Nullement, Monsieur, car ils ne
pretendoient pas que les Dieux fissent aux hommes un tel present. Ils ne les faisoient distri-
buteurs que des biens de la fortune, chacun disoient-ils, se doit faire vertueux soi-même.
Comme je vous voi un peu mefiant sur mon
chapitre, je vous citerai deux écrivains qui
n'ont eu nul interêt à notre dispute ; & ce sera
par leurs paroles que je donnerai la preuve que
vous devez ici exiger de moi. Je prevêndrai
de la sorte tous les plus petits soupçons qui
pourroient vous inquieter. Vous ne pourrez plus
craindre, que je donne la torture aux passages
des anciens, pour les faire servir bon gré malgré à mon hypothese. Vous verrez que Mr.
Arnauld & Mr. Dacier sans aucune relation au
sujet que nous traitons, les ont pris au même
sens que j'ai interêt de leur donner.

Les Philosophes, c'est Mr. Arnauld (5) qui par-

(5) *Arnauld reflex. sur le nouveau systeme de
la nature & de la grace to. 1. pag. 212.*

le, *ne croyoient pas que la vertu dependist de Dieu,*
,, *mais en même temps ils en faisoient depen-*
,, *dre le cours des choses humaines, & tout ce*
,, *que l'on appelle les biens de la fortune.*
,, (a) *C'est,* disoient-ils, *le sentiment de tous*
,, *les hommes, que nous devons demander à Dieu*
,, *la bonne fortune, & nous donner à nous-mes-*
,, *mes la sagesse & la vertu. Un Poëte dit la*
,, mesme chose dans une Epitre philosophique.
,, (b) *Il suffit de demander à Jupiter la vie &*
,, *les richesses qu'il donne & qu'il ôte à qui il veut ;*
,, *mais pour la tranquillité de l'esprit, je me la*
,, *donneray bien à moy-mesme.*   "
,, *Sed satis est orare Jovem, qui donat & aufert,*
,, *Det vitam, det opes : æquum mi animum ipse*
,, *parabo.*
,, Et ils raisonnoient de mesme pour les ac-
,, tions de graces. Car ils soutenoient (c) qu'il
,, *ne s'estoit jamais rencontré personne qui eût*
,, *rendu graces aux Dieux de ce qu'il estoit hom-*
,, *me de bien, mais seulement de ce qu'il estoit*
,, *dans les richesses, dans les honneurs, & dans*
,, *la santé, & que ce n'estoit qu'au regard de*
,, *ces biens, qu'on appelle Dieu tres-grand &*
,, *tres-bon, & non parce qu'il nous fait justes,*
,, *temperans, & sages* (1).
Horace est le poëte dont Mr. Arnauld a cité
deux vers, voions comment Mr. Dacier les com-
mente. (2) Horace ,, dit qu'il ne faut de-
,, mander à Dieu que la vie & les richesses, qui

L 4   ,, sont

(a) *Cic.*
lib. 3. de
nat. Deo-
rum.

(b) *Horat.*
ad Lol-
lium.

(c) *Cic. ib.*

(1) *Voici*
le Latin de
Ciceron de
nat. Deor.
lib. 3. pag.
m. 689.
At verò
aut hono-
ribus au-
cti, aut re
familiari,
aut si aliud
quippiam
nacti su-
mus for-
tuiti boni,
aut depu-
limus mali
cùm Diis
gratias
agimus,
Num quis

tum nihil nostræ laudi assumptam arbitramur.
quòd bonus vir esset, gratias Diis egit unquam ? at quod di-
ves, quòd honoratus, quòd incolumis. Jovemque optimum
maximum ob eas res appellant, non quòd nos justos, tem-
peratos, sapientes efficiat ; sed quòd salvos, incolumes, opu-
lentos, copiosos. Neque Herculi quisquam decumam vovit
unquam ; si sapiens factus esset.   (2) *Dacier notes sur l'é-*
pitre 18. du 1. livre d'Horace pag. 203. du 9. to. édit. de Holl.

» font les feuls biens qui dépendent de luy; &
» que pour le bon efprit, il ne faut l'atten-
» dre que de foy-mefme. Ce n'etoit pas feu-
» lement le fentiment des Stoïciens, c'eftoit
» celuy de tous les Payens, fi nous en croyons
» Cotta, que Ciceron fait parler de cette ma-
» niere dans le 11. Livre de la Nature des
» Dieux: *Atque hoc quidem omnes mortales fic*
» *habent, externas commoditates, vineta, fege-*
» *tes, oliveta, ubertatem frugum & fructuum,*
» *omnem denique commoditatem, profperitatem-*
» *que à Diis fe habere, virtutem autem nemo*
» *unquam acceptam Deo retulit. Nimirum re-*
» *Eè: propter virtutem enim jure laudamur, &*
» *in virtute rectè gloriamur. quod non continge-*
» *ret, fi id donum à Deo, non à nobis haberemus.*
» C'eft le fentiment de tous les hommes, que les
» biens exterieurs, les vignes, les champs, les
» Oliviers, l'abondance des fruits & des moiffons,
» enfin toutes les commoditez & les profperitás de
» la vie, leur viennent de Dieu. Mais jamais
» perfonne n'a crû recevoir de luy la vertu: &
» avec raifon; car on ne nous loüe que de la ver-
» tu, nous ne nous glorifions que de la vertu; ce
» qui n'arriveroit point, fi elle eftoit un don de
» Dieu, & non pas un bien qui vinft de nous-
» mefmes. Et revenant encore à la charge, il
» s'exprime plus fortement. *Judicium hoc*
» *omnium mortalium eft fortunam à Deo peten-*
» *dam, à fe ipfo fumendam effe fapientiam.*
» C'eft le jugement de tous les hommes, qu'il
» faut demander à Dieu la fortune, & prendre
» chez foi la fageffe. »

Il n'eft pas neceffaire de vous dire que
Monfieur Dacier condamne ces dogmes, mais
pour vous donner un temoignage de ma can-
deur, je vous dirai qu'il affure (1) qu'il n'eft
point vrai *que tous les Payens fuffent du fenti-*
ment de Cotta. Il y a toûjours eu des gens, con-
tinuë-

con-
tinuë-

(1) Id. ib.
pag. 205.
Il cite
deux vers
de Callé-
maque où
les richef-
fes, & la
vertu font
demandées
à Jupiter.
Le Pere
Lescale-
pier, in
Cicer. de
nat. Deor.
lib. 3. pag.
692. 694.
refute
Cotta par
Ciceron
même.

üoüë-t-il, *qui ont soutenu le contraire, & non seulement des Philosophes, mais des Poëtes. Cette verité est repanduë dans tous les Ouvrages d'Homere.* Je ne veux point incidenter là-dessus, mais je ne laisserai pas de remarquer que dans un recueil (1) que je viens de lire de plusieurs passages d'Homere touchant cela, il n'y a rien qui s'opose proprement à la doctrine de Cotta, car ils ne traitent que de certaines pensées passageres que les Dieux inspirent tout-à-coup. soit pour renverser, soit pour avancer les desseins des hommes. L'Auteur où j'ai trouvé ce recueil a raporté (2) de très-beaux endroits d'Isocrate & (3) de Tite Live, qui montrent qu'on attribuoit aux Dieux d'inspirer de bonnes pensées, mais elles se raportoient toûjours à l'execution de certaines choses où la fortune des particuliers, & même celle du public se trouvoit interessée. Cela est-il contraire au dogme de Cotta ? Devons-nous croire que ce Pontife ait voulu parler de quelque autre chose que de la vertu habituelle, je veux dire de la vertu que l'on aquiert par divers actes, qui s'enracine dans le cœur, & qui nous sert d'une direction continuelle & permanente, lors même que nous ne sommes point l'instrument de ces actions éclatantes d'où depend le sort d'autrui, le sort du public. Quoi qu'il en soit je vais vous citer Seneque qui s'accorde parfaitement avec Cicéron : (4) *Tu fais une très belle chose, & qui te sera grandement profitable,*

L 5 *si*

stultum est optare, cùm possis à te impetrare. Non sunt ad cœlum elevanda manus, nec exorandus aditus, ut nos ad aures simulacri, quasi magis exaudiri possimus, admittat : prope est à te Deus : tecum est : intus est. Ita dico, Lucili, sacer intra nos spiritus sedet, malorum bonorumque nostrorum observator & custos. Seneca epist. 41. pag. m. 236. *Je me sers de la version de Chalvet.*

(1) *Dans le Commentaire d'Abram sur ces paroles de Ciceron orat. pro Milone pag. 232. Dii immortales mentem dederunt illi perdito &c.*

(2) *Abram ib. pag. 221.*

(3) *Id. ib. pag. 233.*

(4) *Facis rem optimam, & tibi salutarem, si, ut scribis, perseveras ire ad bonam mentem: quam*

fi tu perſeveres (comme tu m'eſcris) à rendre ton
ame bonne. Ce ſeroit folie d'en faire aucune
priere à Dieu, veu que tu peux gagner cela ſur
toy-méſme. Il ne faut point lever les mains au
ciel, ny prier le ſecretain d'un temple, qui nous laiſſe approcher des aureilles d'une image, comme ſi
noſtre priere en devoit eſtre mieux exaucée. Dieu
eſt fort pres de toy ; il eſt avec toy, il eſt dedans
toy. Je te veux bien aſſeurer, *Lucilius*, qu'il y a
un eſprit ſainct & ſacré qui fait ſa demeure, dans
nous, qui prend garde & veille ſur les biens,
& ſur les maux qui nous adviennent. Il ſemble
qu'il y ait beaucoup de contradiction dans ces
paroles : Muret qui les a commentées y en trouve, & il admire la force de la verité qui a fait
tomber Seneque dans la diſparate ; mais Muret
ſe trompe, Seneque ne ſe contredit point : le
Dieu dont il parle dans toute cette lettre n'eſt
que la partie la plus noble de l'ame de l'homme.

　On le pourroit plutôt accuſer de contradiction par une choſe qu'il a dite dans une autre
lettre. Il y a exhorté ſon ami à prier les Dieux
de lui donner un bon eſprit, la ſanté de l'a-
me, & puis la ſanté du corps, (1) *Roga bonam
mentem, bonam valetudinem animi, deinde corporis.* Mais il n'eſt pas dificile de diſſiper cette
aparence de contradiction. Prenez bien garde
qu'il n'exhorte point à prier les Dieux de nous
donner la vertu, & concluez de là qu'il ſupo-
ſoit que c'eſt un bien que chacun ſe donne. Il
croioit donc que l'on ne doit demander aux
Dieux que les biens qui ne ſont pas depen-
dans du bon uſage de noſtre franc arbitre. Il
entendoit donc par *bonam mentem*, & par *bonam valetudinem animi*, la bonne diſpoſition
de l'eſprit entant qu'elle eſt une qualité phyſique, & non pas une qualité morale. Il eſt
ſûr qu'à cet égard elle eſt compriſe ſous les

avan-

(1) Sene-
cae epiſt. 10.
pag. 181.

'avantages qui dependent de la fortune, & qui 'ne font pas en nôtre pouvoir. Nôtre raifon 'eft-elle capable de prevenir les accidens qui 'afoibliffent la memoire, qui émouffent la vi- 'vacité de l'efprit, qui amenent un delire, une 'fureur, un fanatifme? Voilà pourquoi les Phi- lofophes jugerent qu'il faut demander aux Dieux la fanté de l'ame, & la bonté de l'ef- prit. La plus grande dificulté confifte en ce que Seneque dans l'épitre 41. declare que c'eft une folie de demander aux Dieux le *bonam mentem*, puis que c'eft une chofe qu'on peut aquerir foi même, & neanmoins il exhorte le même ami dans l'épitre dix de demander aux Dieux le *bonam mentem*. On peut repondre que l'idée qu'il attachoit à ces mots Latins n'avoit pas toûjours la même étenduë. Il en excluoit quelquefois ce qui depend du bon ufage de nôtre raifon.

Voici encore un paffage de Mr. Arnauld: je fuis affûré qu'il vous paroîtra curieux: ,, (1) Je ,, me fouviens d'avoir lû autre fois dans les ,, lettres de Ciceron une affez plaifante difpu- ,, te entre luy & Caton, fondée fur cette dif- ,, tinction des chofes pour lefquelles on de- ,, voit remercier les Dieux, & de celles pour ,, lefquelles on ne les devoit point remercier. ,, C'eft que Ciceron ayant fait quelques exploits ,, militaires de peu d'importance dans fon gou- ,, vernement de Cilicie, il defira qu'on en re- ,, merciât les Dieux à Rome en faifant des fup- ,, plications *ad omnia Deorum pulvinaria*, ce ,, qui eftoit comme un prélude pour obtenir ,, l'honneur du petit triomphe qui s'appelloit ,, *Ovatio*. Et en effet cela luy fut accordé; ,, mais ce fut contre l'avis de Caton, qui pré- ,, tendoit avoir fait plus d'honneur à Ciceron ,, en difant, que ce qu'il y avoit eu d'extre- ,, mement loüable dans fa conduite, eft qu'il

(1) Ar- nauld re- flexe fur le nouveau fyfteme to. 1. pag. 214. 215.

» avoit gouverné les peuples de sa province
» avec beaucoup d'intégrité, de douceur, &
» de sagesse, ce qui meritoit de grandes loüan-
» ges, mais n'estoit point une chose pour laquel-
» le on dust rendre des actions de graces aux
» dieux: au lieu que Ciceron qui convenoit de
» la maxime, ne trouvoit pas bon qu'on luy
» en eust fait l'application en cette rencontre,
» & avoit de la peine à ne pas croire qu'il n'y
» eust un peu de malignité dans cette reflexion
» philosophique de Caton. »

Si vous voulez consulter les originaux lisez
la 4. lettre du 15. livre de Ciceron *ad familia-
res*, & la 5. qui est la reponse de Caton à la
precedente. La 6. vous aprendra que Ciceron
dissimula son ressentiment lors qu'il fit reponse
à la lettre de Caton. Il étoit neanmoins fort en
colere contre lui comme il paroit (1) par les
lettres qu'il écrivit à Atticus en ce même tems.

Mr. Arnauld me fournit encore une très-bel-
le remarque qui vous convaincra que la religion
Païenne ne pouvoit servir de rien par raport
à l'aquisition de la vertu. (2) *Tous les anciens
philosophes generalement n'ont cherché que dans
leur esprit, & leur raison la regle de leurs devoirs.
Comment donc voudroit-on s'imaginer que les
femmes, les soldats, les artisans, les paysans, &
tout le reste de la populace Payenne, ayent eu des
moyens suffisans pour croire qu'on offense Dieu
quand on fait une méchante action, parce que la
loy de Dieu la défend, ce qui a esté entierement
ignoré de tous les Philosophes Payens, au moins
pendant plusieurs siecles. On trouve sur cela un
endroit bien remarquable dans les Offices de Ciceron. Il y propose les raisons de ceux qui pretendoient que Regulus pouvoit ne pas garder son
serment: dont l'une estoit celle-ci:* Sur quoi cette
obligation seroit-elle fondée? Est-ce que nous
craignons que Jupiter ne soit en colere contre

nous

(1) *Cato
.... is me
turpiter
fuit mali-
volus, de-
dit integri-
tatis, ju-
stitia, cle-
mentia,
fidei mihi
testimo-
nium quod
non quare-
bam, quod
postulabam
negavit
&c.*
Cicero ad
Attic.
epist. 2.
lib. 7. pag.
m. 661.

(2) *Ar-
nauld se-
conde de-
nonciat. du
peché phi-
losophique
pag. 94.*

nous & ne nous punisse? Mais tous les Philosophes conviennent, tant ceux qui nient la
providence que ceux qui la croient, que Dieu
ne se met en colere contre personne, & ne fait
de mal à personne: N U N Q U A M Deum nec irasci
nec nocere. *A quoi il répond, que cela est vrai:
& que ce n'est point aussi sur cela qu'est fondée
l'obligation de garder son serment, mais sur la
bonne foi & sur la justice.* (1) Quod affirma-
tè quasi Deo teste promiseris id tenendum est.
Jam enim non ad iram Deorum Q U Æ N U L-
L A E S T, sed ad justitiam & ad fidem pertinet.
*Ils ne croisient donc point que le violement du ser-
ment sût un péché, parce que Dieu en estoit of-
fensé, mais seulement parce que c'estoit manquer
à la bonne foi & à la justice, de ne pas faire ce
qu'on avoit promis de faire en prenant Dieu à
témoin de cette promesse.*

(1) Cice-
ro de offic.
lib. 3. cap.
29. pag. m.
368. Voiez
ci-dessous
pag. 258.

He bien, Monsieur, direz vous après cela
que l'aparition d'une Comete servoit de beaucoup aux Païens pour s'avancer dans le chemin
de la vertu, puis qu'elle les obligeoit à rani-
mer le faux culte des idoles? Si le peuple épou-
vanté de cette menace du ciel consultoit les
Prêtres, il aprenoit qu'il faloit faire des presens aux Dieux pour les apaiser, & qu'il ne
faloit que cela. S'il eût consulté les Philosophes il eût apris que les Dieux ne se fachent de
quoi que ce soit, & qu'en tout cas il faut se
munir de fermeté, & de constance, & de vertu contre les accidens de la vie; mais qu'on
n'a besoin que de soi même pour se procurer
cette ressource, les biens de la fortune étant
les seuls que l'on doit attendre des Dieux.

Savez vous bien que Seneque après s'être bien
moqué des superstitions du Paganisme ajoûta,
qu'il faloit adorer de telle sorte cette multitude
ou cette populace de Dieux, qu'on se souvint
que c'étoit un culte apuié sur la coutume bien

(1) *Om-*
nem istam
ignobilem
deorum
turbam,
quàm lon-
ge avo lon-
ga super-
stitio con-
gessit, sic
inquit,
adorabi-
mus, ut
memineri-
mus cul-
tum ejus
magis ad
morem,
quàm ad
rem per-
tinere. Nec
leges ergo
illa, nec
mos in ci-
vili theolo-
gia id in-
stituerunt,
quod diis
gratum es-
set vel ad
rem perti-
neret.
Auguſt. de
civ. t. Dei
lib. 6. cap.
10. pag.
m. 606.

plus que ſur la realité des choſes. Saint Auguſtin infere de là que c'étoient des loix ou des
uſages qui n'avoient point établi ce qui pouvoit plaire aux Dieux, ou ce qui avoit quelque
verité (1).

§. LV.

Quel a été le ſentiment de Seneque ſur la queſ-
tion, Si toutes choſes ont été faites pour l'hom-
me.

Vous me trouvez blamable d'avoir aprouvé
(2) Seneque en ce qu'il a dit que les ſoins de
la Providence ont un but plus relevé que de
conſerver les hommes, *& qu'encore que les mou-*
vemens des cieux nous aportent de grandes utilitez,
ce n'eſt pas à dire pourtant que ces vaſtes corps ſe
meuvent pour l'amour de la terre. Voions ſi vôtre cenſure eſt raiſonnable.

Premierement je vous prie d'agréer, que je
mette ici toute la penſée de Seneque. Vous
n'en avez vu qu'une partie dans mon autre
Ouvrage. Il eſt certain, dit-il (3), *qu'entre*
les premieres ordonnances que les Dieux firent en
baſtiſſant ceſt univers, ils ont regardé à nous, &
ont eu grande conſideration à l'homme : & par
ainſi il ſemble qu'ils ne continuent point à deſſer
leurs beaux ouvrages ſeulement pour eux meſmes.
Car nous ſommes partie de ce bel ouvrage. Nous
ſommes donc redevables au Soleil, à la Lune, &
aux autres puiſſantes celeſtes du bien qu'elles font.
Car encore qu'ils ſoyent plus grands que tout ce
ſurquoy ils jettent leurs clairtez : toutesfois pa-
ſans

Il cite l'*Ouvrage de Seneque* contra ſuperſtitiones. (2) *Voiez*
le chapitre 83. des Penſées diverſes. (3) Seneca de benefic.
lib. 6. cap. 23. pag. m. 124. *Je me ſers de la verſion de Chal-*
vet, tant ici que dans les pages ſuivantes.

~~sans à deux choses plus grandes que nous; ils nous~~
~~aydent beaucoup, ils nous aydent (dis-je) par~~
~~l'ordre~~ destin : & par ceste raison nous
gez : d'autant que ce n'est point
par leur ignorance que nous tom-
bien-faicts : & qu'ils sçavent bien
de bien nous prendre , & ce que nous re-
eux : & encore que leur intention soit
~~te~~, & le fruict de leur travail plus sou-
~~ve~~, que de nourrir & conserver les choses mortelles, si est-ce que des le premier commencement
du monde , ils ont advancé leur pensée sur nos
utilitez: ils ont donné telles ordonnances & telles
loix au ciel, qu'il appert bien que le soing qu'ils
ont eu de nous, n'estoit point des derniers. Nous
devons honneur & reverence à nos peres, & toutesfois plusieurs ont souvent couché avec leurs
femmes sans desir de nous engendrer. On ne peut
dire que les dieux ayent ignoré ce qu'ils debuoyent
faire, veu qu'ils nous ont tout aussi tost donné la
nourriture, & autres choses qui nous estoyent necessaires. Les dieux n'engendrerent jamais par
nonchalance ceux , pour la faveur desquels ils
avoyent engendré tant de choses. Certainement nature a pensé à nous devant que de nous engendrer:
Nous ne sommes pas un ouvrage de si peu d'importance, qu'elle ne se soit aucunement souvenue
de nous. Voy là grand pouvoir qu'elle a mis entre nos mains. Je laisse la suite de ce passage:
elle contient un fort beau detail des privileges,
& des perfections de l'homme. Vous remar-
querez, s'il vous plaît , que Seneque se propose de refuter certaines gens , qui ne vouloient pas convenir qu'ils eussent de l'obligation aux Dieux; car , disoient-ils, entre autres
choses , ce n'est pas nommement & uniquc-
ment pour nous que les Dieux repandent des
biens. *Le bien qui me tient obligé & redeva-*
ble, doibt avoir esté fait pour moi seul. Par ces-

plus que fur la realité des chofes. Saint Auguftin infere de là que c'étoient des loix ou des
ufages qui n'avoient point établi ce qui pouvoit plaire aux Dieux, ou ce qui avoit quelque
verité (1).

§. LV.

*Quel a été le fentiment de Seneque fur la ques-
tion, Si toutes chofes ont été faites pour l'homme.*

Vous me trouvez blamable d'avoir aprouvé
(2) Seneque en ce qu'il a dit que les foins de
la Providence ont un but plus relevé que de
conferver les hommes, *& qu'encore que les mouvemens des cieux nous aportent de grandes utilitez,
ce n'eft pas à dire pourtant que ces vaftes corps fe
meuvent pour l'amour de la terre.* Voions fi vôtre cenfure eft raifonnable.

Premierement je vous prie d'agréer, que je
mette ici toute la penfée de Seneque. Vous
n'en avez vu qu'une partie dans mon autre
Ouvrage. *Il eft certain, dit-il (3), qu'entre
les premieres ordonnances que les Dieux firent en
baftiffant ceft univers, ils ont regardé à nous, &
ont eu grande confideration à l'homme : & par
ainfi il femble qu'ils ne continuent point à defirer
leurs beaux ouvrages feulement pour eux mefmes.
Car nous fommes partie de ce bel ouvrage. Nous
fommes donc redevables au Soleil, à la Lune, &
aux autres puiffances celeftes du bien qu'elles font.
Car encore qu'ils foyent plus grands que tout ce
furquoy ils jettent leurs clairtez: toutesfois pen-
fans*

(1) Om-
nem iftam
ignobilem
deorum
turbam,
quàm lon-
ge avo lon-
ga fuper-
ftitio con-
geffit, fic
inquit,
adorabi-
mus, ut
memineri-
mus cul-
tum ejus
magis ad
morem,
quàm ad
rem per-
tinere. Nec
leges ergo
illa, nec
mos in ci-
vili theolo-
gia id in-
ftituerunt,
quod diis
gratum ef-
fet vel ad
rem perti-
neret.
Auguft. de
civ.t. Dei
lib. 6. cap.
10. pag.
m. 606.

Il cite l'*Ouvrage de Seneque* contra fuperftitiones. (2) *Voiez
le chapitre 83. des Penfées diverfes.* (3) Seneca de benefic.
lib. 6. cap. 23. pag. m. 124. *Je me fers de la verfion de Chalvet, tant ici que dans les pages fuivantes.*

... ... *plus grandes que nous; ils nous*
... ... *ils nous aydent (dis-je) par*
... *destin: & par ceste raison nous*
... *igez: d'autant que ce n'est point*
... par leur ignorance que nous tom-
bien-faicts: & qu'ils sçavent bien
... debuons prendre, & ce que nous re-
... & encore que leur intention soit
... & le fruict de leur travail plus sou-
... que de nourrir & conserver les choses mor-
telles, si est-ce que dés le premier commencement
du monde, ils ont advancé leur pensée sur nos
utilitez: ils ont donné telles ordonnances & telles
loix au ciel, qu'il appert bien que le soing qu'ils
ont eu de nous, n'estoit point des derniers. Nous
devons honneur & reverence à nos peres, & tou-
tesfois plusieurs ont souvent couché avec leurs
femmes sans desir de nous engendrer. On ne peut
dire que les dieux ayent ignoré ce qu'ils debuoyent
faire, veu qu'ils nous ont tout aussi tost donné la
nourriture, & autres choses qui nous estoyent ne-
cessaires. Les dieux n'engendrerent jamais par
nonchalance ceux, pour la faveur desquels ils
avoyent engendré tant de choses. Certainement na-
ture a pensé à nous devant que de nous engendrer:
Nous ne sommes pas un ouvrage de si peu d'im-
portance, qu'elle ne se soit aucunement souvenue
de nous. Voy le grand pouvoir qu'elle a mis en-
tre nos mains. Je laisse la suite de ce passage:
elle contient un fort beau detail des privileges
& des perfections de l'homme. Vous remar-
querez, s'il vous plaît, que Seneque se propose de refuter certaines gens, qui ne vouloient pas convenir qu'ils eussent de l'obligation aux Dieux; car, disoient-ils, entre autres
choses, ce n'est pas nommement & uniquement
pour nous que les Dieux repandent des
biens. *Le bien qui me tient obligé & redeva-*
ble, doibt avoir esté fait pour moi seul. Par ce-

Ie

(1) Propter me factum debet esse, quod me obliget. Isto, inquit, modo, nec Lunæ nec Soli quidquam debes. non enim propter te moventur. Sed cùm in hoc moveantur, ut universa conservent, & pro me moventur: universorum enim pars sum. Id. ib. cap. 20. pag. 123.

(2) Id. de ira lib. 2. cap. 27. pag. 543. 544. Voiez le aussi lib. 6. natur. quæst. cap. 3.

te raison, repondoit Seneque (1), tu ne devrois rien ny au Soleil ny à la Lune; car ils ne courent point le ciel pour l'amour de soy: Toutesfois cheminans ainsi pour la conservation de tout l'univers, ils se meuvent aussi pour moy; d'autant que je suis une partie de ce grand univers.

Il y a un autre passage dont je n'ai cité qu'une petite partie, mais le voici tout du long:
" (2) Il y a des choses qui ne peuvent aucune-
" ment nuire, & qui n'ont aucune puissance
" sinon à bien faire & à nous conserver, com-
" me sont les dieux immortels, qui ne
" veulent & ne peuvent nous faire aucun mal.
" Par ce que leur nature est douce & amiable,
" & autant esloignee de recepuoir injure. com-
" me d'en faire. Ceux doncques sont fols, &
" ne cognoissent point la verité des choses,
" qui pensent que les dieux nous envoyent les
" tempestes de mer les plus grandes, les pluyes
" excessives, les hyvers longs & rigoureux:
" veu qu'il n'y a aucune de ces choses qui nous
" nuisent ou profitent, qui s'addresse propre-
" ment à nous. Nous ne sommes pas cause
" que l'hyver & l'esté reviennent à ce monde:
" ces choses ont leurs loix certaines, par les-
" quelles la divinité exerce ses puissances. Nous
" nous priserions trop, si nous pensions estre
" si dignes, que pour nostre respect choses si
" grandes se remuassent."

Je vous prie presentement de bien prendre garde que le premier de ces deux endroits de Seneque est d'une telle orthodoxie, qu'on ne sauroit raisonnablement attendre rien de meilleur d'un Philosophe Paien. La providence de Dieu, & sa bonté envers l'homme y sont établies clairement, quoi que l'on n'y borne pas aux seuls interêts du genre humain les vuës & les actions divines. Je ne vous dis point qu'en un autre lieu Seneque montre encore par des

traits

traits plus finguliers les obligations que l'on a aux bontez de la providence, puis qu'il la fait veiller à nôtre conſervation avec d'autant plus de ſoin qu'il ſupoſe que nôtre natuie eſt ſujette à une mortalité dont il faut continuellement arrêter les ſuites. Cela ſeroit très-beau ſi l'on n'y avoit pas inſeré un dogme injurieux à la puiſſance de Dieu. On lui donne ſeulement la force de corriger quelques defauts de la matiere, mais on pretend qu'il ne la ſauroit entierement rectifier: (1) *Feſtons noſtre ame ſur les choſes eternelles, admirons les formes de toutes choſes qui volent en haut: & comme Dieu ſe pourmenant parmi elles, & prevoyant à tout, il conſerve contra la mort, ce qu'il n'a peu faire immortel, par ce que la matiere l'empeſchoit: & comme il ſurmonte par raiſon les vices du corps. Car toutes choſes demeurent, non par ce qu'elles ſont eternelles, mais par ce qu'elles ſont defendues par le ſoing de ce gouverneur: Les immortelles n'ont point beſoing de defendeur. L'ouvrier qui les a faites* (il faloit dire *qui a fait les autres*) *les conſerve, ſurmontant par ſa vertu la fragilité de la matiere.* Ce dogme de l'incorrigibilité de la matiere ſe trouve dans pluſieurs Philoſophes (2), & a ſervi à donner raiſon de l'origine du mal.

Vous auriez tort, Monſieur, ſi vous m'accuſiez d'avoir aprouvé Seneque ſur cet article-là; car il n'en parle point du tout dans les deux paſſages que j'ai citez au chapitre 83. de mes Penſées diverſes, & quand même il en eut parlé, vous ne ſeriez point en droit de m'en dire
l'apro-

(1) *Miſſamus animum ad illa, quæ æterna ſunt, miremur in ſublimi volitantes rerum omnium formas! Deumque inter illa verſantem, & providentem, quemadmodum quæ immortalia facere non potuit, quia materia prohibebat, defendas à morte, ac ratione vitium corporis vincat. Manent enim cuncta, non quia æterna*

ſunt, ſed quia defenduntur cura regentis. Immortalia tutore non egent: hæc conſervat artifex, fragilitatem materiæ vi ſua vincens. Seneca epiſt. 58. pag. 268. (2) Voiez le Dictien. hiſtor. & crit. à la remarque R de l'article d'Epicure pag. 1139. & à la remarque K Δ de l'article Pauliciens.

l'aprobateur: mon aprobation ne peut tomber que sur les choses que j'ai nommément & expressément raportées de la doctrine de ce Philosophe.

C'est par là que je me puis bien justifier à l'égard du second passage. Il contient une grosse erreur, qui est que Dieu ne châtie point les hommes, qu'il ne se fache jamais contre eux, qu'il ne leur fait jamais aucun mal, qu'il ne peut point leur en faire, & que c'est une folie de s'imaginer que les orages, & l'intemperie des saisons aient pour but d'incommoder l'homme. Ce sentiment de Seneque a été celui de la plûpart des Philosophes de l'antiquité si l'on en croît Ciceron (1), qui assure que non seulement ceux qui enseignoient que les Dieux ne se meloient d'aucune chose, mais aussi ceux qui leur donnoient plus d'action, les faisoient entierement incapables de se fâcher, & d'incommoder personne, & voilà pour vous le dire en passant une très-forte confirmation de ce que j'ai avancé (2) ci-dessus, concernant le peu de conformité de la religion des peuples avec les idées des Philosophes, car l'opinion la mieux établie parmi les peuples étoit que la peste, la sterilité, la grêle, les tempêtes, l'excés du chaud ou du froid, &c. venoient de la colere de quelque Dieu, dont quelque partie du culte exterieur avoit été ou entierement negligée, ou exercée sans l'observation exacte de toutes les ceremonies.

Quoi qu'il en soit l'erreur de Seneque ne peut vous fournir aucun pretexte de me condamner. Je n'y ai eu aucun égard quand j'ai cité son second passage, & j'ai même omis les paroles qui la contiennent. Je ne me suis attaché qu'au sens general de cet Auteur, & j'ai plutôt paraphrasé que traduit la très-petite partie que j'ai aprouvée.

(1) Nuspi iracundiam omnis. Jonvat? At hoc quidem commune est omnium philosophorum, non eorum modo, qui deum nichil habere ipsum negotii, & nichil exhibere alii seris sed eorum etiam, qui deum semper agere aliquid & moliri volunt, numquam nec irasci deum, nec nocere. Cicero de officiis lib. 1. cap. 28. pag. m. 367. Voiez ci-dessus pag. 258.

(2) Dans le chapitre

49.

Voici donc la seule chose sur quoi vous me puissiez faire un procés, c'est que j'ai éprouvé ces maximes de Seneque que le mouvement des cieux, & l'action des élemens. qu'en un mot les ouvrages de la nature tendent à une fin bien plus vaste, & bien plus sublime que ne l'est la conservation du genre humain; qu'à la verité les hommes entrent pour leur part dans les soins, & dans les vuës de Dieu, qu'il sait qu'il les trouvera à son passage, & qu'il veut en chemin faisant les combler de biens, ce qui merite une très-juste reconoissance, mais qu'il va beaucoup plus loin, & que nous presumerions trop de nous si nous pretendions être ses colonnes d'Hercule; son but principal, le centre à quoi aboutissent tous les mouvemens de la nature, & la raison unique de tous ses travaux. J'avoue que ces maximes m'ont paru très-belles, & je conviens encore aujourd'hui qu'un Philosophe Païen ne pouvoit rien dire de plus sensé que cela. Car comment pouvoit-il comprendre en raisonnant sur la grandeur de l'Univers, & sur l'idée de Dieu, qu'une creature aussi sujette que l'homme à tant de defauts & à tant d'infirmitez de corps, & d'ame fut la seule fin à quoi tendissent toutes les actions de la nature? Il est de la sagesse d'un ouvrier de mettre une juste proportion entre les moiens & la fin; de ne point faire de très-grans preparatifs pour l'execution d'une très-petite chose, mais au contraire d'executer de grandes choses avec fort peu d'instrumens. Trouve-t-on cette justesse dans la nature au cas que la vaste & l'immense machine des cieux, & des élemens ne se remuë que pour faire croître sur la terre ce dequoi l'homme a besoin? Vous m'avez écrit que le même Philosophe qui apliqua (1) le *parvis vivit motus,* dit en même tems, que si les étoiles n'avoient été faites qu'afin d'éclairer sur la ter-

(1) Voiez ci-dessus pag. 198.

terre , & de diminuer en faveur de l'homme
l'obscurité de la nuit lors que le tems est se-
rain , le jeu ne vaudroit pas la chandelle. Ceux
qui entre les Païens ont reconnu des Genies tels
à - peu - près que nous concevons les Anges,
avoient encore plus de sujet de nier que tout
eut été créé pour l'homme, car ils devoient
trouver bien plus raisonnable que les cieux eussent été faits pour ces Genies qui pouvoient
les contempler de plus près , & en admirer
avec plus de conoissance les perfections.

§. LVI.

Essai d'un moien d'accommodement entre la Theo-
logie Chretienne & la philosophie sur la ques-
tion, Si tout l'Univers a été créé pour l'homme.

Mais pour vous faire justice avec toute la sin-
cerité dont je fais profession , je dois avouer
que vôtre censure est fondée sur ce qu'il vous
semble que j'adopte simplement & absolument
la doctrine de Seneque; car si j'avois seulement
dit qu'elle est raisonnable dans un Philosophe
Paien , vous me declarez que vous auriez laissé
passer cet endroit de mon Ouvrage , quoi que
vous n'ignoriez pas que les Païens mêmes ont
reconnu (1) que le monde étoit fait pour l'homme. Vous trouvez donc seulement mauvais
qu'un Philosophe Chretien afirme sur ce point-
là les mêmes choses que Seneque. Les Chretiens, me dites vous, ne peuvent pas ignorer ce
qu'on leur expose en toutes rencontres, ce que
tant de catechismes, tant de sermons , & tant
de systêmes leur doivent avoir apris , que Dieu
n'a créé cet Univers qu'afin de manifester sa
gloire par l'exercice de sa justice & de sa misericorde ; qu'il a falu pour faire paroître ces
deux attributs que la seconde personne de la
Trinité

(1) *Voiez*
le chapitre
suivant.

Trinité s'unit hypostatiquement avec la nature humaine, qu'elle devint homme, & que
par sa mort elle ofrit à la justice divine un sacrifice expiatoire pour le genre humain. Dieu
a pu sauver par cette voie un certain nombre
de pecheurs sans deroger à sa justice, & punir
les autres sans deroger à sa clemence, sauver
ceux qui croient en son fils, damner les im-
penitens & les incredules. Il faut donc dire
que l'homme s'est trouvé dans les vuës, & dans
les desseins de Dieu comme le seul & le principal moien de la fin, que le createur s'est proposée en faisant le monde. Il est donc vrai que
toutes les autres choses ont été faites à cause de
l'homme. Ce n'est pas même à cause de l'homme en general, mais à cause des predestinez.

Car „ (1) voici l'ordre des choses. Tout est
„ pour les hommes, les hommes pour Jesus
„ Christ, & Jesus Christ pour Dieu.... (2) Je-
„ sus Christ etant le premier des predestinez,
„ puis que nous ne sommes predestinez qu'en
„ Jesus Christ, Dieu qui n'a fait le Monde que
„ pour les predestinez, *omnia propter electos*,
„ a dû pour ainsi dire, penser à Jesus Christ
„ avant toutes choses. . . . . . (3) Il a donc
„ fallu que Dieu créât l'Univers pour l'Eglise,
„ l'Eglise pour Jesus Christ, & Jesus Christ
„ pour trouver en lui une victime & un Sou-
„ verain Prestre digne de la Majesté Divine.
„ L'on ne doutera pas de cet ordre des des-
„ seins de Dieu, si l'on prend garde qu'il ne
„ peut avoir d'autre fin de ses actions que lui-
„ même.„

Si Dieu a tant aimé les hommes (4) qu'il
a donné son fils unique, son fils coëssentiel &
consubstantiel, & qu'il l'a soumis à la mort ig-
nominieuse de la croix afin de procurer la vie
éternelle à ceux qui croiroient en lui, peut-on
douter qu'il n'ait fait le monde pour les hommes?

Qui

(1) *Male-
branche.
de la natu-
re & de la
grace pag.
8. édit. de
Rotterdam
1684.*

(2) *Id. ib.
pag. 9.*

(3) *Id. ib.
pag. 15.*

(4) *Voiez
l'Evangile
de Saint
Jean ch. 3.
v. 16.*

te depuis quatre jours, & qui demeure inconnuë à la plupart des predestinez. Oseroit-on dire que l'aneau & les satellites de Saturne decouverts aussi depuis peu, & inconnus comme auparavant à presque tous les humains, sont si necessaires à la terre, & par consequent à l'homme, & par consequent à l'Eglise des Elus. que si on ne les avoit pas posez où ils sont avec ordre de se mouvoir selon les regles qu'ils suivent, toute l'œconomie terrestre auroit été derangée? Où est le Philosophe qui pourra s'imaginer que chaque partie du monde est si necessaire à toutes les autres? Quoi, la privation d'un des satellites de Saturne empecheroit sur la terre toute production de mineraux, & de vegetaux, & d'animaux? Et d'où vient donc que de tems en tems (1) il disparoit des étoiles, & qu'il en paroit de nouvelles sans que nôtre monde s'en ressente? L'extinction d'une chandelle à l'Opera fait-elle aucun mal? Trouble-t-on l'œconomie vegetative d'un arbre en lui arrachant une feuille? Cela nuit-il aux autres feuilles? (2) Il n'est donc pas vrai que la terre ait besoin de tout ce qui existe dans l'Univers.

Avouez moi, Monsieur, que ces questions que l'on pourroit accompagner de plusieurs autres vous paroitront importunes. Vous n'ignorez pas les paroles d'un Ministre fort éclairé: » (3) L'Astronomie étourdit la raison & l'i- » magination, par les idées qu'elle nous don- » ne, de l'étenduë presqu'infinie de l'Univers, » de la grandeur démesurée de tant d'Astres, que » nous n'apercevons que comme des étincelles » dans les Cieux. La Terre s'évanouït, quand » on fait réflexion, que la distance des (a) As- » tres se compte par des milhons de lieuës, & » que l'erreur qu'on pourroit commettre de » trois ou quatre millions dans ce calcul, est » à peu près de même, que si on se trompoit

» de

(1) Voiez Mr. Gadroys dans son systeme du monde pag. 31. 32.

(2) Consultez le chapitre 209. des Pensées diverses.

(3) Jaquelot preface de la Dissertation sur l'existence de Dieu.

(a) Voiez les observations Astronomiques de Messieurs de l'Observatoire de Paris.

„ de quatre ou cinq pas, en déterminant à vûe
„ d'œil une diftance d'une demilieuë ou envi-
„ ron.   Quand on penfe à cette immenfité
„ de l'Univers, on ne fçait prefque plus quelle
„ place cette Terre occupe.   C'eft un point;
„ c'eft un rien, que la Religion néanmoins en-
„ gage de confidérer comme la partie la plus
„ confidérable de l'Univers, la plus favorifée
„ du Créateur, & la feule qu'il ait honorée de
„ fes graces & de fes merveilles les plus extraor-
„ dinaires.„

Ne pourroit-on pas tenter quelque voie d'accommodement entre la philofophie & la theologie, dans lequel chacune trouvât fon compte
fur cette matiere ? Ne pourroit-on pas fupofer que de tous les plans des mondes poffibles,
il n'y en a eu aucun que Dieu ait trouvé conforme à fa gloire, excepté celui qui renfermeroit
le myftere de l'incarnation & toutes fes depen-
dances? Si nous fupofons cela il eft vrai de dire que le monde a été créé pour l'homme, que
l'homme a été non feulement *conditio fine qua
non*, une condition fans laquelle Dieu n'eut rien
produit, mais même un objet (1) determi-
nant, & auquel toutes les chofes neceffaires
ont été fubordonnées.   Voilà peut-être dequoi
contenter la Theologie.   Pour ce qui eft de la
philofophie elle fe pourroit accomoder de cette autre fupofition.   C'eft que Dieu s'étant determiné à caufe de l'homme à faire un ouvrage, ne s'eft point borné au deffein qu'il avoit
fur l'homme, il a mis dans fon ouvrage tout
ce que ce deffein principal pouvoit demander, & outre cela une infinité d'autres chofes
dignes de fa puiffance & de fa fcience infinie,
& pour telles fins qu'il lui a plu, fuites neceffaires des loix mechaniques du mouvement qu'il
donnoit à l'étenduë.

Ceci fe peut expliquer par une comparai-

*(1) En-
tendez
toûjours
en qualité
de moien,
car la der-
niere fin de
Dieu ne
peut-être
que Dieu
même.*

fon. Un grand Monarque repond favorablement à la requête de quelques marchans étrangers qui fouhaitent la permiſſion de s'établir dans ſes états. Il leur fait bâtir une ville maritime avec un beau port. Il ordonne que toutes les commoditez du commerce, comme magazins, halles, &c. y ſoient menagées. En un mot il n'oublie rien de tout ce qui eſt neceſſaire à une ville marchande. Mais ſe voiant en train de faire bâtir cette ville, il forme de nouvelles vuës, il veut qu'elle ſoit un monument de ſa grandeur, & de ſa magnificence, l'une des merveilles du monde. Il y fait des amphitheatres, des arcs de triomphe, des temples, des colleges, & des aqueducs magnifiques, quantité de beaux palais. Il y érige des ſtatuës, des obeliſques, & des colonnes ornées d'emblemes, de deviſes, & d'énigmes. Tout ce que les arts ont de plus exquis eſt emploié à l'ornement de ce lieu - là. Le Monarque n'eût rien fait de toutes ces choſes, ſi ces marchans étrangers ne l'euſſent determiné à la conſtruction de cette ville. Ils ont été ſon principal & ſon unique motif au commencement, mais en ſuite il s'eſt propoſé d'autres deſſeins, de ſorte que l'on trouveroit bien-tôt une reponſe à la queſtion, pourquoi tant de choſes non neceſſaires à une ville de commerce, tant d'énigmes, & tant d'emblemes ingenieuſes à quoi les marchans trop occupez de leur negoce ne prendront point garde?

§. LVII.

§. LVII.

*En quel sens j'ai pu adapter la pensée de Seneque.
La vanité de l'homme a contribué à la doctrine
des presages. Si les suites des loix de la nature ont toûjours l'homme pour but.*

Quoi qu'il en soit je vous prie de bien remarquer a quelle occasion je me suis servi de la
pensée de Seneque. Je ne l'ai citée qu'après
avoir dit (1) que l'homme est si vain qu'il s'i-
magine, *Qu'il ne sauroit mourir sans troubler
toute la nature, & sans obliger le ciel à se mettre en nouveaux frais pour éclairer la pompe de
ses funerailles.* J'ai allegué les paroles d'un
Jesuite (2) Italien qui a debité cela publiquement, & vous savez que les Jesuites, & sur
tout en Italie ne passent pas pour des Docteurs favorables à ceux qui s'oposent à la credulité super-
stitieuse. Voilà donc un temoin de poids contre l'opinion vulgaire sur ce qu'on nomme presages des malheurs publics. S'il refute ainsi
ceux qui croient que les Cometes sont formées
extraordinairement à cause que quelque Prince
doit mourir bien-tôt, vous jugez bien qu'il
n'aprouvoit guere ceux qui pretendent (3) que
les fleuves se debordent afin d'annoncer la grande fortune d'un enfant qui vient de naître, ou
afin de reprocher (4) aux hommes le tort
qu'ils ont fait à quelque Monarque. Vous jugez bien qu'il trouvoit là un grand caractere
de l'orgueil de l'homme, & un effet insigne de
l'adresse des flateurs. C'étoit mon texte en
cet endroit-là, or qu'y avoit-il de plus naturel
que de me servir de l'autorité de Seneque, qui a si
bien reconnu que nous nous flaterions trop si nous
nous persuadions que la nature ne songe qu'à
nous, qu'elle ne produit les pluies & les tempêtes.

(1) Pen-
sées diver-
ses ch 83.
pag. 225.

(2) Vin-
centius
Guinisius.

(3) Voiez
les mêmes
Pensées
ib. pag.
224.

(4) Voiez
les mêmes
Pen ees
chap. 82.
pag. 218.

le grand chaud & le grand froid qu'à cause de nous? Jusques là je ne voi rien de condamnable dans sa doctrine. Prenez la dans cette generalité, je m'assure qu'elle ne vous semblera pas oposée aux fondemens du systeme dont vous (1) m'avez averti.

(1) *Voiez ci-dessus pag.* 260.

Car il nous engage seulement à dire que Dieu ne s'est determiné à faire des creatures qu'afin d'unir son fils unique avec la nature humaine, & de lui former un corps mystique composé des prédestinez. Il ne nous engage point à soutenir, que Dieu ne fait rien qui ne se raporte directement à la terre, ou plutôt à l'homme. Encore moins nous engage-t-il à soutenir que l'irregularité des saisons, les tempetes, les tremblemens de terre, les phenomenes de l'air &c. sont des choses qui arrivent extraordinairement, & qui n'ont nulle relation qu'à une ville, qu'à une Province, ou même qu'à une seule personne dont il faut notifier la destinée par des presages. Il sufit à vôtre systeme que Dieu ait subordonné à l'homme tout ce qui doit concourir necessairement à l'œconomie de la Grace, & qu'il ait placé la terre dans une situation à être à portée de l'activité de tous les corps qui doivent l'aider à produire nôtre nourriture. Il ne s'est point lié les mains, il fait ailleurs & même dans nôtre petit tourbillon une infinité de choses qui ont un raport direct à toute la masse du monde, je veux dire qu'émanent des loix generales sans aucun égard particulier & limité à nôtre espece.

Soufrez que je vous fasse trois ou quatre petites questions. 1. Croiez-vous que la mer fut toûjours calme pendant que les hommes ignorerent la navigation? 2. Croiez-vous qu'il n'y a jamais de tempêtes sur les côtes inhabitées? 3. Croiez-vous que si la Sicile & l'Italie étoient un païs desert, elles ne seroient pas sujettes ſujetes à des tremblemens de terre , & que le mont Etna , & le mont Veſuve ne jetteroient jamais de flames ? 4. Croiez-vous que ſi la Hollande n'avoit aucun habitant , les eaux n'y ſeroient jamais pouſſées par le vent de Nord-Oueſt avec la fureur que l'on y remarque ? Son-gez un peu à la reponſe que vous aurez à me faire. Je ne penſe pas qu'il y ait de Theolo-gien qui voulut prendre l'afirmative ſur ces queſtions-là , & je croi en particulier à l'é-gard de la derniere que tous les Theologiens du païs tomberoient d'accord que la Hollande ſeroit bien-tôt ſubmergée ſi perſonne n'y de-meuroit , puis qu'en ce cas-là les digues ne ſe-roient point entretenuës , ni reparées comme elles le ſont par la vigilance continuelle des habitans. Peut-on dire après cela que les tem-pêtes & les tremblemens de terre regardent uniquement & directement le genre humain ? Ne faut-il pas convenir en general (1) de la maxime de Seneque? Et ne peut-on pas apli-quer ici ce que Ciceron remarque lors qu'il combat la divination des foudres ? Si Jupiter les lançoit afin de ſignifier des évenemens fu-turs, tomberoient-elles ſi ſouvent en vain? Car que gagne-t-il lors qu'il les jette au milieu de la mer, ou ſur les plus hautes montagnes com-me il arrive le plus ſouvent, ou dans les de-ſerts, ou dans les païs qui ignorent cette eſ-pece de divination ? (2) *Quod igitur vi natu-ra, nulla conſtantia, nullo rato tempore videmus offici, ex eo ſignificationem rerum conſequentium quærimus? Scilicet ſi iſta Juppiter ſignificares, tam multa fruſtra fulmina emitteres. Quid enim proficit, quum in medium mare fulmen je-cit? Quid quum in altiſſimos montes? quod ple-rumque fit. Quid quum in deſertas ſolitudines? Quid quum in earum gentium oras, in quibus hæc ne obſervantur quidem.* On ne peut repon-dre

(1) *Je parle ainſi parce qu'il y a des oc-caſions où la provi-dence divi-ne peut exciter par des volon-tez parti-culieres les fleaux de ſa ven-geance.*

(2) Cice-ro de divi-nat. lib. 2. fol. 316. C. Voiez auſſi Lu-crece lib. 6. v. 380. & ſeq.

dre à ces questions qu'en supofant que le pre-
fage ni même l'homme ne font pas le but
unique de Jupiter.

Je vous citerai une reponfe que l'on fait faire
au Cardinal Mazarin. Vous y verrez que l'on emploie aujourd'hui les mêmes rufes qu'anciennne-
ment pour entretenir la vanité, mais qu'il fe fit
juftice, & qu'il ne voulut point croire que fa mort
intereffât toute la nature. Lifez, s'il vous plaît,
ees paroles de Madame de Sevigni ; elles font
dans une lettre qu'elle écrivit de Paris au Comte de Rabutin le 2. de Janvier 1681. „ (1) Nous
„ avons ici une Comete qui eft bien étendue,
„ c'eft la plus-belle queuë qu'il eft poffible de
„ voir.   Tous les grands perfonnages font al-
„ larmez, & croyent que le Ciel bien occupé
„ de leur perte, en donne des avertiffemens
„ par cette Comete.   On dit que le Cardinal
„ Mazarin étant defesperé des Medecins, fes
„ Courtifans crurent qu'il falloit honorer fon
„ agonie d'un prodige, & lui dirent qu'il pa-
„ roiffoit une grande Comete qui leur faifoit
„ peur.   Il eut la force de fe moquer d'eux,
„ & il leur dit plifamment, que la Comete
„ lui faifoit trop d'honneur.   En verité on de-
„ vroit en dire autant que lui; & l'orgueil hu-
„ main fe fait trop d'honneur de croire qu'il
„ y ait de grandes affaires dans les aftres quand
„ on doit mourir. „   Voions auffi la reponfe
de Mr. de Rabutin : (2) *La Comete qu'on voit à*
Paris, fe voit auffi en Bourgogne, & fait parler
les fots de ce pays-ci, comme ceux de celuy-là.
Chacun a fon heros, qui à fon avis, ou doit être
menacé, & je ne doute pas qu'il n'y ait des gens
à Paris qui croiront que la Comete a annoncé au
*monde la mort de B** *. Je trouve, comme vous,*
Madame, que le Cardinal Mazarin eut l'efprit.
affez fort de fe moquer en mourant des flateurs
qui lui difoient que le Ciel prefageoit fa perte par

(1) *Lettre*
141. *de*
Rabutin
3. *part.*
pag. 360.
édit. de
Holl

(2) *Ibid.*
letter 142.
pag. 362.

la Comete qui paroiſſoit alors. J'admire la fer-
meté du Cardinal en cette rencontre ; & en effet,
il faut bien de la force pour dire en mourant les
mêmes choſes qu'on diroit en bonne ſanté. La foi-
bleſſe de craindre les Cometes n'eſt pas moderne ;
elle a eu cours dans tous les ſiecles, & Virgile qui
avoit tant d'eſprit, a dit qu'on ne les voyoit ja-
mais impunément. Peut-être ne l'a-t'il pas crû ;
& que comme il étoit un des flateurs d'Auguſte,
il a voulu lui perſuader qu'il croiroit que le Ciel
temoignoit par ces ſignes l'interêt qu'il prenoit aux
actions & à la mort des grands Princes. Pour
moi je ne le croi pas.

Vous verrez dans ces paſſages que s'il y a encore des gens qui ſuivent l'ancienne routine,
on ne manque pas de gens d'eſprit qui ſe mo-
quent d'eux. Voulez-vous un autre exemple de
cela ? Liſez ces paroles de Guy Patin : (1) *Les*
Eſpagnols font courir le bruit que le jour de la
mort du Comte d'Olivarez, il arriva le plus
grand orage qui ſe vid jamais, & même qu'une
petite riviére ſe deborda ſi furieuſement, qu'elle
penſa noyer tout Madrit. Je laiſſe tous ces pro-
diges qu'on dit arriver à la mort des Grans, à
Tite-Live & à quelques autres anciens Hiſtoriens,
& à la ſuperſtition des Eſpagnols. Je croy qu'ils
meurent tout-à-fait comme les autres, en cédant
à la mort qui ne manque jamais de venir en ſon
tems. Nous avons ici vû mourir le Cardinal de Ri-
chelieu naturellement comme les autres, ſans mira-
cle, auſſi bien que ſans orage, un des plus beaux jours
de l'année, quoy que ce fut le 4. de Décembre.

Je ne puis deviner ce que le Comte de Rabutin a voulu dire par *la mort de B**.* Mais
s'il avoit entendu une perſonne qui ne fut pas
de qualité, il donneroit lieu à une petite reflexion, qui eſt que pour degrader les Cometes,
il ſuffiroit que le public s'accoutumât à les prendre pour le preſage de la mort d'un homme

vul-

(1) *Patin*
lettre 7.
datée le
24. *d'Oc-*
tobre 1645.
pag. 29. *du*
1. *tome*
édit. de
Génève
1691.

vulgaire. Elles tomberoient alors au même
état que l'Oftracifme qui ceffa (1) dès qu'il eut
été emploié contre un Homme de peu de merite. Les têtes couronnées, les Grans en un
mot, ne voudroient plus fe perfuader que
Dieu formât des Comeres pour fervir de pro-
noftics. Les flateurs n'oferoient plus toucher
cette corde. Un Prince qui fe porte bien, ou
qui n'eft pas fort malade, & qui fe croit menacé par une Comete, ne la voit qu'avec chagrin, mais s'il defefpere de fa guerifon, il trouve un fujet de vanité dans ce phenomene, &
s'en laiffe cajoler par fes courtifans. L'orgueil
eft fi naturel à l'homme que pour l'ordinaire il ne meurt pas avant lui. Croiriez-vous
bien qu'il fe mêle un grand fond de vanité
dans les plaintes que font éternellement plufieurs petits particuliers contre leur étoile?
Ils rencontrent, difent-ils, les opofitions de
la fortune à tout ce qu'ils entreprenent, ils
declament contre fon aveuglement, ils la re-
prefentent jaloufe du vrai merite. Qu'ils
fondent bien leur cœur, ils trouveront qu'ils
fe regardent comme un objet qui donne de
l'inquietude à certaines intelligences, & qui eft
digne de leur colere par fa grande capacité:

'Scilicet, (2) *is Superis labor eft: ea cura quietos
Sollicitat.*

Revenons à Seneque. Vous ne pouvez lui
pardonner cette expreffion, les Dieux fe pro-
pofent quelque chofe de plus grand, & un fruit
plus noble de leurs actions que de conferver les
creatures mortelles. Je vous laiffe la liberté
de le critiquer à certains égards, mais permettez moi auffi de vous dire qu'au fond il y a du
vrai dans fa penfée. Souvenez vous, s'il vous
plaît, qu'on (3) peut fupofer que le plan de creation que Dieu a choifi, a du neceffairement
renfermer l'homme parce que fans l'union hy-
pof-

(1) *Plut.
in vita
Ariftid.
pag. 322.*

(2) *Virgil.
Æneid.
lib. 4. v.
379.*

(3) *Voiez
ci-deffus
pag. 265.*

ſtatique de la ſeconde perſonne de la Trinité
:c la nature humaine le monde ne pouvoit
e un ouvrage digne de Dieu, mais que s'é-
t determiné à créer ſelon un tel plan, il ne
eſt point limité aux choſes qui pouvoient ſervir à l'homme, il s'eſt repandu pour d'autres
fins qui tendent toutes à ſa gloire ſur autant
d'êtres poſſibles qu'il en faloit dans un monde
infiniment admirable par ſa grandeur, par la
ſymmetrie de toutes ſortes de pieces, & par la
fecondité de leurs effets en vertu d'un ſeul reſ-
ſort, je veux dire, du mouvement local diſtri-
tue ſuivant un très-petit nombre de loix generales. Si Dieu s'étoit contenté de créer les
choſes neceſſaires au gẽnre humain ſoit par raport à la nourriture, ſoit par raport à la beauté
du ſpectacle, un tourbillon de 50. mille lieuës
de diametre eût été plus que ſuffiſant. Un
ſoleil beaucoup plus petit, & à proportion
moins éloigné de la terre que celui que nous
voions, eut produit les mêmes effets en faveur
de l'homme que ceux que nous reſſentons.
J'en dis autant de la lune, & des autres planetes & de tous les aſtres. Il n'y avoit qu'à leur
donner moins de grandeur, & à les poſer d'autant plus près de la terre. Le theâtre eut paru auſſi magnifique & auſſi vaſte à nos yeux
qu'il nous le paroit aujourd'hui, & l'activité des
elemens n'eût pas été moindre. Mais un ſi petit monde n'auroit pas fourni à Dieu une aſſez
ample matiere de deploier ſa puiſſance, & l'in-
inité de ſa ſcience *architectonique*, s'il m'eſt
permis d'uſer de ce mot. Il a donc voulu que
puis qu'il faloit créer, ce fût un monde infini
ou preſque infini, ſur lequel il pût repandre une
effuſion illimitée des perfections de ſon art,
qui ſur tout conſiſtent à produire par des voies
imples, uniformes, & generales une diverſité
innombrable de changemens qui s'accordent à

M 5   mer-

merveille avec la regularité, & qui servent à
l'ornement & au soutien de tout l'édifice.   S
quelque chose est capable de nous donner une
haute idée de la sagesse du createur, c'est de
concevoir qu'il conserve dans une étenduë immense de matiere où tout est en mouvement,
un ordre & une regularité admirable, avec une
fecondité prodigieuse de varietez sans avoir
besoin de reparer par des volontez particulieres les suites de la volonté generale, par laqu..l-
le il a établi au commencement un petit nombre de loix pour la communication de sa faculté
motrice. La terre & les autres parties du monde subordonnées au genre humain, sont soumises à ce petit nombre de loix generales,
tout de même que les parties de l'Univers qui
ont leur sphere d'activité hors de nôtre tourbillon.   Les tempêtes, & cent autres phenomenes qui nous rencontrent dans leur chemin
dependent de la loi generale (1).. Seneque a
raison de dire que nous ne sommes point cause que le monde les produit. Le mal qui nous
en revient, & le bon usage que nous en pouvons faire sont dans l'intention de Dieu, car il
prevoit tout ce qui resultera de l'action des
corps, mais nous ne sommes là ni son unique,
ni son principal motif. Cela est bon à dire par
raport aux choses qui sont de l'ordre de la grace
& qui apartienent à l'œconomie du corps mystique de J. Christ. Toutes les autres sont de
l'ordre naturel: un interêt beaucoup plus grand
que le nôtre en est la regle, c'est que Dieu ne
veut point troubler la simplicité de ses voies,
mais faire porter le caractere de sa sagesse à
tous les ouvrages de la nature.   Or ce caractere reluit principalement en ce qu'ils sont une
suite non interrompuë des loix generales (2).

(1) On dit
ceci sans
prejudice
de certains
cas parti-
culiers où
Dieu agit
extraordi-
nairement.

(2) Il est
bon de con-
sulter sur
tout ceci
les écrits
du Pere
Malle-
branche.

§. LVIII.

§. LVIII.

Seneque s'est éloigné de la doctrine des autres
Philosophes quand il a dit que le monde n'a pas
été fait pour l'homme.

Vous me demandez la raison qui a pu porter Seneque à s'éloigner de l'opinion dominan-
te. Mais êtes-vous bien certain qu'il l'a quitée ?
Vous en douterez, je m'assûre, quand vous
aurez lu ce chapitre.

Seneque n'a point dit, comme vous le sup-
posez, que l'homme ait été exclus du plan de
la production du monde ; il reconoît le contraire, je vous ai cité (1) ses paroles. Il a
seulement nié que Dieu n'agisse que pour
l'homme, & que l'homme soit le seul, ou le
principal objet de la providence qui gouverne
toutes choses. Ce seroit à vous à prouver que
selon le dogme ordinaire des Païens tout a été
fait pour l'homme. Je ne croi pas qu'il vous
fut possible de prouver cela ; car lors qu'ils
ont raisonné sur les motifs de la production de
l'Univers, ils en ont presque toûjours allegué
deux, savoir les Dieux & les hommes.

Voilà pourquoi l'Epicurien Velleius voulant
prouver que les Dieux n'ont point fait le monde, se sert entre autres raisons de celle de la
cause finale, je veux dire qu'il s'efforce de
montrer qu'ils ne l'ont construit ni pour eux-
mêmes, ni pour les hommes. Pourquoi l'auroient-ils orné de tant d'astres, & d'une si
grande varieté de choses, demandoit-il (2) ? Se-
roit-ce afin d'être mieux logez, & de joüir d'un

M beau

(1) Ci-
dessus pag.
254.

(2) *Quid*
autem erat
quod con-
cupisceret
Deus mun-
dum signis
& lumini-
bus tam-
quam ædi-
lis ornaret
Si ut Deus
ipse melius
habitaret :
ante vide-
licet tem-
pore infini-
to in tene-
bris tam-
quam in
gurgustio
habitave-
rat. Post
autem va-
rietate rе-
rum delе-
ctari puta-
mus, quâ
cælum &
terras ex-
ornatas vi-
demus ?
Qua istâ
potest esse

oblectatio Deo ? qua si esset, non eâ tandiu carere potuisset.
Cicero de nat. Deor. lib. 1. pag. 31. *Voiez aussi Lucrece*
Ed. 5. v. 169. & seq.

beau spectacle ? Ils étoient donc demeurez une
infinité de siecles dans les tenebres comme dans
une gargote.   Peuvent-ils prendre plaisir aux
ornemens de la nature, & si c'étoit un charme
pour eux, auroient-ils pu s'en passer un si
long tems ? Il raisonne en suite contre l'autre
membre de la division, & dit que si le monde
avoit été fait pour les hommes, ce seroit ou
pour les sages ou pour les fous : mais les sages sont en si petit nombre que ce n'étoit
pas la peine d'entreprendre un tel édifice.
Les fous & les mal honnêtes gens ne meritoient point cette faveur, & l'on n'y eut rien
gagné puis qu'ils ne sortent jamais de la derniere misere, car qu'y a-t-il de plus miserable
que la folie ? Outre cela ils ne peuvent éviter
les maux qui viennent, ni suporter les maux
presens, au lieu que les sages se peuvent de-
dommager des incommoditez par la possession
des commoditez : (1) *An hæc ut fere dicitis,*

(1). Cice-
ro ib. Lu-
crece ubi
supra v.
198. &
seq. se
sert d'une
autre rai-
son. Voiez
le chapitre
suivant.

*hominum causâ à Deo constituta sunt ; sapientum-
ne ? propter paucos ergo tanta est facta rerum
molitio. an stultorum ? at primum causa non fuit
cur de improbis bene mereretur: deinde quid est
assecutus, cùm omnes stulti sint sine dubio mi-
serrimi, maximè quòd stulti sunt ? Miserius enim
stultitiâ quid possumus dicere ? deinde quod ita
multa sunt incommoda in vitâ, ut ea sapientes
commodorum compensatione leniant : stulti, nec
vitare venientia possint, nec ferre præsentia.*

Il ne s'agit point de refuter ces vains sophis-
mes, il ne s'agit que de vous prouver que selon
le dogme courant des Auteurs Païens la cause
finale du monde renfermoit non seulement
l'homme, mais aussi les Dieux. Vous veriez
cela encore plus distinctement dans l'endroit
où Ciceron fait parler le Stoïcien Balbus ; car
la raison qu'il lui prête afin de montrer que
les creatures dont nous jouissons nous ont été
desti-

deſtinées, eſt priſe de ce que le monde a eté fait pour les Dieux & pour les hommes, & qu'ils y habitent les uns & les autres, comme dans une maiſon ou dans une ville commune: (1) *Reſtat ut doceam, atque aliquando perorem, omnia quæ ſunt in hoc mundo, quibus utantur homines, hominum cauſſâ facta eſſe, & parata. Principiò ipſe mundus DEORUM, hominumque cauſſâ factus eſt: quæque in eo ſunt omnia, ea parata ad fructum hominum & inventa ſunt. Eſt enim mundus quaſi communis DEORUM, atque hominum domus, aut urbs utrorumque. Soli enim ratione utentes jure, ac lege viventes. Ut igitur Athenas, & Lacedæmonem, Athenienſium, Lacedæmoniorumque cauſſâ putandum eſt conditas eſſe: omniaque quæ ſint in his urbibus eorum populorum rectè eſſe dicuntur: ſic quæcumque ſunt in omni mundo, DEORUM, atque hominum putanda ſunt.* A cela s'accorde cette definition du monde, que c'eſt (2) un ſyſteme compoſé des Dieux & des hommes & des choſes, qui ont été faites pour les Dieux & pour les hommes. Vous la trouverez dans Diogene Laërce comme un dogme des Stoiciens.

Je pourrois tirer de quelques unes de leurs maximes (3) pluſieurs conſequences qui vous montreroient qu'ils ont enſeigné la même choſe que Ciceron vient de nous decrire, mais je m'abſtiendrai de ce travail, parce que j'eſpere que ſans cela mes preuves vous paroitront aſſez fortes. Je crains que vous ne vous ſoiez laiſſé tromper à Lactance qui a dit en deux en-

M 7 droits

(1) *Id. ib. lib.* 2. *pag.* 539. Il avoit déja parlé ainſi dans la page 485. *Quorum igitur cauſſâ quis dixerit effectum eſſe mundum? Eorum ſcilicet animantium, quæ ratione utuntur. Hi ſunt Dii, & homines, quibus profecto nihil eſt melius: ratio eſt enim quæ præſtat omnibus. Itaque fit credibile, Deorum,*

& *hominum cauſſâ factum eſſe mundum, quæque in eo ſint omnia.* (2) Σύστημα ἐκ θεῶν, καὶ ἀνθρώπων καὶ τῶν ἕνεκα τούτων γεγονότων: *Compages conſtans ex diis & hominibus eiſque rebus quæ horum gratiâ condita ſunt.* Diog. Laërt. lib. 7. n. 138. pag. 452. (3) *Voiez Lipſe phyſiol. Stoic. lib.* 2. *diſſert.* 7. & 8.

(1) Con-
stat id quod
Stoici
aiunt, ho-
minum
causa
mundum
esse fabri-
catum.
Lactant.
lib. 7.
divin. in-
stit. cap. 4.
Voiez la
aussi de ira
Dei cap.
13.

(2) Voiez
ci-dessus
pag. 254.

(3) Voiez
dans mon
Diction-
ne la re-
marque A
de l'arti-
cle Hama-
dryades.

(4) Qua-
lis futura
est vita sa-
pientis, si...
in desor-
tum litus

droits (1) que selon les Stoïciens le monde a été
bâti pour les hommes. Il a oublié le principal:
ils donnoient sans doute à la nature divine la
préférence sur la nôtre. Seneque marchant sur
leurs traces a cru que le monde a été fait pour
les Dieux principalement, & c'est pour cela
qu'il a dit que les hommes ne sont pas l'objet
des actions de la nature, c'est-à-dire, l'objet
unique & capital, comme il s'en est assez (2)
expliqué.

. Vous êtes peut-être de ceux qui s'imaginent
que ce dogme des Stoïciens est parfaitement
orthodoxe, & qu'ils ont pretendu dire comme font tous nos Docteurs que le monde a
été créé pour l'homme, & l'homme pour Dieu,
qu'en un mot Dieu ne pouvant avoir pour derniere fin que sa propre gloire, il est vrai de
dire qu'il a créé toutes choses pour lui & pour
l'homme, mais en diferens sens; pour lui
comme pour la derniere fin, pour l'homme
comme pour le dernier moien de cette fin. Je
vous assûre que les Stoïques ne songeoient pas
à une si bonne distinction. Ils prenoient le
monde pour un ouvrage commode, & utile
aux Dieux; cela alloit loin, car selon leur dogme la conservation du monde étoit de la derniere importance pour les Dieux, il y alloit de
leur vie. Elle en dependoit comme la vie d'u-
ne (3) Hamadryade de celle de son arbre. Je
vous permettrois de douter du fait, si je ne
vous en donnois une bonne preuve. Prenez la
peine de lire ce passage de Seneque, (4) La
vie du sage reduit à la solitude ressemblera à la
vie que Jupiter mene quand le monde se dissout,
& que les Dieux se confondent pêle mêle en un,

la

ejectus: Qualis est Jovis: cùm resoluto mundo, & diis in
unum confusis, paullisper cessante natura, acquiescit sibi cogi-
tationibus suis traditus. Seneca epist. 9. pag. 178.

la nature se reposant pour quelque tems. Jupiter alors livré à ses pro res pensées se contente de soi-même. Selon les Stoiciens la premiere & la grande divinité improduite, & indestructible étoit un feu qui produisoit les élemens, les animaux, les Dieux, & les hommes, & tout le reste du monde, & qui les faisoit perir par les flammes après un certain tems. Il arrivoit en suite une nouvelle generation (1). Vous ne devez pas ignorer que selon eux, le soleil & les étoiles étoient des divinitez, qui avoient besoin de se nourrir des exhalaisons du globe terrestre (2). Jugez après cela s'ils ne croioient pas que les Dieux étoient très particulierement interessez à la durée de ce monde.

Par les principes de la plûpart des Paiens le monde servoit de beaucoup à l'utilité des Dieux, & sauf la diference du plus au moins l'on devoit croire qu'il avoit été fait pour eux dans le même sens que pour les hommes.

§. LIX.

Comparaisons entre l'état des hommes & celui des bêtes.

Vous avez mêlé dans vôtre censure de mon aprobation de Seneque une question incidente qui ne me regarde point, & que je pourrois par consequent vous abandonner toute entiere. Je m'y arrêterai neanmoins un peu, car il me semble qu'en ami je dois vous dire que vous vous échaufez trop sur cette question, & que vous la poussez trop loin. Elle concerne l'empire de l'homme sur toutes les bêtes. Il ne vous seroit pas aussi facile que vous le croiez de terrasser ceux qui contestent à l'homme cet avantage.

Ne vous glorifiez pas de trouver dans le plus cele-

(1) Diogenes Laërtius in Zenone lib. 7. n. 137. Voiez aussi Seneque de consol. ad Marciam in fine pag. m. 705. & le Diction. hister. & crit. à la remarque I de l'article Chrysippe.

(2) Cicere de nat. Deor. lib. 2. pag. 281. 282. Voiez ce que j'ai cité dans le chap. 198. des Pensées diverses pag. 613.

celebre Orateur de l'ancienne Rome une defcription éloquente (1) des faveurs que Dieu a
faites au genre humain. Je vous avoué qu'il
feroit bien dificile de mettre dans un plus beau
jour le raifonnement que l'on emploie a foutenir que le monde a été créé pour l'homme,
l'argument, dis-je, que l'on établit fur les utilitez innombrables que nous trouvons fur la
terre. Ciceron femble s'être furpaffe pour en
mieux decrire le detail, il ne fe contente pas
de reprefenter ce que les plantes, & les me-
taux nous fourniffent, il parle auffi des commoditez que nous retirons des animaux (2),
& il s'attache même à montrer (3) qu'ils ont
été faits pour nous. Je vous avoué encore une
fois qu'il n'y a rien de plus beau que ce dif-
cours-là, c'eft une peinture de main de maitre, mais fi nous pouvions vous montrer le revers de la medaille, ce feroit pour vous un
grand rabatjoie. Vous verriez fans doute que
Ciceron ne fut pas moins éloquent pour Cotta
que pour le Stoïcien Balbus ; & qu'il eut peut-
être plus de nerfs, & plus de brillant au 3. livre pour renverfer ce qu'il avoit établi dans
le fecond qu'il n'en avoit eu pour le prouver. Cette partie de la reponfe de Cotta
au difcours de Balbus s'eft perduë avec plufieurs autres pages qui la precedoient, ou qui
la fuivoient. Je n'oferois oire que le zèle des
devots a été la caufe de cette perte, car s'ils
avoient cru qu'il faloit faire perir cet endroit-
là, ils n'auroient pas été moins feveres contre
plufieurs pages du même livre qui font parve-
nuës

(1) *Voiez Ciceron de natura Deor. lib. 2. pag. 485. & feq.*

(2) *Vefci-mur beftiis & terrenis, & aquati-libus, & volatili-bus, par-tim capien-do, partim dando. Efficimus etiam do-mitu no-ftro qua-drupedum vectiones, quorum ce-leritas,atque vis no-bis ipfis af-fert vim, & celeri-tatem. Nos onera quibufdam beftiis, nos juga imponimus: nos elephantorum acutiffimis fen-fibus, nos fagacitate canum ad utilitatem noftram abutimur: nos è terra cavernis ferrum elicimus, rem ad colendos agros neceffari m: nos aris, argenti, auri venas penitus abditas in-venimus, & ad ufum aptas, & ad ornatum decoras.* Cicero ib. pag. 529.

(3) *Id. ib. pag. 545. & feq.*

nuës juſques à nous. Mais quoi qu'il en ſoit nous devons être aſſûrez que Ciceron ne negligea pas les argumens de Lucrece (1), ni pluſieurs autres, & qu'il inſiſta principalement ſur les incommoditez que nous recevons des bêtes , & ſur les utilitez qu'elles tirent de nôtre travail , & ſur ce qu'enfin ſi nous nous ſommes nourris de leur chair, nous leur ſervons de pature à nôtre tour. Si l'on ne nous enterroit pas nous ſerions la proie des chiens , & des loups , des vautours & des corbeaux. La ſepulture qui nous exempte de leur voracité nous laiſſe à la diſcretion des vers, & lors même que l'on brule les cadavres, on ne les empeche pas d'être l'aliment d'un corps plus vil, & plus mepriſable que les bêtes: elles ont ſans contredit plus de perfections que le feu. Ainſi les mêmes raiſons pouvoient ſervir , & pour prouver que nous ſommes faits pour elles , & pour prouver qu'elles ſont faites pour nous. Ces raiſons-là peuvent-elles être bonnes avec une telle qualité ?

Je ne vous parlerai point de ceux qui ont dit que la nature a traité les bêtes en mere & les hommes en marâtre. Les hommes ne mangeat leur pain qu'à la ſueur de leur front: la terre leur fait bien paier les alimens qu'elle leur procure : & ils ſe voient très ſouvent fruſtrez du fruit de leurs peines. Le defaut ou l'excés de pluie, la grêle, les brouillards, cent autres choſes (2) renverſent le travail de pluſieurs mois. Les bêtes ne ſont pas reduites à la dure neceſſité de l'agriculture. La terre leur fournit gratis dequoi ſe nourrir, & aux depens de nôtre fatigue. . (3) Elles moiſſonnent où

(1) *Voiez comment Lucrece lib. 5. v. 198. & ſuiv. tâche de prouver que les Dieux n'ent point fait la terre pour l'homme. Il decrit entre autres choſes la peine que donne la culture de la terre, les accidens à quoi ſont ſujets les travaux des laboureurs, la multitude de bêtes qui nous nuiſent, l'infirmité du corps de l'homme en comparaiſon de*

celui des bêtes. (2) Sternit agros, ſternit ſata læta boumque labores. *Virgil. Æn. lib. 2. v. 306.* (3) *Alluſion aux paroles de Saint Matthieu ch. 25. v. 24.*

où elles n'ont point femé , elles recueillent où
elles n'avoient rien mis.   Difons plutôt qu'elles n'ont pas même la peine de moiffonner.
C'eſt Jesus-Christ, qui le remarque: *Les*
oiſeaux du ciel, a-t-il dit (1), *ne ſement, ni ne*
moiſſonnent, & n'amaſſent rien dans des greniers,
mais le pere celeſte les nourrit. Il y a des gens
qui ſe plaiſent à étaler les avantages (2) qu'ils
ſupoſent que les bêtes .ont reçus de la nature
plus abondamment que nous.   Ils leur envient
le bonheur de ne s'inquieter ni du paſſé, ni de
l'avenir , & ils pretendent que ſi nous les ſur-
paſſons en lumieres, c'eſt plutôt parce que
nous croions ſavoir quantité de choſes , que
parce que nous les ſavons veritablement.   Je
n'ai que faire d'examiner leurs declamations
remplies de paralogiſmes , ni de refuter leurs
plaintes.   Le Philoſophe Paien qui vous a choqué vous paroîtra bien plus raiſonnable qu'eux,
ſi vous conſultez ce qu'il a dit (3) contre les
ingrats qui n'ont pas voulu reconoître la pré-
minence de l'homme ſur les animaux

Je ne veux pas non plus vous parler d'une
autre ſorte de gens qui diſent que la nature a
traité en marâtre & les hommes & les bêtes,
& que celles-ci ne manqueroient pas de trouver bien triſte leur condition ſi elles étoient capables de raiſonnement.   La guerre qu'elles ſe
font les unes aux autres, eſt un état bien fâcheux, mais la continuelle perſecution qu'elles
ſouffrent de la part des hommes, l'eſt encore davantage.   Une infinité de particuliers par tout
le monde , & quantité de nations entieres ne
s'occupent qu'à la pêche & qu'à la chaſſe.   Les
beſoins de la vie humaine ne ſont pas la meſure de cette perſecution , le luxe , le caprice,
les divertiſſemens vains & bizarres en ſont auſſi
le motif.   Peut-on gagner ſa vie avec plus de
peine que le font les bêtes de ſomme ? N'eſt-

(1) *Evang.*
ſelon Saint
Matthieu
chap. 6.
v. 26.

(2) *Voiez*
les paſſa-
ges de Pli-
ne que je
raporte
dans mon
Dictionai-
re à la re-
marque B
de l'article
Xenopha-
nes.

(3) *Seneca*
de benef.
lib. 2. *cap.*
29.

ce pas pour le bien d'autrui qu'elles travaillent? N'est-ce pas la destinée de la plupart des
animaux, comme Virgile l'a si bien representé:

Hos(1) *ego versiculos feci: tulit alter honores:*
  Sic vos non vobis nidificatis aves.
  Sic vos non vobis vellera fertis oves.
  Sic vos non vobis mellificatis apes.
  Sic vos non vobis fertis aratra boves.

C'est-à-dire (2):

  Ainsi pour vous o bœufs puissans,
  Ne trainés charrue en la plaine:
  Ainsi pour vous moutons paissans,
  Ne portés sur le dos la laine:
  Ainsi pour vous oiseaux du Ciel,
  Ne sauriez faire une couvée:
  Ainsi pour vous mouches à miel,
  Vous n'avez la cire trouvée.

Quel afreux destin que celui des pauvres oiseaux! Je parle de ceux qui ne sauroient nuire
à l'homme. Tout leur soin ne tend qu'à vivre,
& qu'à faire des petits. Quelle peine ne se donnent ils pas pour les faire éclore, & pour leur
porter de la nourriture: mais à quelle vexation
ne sont-ils pas exposez pendant cette occupation si naturelle & si innocente! Il n'y a ni coin
de haie, ni coin de fossé que les enfans ne fu-
retent pour trouver des nids.   En ont-ils
trouvé, ils y retournent cent & cent fois, ils
interrompent à toute heure l'occupation de la
mere, & enfin ils lui enlevent ses petits souvent sous ses yeux, & sans se soucier jamais qu'elle s'en desole.   Ils ne songent qu'à
leurs sots plaisirs.   Les enfans ne sont pas les
seuls qui tourmentent de la sorte les oiseaux.
Combien y a-t-il de personnes d'âge qui cherchent encore des nids, jusques dans les creux
des arbres où ces pauvres bêtes avoient cru
trouver un asyle? L'affliction qu'elles sentent de
l'en-

(1) *Donat.
in vita
Virgilii
fol. m.
* * 3.*

(2) *La ver-
sion du pre-
mier vers
de Virgile
manque
ici.   On
donne celle
des autres
comme on
l'a trouvée
dans l'un
des Ro-
mans de
Madame
de Ville-
dieu (c'est
dans la 5.
partie du
journal
amoureux)
qui supose
qu'elle est
de Marot.
Notez
qu'elle a
été faite
sur un Ori-
ginal où
les vers La-
tins n'é-
toient pas
rangez
comme ici.*

l'enlevement de leurs petits a été fort bien re-
prefentée par un grand Poëte:

(1) *Virgil.*
Georg, lib.
4. *v.* 511.

> *Qualis* (1) *populea mœrens Philomela fub umbra*
> *Amiſſos queritur fœtus; quos durus arator*
> *Obſervans nido inplumes detraxit: at illa*
> *Flet noctem, ramoque fedens miferabile carmen*
> *Integrat , & mœſtis late loca queſtibus implet.*

C'eſt trop vous fatiguer d'une choſe que je n'a-
vois pas deſſein d'étendre , je voulois ſeulement vous dire qu'au gout de certaines gens la
nature n'eſt pas moins une marâtre envers les
bêtes qu'envers les hommes.

Je n'ai que faire de vous avertir d'une autre ſorte d'opinion , car c'eſt vous même qui m'avez
apris que trois ou quatre perſonnes qui ſe
croient fort habiles, ſoutinrent un jour en vôtre preſence qu'on ne ſait quel nom donner à la
nature, qu'elle eſt trop bonne d'un côté envers
les hommes , & envers les bêtes pour meriter celui de marâtre , & que de l'autre elle ne
l'eſt pas aſſez pour meriter celui de mere, qu'on
ne comprend rien dans ſon melange de bonheur & de malheur, qu'il ne faut donc pas ſe
donner la peine de la qualifier, qu'il n'en faut
rien dire , & qu'on ſe doit croire à ſon égard
dans le même cas où Mr. Corneille ſe trouvoit
par rapoṛt au Cardinal de Richelieu : (2) *Il*
le conſideroit d'un côté comme ſon bien-faicteur,
& de l'autre comme ſon ennemy , & c'eſt pour-

(2) *Pel-*
liſſon hiſt.
de l'acad.
Françoiſe
pag. m.
138.

quoi il compoſa ce quatrain après la mort de
cette Eminence:

> *Qu'on parle bien ou mal du fameux Cardinal,*
> *Ma proſe ni mes vers n'en diront jamais rien:*
> *Il m'a fait trop de bien pour en dire du mal,*
> *Et m'a fait trop de mal pour en dire du bien.*

J'aplaudis à la juſte indignation que la penſée
de

de ces trois ou quatre personnes vous donna, mais quant à ce qu'elles ajoûterent que si l'on veut soutenir que toutes choses ont été faites pour l'homme, il faut entendre qu'une partie des creatures est destinée à nous faire du bien, & l'autre à nous faire du mal, je n'aprouve point que vous en soiez choqué. Mais Lactance, dites vous, n'assûre-t-il pas (1) que toutes les choses qui composent le monde, & que le monde produit sont faites pour l'utilité de l'homme? Je conviens qu'il l'assûre magistralement, mais il repond d'une maniere pitoiable à l'objection (2) empruntée de ce qu'il y a tant d'animaux dont le venin est mortel, & je ne pense pas qu'on y puisse mieux repondre que lui. C'est pourquoi je ne vous conseille point de vous engager à la defense de sa doctrine. J'ai refuté ailleurs (3) sa pretenduë solution: elle revient à ceci qu'il a falu qu'il y eut des choses nuisibles afin que la sagesse que Dieu donnoit à l'homme trouvât lieu de s'occuper. Les Stoiciens avoient emploié une autre reponse dont il se moque avec raison, c'est que par exemple les venins contiennent de fort bonnes qualitez, qui ont été decouvertes de tems en tems, ou que l'on decouvrira un jour à venir. O la belle ressource contre un mal present qu'un remede qui se manifestera après une longue suite de siecles! n'étoit-il pas bien plus court & plus utile d'empecher le mal, que de le laisser courir, & de preparer des barrieres qui enfin l'arreteroient? Voilà en gros la maniere dont Lactance refute les Stoiciens. *Sed academici contra stoicos differentes solent quaerere, cur, si Deus omnia hominum causa fecerit, etiam multa*

(1) *Omnia quibus constat quaeque generat ex se mundus ad utilitatem solius hominis accommodata sunt.* Lactant. de ira cap. 13. pag. 545.

(2) *Respondendum est hôc loco philosophis & praesertim maximoque Ciceroni, qui ait: Cur Deus omnia nostri causa cum faceret, tantam vim natricum, viperarumque faceret? cur tam multa*

pestifera terra, marique dispersierit? Id. lib. 7. divin. instit. cap. 4. pag. 457. (3) *Dans le Diction. histor. à la remarque* E *de l'article* Pauliciens *pag. 2322. de la 2. édit.*

multa contraria , & inimica , & pestifera nobis reperiantur tam in mari, quam in terra. Quod Stoici veritatem non respicientes ineptissime repulerunt. Ajunt enim multa esse in gignentibus, & in numero animalium, quorum adhuc lateat utilitas; sed eam processu temporum inveniri; sicut jam plura prioribus seculis incognita necessitas , & usus invenerit. Qua tandem utilitas potest in muribus , in blattis, in serpentibus reperiri, qua homini molesta & perniciosa sunt? An medicina in his aliqua latet? Qua si est, invenietur aliquando, nempe adversus mala, cum id illi quærantur esse omnino malum. Viperam ferunt exustam, in cineremque dilapsam, mederi ejusdem bestia morsui. Quanto melius fuerat eam prorsus non esse, quam remedium contra se ab ea ipsa desiderari. Brevius igitur , ac verius respondere potuerunt in hunc modum. Deus cum formasset hominem velut simulachrum suum, quod erat divini opificii summum, inspiravit ei sapientiam (1) &c. On diroit aussi qu'il insinuë (2) que les maux nous sont utiles à cause des bons effets qui en peuvent resulter.   Mais c'est reduire la dispute à un jeu de mots; car un autre soutiendra avec autant de raison que les biens ont été faits à nôtre dommage, puis qu'il en peut resulter de mauvaises suites.   Voiez la fin du chapitre 38. de mes Pensées diverses.

Si vous croiez qu'il n'y ait ici que de petits embarras , je vous conseille d'examiner attentivement les objections que Plutarque a faites aux Stoiciens.   Vous verrez entre autres choses qu'il leur prouve qu'ils sont tombez dans les plus honteuses contradictions.   Je ne vous citerai que ce morceau: *Ils tiennent*, dit-il (3), *que nous estans si malheureux & si miserables , sommes gouvernez par la providence divine. Or si les Dieux se changeans nous vouloyent offenser, affiger, & tourmenter & debriser , ils ne nous pour-*

---

(1) La-
ctant. de
ira Dei
cap. 13.
pag. 546.
547.

(2) Cons-
tat igitur
omnia pro-
pter homi-
nem propo-
sita tam
mala
quam
etiam bo-
na. Id. ib.
pag. 549.

(3) Plut.
de repugn.
Stoicor.
pag. 1048.
Je me sers
de la ver-
sion d'A-
myot.

pourroyent pas mettre en pire estat que nous sommes maintenant, selon que Chrysippus prononce,
ni ne pourroit pas estre la vie de l'homme ne pire
ne plus malheureuse qu'elle est, tellement que si
elle avoit langue & voix pour parler, elle diroit
les paroles d'Hercules.

Plein suis de maux, plus n'en pourrois avoir.
Quelles sentences & affirmations pourroit on donc
trouver plus contraires & plus repugnantes l'une
à l'autre, que celles de Chrysippus touchant les
Dieux & touchant les hommes, quand il dit que
les uns, asavoir les Dieux, prononcent le mieux
qu'ils peuvent, & les hommes font le pis qu'ils
sauroyent estre? Le fait, savoir que la condition
de l'homme est très-miserable ne peut être
contesté. Saint Augustin (1) est un des Auteurs qui ont decrit le plus sensément la misere humaine.

(1) *Au-
gust. de
civit. Dei
lib.* 19.
cap. 5. *&
seq.*

Vous prendriez le change si vous vous avi-
siez de dire qu'il n'y a rien qui n'ait ses usages
dans le monde, & que les parties de la terre
qui semblent les plus inutiles, sont en effet fort
utiles. On vous accordera cela sans nulle dificulté, car dans un ouvrage aussi vaste que le
monde ce qui ne sert pas à une partie, sert à
d'autres. Ce n'est point là dequoi il s'agit, il
n'est question que de savoir si tout est fait pour
l'utilité de l'homme, & s'il n'y a pas beaucoup
de choses qu'il est obligé de reformer lors qu'il
veut être delivré de mille incommoditez. Ne
faut-il pas qu'il desseche des marais, qu'il abate
des forêts, qu'il aplanisse des montagnes, qu'il
detourne le cours des eaux, & qu'il prene cent
autres peines pour se procurer des avantages au
lieu des desavantages à quoi la nature l'assujetissoit? Qui a jamais pretendu que les animaux
qui nous persecutent soient inutiles? Ne ser-
vent-ils pas aux desseins de Dieu qui veut que
l'homme soit sujet à la misere?

§ LX.

§. LX.

Considérations sur l'empire que l'on attribuë à l'homme sur les animaux.

Je ne puis m'empecher de vous dire que vous êtes trop en colere contre Guillaume Lami Medecin de la Faculté de Paris. Vous me paroissez tout resolu à prendre la plume contre ce que vous apellez son audace de ravir à nôtre espece l'empire qu'elle a sur les animaux. Donnez vous un peu de patience, je vous en prie, laissez rassoir vos esprits trop irritez. Il ne faut point consulter son zéle pendant qu'il est en fermentation (1). Attendez pour le moins que vous aiez eu le tems de bien reflechir sur ce que j'ai à vous dire. Souvenez-vous de la sentence que l'on vous faisoit reciter par cœur dans le college:

Iratus (2) de re incerta contendere noli:
Impedit ira animum ne possit cernere verum.

Le Medecin qui vous deplait tant eut des adversaires, qui se firent un plaisir de donner un mauvais tour à certaines choses qu'il avoit dites. Cela vous doit engager à recourir à la source, & à ne juger de l'afaire que par les paroles dont il s'est servi. Remontez donc jusqu'à la premiere origine, vous la trouverez dans le premier de ses discours anatomiques. Il le commence par étaler ce que l'on dit ordinairement en semblables occasions sur l'excellence de l'homme, & puis il declare que (3) *l'Empire que l'homme s'attribuë sur toutes choses lui paroit sans fondement.* Tout ce discours merite vôtre attention.

Mais vous devez principalement peser ce qu'il repondit à ses critiques. *On se plaint, dit-*

(1) *No frena animo permitto calenti Da spatium tenuemque moram male cuncta ministrat Impetus.* Statius Theb. lib. 10. v. 697.

(2) *Catonis distich. lib. 2. n. 5.*

(3) *Lami, disc. anatomiques pag. 3. édit. de Rouen 1675.*

dit-il (1), *de ce que j'ay offencé tout le genre humain, dans mon premier Discours; en dépouillant l'homme du glorieux titre de Roy de tout l'Univers, & dont Dieu mesme l'a mis en possession. Dans le premier chapitre de la Genese, que la terre vous soit soûmise, dit-il, à nos premiers parens. Et soyez les maistres des poissons de la mer, des oiseaux du Ciel, & de tous les animaux qui marchent ou rampent sur la terre; en faut-il davantage pour estre bien fondé? & n'est-ce pas offencer Dieu & les hommes, que de contredire ce titre? Cependant je n'ay rien dit qui ne soit veritable, & qui ne saute aux yeux. Pour le moins à mon égard, je n'ay aucune part à l'Empire que l'homme pretend sur tout l'Univers. Les chiens me mordent, si je n'y prens garde; je n'ose passer un bois quand je sçay qu'il y a des loups, à peine me croy-je en seureté quand je voy des Lions enchainez. Les bœufs mesme dans les ruës de Paris me donnent de la crainte, & pour les laisser passer je me range fort promptement dans une boutique. En Hyver je tremble, quand je n'ay point de feu. En Esté je brûle, si je ne cherche l'ombre & le frais. En un mot je trouve que le Ciel, les Elemens & les animaux, loin de m'obeïr me font la guerre. Je pense mesme qu'ils ne sont guere plus soûmis à Messieurs nos Antagonistes, & je voudrois par curiosité voir un de ces Docteurs avec ces pompeux ornemens au milieu de cinq ou six mâtins bien animez, à qui il oposeroit son superbe titre de Roy. Je prendrois plaisir à remarquer dans cette conjoncture le respect qu'ils auroient pour Sa Majesté.* Il repond au passage de la Genese que l'homme aiant desobeï à Dieu perdit l'empire, qui ne lui avoit été donné que comme une grace; (2) *Que la terre ne produisit pour lui que des épines, & que les animaux furent des esclaves revoltez, qui retirent leur liberté.*

(1) *Id. reflex sur les discours anatom.* pag. 168. & suiv.

(2) *Id. ib.* pag. 172.

On voit donc que Mr. Lami raisonne, & sur un principe de droit & sur un principe de fait. Car il supose en 1. lieu que les creatures, qui avoient été soumises à l'homme innocent furent degagées de leur servitude par la rebellion de l'homme, & en 2. lieu que l'experience fait voir qu'elles ne sont plus soumises à l'homme. Il se tint ferme là-dessus dans sa reponse (1) à un certain Mr. Galatheau, il le ramena toûjours à ces deux principes, & il triompha par ce moien. Les animaux, lui dit-il (2), *Ne sont point naturellement soûmis à la domination de l'homme, & ainsi quand par la grace que Dieu fist à Adam, ils luy furent soûmis, cette soûmission estoit contraire à leur nature comme la domination estoit au dessus de celle d'Adam.* . . . . . . (3) *Ils ne doivent naturellement ny obeïr à l'homme ny luy commander. Ils agissent à son égard à proportion de la force ou de l'adresse qu'ils ont: Quand ils sont plus foibles que luy, & qu'ils n'ont point d'adresse pour éviter ses mains, ils luy obeïssent comme font les brebis. Quand ils sont plus forts comme les Lions, les Ours, & les Tigres, ils le dominent, & s'ils le trouvent seul, sans aucun respect pour Sa Majesté, ils le déchirent & le dévorent.* " (4) Adam apres son peché n'avoit pas plus " d'empire sur les lions & sur les Tigres que " Monsieur Galatheau en a maintenant: Ce" pendant s'il estoit exposé sans armes à leur " fureur comme Adam l'eust pû estre s'il eust " esté parmi eux, je ne pense pas qu'ils épar" gnassent sa Majesté: Je ne croi pas mesme " qu'il voulust s'y fier avec les victorieuses pr " ves qu'il a de son tiltre de Roy & de mai " des animaux. . . . . . (5) J'ay voulu " remarquer la loy generale de la nature " s'observe dans tous les animaux. Le foi " est soûmis au plus fort, si l'adresse du foi

(1) *Imprimée à Paris l'an 1678. in 12. le Journal des Savans du 26. d'Avril 1677. a parlé du livre de Mr. Galatheau.*

(2) *Lami reponse au Sieur Galatheau pag.* 266.

(3) *Id. ib. pag.* 267.

(4) *Id. ib. pag.* 283.

(5) *Id. ib. pag.* 285.

„ ne peut éviter la puissance du plus fort.
„ C'est ainsi que quelques animaux ont domi-
„ nation sur les autres, si du moins cela se doit
„ appeller domination. Quand des lions ou
„ des tigres en fureur rencontrent un homme
„ qui ne se prend point garde, ils le déchi-
„ rent & le devorent. Si plusieurs hommes
„ vont à dessein chercher un lion & luy ten-
„ dre des embusches ils peuvent par leur adres-
„ se le prendre ou le tuer, & ces actions des
„ animaux de differentes especes les uns contre
„ les autres, se rencontrent aussi dans ceux de
„ mesme espece. Les chiens s'entremordent,
„ les taureaux se heurtent, les hommes s'en-
„ tretuent. Ce n'est pas là ce qu'on appelle
„ avoir la domination ou l'empire. Tout ce
„ que Monsieur Galatheau avance pour prouver
„ l'empire de l'homme sur les animaux, prou-
„ ve l'empire de l'homme sur l'homme mesme.
„ Comme il peut faire par force que les plus
„ foibles animaux, tels que sont les brebis ou
„ les plus stupides quoyque plus forts, com-
„ me les bœufs, marchent où il veut les con-
„ duire, comme il peut aprivoiser un chien
„ par caresses, dompter par adresse un che-
„ val, enchaisner par finesse un lion. Un hom-
„ me peut de mesme en assujetir un autre plus
„ foible ou plus stupide, apprivoiser un plus fa-
„ rouche, & enchaisner un furieux. Cependant
„ on ne dit pas pour cela qu'un homme nais-
„ se maistre de l'autre, ny qu'il ait par le
„ droict naturel empire sur luy. . . . . . (1) (1) *Id.ib.*
„ Si l'homme estoit maistre des animaux par *pag.* 287.
„ un droict naturel, ils luy obeïroient de mes-
„ me. Et cette obeïssance seroit d'autant plus
„ exacte qu'étant ordonnée de Dieu mesme aux
„ animaux qui n'ont point de liberté pour re-
„ sister à sa volontez, ils ne pourroient ja-
„ mais en secoüer le joug. Au contraire par

N 2 l'in-

,, l'inſtinct de leur nature, ils ſeroient toûjours
,, rangez à leur devoir. Ainſi l'homme pour-
,, roit avec aſſurance marcher nud parmi les
,, lions & les tigres comme parmi les dains &
,, les moutons. Eſt-ce là ce que nous éprou-
,, vons? Les mouches, les puces & les plus
,, miſerables inſectes perdent le reſpect pour
,, la majeſté de l'homme, & le tourmentent.
,, Il ſe croit pourtant malgré cela le maiſtre
,, de l'Univers, & le ſouverain Seigneur des au-
,, tres animaux. Eſtrange aveuglement de ce
,, preſomptueux animal qui dément ſes yeux &
,, tous ſes ſens pour conſerver l'agreable idée
,, de ſon empire chimerique. ,,

J'ai cru que je devois raſſembler tous ces
paſſages afin de vous en faire un petit bouquet
qui vous fit ſentir la difficulté de l'entrepriſe, ſi
vous perſiſtez à vouloir rompre une lance pour
le ſoutien de la roiauté de l'homme ſur les animaux. Mr. Lami ne rentrera point en lice,
car il y a long tems qu'il a païé ſon tribut a la
nature, mais vous trouveriez d'autres adverſaires, & vous devez bien vous ficher ceci dans
l'eſprit, c'eſt que tous vos lecteurs vous de-
manderont, cette roiauté de l'homme eſt elle
ſeulement de droit ou ſeulement de fait ou tout
enſemble de droit & de fait?

Si vous repondez qu'elle eſt ſeulement de
droit, on vous repliquera 1. Qu'elle ne ſert
donc de rien, & que ce n'eſt pas la peine de
prendre la plume. Vous ne perſuaderiez pas
aux bêtes de revenir de leur revolte, & vous
n'exciteriez pas les hommes à ſe ſervir de leur
droit mieux qu'ils ne font. 2. Que quand un
Seigneur de fief eſt coupable de felonie ſes vaſ-
ſaux ſont diſpenſez de l'obligation de lui obeïr,
& doivent prendre les armes contre lui pour
les interêts du maitre commun, & qu'ainſi depuis la chute d'Adam les bêtes ſont afranchies

de

de la fervitude, & doivent s'armer contre nous pour venger le createur. 3. Que felon la doctrine courante des Theologiens debitée en chaire en toutes rencontres, le peché d'Adam fit foulever contre lui toute la nature &c.

Si vous repondez que cet empire de l'homme fur les bêtes eft feulement de fait, on vous opofera l'experience, & l'on vous demandera fi *folâ majeftate armatus* vous feriez fort affûré de vôtre vie au milieu des loups dans une foret? On ajoutera que fi vôtre reponfe étoit veritable l'homme feroit un tyran qui auroit remis fous l'efclavage les creatures que Dieu auroit affranchies.

Si vous repondez que l'homme regne de droit ou de fait fur les animaux, on n'aura befoin que d'un renvoi aux repliques precedentes.

Il y a peut-être dans cette difpute moins de realité, que d'équivoque. Prenez y garde, car fi par l'empire de l'homme fur les animaux on n'entendoit qu'une permiffion de s'en fervir pour les befoins de la vie, ou qu'un droit naturel de fe garantir des maux que les bêtes peuvent faire, & qu'une induftrie de les affujetir, on ne vous contefteroit plus cette roiauté, & l'on fe contenteroit de vous avertir qu'il faudroit, ou éviter les mots ambigus, ou les expliquer dès l'entrée. Mais puis que la grande efperance de vôtre triomphe eft bâtie fur les expreffions du Pfeaume huitiéme, je me perfuade que vous prétendrez parler d'un empire proprement dit. Il eft fûr que les paroles du Pfalmifte entenduës au pied de la lettre vous font favorables: (1) *Dieu a conftitué l'homme dominateur fur les œuvres de fes mains, il lui a mis* TOUTES *chofes fous les pieds, les brebis, les bœufs, les bêtes des champs, les oifeaux des cieux & les poiffons de la mer.* Cela ne regarde point

l'état

(1) Pfeaume 8. m 7. & fuiv

(1) *Mr. Lami ubi supra pag. 274. repond de la sorte à l'objection que son adversaire avoit fondée sur le Pseaume 8.*

(2) *On apperçoit cecy principalement en ceux qui croyent vrayement au Fils de Dieu Jesus Christ restaurateur de ce droit,*

l'état d'innocence, mais l'état où se trouvoit l'homme au tems de David, il n'est donc point vrai, conclurez vous, que les creatures aient été soustraites à l'obeïssance de l'homme depuis le peché d'Adam. Vous accorderez cette conclusion comme vous pourrez avec les Theologiens, qui parlent des peines dont la chute du premier homme fut punie. Je vous dirai seulement 1. Qu'il y a des interpretes qui veulent que David n'ait (1) representé que le pouvoir du Messie, ils alleguent sur cela le second chapitre de l'Epître aux Hebreux. 2. Qu'il y en a d'autres qui apliquent principalement aux disciples de JESUS-CHRIST, ornez du don des miracles les paroles du Psalmiste. Je vous envoie un extrait (2) du commentaire de Bucer. 3. Qu'il n'est nullement à propos de prendre dans toute la rigueur des termes ce que le Prophete David a exprimé en cet endroit-là. Le style de l'Ecriture n'exclut point les locutions figurées & hyperboliques, & sur tout quand il s'agit d'exciter l'admiration des bontez de Dieu, & nôtre reconoissance. Il n'y a point de ton

& de ceste dignité & honneur. Car s'il est besoing & expedient, ils peuvent faire oster les montagnes de leur place, guerir toutes maladies, chasser les diables, rendre la veuë aux aveugles, l'ouye aux sourds, la vie aux morts, manier les serpens sans se blesser, avaller le poison sans danger, apprivoiser d'une seule parolle les bestes sauvages & cruelles, & comme il est dit au Pseau. 91. marcher sur les lions & aspics, fouler le lionceau & le dragon, & pour dire tout en un mot, faire tout ce qu'il est possible de penser, & user de toutes choses à leur plaisir. Or Isaie a denoté en plusieurs lieux ceste puissance, qui devoit estre restituée par le Sauveur Jesus Christ: & principalement en ce qu'il a predit, qu'au Royaume d'iceluy l'enfant alaitant se joueroit sur les pertuis de la vipere, & le sevré mettroit sa main sur la caverne du basilic. Bucer exposit. sur les Pseaum. pag. m. 145. 146.

bon interprete qui ne limite beaucoup le verſet 3. du Pſeaume 14. où il eſt dit que Dieu n'a-
voit pas trouvé un ſeul homme qui vecût bien.
Bucer declare que le Prophete ne parle point là
de tous les hommes, mais (1) *de la perverſité*
de ceux qui gouvernoyent & eſtoyent elevez en
authorité de ſon temps ; & qui opprimoyent les
innocens. Voiez auſſi la reponſe de Mr. P. R. M.
aux remarques de Mr. Scalberge ſur les nouveaux Pſeaumes à la page 31. de l'édition de
Londres 1703. in 4. Si le mot *tous* ſoufre dans
le 3. verſet du Pſeaume 14. & en mille autres
endroits tant d'exceptions, pourquoi n'en ſou-
friroit-t-il pas dans le 7. verſet du Pſeaume hui-
tieme ? Croiez moi, Monſieur, vous ſeriez
embaraſſé ſi un Paien vous diſbit, *J'ai paſſé*
huit ou dix nuits ſans pouvoir dormir ; tantôt
le chaud, & les puces, tantôt le bruit d'une fe-
nêtre , tantôt les chats, tantôt les ſouris, &c.
m'ont empêché de fermer les yeux , vôtre Pro-
phete David eſt un grand menteur lors qu'il a dit
que toutes choſes ont été aſſujeties à l'homme.
Vous ſeriez bien aiſe alors qu'il ſe voulût contenter de cet éclaircſiſſement ; *Ce Prophete n'a*
voulu dire autre choſe ſi ce n'eſt que Dieu a donné
à l'homme aſſez d'induſtrie pour tirer des bêtes une
infinité d'utilitez, & pour (2) dompter & aprivoiſer
les plus redoutables. Cela eſt fort compatible avec
beaucoup d'incommoditez que nous recevons des
animaux. Voilà dans le vrai à quoi ſe reduit
le Pſeaume huitiéme. Songez y bien. S'il y
a des occaſions où il faille ſuivre le conſeil (3)
de Saint Auguſtin, c'eſt ſur tout à l'égard des
choſes qui ſont dementies par l'experience
journaliere. Il eſt dangereux de les ſoutenir à
dés Philoſophes Paiens comme une doctrine
qui vient de Dieu. Ils croiront plutôt que l'é-
crivain n'a pas été inſpiré, qu'ils ne douteront
de ce qu'ils éprouvent , puis donc que l'expe-

rience

(1) *Id. ib.*
pag. 206.
(2) *Certi*
ſunt domi-
tores fera-
rum, qui
ſæviſſima
animalia
& ad oc-
curſum ex-
terrentia
hominem,
dorent paſſ
jugam:
nec aſperi-
tatem ex-
cuſſiſſe con-
tenſi, uſ-
que in con-
tubernium
mitigant.
Leonibus
magiſter
manum in-
ſertat, oſ-
culatur ti-
grim ſuus
cuſtos, ele-
phantem
minimus
Æthiops
jubet ſub-
ſidere in ge-
nua, &
ambulare
per funem.
Sen. ep. 85.
in fine pag.
346.
(3) *Dans*
la lettre

d'un Philo-
sophe à un
Cartésien
de ses amis
(on l'attri-
buë au Pe-
re Pardies)
il y a que
les Chré-
tiens se doi-
vent gar-
der de rien
repondre
qui expose
la religion
à la mo-
querie des
prefanes &
l'on cite
ces paroles
de Saint
Augustin.
ut quid-
quid ipsi
(Philoso-
phi) de
natura re-
rum vera-
cibus do-
cumentis
demon-

rience leur aprend que toute l'adresse, que toute la vigilance humaine n'est point capable
d'empecher que les hommes ne soient exposez
tant en leurs biens qu'en leurs personnes à de
grans maux de la part des bêtes, ils ne trouveront jamais raisonnable le Prophete David,
si vous pretendez l'interpreter literalement.

Pour ce qui est de la preuve que vous voulez établir sur ce que le second Adam a reparé
pleinement les pertes que le premier nous avoit
causées, je vous avertis que cette matiere est
delicate & un peu scabreuse. Souvenez-vous
de la consequence que les Adamites en ont tirée pour autoriser la nudité. Sachez que des
gens malins en veulent conclure que les fideles
doivent être exempts de la mort. Vous avez
ouï parler d'un livre Anglois (1) où l'on soutient ce paradoxe, non pas tant afin de preuver que si les fideles meurent, c'est à cause que
leur foi est imparfaite, que pour insinuer que
l'Evangile ne tient point ce qu'il promet. Il
est à craindre que quelque autre libertin ne s'a-
vise de soutenir que les vrais Chrétiens devroient être exempts de maladie comme Adam
l'auroit été s'il n'eût point perdu l'innocence,
& que puis qu'ils y sont aussi sujets que les autres hommes c'est un signe que le second Adam
n'a pas fait tout ce qu'on lui attribuë. On ne
s'attache que trop à ruiner l'autorité de l'Ecriture

strare potuerint, ostendamus nostris literis non esse contra-
rium *de Genesi ad liter. cap. 21.* Turpe est & nimis pernio-
ciosum ac maxime cavendum, ut Christianum de his rebus
quasi secundum Christianas litteras loquentem ita delirare
quilibet infidelis audiat, ut quemadmodum dicitur toto cœlo errare conspiciens, risum tenere vix possit. *Ibid cap. 19.*
(1) *Voiez l'hist. des Ouvrages des Savans Avril 1700. art. 1.
& le Journal de Trevoux Nov. & Dec. 1701. pag. 429. &
suiv. édit. d'Amst.*

ture en la comparant à l'experience. Mr. de
Meaux a fait des livres où il soutient que les
promesses de J. Christ seroient trompeuses,
si l'Eglise étoit tombée dans l'erreur (1). Un
savant Ministre lui a repondu entre autres choses qu'il est certain que l'Eglise s'est trompée.
Que conclura de cela un malheureux libertin?
Il dira à Mr. de Meaux, vous prouvez très-bien
que les promesses de J. Christ contiennent
une perpetuité d'orthodoxie, mais le Ministre
prouve par des faits incontestables l'interruption de l'orthodoxie. Il faut donc que Jesus-
Christ ait oublié sa promesse, ou qu'il ne
se soit pas soucié de la tenir, ou qu'il ne l'ait
pu, donc &c.

Le Paien dont j'ai parlé * ci-deffus ne vous
embarasseroit pas mediocrement, s'il vous tenoit ce langage : *De tout mon cœur je croirai
en Jesus Christ si vous me voulez promettre que
moiennant tels je me trouverai en possession des
prerogatives qui doivent être selon l'Ecriture (2)
le signe & la marque de ceux qui croiront en lui,
c'est-à-dire, que je pourrai chasser les demons,
que je parlerai de nouvelles langues, que je ma-
nierai les serpens, que si je bois quelque breuva-
ge mortel, il ne me fera point de mal, que je
guerirai les malades, si je leur impose les mains.*
Vous seriez forcé de lui repondre que de-
semblables promesses du Pseaume 91. (3) &
d'Esaie, & de Jesus-Christ, ne concernent que les premiers siecles de l'Eglise, &
qu'alors même elles ne s'accomplissoient que
par raport à un petit nombre de gens que Dieu
ornoit du don des miracles. Vous voilà donc
obligé de limiter terriblement les expressions
de l'Ecriture, & d'y trouver la *Synecdoche* des
Grammairiens qui prend le tout pour l'une de
ses parties, & l'une des parties pour le tout.
Que n'expliquez-vous de la sorte le Pseaume

hui-

(1) *Voiez
l'hist. des
Ouvrages
des Savans
Sept. 1702.
art. 10. &
Nov. 1702.
art. 7.*

* *Pag. 295.*

(2.) *Voiez
l'Evangile
selon Saint
Marc ch.
16 v. 17.
& 18.*

(3) *Voiez
ci-dessus
pag. 294.
les paroles
de Martin
Bucer.*

huitiéme? Que n'y trouvez-vous non pas qu'ab-
folument toutes chofes nous obeïffent felon nôtre gré, mais feulement que beaucoup de chofes inanimées & animées fervent aux befoins,
aux commoditez , & aux divertiffemens de
l'homme?

Si vous preffiez la doctrine que le fecond
Adam a remis les predeftinez dans un état encore meilleur, que ne l'étoit celui que le premier
Adam nous a fait perdre , ne craindriez vous
pas que l'on vous priât de montrer de bonnes
ames qui ont plus d'autorité fur les ours, & fur
les lions que ces charlatans qui gagnent leur vie
à courir les foires avec ces animaux-là bien apri-
voifez? Car enfin fi l'état de grace retablit l'empire donné à Adam fur toutes les creatures ,
plus on fera homme de bien, & fidele à J E S U S-
C H R I S T, plus devra-t-on être le dominateur
des élemens & des animaux. Or nous voions
tout le contraire. Ceux qui fe font le mieux
obeïr aux tigres , s'attachent très-peu à la devotion. Les chevaux n'ont pas plus de refpect
pour la fainteté d'un Prêtre que pour les titres
de Duc & Pair , ils ne refpectent que l'adreffe (1) de ceux qui les montent. Or c'eft une
adreffe qui s'acquiert fans aucune dependance de
la foi Evangelique. Je ne vous dis pas qu'un
fcelerat endurci au froid & rompu par une longue routine à la pêche des baleines , eft plus
propre à cet exercice que les devots qui fe font
le plus apliquez toute leur vie à l'oraifon, & à
la pratique des vertus Chretiennes, je vous dis
qu'il y eft extremement propre, & qu'ils ne le
font point du tout. En oferiez-vous difcon-
venir? Et voudriez-vous faire une regle generale de ce qu'un petit nombre de (2) *Thauma-*
turges ont exploité fur le feu, fur les lions &c?
Vous devez même bien confiderer que les regles du raifonnement ne foufrent pas que l'on attribuë

(1) *Voiez*
fur cela un
bon mot
de Carnea-
de dans fon
article au
Diction.
hiftor. &
crit. pag.
817. au
texte.

(2) *C'eft-*
à-dire,
ceux qui
font des
chofes mi-
raculeufes.

tribuë à l'homme ce qui ne convient qu'à cinq ou ſix particuliers plus ou moins dans chaque nation. Or tel eſt l'art d'apriveiſer certaines bêtes, comme les lions & les tigres. Ils ne ſe ſoumettent qu'à leurs meneurs : ils retiennent leur ferocité à l'égard des autres hommes. On a beau les voir enchainez, on ne laiſſe pas de les craindre, & s'ils rompoient leur chaine, ils diſſiperoient bien-tôt la troupe des ſpectateurs. Se ſauveroit au plus vite qui pourroit, & je ne voudrois pas repondre qu'il n'y eut des femmes qui en mourroient de fraieur. Ils ont quelquefois (1) des retours de cruauté à l'égard même de leurs maitres.

Je n'ai garde de vous objecter qu'il n'y a aucune ſecte Chretienne, où l'on puiſſe decouvrir aucune trace de l'empire que certains peuples Paiens, les Marſes en Italie, les Pſylles en Afrique ont eu ſur les ſerpens les plus venimeux. Il y a bien des citations ſur ce ſujet dans les commentaires ſur le 7. livre (2) de l'Eneide, & dans l'ouvrage que Giuſeppe Paſſi a intitulé, (3) *La monſtruoſa Fucina delle ſordidezze de gl'huomini.* Lucain (4) s'eſt bien étendu ſur ce qui concerne les Pſylles, & il en a dit des choſes fort ſurprenantes. Mais il vous ſeroit trop facile de repondre à cette objection, vous pourriez dire que les poëtes ont exageré ce fait là, ou qu'en tout cas ce n'étoient que des ſortileges. Je ne vous en parlerai donc pas.

Je conclus, Monſieur, en vous priant de ne point entrer en lice avec precipitation, (5) penſez y plus d'une fois. Je ne vous ai rien dit du plaidoié de Montaigne (6) pour les animaux

N 6

(1) *Tigres leoneſque nunquam feritatem exuunt, aliquando ſubmittunt : & cum miniſme expectaveris, exaſperatur torvitas mitigata.* Seneca epiſt, 85. pag. 344.

(2) *Verſu* 753. & ſeq.

(3) *Il fut imprimé à Veniſe l'an 1603. in 4. Voiez y le feuillet 76.*

(4) *Lucan. Pharſ. lib. 9. v. 891.* & ſeq. (5) *Tecum prius ergo voluta hæc animo ante tubas Galeatum ſero duelli pœnitet.* Juven. ſat. 1. v. 168. (6) *Dans l'apologie de Raymond de Sebonde (C'eſt le chap. 12. du 2. livre de ſes Eſſais) pag. m. 205. & ſuiv. Voiez auſſi le chap. 11. du même livre.*

maux, j'ai supofé que vous l'avez lû, & que vous defaprouvez ceux qui ne refutent cet Auteur que par des reproches vagues. J'aurois du peut-être vous avertir d'un paralogifme d'Arif-tote. J'ai trouvé dans l'un de fes Ouvrages (1) que puis que la nature ne produit rien d'im-parfait, ni d'inutile, il faut qu'elle ait fait tous les animaux pour l'homme. N'eft-ce pas la pe-tition du principe? N'eft-ce pas fupofer que l'homme eft la fin des bêtes? Mais c'eft là le fu-jet de la queftion. Outre qu'il y a tant de cho-fes dans l'Univers aufquelles les animaux, qui ne ferviroient de rien à l'homme, pourroient être utiles, qu'il ne s'enfuivroit nullement que la nature les auroit produits en vain de ce qu'el-le ne les auroit pas deftinez aux commoditez de l'homme (2).

(1) *Ari-*
ftot. polit.
lib. 1. c. 5.

(2) *Voïez*
Mr. Tur-
rettin in-
ftit. Theol.
Elenct. to.
1. loco 3.
quaeft. 1.
n. 22. pag.
182.

§. LXI.

S'il y a un peu de contradiction dans les chofes que
Seneque afirme touchant la bonté de Dieu.

Avant que d'entamer une autre matiere, je veux vous faire prendre garde a une petite contradiction du Philofophe (3) dont nous avons tant parlé. Ce fera vous faire plaifir; vous étes fi peu fon partifan, que fous un pre-texte affez leger, vous avez trouvé blamable (4) l'aprobation qu'il vous a femblé que je lui avois donnée. Je n'aurois donc pas befoin de preuves demonftratives pour vous perfuader qu'il s'eft contredit en parlant des bontez de Dieu. Cependant je le prouverai de la maniere la plus forte qu'il me fera poffible, & fans me prevaloir aucunement de vos prejugez.

Vous avez vu (5) qu'il decide pofitivement que les Dieux ne font point capables de nuire à l'homme. Il n'entend point par *nuire* être

(3) *C'eft-*
à-dire Se-
neque.

(4) *Voïez*
ci-deffus
chap. 55.
& fuiv.

(5) *Ci-*
deffus pag.
256.

la

la vertu, ou rendre vicieux, mais ôter quel-qu'une de ces choſes qui apartienent au bien utile, comme ſont la ſanté, & les richeſſes. Il veut donc dire, que la nature des Dieux eſt ſi bienfaiſaute qu'ils ne veulent, & qu'ils ne peu-vent cauſer à l'homme ni aucun chagrin, ni nulle douleur, endommager ſes terres, ou ſes marchandiſes, l'incommoder par un trop grand froid, ou par un chaud exceſſif &c. C'eſt ſans doute le ſens de Seneque, vous n'avez qu'à li-re tout le paſſage que j'ai raporté. Vous y pou-vez joindre ce qu'il dit ailleurs (1) qu'il eſt fort utile *de ſe perſuader que les Dieux n'ordon-nent rien* de ce qui concerne la foudre, la chû-te des montagnes, les inondations, *& que ce n'eſt point par la colere des Dieux que le ciel & la terre s'esbranlent. Ces choſes ont leur cauſe propre. Ces corps ne font point le mal* par com-mandement. *Ils ſont troublez de quelque cor-ruption* comme le nôtre, *& lors qu'ils ſemblent* faire du mal, *ils en reçoivent eux meſmes.* Vous pouvez ajoûter à cela une conſideration gene-rale, c'eſt que toute la ſecte des Stoïques fai-ſoit profeſſion d'enſeigner que les Dieux ne ſe mettoient jamais en colere, & qu'ils ne fai-ſoient jamais aucun dommage à perſonne. Vous avez vu (2) cette doctrine dans un paſ-ſage de Ciceron, & peut-être avez vous pris garde que le Stoïcien Balbus quand il refute l'Epicurien, qui avoit dit (3) que les Dieux ne font des afaires à perſonne, qu'ils ne ſont ca-pables ni de colere, ni d'amitié, ne s'opoſe (4) qu'à ce qui concerne leur inclination bien-

N 7

faiſante.

(1) *Illud quoque proderit praſumere animo, nihil horum deos facere: nec ira numinum, aut caelum conceſſit, aut ter-ram, Suas iſta cauſſas habent: nec ex imperio ſæviunt, ſed ex quibuſ-dam vitiis, ut corpora noſtra, tur-bantur: & tunc, cum facere vi-dentur in-juriam, accipiunt.* Seneca natur. quæſt. lib. 6. cap. 3. pag. 883. *Je me ſers en partie de* la verſion de Chalvet.
(2) *Ci-deſſus pag.* 253. 258.
(3) *Nec habere ipſum negotii quicquam, nec exhibere alteri: itaque neque ira neque gratia teneri.* Cicero de natur. Deor. lib. 1. pag. m. 70.
(4) *Voiez Ciceron ib.* pag. 175.

faifante. Il confidere comme une impieté de leur ôter cette vertu, mais il ne trouve point mauvais qu'on leur ôte la colere, c'eft-à-dire, la fonction de châtier, & d'incommoder. C'eft une chofe conftante que les Stoïques foute-noient en ce fens-là que les Dieux ne font point capables d'être jamais en colere: (1) *Critolaus evertit Corinthum, Carthaginem Afdrubal. Hi duos illos oculos ora maritima effoderunt, non* IRATUS ALICUI, QUEM OMNINO IRAS-CI POSSE NEGATIS, DEUS. C'eft ainfi que Ciceron fait parler Cotta à un Stoicien.

Croïons donc que Seneque afirme dans les paffages que vous avez vus, que la Divinité n'eft point capable de caufer le moindre mal à au-cun homme. Il a étalé magnifiquement le même dogme dans fon épître 95. mais il y a joint une claufe qui l'a fait tomber en contra-diction. Cela merite d'être examiné: *On a ac-coûtumé d'enfeigner,* dit-il (2). *comme il faut adorer les Dieux. Deffendons que quelqu'un ne puiffe allumer des lampes aux jours des fabbats, par ce que les Dieux n'ont pas befoing de lumiere, & que les hommes mefmes ne prennent point plai-fir de fentir la fumée. Deffendons de les aller faluer le matin, & de s'aller affeoir devant les portes des temples, l'ambition des hommes fe plaift à ce-la. Celuy qui cognoift Dieu, l'adore. Deffen-dons de porter des linges & des eftrilles à Jupiter, & qu'on ne tienne le miroir (3) à Junon. Dieu n'a que faire de ferviteurs. Pourquoy non ? C'eft parce (4) qu'il fert lui même le genre humain, & que fes bons offices font prets par tous & à tous les hommes. On a beau dire à un hom-me comment il faut fervir en faifant les facrifi-ces, comme il fe fault retirer de ces facheufes fuperftitions: il n'aura jamais rien advancé, s'il ne comprend en fon entendement ainfi qu'il doit, le grandeur de Dieu, & que c'eft luy qui a tous,*

celuy

(1) *Cicero ib. lib. 3. pag. 703.*

(2) *Seneca epift. 95. pag. 396. 397. Je me fers de la verfion de Chal-vet, mais je la corri-ge en quel-ques en-droits.*

(3) *Voiez dans le Diction. hift. & crit. la re-marque DD de l'article Junon.*

(4) *Ipfe humano generi mi-niftrat: ubique & omni-bus præfto eft. Id. ib.*

celuy, de qui toutes choses procedent, & qui donne de son bon gré tous ces biens faicts. Quelle est la cause pourquoy les Dieux nous font tant de biens ? C'est nature. Celuy se trompe bien qui pense que les Dieux veulent nuire. Ils ne peuvent pas : ils ne peuvent ny recevoir injure ny en faire. Car c'est une chose conjoincte ensemble, d'offencer & d'estre offencé. Ceste nature souveraine & la plus belle de toutes, n'a point assubjecti aux perils, ceux qu'elle avoit affranchis de peril. Le premier honneur qu'on doit aux Dieux, c'est de croire qu'il y a des Dieux. Et apres de recognoistre quelle est leur majesté, de recognoistre leur bonté, sans (1) laquelle aucune majesté ne peut estre. Sçavoir que ce sont eux qui president au monde, qui gouvernent toutes choses comme leur appartenans, qui ont pris la tutelle de tout le genre humain, & quelquefois ont soing des personnes particulieres. Ceux là ne donnent aucun mal, & n'en ont point aussi. Au surplus ils chastient quelques uns & les reprennent, ils leur ordonnent des peines, & les punissent aucunesfois sous apparence de mal. Veux tu rendre les Dieux propices à toy. Sois homme de bien. Celuy les honore assez, qui les imite.

Il y a d'excellentes choses dans ce passage, & de grandes erreurs aussi. On y condamne manifestement tout l'exterieur de la religion, & toute la crainte de la punition divine. On y reduit la religion à deux seuls points: 1. à se former une juste idée de la nature de Dieu. 2. à imiter Dieu. On banit de la religion non seulement les ceremonies imitées de la mode humaine de faire la cour aux grans, mais aussi les sacrifices, les temples, & les autels, & les prieres. Je ne vous marque cela qu'incidemment ; car mon but n'est que de montrer la contradiction de Seneque. Voici comment je m'en aquitte.

Ii

(1) Caterum castigant quosdam, & coërcent, & irrogant panas, & aliquando specie boni puniunt. Id. ib.

(2) Id est dant bona externa quae in malum cedunt. Videntur indulgere, castigant. Lipsius in in Senecam ibi.

(3) Eutrapelus cuicunque nocere volebat, Vestimenta dabat praeciosa: beatus enim jam &c.

Il repete ce qu'il avoit dit en d'autres endroits que les Dieux ne sont point capables de nuire, qu'ils ne veulent, & qu'ils ne peuvent repandre que des bienfaits sur le genre humain, & cependant il avouë qu'ils chatient quelques personnes, qu'ils infligent des peines, & qu'ils punissent quelquefois sous l'aparence de bien (1), *specie boni.* C'est ainsi qu'on lit dans les éditions que j'ai vuës. Lipse pretend que cela veut dire (2) qu'ils donnent des biens externes qui font un mechant-effet. Le traducteur que j'ai suivi a lu sans doute *specie mali.* Si Lipse a bien deviné la pensée de Seneque, ce Philosophe Romain aura cru que les Dieux donnent quelquefois des biens dont ils savent que les suites seront pernicieuses. Ils peuvent donc nuire, & ils veulent nuire, & ils s'y prenent quelquefois avec la même malignité que (3) l'Eutrapelus d'Horace. Ne nous prevalons point de la pensée de Lipse quelque bien fondée (4) qu'elle soit: nous trouverons sans cela la contradiction de Seneque; car en quoi pouvoient consister les peines qu'il disoit que les Dieux infligent à quelques personnes? N'étoit-ce pas dans la privation de quelques biens temporels, dans la perte d'un enfant, ou d'une femme, ou de la liberté, ou de la santé, ou du patrimoine? Il avouë que ce sont des afflictions que Dieu envoie aux honnêtes gens, & il moralise à perte de vuë sur cette hypothese dans tout son traité de la providence. Je n'en veux citer que ce morceau: (5) *Hos itaque Deus*

Horat. epist. 18. lib. 1. (4) Seneque de providentia cap. 6. pag. m. 503. *introduit Dieu qui declare qu'il n'a donné des biens aux mechans que pour les tromper.* Aliis bona falsa circumdedi, & animos inanes, velut longo fallacique somnio lusi. auro illos, argento & ebore ornavi: intus boni nihil est. (5) *Seneca de provid. cap. 4. p. 498.*

Deus quos probat, quos amat, indurat, recog-
noſcit, exercet. eos autem quibus indulgere vide-
tur, quibus parcere ; molles venturis malis ſer-
vat. Erratis enim, ſi quem judicatis exceptum :
veniet ad illum diu felicem ſua portio. Quiſ-
quis videtur demiſſus eſſe, dilatus eſt. Quare
Deus optimum quemque aut mala valetudine,
aut aliis incommodis, afficit ? Quare in caſtris
quoque periculoſa fortiſſimis imperantur ? C'eſt-
à-dire, ſelon la verſion de Chalvet ,, par ainſi
,, ceux que Dieu ayme il les endurcit, il les re-
,, cognoiſt, il les exerce : mais ceux qu'il ſem-
,, ble traitter doucement, qu'il ſemble vouloir
,, eſpargner, il les reſerve en leur moleſſe, en
,, leur delicateſſe, au temps que les maux les
,, ſurprendront. Car vous vous trompez ſi
,, vous penſez qu'aucun ſe puiſſe garantir de
,, mal. Ceſt homme qui a iouy d'une ſi lon-
,, gue felicité, en aura ſa bonne part. Ceux
,, qui penſent eſtre oubliez, ne ſont que re-
,, tardez. Pourquoy eſt-ce que Dieu envoye à
,, tous les gens de bien, maladies, pertes de
,, parens, ou autres incommoditez ? parce
,, qu'à la guerre meſme un chef d'armee com-
,, mande aux plus vaillans les executions plus
,, haſardeuſes ,,

Il eſt ſûr que ce Philoſophe ſouffle le chaud &
le froid, car quand il dit que les Dieux ne ſauroient nuire, & que la bonté de leur nature
ne leur permet pas même de vouloir nuire,
il a pretendu combatre le ſentiment du vulgaire, qui les prenoit pour la cauſe des maladies,
& des dommages que l'on ſoufroit par la grêle, par les tempêtes &c. Il croit donc qu'ils
auroient pu nuire, s'ils avoient pu être la cauſe de ces accidens, & voilà pourquoi il nioit
qu'ils en fuſſent les auteurs. Mais en avoüant
d'autre côté qu'ils faiſoient ſoufrir aux gens de
bien cette eſpece d'infortune, ne dit-il pas
qu'ils

(1) *Voiez
ci-deſſus
pag.* 286.

(2) *Miraris
tu, ſi Deus
ille bono-
rum aman-
tiſſimus,
qui illos
quàm op-
timos at-
que excel-
lentiſſimos
eſſe vult,
fortunam
illis cum
qua exer-
ceantur,
aſſignat?*
Seneca de
provid.
cap. 2.
pag. 492.

(3) *Il le
dit ſouvent
dans ſon
traité de la
providence.*

(4) *Ci-
deſſus pag.*
286.

(5) *Le ſty-
le de l'E-
criture les
autoriſe:
voici ce*

qu'ils pouvoient nuire ? Ce ſeroit un jeu de mots, & une équivoque (1) pitoiable que d'alleguer le profit qu'un honnête homme retire de l'adverſité, car les autres Paiens qui n'ignoroient pas cette bonne ſuite, ne laiſſoient pas de pretendre que les Dieux nous peuvent faire du mal. On ne pouvoit donc s'éloigner de leur opinion qu'en niant que Dieu fut la cauſe des maladies, & des grêles &c. Joignez à cela que ſi ces choſes ſont un bien à cauſe des utilitez que l'on en retire par un bon uſage, Seneque n'a point dû dire comme il a fait que Dieu ne pouvant faire de mal, n'eſt point la cauſe de l'intemperie des ſaiſons &c. & comme d'ailleurs il avoue que la providence divine expoſe (2) les gens de bien à l'adverſité pour leur profit, il eſt obligé de dire (3) qu'elle laiſſe proſperer les mechans pour leur dommage : elle peut donc nuire, puis qu'elle leur nuit effectivement. Si c'eſt faire du bien que d'envoier des châtimens qui ſeront très-profitables, c'eſt faire du mal que d'envoier des proſperitez qui cauſeront un grand prejudice. Ainſi de quelque maniere que l'on tourne les dogmes de ce Philoſophe, en recourant même au jeu de mots on le trouvera coupable de contradiction. Il y avoit peu de matieres où les Stoiciens joigniſſent enſemble plus de choſes incompatibles que dans celle-là. Vous en avez vu un échantillon (4) dans un paſſage de Plutarque.

Au reſte, Monſieur, ſi je n'ai pas inſiſté ſur ce que Seneque dit que les Dieux ne ſont jamais en colere, mais ſur ce qu'il dit qu'ils ne veulent ni ne peuvent nuire, c'eſt parce que la premiere de ces deux propoſitions eſt équivoque. Vous ſavez que ceux d'entre nos Theologiens qui decrivent de la maniere du monde (5) la plus effraiante la colere de Dieu, avouent en ſuite quand on leur demande un langage,
qui

qui ne soit point figuré, que Dieu n'est capable d'aucune passion, & qu'il possede invariablement la beatitude la plus tranquille, mais que sans sortir de cette parfaite tranquillité il inflige des chatimens aussi rigoureux que s'il se fâchoit actuellement jusques au dernier excés. Je n'aurois donc pû rien conclure contre Seneque de ce qu'il eut dit simplement que les Dieux ne sentent jamais l'émotion de la colere. Cela seul ne prouveroit pas qu'ils ne font jamais de mal à l'homme. Les Magistrats qui font rouër, ou tirer à quatre chevaux sont quelquefois & le doivent être toûjours, du plus grand sang froid du monde, & neanmoins ils font souffrir des douleurs horribles.

§. LXII.

Doctrine de Lactance & d'Arnobe touchant la bonté de Dieu. Si Seneque a été disciple de Saint Paul.

Lactance a temoigné beaucoup de zéle contre le dogme des Stoiciens, & il l'a consideré simplement & absolument comme s'ils disoient que jamais les Dieux ne font nul mal à personne, non pas même sur le pied d'un châtiment paternel. Il n'a donc point pris garde aux contradictions de Seneque. Il juge (1) que les Epicuriens en ôtant à Dieu tout à la fois la fonction de faire des graces, & celle de nuire, ersoient plus consequemment que les Stoiciens qui ne lui ôtoient que la derniere: (2) *Constantior est error illorum qui & iram simul, & gratiam tollunt.* Je ne voi guere qu'une chose qui eut pu debarasser les Stoiciens, c'eût été de dire

qu'on chante tous les jours dans les Eglises reformées; Incontinent tremblérent les campagnes, Les fondemens des plus hautes montagnes; Tous ébranlez s'émeurent grandement: Car il (Dieu) estoit courroucé ardemment. En ses naseaux lui monta la fumée, Feu aspre issoit de sa bouche allumée: Si emflambé en son courage étoit,

Qu'ardens charbons de toutes parts jettoit. *Pseaume* 18. *selon la version de Marot.* (1) *Lactant. de ira Dei cap.* 2. *& seq.* (2) *Id. ib. cap.* 5.

re que les Dieux n'avoient de l'inclination qu'à repandre des bienfaits, & qu'ils en versoient sur le genre humain autant qu'ils pouvoient, mais que la constitution de la nature étoit telle qu'ils n'en pouvoient separer les accidens qui incommodoient les hommes. Seneque a touché cette raison *pourquoi Dieu fut si injuste au despartement des destinées,* demande-t-il (1), *d'avoir fait tomber la pauvreté, les blessures, les morts cruelles, sur les gens de bien? Cest ouvrier ne peult point changer sa matiere: elle est subjette à souffrir cela: il y a quelques choses qui ne se peuvent separer de quelques autres; elles sont collées & ne se peuvent desassembler. Ces natures paresseuses, engourdies, & subjettes au sommeil, ou qui semblent sommeiller, quand elles veillent, sont composées d'elemens lourds & pesants. Mais pour former un homme qui doiue parler de soy, il y fault un destin plus puissant. Il ne trouvera pas de chemin qui ne soit aspre & raboteux: il faudra qu'il aille & haut & bas, qu'il souffre des vagues, & qu'il conduise son vaisseau à travers la tempeste. Il faut qu'il face son chemin contre la fortune. Il trouvera beaucoup de passages rudes & aspres. Mais il faudra qu'il les radoucisse, & qu'il les applanisse.* Si Seneque n'avoit qu recours qu'à cette necessité fatale qui limitoit le pouvoir divin il auroit erré plus consequemment, & donné beaucoup de force aux comparaisons qu'il en se empruntées de la conduite des peres, & des pe-

Voiez si-dessus pag. 257.

(1) *Quare tamen Deus tam iniquus in distributione fati fuit, ut bonis viris, paupertatem, vulnera, & acerba funera adscriberes? Non potest artifex mutare materiam: hac passa est. Quaedam separari à quibusdam non possunt, cohaerent, individua sunt. Languida ingenia, & in somnum itura, aut in vigiliam somno simillimam inertibus nectuntur elementis: ut efficiatur vir cum cura dicendus, fortiore fato opus est. Non erit illi planum iter: sursum oportet ac deorsum eat, fluctuetur, ac navigium in turbido regat. contra fortunam illi tenendus est cursus. Multa accident dura, aspera, sed quae molliat & complanet ipse.* Seneca *de provid. cap.* 5. *pag.* 502. Je me sers de la Version de Chalvet.

precepteurs & des Chirurgiens. Ils font du mal à leurs enfans & à leurs difciples, & à leurs blefïéz, mais c'eft un mal qui a pour but l'utilité de ceux qui le foufrent, & c'eft un but où l'on ne peut parvenir fans ce mal-là. Si l'on pouvoit y parvenir fans caufer aucune peine, on feroit inexcufable en fe fervant des moiens facheux dont on fe fert (1).

Je dois vous dire que Lactance foutient à cor & à cri, que la colere convient à Dieu, mais Arnobe dont on croit (2) qu'il avoit été difciple rejette ce fentiment, & s'abandonne à des excés qu'on ne peut comprendre. Il n'y a rien de plus fcandaleux que la maniere dont il tourne en ridicule les Gentils (3) fur les moiens qu'ils emploioient pour apaifer la divinité. Il perce du même coup la religion Judaïque & la religion Païenne. Le difcours (4) qu'il fait tenir à une victime eft d'un vif, & d'une éloquence qui charmeroit tous les lecteurs, s'ils ne fe fouvenoient pas des facrifices que Dieu ordonna à fon peuple, & qui ne nous permettent pas d'aprouver ce diftique du Caton, où l'on traite de folie qu'un coupable efpere de fe fauver par la mort d'autrui:

Quum (5) fis ipfe nocens, moritur cur victima
 pro te?
Stultitia eft morte alterius fperare falutem.

Il faut avouër que les Peres (6) en refutant les Païens leur portoient quelquefois des coups, qui après avoir percé de part en part le menfonge bleffoient auffi la verité jufques au vif. Arnobe plus que tous les autres eft tombé dans cet inconvenient. Il conoiffoit mieux la fauffeté

les nouvelles lettres contre le Calvinifme de Maimbourg pag. 31. & fuiv.

(1) Voïez dans le Diction. hiftor. & crit. la remarque E de l'article Origene n. IV.

(2) Voïez Lefcalopier in Cicer. de nat. Deor. lib. 1. pag. 177.

(3) Arnob. lib. 7. pag. 212. & feq.

(4) Id. ib. pag. 216. & feq.

(5) Catonis diftich. lib. 4. n. 15.

(6) Saint Ambroife par exemple. Voïez

seté du Paganisme que la verité du Christianisme. J'en parle ailleurs (1).

Il seroit inutile de vous dire que les Theologiens modernes sont plus du goût de Lactance, que du goût d'Arnobe. Vous savez sans doute qu'un Ministre a declaré que ceux qui croient que Dieu excuse les consciences erronées, qui ont cherché l'orthodoxie autant qu'il leur a été possible, attribuent à Dieu *une bonté fade qui ne nous donne que des foibles idées de l'amour qu'il a pour le bien & de sa sagesse: & qui par consequent ne nous rend point Dieu venerable* (2).

Encore un mot, s'il vous plait, touchant Seneque. Je me persuade que son systême constant & perpetuel à l'égard de la nature de Dieu étoit de la croire si bienfaisante qu'elle pardonnoit tout, qu'elle ne s'ofensoit point des pechez de l'homme, qu'elle ne punissoit point. S'il a dit certaines choses qui ne s'ajustoient pas bien avec ce principe, il ne s'est point aperçu de la breche qu'elles y faisoient. Les plus grans esprits sont sujets à ces surprises, & à ces inadvertances, cela ne prouve point qu'ils varient, ou qu'ils abandonnent leur systême. Or en supposant de Seneque ce que je viens de dire, l'on doit conclure que si le conte qui a couru touchant son commerce avec Saint Paul étoit veritable, ce grand Apôtre n'auroit point fait de progrez sur ce fameux Stoicien ; car qu'y a-t-il de plus contraire aux decrets de la reprobation absoluë, & à plusieurs autres dogmes que Saint Paul étale dans son Epitre aux Romains & ailleurs, que la doctrine de Seneque. A moins que d'avoir une gracé très-efficace toute prête, l'Apôtre n'eût pu parler de cela au Philosophe sans lui paroître un horrible blasphemateur. Il y a des gens qui disent que Seneque aprit de Saint Paul à parler magnifiquement de Dieu: vaine conjecture, il n'en parle que selon l'idée

des

(1) *Dans le Diction. hister. & crit. aux remarques de l'article Arnobe.*

(1) *Jurieu des droits des deux souverains en matiere de religion pag. 95. 96. édit. de Rotterdam 1687.*

des Stoiciens, & il en dit cent choses qui euſſent paru d'horribles blaſphemes à l'Apôtre des
nations.

A . . . . le 1. de Fevrier 1704.

§. LXIII.

*Ce que doivent faire les hiſtoriens quand ils ren-
contrent des choſes incroiables, ſuperſtitieuſes
&c.*

Il vous ſemble que j'ai fait beaucoup plus
d'honneur au Pere Maimbourg qu'il n'en meritoit, car il ne tient pas à moi, dites vous,
qu'on ne le prene pour un homme qui ſe mo-
quoit des prodiges miraculeux dont les relations des Croiſades ſont toutes pleines. Agréez
que je vous diſe que vous n'avez pas examiné
mes paroles avec aſſez d'attention. J'ai ſeulement dit (1) qu'il y a de l'aparence que ce
Jeſuïte croioit que *les hiſtoriens des Croiſades
nous en baillent ſouvent à garder.* Cette aparence n'eſt-elle pas contenuë dans le paſſage
que je cite tout auſſi-tôt, où après avoir narré
ce que l'on diſoit des combats viſibles de quelques ſaints contre les Turcs, il avouë *qu'on
n'eſt point du tout obligé de croire à ces ſortes de
viſions, qui ſont* SUJETTES LA PLUSPART
DU TEMS À DE GRANDES ILLUSIONS!
Vous m'objectez qu'il raporte une infinité de
miracles plus dignes d'un legendaire que d'un
bon hiſtorien, & qu'il les raporte ſur le ton
afirmatif, ou ſans rien dire qui temoigne qu'il
n'en eſt point perſuadé, & vous me renvoiez
aux reproches que l'un de ſes adverſaires (2)
lui en fit l'an 1683. Mais prenez garde que ces
reproches ſont principalement fondez ſur ſon
hiſtoire des Iconoclaſtes, & que cet adverſaire
avouë, (3) *Qu'il prend quelquefois la liberté de
dou-*

(1) *Pen-
ſées diver-
ſes ch.* 99.
pag. 292.

(2) *Voiez
l'apologie
de Mr. Ju-
rieu pour
l'Egliſe re-
formée con-
tre l'hiſtoi-
re du Cal-
viniſme de
Maim-
bourg to.* 1.
pag. 17. &
*ſuiv. édit.
in* 4.

(3) *Ju-
rieu ibid.*

douter des miracles, & mesme qu'il affecte cela dans la plus-part de ses histoires. Vous devez aussi considerer qu'il se menagea de plus en plus sur ce chapitre, & qu'ainsi l'on peut mieux conoître sa croiance dans l'histoire des Croisades que dans celle des Iconoclastes. Celle-ci parut avant l'autre. Enfin vous êtes obligé de vous fixer où je me fixe, c'est-à-dire, aux relations miraculeuses qui concernent les expeditions des Croiez Qu'il ait parlé ou non d'une autre maniere dans ses autres livres, cela ne m'importe point, & ne prejudicie pas à ce que j'ai dit dans le passage qu'il vous a plu de critiquer.

Quant à ce que vous pretendez qu'il aplique mal une maxime qui est bonne en elle même, soufrez, je vous prie, que je vous demande si vous ne consultez pas un peu trop l'esprit de parti. La maxime est (1) *Qu'un historien ne dois pas, de son austerité, rejetter les miracles, qui sont soutenus d'un temoignage remarquable, & que si on lui laisse la liberté de ne les pas croire, il n'a nul droit en les supprimant d'ôter à ses lecteurs celle qu'ils ont, après les avoir leuës, d'en juger ce qu'il leur plaira.* C'est ce que dit le Pere Maimbourg après avoir recité que quelques-uns asseuroient qu'ils avoient vu combatre Saint George à la tête des escadrons Chretiens à la journée d'Iconium l'an 1190. Cette aplication de la maxime vous paroit absurde, vu que Saint George, dites vous, n'est qu'une chimere. Mais il faudroit vous mettre en la place de l'historien dont vous vous moquez. L'éducation produisoit en lui autant de credulité qu'elle a produit en vous d'incredulité à l'égard des Saints de la Communion de Rome. Sondez un peu vôtre conscience: seriez-vous aussi rigide contre des Auteurs protestans que contre lui, s'ils racontoient qu'un ou deux Anges

(1) Pensées sur les Cometes ubi supra pag. 293.

ges

ges avoient fait gagner une bataille à ceux de
a religion, ou qu'une marée attenduë par
les troupes qui vouloient ruiner une republique proteſtante ne vint point du tout? L'adverſaire qui a tant crié contre les miracles de
l'hiſtoire des Iconoclaſtes l'a-t-il fait par un
principe d'incredulité, ou par un principe de
prevention ? S'il s'agiſſoit de prodiges favorables à ſon parti, il en debiteroit encore plus
que le Jeſuite: j'en prens à temoin les Paſto-
rales qu'il a publiées à Rotterdam.

Je vous prie de vous ſouvenir que vous n'a-
vez pas trouvé bon (1) que l'on cenſurât Tite
Live. Et pourquoi n'excuſeriez-vous pas également l'hiſtorien des Croiſades? je vous accorde qu'il n'a pas fait toujours ſon devoir ſur le
chapitre dont nous parlons, mais vu les engagemens de ſa naiſſance, & de ſes longues habitudes, & de ſon habit, il eſt allé au delà de
ce qu'on devoit attendre de ſa plume *.

Vous faites bien de donner vôtre aprobation
à ſa maxime: les plus celebres hiſtoriens de
l'antiquité ont reconu qu'il y avoit certaines
choſes qu'ils n'avoient nul droit de ſuprimer,
quoi qu'ils ne les cruſſent pas. Je vous cite-
rois là-deſſus Herodote, Tacite, Suetone, Pau-
ſanias, Elien, Dion Caſſius, ſi je ne trouvois
plus à-propos de vous renvoier à un moderne
(2) qui a recueilli leurs paſſages dans ſon commentaire ſur ces paroles de Quinte Curce: *equidem plura tranſſcribo quam credo, nam nec ad-
firmare ſuſtineo de quibus dubito, nec ſubducere
quæ accepi.* C'eſt à Freinshemius que je vous
renvoie, vous y trouverez auſſi un paſſage de
Buchanan, & un autre de Tuberon en conformité avec la maxime dont il s'agit. Je n'y
ajoûterai point Michel de Montaigne: je vous
(3) l'ai deja cité.

Soit donc conſtant qu'un hiſtorien peut &

* Il fait
de bonnes
r flexions,
hiſt. de la
decad. de
l'empire
l. 2. pag.
m. 192.
ſur ce que
Pierre Al-
dobrandin
avoit ſubi
l'épreuve
du feu.
(1) Voiez
ci-deſſus
pag. 6.
(2) Freins-
hem. in Q.
Curtium
lib. 9. cap.
1. n. 34.
Notez que
Schookius
de fab. Ha-
melenſi
parte 2.
cap. 15.
pag. m.
129. a co-
pié mot
à mot
plus de la
moitié du
recueil de
Freinshe-
mius.
(3) Ci-deſ-
ſus pag. 7.

doit raporter des chofes, qu'il ne croit pas veritables, ou qui lui paroiffent douteufes. Mais
il y a là dedans du choix à faire, & des pre-
cautions à prendre.

I. En premier lieu je fouhaiterois qu'un Hiftorien ne fit point l'honneur à des bruits vagues qui n'ont encore paru dans aucun livre, de
les faire changer d'état, je veux dire de les tirer
de l'obfcurité des converfations pour les tranf-
porter à l'imprimerie. Bien entendu qu'ils
n'aient été abandonnez des Ecrivains qu'à caufe
de leur peu de fondement & de leur peu de
vraifemblance ; car fi une jufte crainte avoit
obligé tous les Auteurs à les fuprimer, & fi en
remontant à la fource on leur trouvoit une fort
bonne origine, il n'y auroit point de mal à
commencer de les imprimer, pourvu que d'ailleurs ils en valuffent la peine, & encore faudroit-il marquer très-expreffement qu'on les
tenoit de la tradition, qu'on ne les avoit jamais
lus, qu'ils avoient ou tel ou tel fondement, &
que le Lecteur en jugeroit ce qu'il lui plairroit.
A moins de ces circonftances il faut les laiffer
exclus de la lumiere publique, & privez de la
vie de l'hiftoire. C'eft le vrai moien d'accour-
cir leurs jours: la vie verbale dont ils jouïffent
ne fauroit durer long tems: trois ou quatre
generations en viennent à bout : s'ils paffent ce
terme c'eft avec mille varietez, & mille con-
trarietez qui les rendent incapables de fe foutenir contre les attaques d'un habile homme.
Ils ont beau après cela paffer de la langue fur
le papier, l'argument negatif dont le Docteur
Jean de Launoi fe fervoit fi heureufement, leur
tombe fur les épaules & les affomme. Mais fi
un Hiftorien contemporain leur fait l'honneur
de les emploier, ne fut-ce que par un *on dit*, il
leur donne je ne fai quelle autorité dont les de-
fenfeurs du menfonge fe prevalent tôt ou tard.

Il

l vaut donc mieux n'en faire aucune men-
ion, ou si l'on se croit obligé d'en parler, il
aut y joindre l'antidote, il faut les refuter in-
incibiement.

Tacite nous fournit un fort bel exemple de
cela. Il raconte sur la mort de Drusus fils de
Tibere ce que plusieurs Ecrivains, & les plus
dignes de foi en avoient dit, & il ajoûte qu'il ne
veut pas oublier une tradition qui duroit encore (1), & qui chargeoit Sejan & Tibere même d'avoir fait perir ce Prince. Il narre cette
tradition, & tout-aussi-tôt après il la refute (2)
non seulement par la raison qu'elle n'étoit
apuiée sur aucun bon temoignage, mais aussi
par quelques autres argumens, où il entremê-
le une observation sur la foiblesse qu'on a de
croire au desavantage de ceux que l'on hait,
les bruits les plus fabuleux, & les plus horribles: (3) *Sed quia Sejanus facinorum omnium
repertor habebatur, ex nimia caritate in eum Cæ-
saris, & cæterorum in utrumque odio, quamvis
fabulosa & immania credebantur: atrociore semper fama erga dominantium exitus.* C'est-à-dire, selon la version de d'Ablancourt: ,, Mais
,, la haine qu'on portoit à Sejanus & à Tibe-
,, re faisoit croire les choses les plus incroya-
,, bles de la malice de l'un & de l'affection de
,, l'autre pour son favory. Ajoutez à cela les
,, mensonges ordinaires de la renommée, in-
,, juste principalement à la mort des Grands.,,
Vous allez voir la derniere de ses preuves, &
le motif qui l'engagea à refuter ce bruit populaire. Ses paroles sont fécondes en sujets de
reflexion: (4) *Neque quisquam scriptor tam in-
fensus exstitit, ut Tiberio objectares, cum omnia
alia conquirerent, intenderentque. Mihi traden-
di argumendique rumoris caussa sunt, ut claro sub
exemplo falsas auditiones depellerem, peteremque
ab iis quorum in manus cura nostra venerit; ne*

O 2   *divul-*

(1) *Non
omiserim
eorundem
temporum
rumorem
validum
adeo, ut
nondum
exolescat.*
Tacit. ann.
lib. 4. cap.
10.

(2) *Hæc
vulgo ja-
ctata, su-
per id quod
nullo au-
ctore certo
firmantur,
prompte
refutave-
ris. Quis
enim &c.*
id. ib. cap.
11.

(3) *Id. ib.*

(4) *Id. ib.*

divulgata atque incredibilia, avide accepta, ve-
ris neque in miraculum corruptis antehabeant.
C'est-à-dire, selon le même traducteur: „Par-
„ mi tant d'Historiens passionnez contre Tibe-
„ re, il ne s'en est pas trouvé un seul qui
„ luy ait reproché ce meurtre, quoy qu'ils
„ ayent recherché soigneusement tout ce qui
„ se pouvoit dire contre luy. Aussi n'ay je
„ rapporté ce faux bruit, que pour condam-
„ ner par celuy-cy tous les autres, & aprendre
„ à ceux qui liront cet Ouvrage, qu'ils ne doi-
„ vent point preferer à une verité generale-
„ ment reconnuë, des mensonges inventez pour
„ rendre les choses plus merveilleuses (1)."

(1) No-
tez que
ceux qui
compare-
ront les pa-
roles de
d'Ablan-
court avec
le Latin de
Tacite les
trouveront
fort au
dessous de
l'original.

II. En second lieu je voudrois qu'un Historien qui ne trouve certains prodiges, ou certains
miracles que dans quelque petit auteur, les trai-
tât tout de la même maniere que les bruits
vagues dont nul écrivain n'a daigné parler;
c'est-à-dire, qu'il n'en dit mot, à moins qu'il
ne put les refuter invinciblement, car dès là
que des faits ne sont raportez par aucun Auteur celebre, mais seulement par quelque
mauvais Chroniqueur credule, qui ne sera pas
même contemporain, on les doit tenir pour
des fables.

III. En troisiéme lieu il me semble qu'un
Historien qui trouve dans la plupart des plus
celebres auteurs quelque évenement miraculeux
est obligé de le raporter. Je ne dis pas qu'il
soit obligé de le croire; c'est à lui à faire de
son jugement tel usage qu'il trouvera à-propos, je dis seulement qu'il doit être un fidele
raporteur des faits que les monumens les plus
authentiques qu'il consulte lui fournissent. Il
ne doit point derober à ses lecteurs la conoissance d'un fait sous pretexte qu'il en doute, ou
qu'il le tient fabuleux. Qu'il s'en lave les
mains tant qu'il voudra, qu'il declare le jugement

ſent qu'il en fait, mais qu'il n'ôte point à ſes
lecteurs la faculté d'en juger.

Sur ce fondement j'oſe bien vous dire, Monſieur, que ſi vous faiſiez l'hiſtoire des Iconoclaſtes & des Croiſades, vous ſeriez obligé, tout
bon proteſtant que vous êtes, de raporter les mêmes prodiges que le Pere Maimbourg raporte; car vous ne pourriez pas vous aquiter de
vôtre devoir ſans lire tous les auteurs qu'il a
lus, & ſans faire le recit de ce qu'ils alleguent
pour ou contre. Toute la diference qu'il y auroit entre vous & lui ſeroit que vous condam-
neriez plus ſouvent que lui, ou comme des
impoſtures, ou comme des illuſions les miracles dont vous parleriez.

IV. Sur cela il eſt à propos d'examiner en
quatriéme lieu ſi l'Hiſtorien doit contredire toujours le narré qu'il donne des prodiges qu'il
croit faux. On ne peut nier en general qu'il
ne ſoit de ſon devoir de ſoutenir ſes lecteurs
contre la credulité, & de les aider de ſon ſufrage, & c'eſt ſans doute un grand profit (1)
que de voir un Hiſtorien mettre ſa note de reprobation ſur une choſe peu croiable qu'il a
raportée. Il eſt cauſe par là que pluſieurs lecteurs qui l'auroient crûë en jugent plus ſaine-
ment. De fort bons critiques croient qu'il ſufit que dans la preface, & de tems en tems
dans le corps du livre un Hiſtorien declare qu'il
raconte bien des choſes ſans les garantir pour
vraies, n'aiant pas jugé que ſes doutes ou ſa
croiance lui donnaſſent droit de ſuprimer ce
que tant d'auteurs celebres affirment. Il n'eſt
pas beſoin de vous avertir que c'eſt à-peu-près
ainſi que l'on tâche de diſculper Tite Live (2).
Il a quelquefois declaré fort nettement qu'il ne
croioit pas les prodiges dont il parloit. Dion
Caſſius n'eſt pas ſi digne d'excuſe, car il les raporte preſque toujours avec ſon attache pour

les

(1) *Quum
fama fal-
lax admo-
dum eſſe
conſueve-
rit, quan-
do prudens
Hiſtoricus
fama judi-
cium à ſuo
judicio diſ-
cernit, mul-
to plus de-
ferri de-
bet ejus ju-
dicio quam
incerto po-
puli ru-
mori.*
Schoock.
de fab.
Hamel.
part. 2.
cap. 15.
pag. m.
128.

(2) *Voiez
ci-deſſus
pag.* 7.

les mieux autoriser, & il dogmatise quelquefois sur ces matieres. Je conois des gens qui voudroient qu'un Historien renouvelât sa declaration toutes les fois qu'il recite de certaines choses que la superstition, l'illusion, ou l'imposture ont érigées en miracle. Pour moi je ne voudrois pas l'assujetir à cette necessité, mais s'il s'en chargeoit lui-même, je regarderois cela comme une de ces superfluitez dont on a dit qu'elles ne font point de tort, *superflua non nocent*. Il pourroit pourtant à moins de frais se distinguer des Historiens dont Seneque assûre (1) qu'après avoir fait credit à quantité de faussetez, ils alleguent une seule chose sans vouloir en être caution.

Je ne voudrois pas que pour éviter ce defaut on tombât dans un excès de negation ou de Pyrrhonisme. Je voudrois même qu'un Protestant qui composeroit une histoire des Croisades se gardât bien d'entrer en dispute sur les miracles de Saint George, ou de tel autre Saint de la Communion Romaine. Je ne parle pas d'une dispute où par des raisons de fait tirées des circonstances, & des témoignages historiques on combatroit quelque tradition. Cette espece de combat doit être permise aux Historiens, je parle d'une dispute par lieux communs, ou par des raisons generales, elle seroit mal placée dans une histoire. Rien n'est plus fastidieux qu'un Historien qui s'érige en Controversiste. Je me souviens d'une lettre où vous me disiez que l'histoire demande des narrations, & non pas de longues, ou de frequentes refutations, & qu'il seroit bon de ne l'entreprendre jamais dans la vûë de decrier une certaine sorte de gouvernement, ou un certain Ministre d'état, que cette vûë fait perdre à tout bout de champ le fil de la narration, que la censure vient à la traverse dans chaque page,

(1.) *Illi cum multa mentiti sunt ad arbitrium suum, unam aliquam rem nolunt spondere, sed adjiciunt, penes auctores fides erit.* Seneca natur. quæst. lib. 4. cap. 3. pag. m. 865.

ge, que cela devroit être reſervé non pas *per
la predica*, mais pour un Ouvrage de controverſe, ou pour des diſſertations critiques, &
que même alors il ne faudroit pas uniquement
s'arrêter au mal; qu'il faudroit auſſi ſelon la
belle maxime de Ciceron (1), raconter le bien,
ou diſcuter ſi les maux que l'on éloigne ne ſeroient pas plus funeſtes que le mal qui les éloigne. C'eſt à vous à voir ſi vous n'outrez pas
la delicateſſe, je m'en raporte à vôtre examen. Reprenons nôtre queſtion.

On ne ſauroit dire le mal qu'ont fait au public les Chroniqueurs, qui ont inſeré dans
leurs Ouvrages avec tout le poids de leur autorité
les bruits populaires ſur des batailles vûës en
l'air, ſur de grans combats d'oiſeaux, ſur des
aparitions de ſpectres, ſur des voix nocturnes
&c. toutes choſes qui le plus ſouvent n'ont été
que des illuſions, ou de faux contes. La memoire s'en ſeroit perduë, ſi aucun Auteur ne
les avoit afirmées, mais parce qu'on en a tenu
regitre elles ont ſervi à de gros recueils, elles
ont été ſouvent citées, & ont preparé le monde à recevoir avec un peu trop de docilité la
nouvelle de ſemblables faits en tems & lieu.
C'eſt ſur tout à l'aproche d'une grande guerre,
ou pendant la fureur des armes que de pareils
bruits ſe ſement, & qu'ils ſe ſaiſiſſent de la credulité des peuples (2). Tel qui n'avoit qu'une diſpoſition mediocre à devenir fanatique, le devient
juſqu'à l'excés par l'émotion que lui cauſent
les idées de la guerre; & comme les eſprits
ſont alors dans l'inquietude, ils croient plus
O 4 aiſe-

(1) *Vitia quidem tribunatus præclare Quinte perſpicis, ſed eſt iniqua in omni re accuſanda prætermiſſis bonis malorum enumeratio, vitioſumque ſolectio. Nam iſto quidem modo vel conſulatus vituperabilis eſt, ſi conſulum quos enumerare nolo, peccata collegeriſſà. Ego enim fateor in iſta ipſà poteſtate ineſſe quidam mali, ſed bonum* quod eſt quaſitum in ea ſine iſto malo non haberemus. Cicero de legib. lib. 3. fol. 338. C.

(2) *Atque hæc in bello plura & majora videntur timentibus eadem non tam animadvertuntur in pace. Accedit illud etiam quod in metu & periculo quum creduntur facilius, tum finguntur impunius.* Cicero de divinat. lib. 2. fol. 317. C.

(1) *Alios*
cito timor
sibi reddit,
alios vehe-
mentius
perturbat ,
& in de-
mentiam
transfert.
Inde insci-
bella erra-
xere lym-
phatici:
nec usquam
plura
exempla
vaticinan-
tium inve-
nies, quàm
ubi formi-
do mentes
religione
mixta per-
cussit. Se-
neca nat.
quæst. lib.
6. cap. 29.
pag. 897.

(2) *Voiez*
ci-dessus
pag. 7.
& 8.

(3) *Voiez*
Florus lib.
2. cap. 11.

aisément tout ce qu'ils entendent dire de prodigieux.   Consultez Seneque (1).

Je quitte cette matiere en vous faisant remarquer qu'un Historien qui raconte la terreur,
qu'une Comete, qu'une éclipse , qu'une inon
dation exciterent dans un païs à cause qu'o
les prenoit pour des presages sinistres, & q
n'oublie pas les processions, & les autres c
remonies religieuses qui furent ordonnées po
detourner ces presages , ne sort nullement de
la sphere d'Historien, car ce sont des faits aussi
curieux (2), aussi instructifs que les batailles,
que les sieges, que les traitez d'alliance. Ne som-
mes-nous pas bien aises de trouver dans Florus, que les Romains crurent (3) que Castor
& Pollux les avoient aidez à gagner quelques
batailles ? Le Cotta de Ciceron (4) traite cela
de contes de vieille, & de bruits de ville, quoi
qu'il sût que l'on avoit fait bâtir des temples à
ce sujet, & que le Senat avoit donné son sufrage là-dessus. La connoissance de ces anciens
monumens vous plaît sans doute , & je gage-
rois que vous avez une extreme joie d'oposer
au Saint George des Chretiens les freres d'He-
lene, & de pouvoir alleguer ce passage de Justin à ceux qui vous prônent les miracles des
Croisades.   (5) *In cornibus quoque duo juvenes*
diverso a ceteris armorum habitu , eximia mag-
nitudine & albis equis & coccineis paludamentis,
pugnare visi sunt , nec ultra apparuerunt quam
pugnatum est.   Effectivement ce beau recit de
Justin touchant la bataille de Sagra entre les Locriens , & les habitans de Crotone ressemble
comme deux gouttes d'eau à quelques narrez
des Historiens des Croisades.

§. LXIV.

& lib. 2. cap. 12. *Plusieurs autres Historiens raportent la même*
chose.   (4) *Cicero de nat. Deor. lib. 3. pag. m. 601.*
(5) *Justin. lib. 20. cap. 3. pag. m. 393.*

§. LXIV.

Qu'il n'y a point d'affectation dans ce que j'ai dit (1) de l'inclination des Païens à multiplier le nombre des Dieux.

Vous me ſoupçonnez de n'avoir repreſenté fortement le polytheïſme des Païens que parce que j'affectois d'en tirer des conſequences, qui ſerviſſent de confirmation au parallele que je voulois étaler entre l'Atheïſme & l'idolatrie. Vous croiez que par cette affectation j'ai choiſi dans les auteurs pour le citer ce qui eſt le plus capable de rendre odieuſe, & ridicule l'inclination des Païens à multiplier les Dieux. Je ne me ſens pas hors d'etat de vous envoïer mon apologie. Vous l'allez voir : examinez-la, ſoiez en ſuite le Juge de la queſtion, je ne vous recuſe pas, je vous abandonne mes interets.

J'ai cité (2) un paſſage de Prudence, & un paſſage de Juvenal; ils ſont très-forts, je l'a-voüe, mais ſi j'avois agi avec quelque affectation, j'en aurois cité pluſieurs autres qui ſont encore plus forts. Je n'aurois pas oublié que ſelon Pline (3) le nombre des Dieux étoit plus grand que celui des hommes. Cette obſervation eſt enfermée dans une invective ſi juſte & ſi vehemente contre le polytheïſme des Païens, que je me crois obligé de raporter tout le paſſage. Vous y verrez que Pline qui condamnoit ſi ſeverement la multitude des Dieux, ne laiſſoit pas de s'écarter prodigieuſement de la verité : *Qui que ſoit Dieu,* dit-il (4) (*ſi toutesfois il y en a un autre que* (5) *le Soleil*) &

O 5 *quelque*

planius mentem : hunc principale naturæ regimen, ac numen credere decet, opera ejus æſtimantes.

(1) Dans le chap. 105. des Penſées diverſes.

(2) Penſées diverſes ch. 105. pag. 317.

(3) Major cælitum populus etiam quam hominum intelligi poteſt. Plin. ubi infra pag. 142.

(4) Plin. lib. 2. cap. 7. pag. m. 141. 142. Je me ſers de la traduction de du Pinet.

(5) Pline venoit de dire: Hunc (ſolem) mundi eſſe totius animum, ac

quelque part qu'il se monstre Dieu, il est tout de
sens, de veuë, d'ouye, d'ame, d'entendement : &
finalement, il est tout de soy-mesme, sans user
d'aucun organe. C'est donc grande folie, de croire qu'il y ayt plusieurs dieux : & encores plus
grande rage, d'establir des dieux selon les vertus
& vices des hommes : comme chasteté, concorde,
entendement, esperance, honneur, clemence, &
foy : ou bien, selon Democritus, n'en mettre que
deux, assavoir, remuneration, & peine. Mais
tout ce que dessus vient de ce que les hommes fra-
giles & chargez de travaux, ayans devant les
yeux leurs pauvretez & infirmitez, adoroyent
respectivement les choses dont ils avoyent le plus
de faute. De là vint que les dieux commence-
rent à changer de noms, selon la devotion des re-
gions : & qu'en une mesme region on trouvoit une
infinité de dieux : entre lesquels mesmes on mettoit les dieux infernaux, les maladies, & toutes
sortes de pestes, de la peur & crainte qu'on en
avoit. De ces superstitions sont sortis le temple
de la fievre, qui fut fondé & consacré au Palais : & celuy (a) d'Orbona, qui est aupres du
temple des Genies & Esprits familiers : & le
temple de Mauvaise fortune, qui est sur la Mot-
te Esquilienne. Et par ainsi ce n'est de merveilles, si on trouve plus de dieux au Ciel, que
d'hommes en la terre : attendu que chascun, de
soy-mesme, se forge autant de dieux que sa fan-
tasie luy porte : & que les hommes prennent &
choysissent pour patrons plusieurs dieux, ausquels
ils baillent les titres de Junó, ou de Genie, &
esprit familier. Mesmes il y a des nations, qui
adorent certaines bestes, & plusieurs choses sa-
les, & des-honnestes à dire : jusques à jurer &
prendre en tesmoignage certaines viandes ordes
& puantes, & plusieurs autres semblables vi-
lenies. Au reste, c'est à faire à petits enfans, de
croire qu'on face des mariages entre les dieux,

(a) Orbo-
na, c'es-
toit la
Deesse qui
faisoit
mourir les
enfans.

vau

... que de si long temps, il n'en est sorti un seul
enfant : & qu'il y ait des dieux qui demeurent tou-
jours vieux & chenuz : & d'autres qui sont tou-
jours (a) jeunes & enfans : & qu'il y en a qui
sont noirs : & d'autres qui (b) ont des aîles : &
d'autres qui sont (c) boyteux , ou esclez d'un
œuf, & (d) qui vivent & meurent alternati-
vement jour par jour. Mais sur tout, l'impru-
dence est grande, d'accuser les Dieux d'adultere,
& dire qu'ils ont noises & querelles entr'eux:
& que mesme il y a des Dieux, qui favorisent
aux larrecins , & à plusieurs autres actes mes-
chans.

Je n'eusse pas non plus oublié ce qu'un autre ancien Auteur dit qu'il étoit bien plus facile de trouver un Dieu que de rencontrer un
homme (1). Il vouloit dire qu'il y avoit sur
la terre moins d'hommes que de simulacres de
Dieux. Cela me fait souvenir de la remarque
de Cassiodore (2) que l'art des statuaires avoit
donné à la ville de Rome un peuple presque
aussi grand que celui que la nature avoit pro-
créé. Il semble qu'il ne fait mention que des
statuës d'airain. Il est sûr que les figures consacrées aux Divinitez étoient en bien plus grand
nombre que les statuës d'homme. Vous pourrez voir dans Ciceron que la ville de Syracuse
perdit plus de Dieux par les voleries de Verres,
qu'elle n'avoit perdu d'hommes lors que Mar-
cellus l'assiegea & la saccagea. (3) *Judices,*
sic habetote : plures esse a Syracusanis istius ad-
ventu Deos, quam victoria Marcelli homines de-
sideratos.

Vous me pouvez objecter que l'on consa-
O 6
croit

(a) Apol-
lo.

(b) Cupi-
do, Mer-
cure.

(c) Vul-
can.

(d) Cas-
tor, Pol-
lux.

(1) Uti-
que nostra
regio tam
praesentibus
plena est
numinibus,
ut facilius
possis Deum
quam ho-
minem in-
venire.
Petronius
in satyr.
pag. m.
52.

(2) Nos
(statuas)
primum
Tusci in
Italia in-
venisse re-

feruntur, quas amplexa posteritas pene parem populum urbi
dedit quam natura procreavit. Cassiodor. varias. lib. 7.
cap. 15. (3) Cicero in Verrem lib. 4. pag. 284. tom. 20.
edit. Grav.

croit à un même Dieu un grand nombre de statuës, & qu'ainsi je ne dois pas égaler la multitude des simulacres à celle des Dieux, & moi je
puis vous repondre que le rabais que cette raison demande, se compensoit avec usure par les
marmousets que chaque chef de famille consacroit dans sa maison. On consideroit sans doute les Dieux Penates comme distincts des Dieux
du public, & il est fort aparent que chaque famille pretendoit avoir les siens, car sans cela
comment eut-on pu se confier dans la protection des Dieux domestiques? N'avoit-on pas
des diferens avec ses voisins? Se fieroit-t-on à
un Procureur qui occuperoit pour les deux parties plaidantes? Ne veut-on pas toujours quand
on plaide que son avocat soit diferent de l'a-
vocat de la personne avec qui l'on plaide? Ne
veut-on pas qu'il ne prenne nulle part aux interêts de cette personne? Ne le quitteroit-on
pas si l'on en craignoit quelque prevarication?
Si Marius & Sylla avoient eu pour Divinité tutelaire de leur maison le même Dieu, auroient-
ils pu en attendre de bons offices? Pouvoit-il
proteger l'un sans trahir l'autre? La prospérité
de l'un n'étoit-elle pas incompatible avec la
prosperité de l'autre? Y a-t-il rien de plus fre-
quent dans la vie humaine que l'incompatibi-
lité des interêts de plusieurs familles? Ne faut-
il pas en mille & mille rencontres que l'abaisse-
ment, la perte des unes soit l'élévation, le profit des autres? Quel embaras les Païens n'eus-
sent-ils point imaginé dans des Dieux penates,
qui auroient eu à veiller tout à la fois au bonheur de chaque maison? Souvenez-vous de cette
verité canonique: (1) *Nul ne peut servir deux*
maîtres, car ou il haïra l'un & aimera l'autre,
ou il s'attachera à l'un & meprisera l'autre. Les
Dieux tutelaires d'une maison eussent été dans
le même cas, ils n'eussent pu servir Marius
                                        sans

(1) Evan-
gile de
Saint Mat-
thieu chap.
6. v. 24.

ſans deſſervir Sylla , il faloit donc que chaque famille ſe perſuadât que ſes Dieux penates n'é-toient deſtinez qu'à elle, comme l'on s'imagi-noit que le bon genie de chaque particulier n'étoit deſtiné qu'à lui. Vous avez vu com-ment Pline (1) fait croître le nombre des Dieux par la raiſon que chaque particulier avoit le ſien. Inferez à proportion la même choſe de ce que chaque famille avoit ſes Penates.

Pourrez-vous en bonne foi vous figurer que ſi j'avois fait des recherches affectées , j'au-rois negligé de citer Saint Auguſtin qui fou-droie d'un côté la multitude des faux Dieux, & qui en plaiſante de l'autre? Aurois-je ou-blié le reproche qu'il fait aux Paiens d'a-voir prepoſé un grand nombre de Divinitez à une fonction qu'ils n'euſſent pas trouvée trop grande pour un ſeul tuteur, s'ils n'avoient ai-mé la multitude en ce genre-là ? La Déeſſe *Se-getia*, dit-il, n'eut-elle pas pu ſuſire à la pro-tection des grains depuis qu'ils ſont hors de ter-re, juſques à ce qu'ils ſont en épi? Cependant on leur a donné pluſieurs autres Divinitez tu-telaires : (2) *Cui non ſufficere videretur illa Se-getia , quamdiu ſeges ab initiis herbidis uſque ad ariſtas aridas perveniret. Non tamen ſatis fuit hominibus Deorum multitudinem amantibus , ut anima miſera dæmoniorum turba proſtitueretur, unius Dei veri caſtum dedignata complexum. Præ-fecerunt ergo Proſerpinam frumentis germinanti-bus: geniculis nodiſque culmorum , Deum Nodo-tum: involumentis folliculorum , Deam Volutí-nam : cùm folliculi pateſcunt , ut ſpica exeat, Deam Patolenam : cùm ſegetes novis ariſtis æquantur , quia veteres æquare hoſtire dixerunt, Deam Hoſtilinam: florentibus frumentis , Deam Floram: lacteſcentibus , Deam Lacturtiam: ma-tureſcentibus , Deam Maturam : tùm runcantur, id eſt , à terra auferuntur , Deam Runcinam.*

(1) *Ci-deſ-ſus pag. 311.*

(2) *Au-guſt. de civit. Dei lib. 4. cap. 8. pag. m. 463.*

(1) *Non-*
ne scurri-
litati mi-
mica ma-
gis quàm
divina cen-
senant di-
gnitati? Si
duas quis-
quam nu-
trices ad-
hiberet in-
fanti: qua-
rum una
nihil nisi
escam, al-
tera nihil
nisi potum
daret: si-
cut isti
ad hoc
duas adhi-
buerunt
deas, Edu-
cam & Pa-
tinam;
nempe desi-
pere, &
aliquid mi-
mo simile
in sua do-
mo agere
videretur.
Id. ib. lib.
6. cap. 9.
pag. 598.

Nec omnia commemoro, quia me piget, quod il-
los non pudet. Il les raille ailleurs de ce qu'ils
commettoient deux Divinitez à la nourriture
des enfans, l'une pour le manger, l'autre pour
le boire (1). On se moqueroit, ajoûte-t-il,
d'un homme qui diviseroit ainsi les fonctions
d'une nourrice. On le traiteroit ou de fou ou
de boufon. Je laisse ce qu'il a dit fort plai-
samment sur la multitude des Divinitez pre-
posées au mariage, & à ses suites. J'en parle
ailleurs (2).

Pourriez-vous bien vous imaginer que j'eusse
omis ou ce qu'Hesiode (3) debite qu'il y avoit sur
la terre trente mille Dieux, qui couroient de
tous côtez pour observer les actions des hommes; ou ce que Prudence a reproché aux Païens
qu'ils avoient deifié les coteaux, les detroits,
les fleuves, les flâmes, & tout ce en general
que l'eau & la terre produisent de merveilleux:

> *Quidquid* (4) *humus, quidquid pelagus mira-*
> *bile gignunt,*
> *Id duxere Deos, colles, freta, flumina, flam-*
> *mas.*

Il ne faut pas dire qu'il n'y avoit qu'un certain
nombre de Prêtres qui persuadassent cela à des
esprits simples & superstitieux. C'étoit une religion qui éclatoit dans les actes les plus solen-
nels. Polybe nous a conservé les termes de
l'alliance qui fut conclue entre les Carthaginois & les Macedoniens. Il y est dit expresse-
ment qu'Annibal, & les autres chefs de l'armée,
& les Senateurs de Carthage, &c. & Xenopha-
                                                            nes

(2) Dans mon *Dictionaire aux remarques* G Δ *& T de l'Arti-*
cle Junon.   (3) *Hesiod. oper. & dier. v. 252. Voiez*
sur cela les railleries de Clement d'Alexandrie, admonit. ad gen.
pag. 26.   (4) *Prudent. in Symmach. lib. 1. v. 297.*

nes Ambaffadeur de Philippe Roi de Macedoine prennent à témoin Jupiter, Junon, & Apollon, la Déeffe de Carthage, Hercule & Iolaus,
Mars, Triton, Neptune, les Dieux compagnons
de l'expedition, le foleil auffi, la lune & la
terre, les fleuves, les prez, les eaux, tous les
Dieux qui commandent dans Carthage, tous
les Dieux qui dominent dans la Macedoine, &
dans tout le reftr de la Grece, & tous les
Dieux qui prefident à la guerre (1).

Voilà dequoi vous convaincre que je ne cher-
chai pas à m'épuifer, quand je fis mention du
polytheïfme. Le feul commentaire de Cafau-
bon fur le chapitre, où Theophrafte a donné les
caracteres de la fuperftition, m'eût pu fournir
de très-fortes preuves dont je ne me fouciai
pas de me fervir, car je craignois la prolixité.
Lifez le je vous en prie, vous y trouverez les
plaintes de Platon (2) de ce que les moindres
fujets engageoient les fuperftitieux, & les bonnes femmes principalement à ériger des autels,
& à confacrer des chapelles, de forte que l'on
en voioit par tout, & dans les ruës & dans les
maifons.

§. LXV.

Examen d'une objection qu'on pourroit faire con-
tre ce qui vient d'être dit fur la multiplicité
des Dieux penates.

Je m'imagine que vous ne lirez pas mon obfervation fur les Dieux penates fans la trouver
defectueufe, puis qu'elle paroît prouver trop.
On ne peut nier que les principales Divinitez
du Paganifme n'aient été adorées en plufieurs
païs qui fe faifoient quelquefois la guerre. Les
mêmes Dieux que l'on honoroit dans Carthage, étoient honorez à Rome : les Atheniens
&

(1) *Polyb.*
in excerps.
lib. 7. pag.
m. 454.

(2) *Hinc*
illa Plato-
nis quere-
la de fuper-
fitiofis ho-
minibus,
mulieribus
prafertim,
quas ait le-
viffimas ob
caufas, &
pavores
inanes,
impelli fo-
litas, ut
aras & fa-
cella diis
ftatuerent:
ut jam,
inquit Pla-
to, nullus
locus iis
vacet, non
domus ul-
la, non
vicus.
Cafaub. in
Theophr.
Charact.
pag. m.
294.

(1) Cum (Crotonienses) statuas juvenibus justa magnitudinis, & imprimis Minerva fabricare cœpissent, Metapontini cognito oraculo deorum, occupandam manium & dea pacem rati, juvenibus modica & lapidea simulacra ponunt, & deam panisiciis placant. Justin. lib. 20. cap. 2. pag. m. 391.

(2) Atque ita pestis utrobique sedata est, cum alteri magnificentia, alteri velocitate certassent. Id. ib. pag. 392.

& les Lacedemoniens rendoient leur culte aux mêmes Dieux. Pourquoi donc pretens-je que chaque famille a voulu avoir des Penates distincts des Dieux tutelaires des autres familles ? Si la famille de Sylla n'eût pu se fier à ses Dieux patrons en cas qu'ils eussent été les Dieux penates de la famille de Marius, Rome auroit-elle pu se fier en la protection de Junon, qu'elle savoit être l'une des principales Divinitez de Carthage ? Il est pourtant vrai que les Romains ont eu de la devotion pour cette Déesse, & qu'ils lui ont demandé son assistance dans leurs guerres avec les Carthaginois, quoi qu'ils sçussent que leurs ennemis l'honoroient comme leur patrone. Je conviens, Monsieur, que cette objection a quelque force, mais elle n'est pas sans replique. Pesez bien les observations suivantes.

Premierement je vous prie de considerer que les Païens n'étoient pas peu embarrassez sur l'assistance d'un Dieu dont le culte leur étoit commun avec l'ennemi. Ils recouroient alors à l'industrie d'un fin courtisan, ils tachoient d'emporter la preference ou par la promptitude de leurs hommages, ou par la superiorité de leurs dons. Les Metapontins aiant sçu que les habitans de Crotone pour obeïr à un oracle faisoient faire des statuës grandes comme nature, en firent faire de petites afin d'être les premiers qui achevassent l'execution de l'ordre de Dieu (1). On pouvoit les contenter les uns & les autres, car il ne s'agissoit que de faire cesser la peste, & la sedition, c'est pourquoi l'on tint compte aux Metapontins de leur diligence, & à ceux de Crotone de leur magnificence (2). Mais s'il eut été question d'une bataille où la victoire des uns eût du être la defaite des autres, comment eût-on pu avoir
égard

égard à la devotion des deux partis? Les peuples comptoient beaucoup ſur la penſée que les Dieux ſeroient du parti du plus ofrant & dernier encheriſſeur. Mais à quels ſoins, & à quelles inquietudes cela ne les expoſoit-il pas? Le ſecret ſi dificile à garder dans les vœux publics étoit d'une grande conſequence, car les Locriens aiant ſçu que les habitans de Crotone leurs ennemis avoient voüé la dîme de tout le butin au temple de Delphes, voüérent la neuviéme partie (1) fort ſecretement, de peur que ſi l'ennemi l'eût ſçu il n'eût voüé la huitiéme. J'ai fait autrefois (2) une reflexion qui pourroit ſervir ici.

Arnobe repreſente trés-fortement aux Païens les ſuites fâcheuſes de leur doctrine que les Dieux ne faiſoient du bien aux hommes qu'après en avoir reçu quelques preſens (3). Il fait voir entre autres choſes l'embaras que pouvoit produire l'égalité des offrandes faites aux Dieux par deux peuples ennemis. Il faloit en ce cas là que les Dieux ne ſçuſſent de quel côté ſe tourner, qu'ils ſe tinſſent neutres, qu'ils fuſſent ingrats aux deux partis, ou qu'ils renverſaſſent d'une main ce qu'ils batiſſoient de l'autre: (4) *Quid ſi populi rurſus duo hoſtilibus diſſidentes armis, ſacrificiis paribus ſuperorum locupletaverint aras, alterque in alterum poſtulent vires ſibi atque auxilium commodari, nonne iterum neceſſe eſt credi, ſi præmiis ſollicitantur, ut proſint, eos partes inter utraſque debere hæſitare, deſigi, nec reperire quid faciant, cùm ſuas intelligant gratias ſacrorum acceptionibus obligatas? Aut enim auxilia hinc & inde præſtabunt, id quod fieri non poteſt; pugnabunt enim contra ipſos ſeipſi, contra ſuas gratias, voluntateſque nitentur, aut ambobus populis opem ſubminiſtrare ceſſabunt, id quod ſceleris magni eſt, poſt impenſam acceptamque mercedem.* Vous ne ſaurice

(1) *Cum (Croto- nienſes) voviſſent Apollini decimas prædæ, Locrenſes & voto hoſtium & reſponſo dei cogniſo nonas voverunt, ſtacitamque rem habuere, ne votis vincerentur.* Id. ib. cap 3. pag. 393.

(2) *Dans la remarque D de l'article d'Aiax fils de Telamon.*

(3) *Arnob. lib. 7. pag. m. 219. & ſeq.*

(4). Id. ib. pag. 220.

(1) *Voiez les nouvelles de la republ. des lettres Janv. 1687. pag. 76.*
(2) *Virgil. Æn. lib. 5. v. 95.*
(3). *Voiez les commentateurs de Virgile sur ces paroles du 2. livre de l'Eneide v. 351.* Excessere omnes adytis arisque relictis Di, quibus imperium hoc steterat.
(4) *Voiez le Dict. hist. & crit. à l'article* Soranus, *remarque* E.
(5) *Q. Curtius lib. 4. cap. 3. n. 22.*

riez douter que les Paiens n'aient dû sentir quelque inquietude de ce que leur devotion concernoit des Divinitez qui étoient comunes à des nations ennemies.

Remarquez en second lieu, je vous prie, que si pour joüer au plus sûr ils briguoient les bonnes graces de ces Divinitez communes à tous les partis, sans oublier même les Divinitez (1) dont ils ignoroient le nom & le caractere, ils se confioient principalement dans la protection de quelque Dieu particulier, & affecté a chaque pais, ou à chaque ville. Si vous lisez les commentateurs de ces paroles de Virgile, (2) *Incertas geniumne loci famulumne parentis,* ou le commentaire de Meursius sur le vers 1473. de Lycophron, vous verrez une infinité de passages qui prouvent que l'on croioit que chaque lieu avoit son Genie tutelaire. Les villes capitales étoient principalement devoüées à quelque Divinité qui s'interessoit extremement à les conserver. On ne croioit pas que ces villes pussent être prises pendant qu'elle (3) les honoreroit de sa presence. C'est pourquoi les ennemis faisoient en sorte ou d'évoquer cette Divinité, ou d'enlever la statuë que les habitans prenoient pour un gage de leur conservation. On n'oublioit rien pour prevenir cette entreprise des ennemis, on tenoit caché le nom (4) du Dieu tutelaire, & de peur que la statuë fatale ne se retirât, on l'enchaînoit. Vous trouverez plusieurs exemples de cet enchaînement dans le commentaire de Freinshemius sur l'endroit où Quinte Curce (5) raconte que les Tyriens assiegez par Alexandre mirent une chaîne d'or à la statuë d'Apollon, & l'attacherent à l'autel d'Hercule.

Que si outre le grand nombre de Dieux communs à tous les Paiens, chaque païs, chaque ville a voulu avoir sa Divinité particuliere, ne

puis-

puis-je pas conclure que chaque famille a pretendu que ses Dieux penates étoient distincts
des Dieux domestiques des autres maisons ?
Ainsi l'objection qui comme je le suppose, vous
a paru capable de m'embarasser, me fournit un
nouveau jour qui vous fera mieux conoître
l'innombrable, multitude des Dieux des Gentils.
Le Poëte Prudence s'étonna que l'on se servit
du singulier en parlant du Genie de la ville de
Rome ; car on assignoit aux portes , aux maisons , aux bains , &c. leurs Genies particuliers :

Quamquam (1) *cur Genium Roma mihi fingi-*
tis unum ?
Cum portis, domibus, thermis, stabulis solentis
Adsignare suos Genios ? perque omnia membra
Urbis, perque locos, Genierum milia multa
Fingere, ne propriâ vacet angulus ullus ab Um-
brâ ?

§. LXVI.

Suplement à ce qui a été dit ci-dessus sur la ques-
tion, Si les Paiens ont conu l'unité de Dieu. Re-
marques generales sur ce que Mr. Cudworth
a cité pour l'afirmative.

Ce que je m'en vais vous dire demandoit une
autre place , il auroit falu le joindre avec les
observations que vous avez vues dans le chapitre 26. mais ne m'aiant pas été possible (2)
de le mettre en cet endroit-là, j'en fais un hors
d'œuvre qui ne sauroit être plus commodement, ni plus naturellement placé que dans ce
chapitre-ci.
Lors que je vous envoiai quelques remarques qui tendoient à faire voir (3) que l'on
ne peut dire qu'improprement, que les Philosophes

(1) Pru-
dent. in
Symmach.
lib. 2. v.
444. pag.
m. 296.

(2) Le
chapitre
26. de cet
Ouvrage
étois im-
primé lors
que le 3.
volume de
la biblio-
theque.
choisie me
tomba en-
tre les
mains.

(3) Voiez
ci-dessus
pag. 118.
& suiv.

Sophes Païens aient conu l'unité de Dieu, je ne savois pas que Mr. Cudworth eut entrepris de faire voir leur orthodoxie sur ce point là. Je l'ai sçu depuis par la lecture du 3. tome de la bibliotheque choisie de Mr. le Clerc. Si j'entendois l'Anglois je ferois peut-être une longue digression pour examiner les preuves de Mr Cudworth, mais aiant le malheur de n'entendre pas cette langue, je ne saurois entrer dans aucun detail. Il ne sufit pas que Mr. Cudworth ait cité les propres paroles des anciens auteurs, il faudroit de plus que je sçusse comment il les paraphrase, quel est le sens qu'il leur donne, & quelles sont les consequences qu'il en tire. Je me contenterai donc de quelques remarques generales.

I. Il met en fait que (1) les Egyptiens ont cru qu'il n'y avoit *qu'un Dieu supreme*, (2) *un seul être tout-parfait & auteur de toutes choses*. Cependant nous aprenons de (3) Diodore de Sicile 1. Qu'ils ont admis deux Divinitez premieres & éternelles, le soleil & la lune, qui gouvernoient tout l'Univers. 2. Qu'ils croioient que l'esprit & le feu apartenoient au soleil, que le sec & l'humide apartenoient à la lune, & que l'air apartenoit également à ces deux premieres Divinitez. 3 Que tout le corps de la nature (4) étoit formé du soleil & de la lune, & que l'esprit & le feu, le sec & l'humide, & l'air etoient des membres de ce corps comme la tête,

Marginal notes:

(1) *Biblioth. choisie to. 3. pag. 63.*

(2) *Ibid. pag. 64. 65.*

(3) *Diodor. Sicilus lib. 1. cap. 11. & seq.*

(4) Διὸ ϗ τὸ μὲν ἅπαν σῶμα τῆς τῶν ὅλων φύσεως ἐξ ἡλίυ ϗ σελήνης ἀπαρτίζεσθαι· τὰ δὲ τύτων μέρη πέντε τὰ προειρημένα, τὸ, τὶ πνεῦμα ϗ τὸ πῦρ ϗ τὸ ξη-

ρὸν, ἔτι δὲ τὸ ὑγρὸν ϗ τὸ τελευταῖον τὸ ἀερῶδες, ὥσπερ ἐπ᾽ ἀνθρώπου κεφαλὴν χεῖρας ϗ πόδας ϗ τἆλλα μέρη καταριθμῶμεν, τὸν αὐτὸν τρόπον τὸ σῶμα τῦ κόσμυ συνεστάσθαι πᾶν ἐκ τῶν προειρημένων: *Ideoque totum natura universa corpus Sole & Luna consummari ; cujus partes jam indicata, spiritus, ignis, siccitas, humor, & aeria tandem natura: è quibus, ut in homine caput, manus, pedes, & alias partes numeramus, eodem modo corpus mundi consistat. Id. ib. cap. 11. pag. m. 11.*

te, les mains, & les pieds font des membres du
corps de l'homme. 4. Que chacune de ces
cinq parties du corps de la nature étoit un Dieu
particulier ; que l'esprit étoit Jupiter, que le
feu étoit Vulcain, que le fec étoit la terre, que
l'humide étoit l'Ocean, & que l'air étoit Minerve.
5. Que ces cinq Divinitez étoient la caufe de
toutes les generations, qu'elles vifitoient toutes les parties du monde, qu'elles fe rendoient
vifibles tantôt fous la figure de certaines bêtes,
tantôt fous la forme d'homme. 6. Qu'outre
ces Dieux celeft.s & d'une nature éternelle, il
y en avoit de terreftres qui étant mortels en eux-
mêmes avoient aquis l'immortalité par leurs
vertus.

Il feroit un peu étrange que Diodore de
Sicile eût attribué ces opinions aux Egyptiens s'ils avoient eu celles que Mr. Cudworth
leur donne. Il eft probable au pis aller qu'ils
n'étoient pas * tous ni la plupart dans l'orthodoxie.

I I. Ce qui pourroit faire croire que ce favant
Anglois attire à fon hypothefe à force de bras &
de machines tout ce qu'il rencontre, eft qu'il
pretend que Pythagoras a été un veritable Unitaire. Qu'il me foit permis d'ufer de ce mot
pour defigner la doctrine de l'unité de Dieu.
Mais comment eft-ce que ce Philofophe meriteroit ce nom-là puis que de l'avu de Mr. Cudworth (1) il a parlé quelquefois de Dieu comme de l'ame du monde ? Y a-t-il rien qui foit
compofé de parties plus diftinctes & p'us dif-
cordantes qu'une telle ame ? Combien font
énormes les inimitiez ; les antipathies, les
guerres des animaux & des nations ? Combien
font-elles incompatibles avec la veritable unité
de fubftance, de principe, de caufe, & de tout
ce qu'il vous plaira. Je vous renvoie à l'objection victorieufe que Ciceron (2) a propofée
contre

* *Je ne
par le pas
du peuple
mais de
Docteurs.*

(1) *Bi-
blioth.
choifie ubi
fupra pag.
68.*

(2) *Voiez
dans le
Diction.
hift. &
crit: la re-
marque N
de l'article
Pythago-
ras.*

contre le dogme de Pythagoras touchant la nature, ou la prétendue unité de Dieu.

III. Mr. Cudworth met Xénophanes (1)
au nombre des Unitaires, mais il faloit prendre garde que ce Philofophe alloit trop loin, &
qu'il fe faifoit une fauffe idée de l'unité, car il
prétendoit (2) qu'il n'y avoit qu'un feul être
dans l'Univers, & que Dieu étoit toutes chofes, d'où il s'enfuivoit que toutes chofes
étoient Dieu. Penfée non feulement impie,
mais auffi très-ridicule. C'étoit le germe, l'é-
bauche, ou l'effai du Spinozifme.

IV. Je fais la même remarque par raport
à (3) Parmenide, que Mr. Cudworth veut faire paffer pour Unitaire.

V. Ce qui me furprend le plus eft qu'il fait
le même honneur à (4) des Romains qui
n'ont reconu d'autre Dieu que l'ame du monde, ou que la nature, & qui n'étoient pas affez fous pour s'imaginer que la véritable unité
pût convenir à un tel Dieu. Varron avoüoit
(5) que l'ame du monde, & fes parties étoient
de vrais Dieux. Il difoit (6) que le monde
compofé de corps & d'ame étoit nommé Dieu,
non pas eu égard au corps, mais eu égard à fa
partie la plus noble, c'eft-à-dire l'ame, après
quoi il faifoit tant de divifions, & tant de fub-
divifions qu'il montroit manifeftement qu'il re-
conoiffoit une multitude prodigieufe de Divinitez. Saint Auguftin vous l'aprendra d'une
maniere convaincante: (7) *Hic* (Varro) *videtur quoque modo confiteri unum Deum, fed et plures etiam introducat, adjungit mundum divid
in duas partes, caelum & terram: & caelum
bifariam in aethera & aüra: terram verò in
aquam*

（2）*Voiez
dans le
Diction.
hiftor. &
crit. la re-
marque A
de l'article
Xénopha-
nes.*

（3）*Voiez
la même
remarque
de l'article
Xénopha-
nes pag.
3035. de
la 2. édi-
tion.*

（4）*A Var-
ron & à
Pline. Voiez
le 3 tome
de la bibl.
choifie pag.
95.*

（5）*Fate-
tur interim
vir ifte,
doctiffimus*

animam mundi ac partes ejus effe veros deos. Auguft. de
civit. Dei lib. 7. cap. 5.　　（6）*Id. ib. cap.6.*　　（7）*Id.
ib. pag. m. 630.*

[colonne latine partiellement effacée] ...quam & humanum. è quibus summum esse ætheream, secundum aëra, tertiam aquam, infimam terram. Quas omnes quatuor partes animarum esse plenas, in æthere & aëre immortalium, in aqua & terra mortalium: à summo autem circuitu cæli usque ad circulum lunæ, æthereas animas esse astra ac stellas, eosque cælestes deos non modo intelligi esse, sed etiam videri. Inter lunæ verò gyrum & nimborum ac ventorum cacumina, æreas esse animas, sed eas animo non oculis videri, & vocari heroas, & lares, & genios.

Ainsi Varron n'a pu reconoître qu'il n'y a qu'un Dieu que de la maniere qu'il reconoissoit, qu'il n'y a qu'un monde, & il faut dire que le Dieu qu'il reconoissoit n'étoit autre chose, que l'assemblage d'une infinité de Dieux qu'il n'apelloit un qu'en le concevant comme un tout, ou qu'en se servant de ces abstractions de logique en vertu desquelles nous disons, qu'il n'y a qu'une nature humaine, qu'une nature de cheval &c. si nous entendions l'unité réelle nous nous rendrions ridicules, car réellement il existe autant de natures humaines qu'il existe d'hommes. Le dogme de Varron excluoit toute substance divine qui fut seule de son espece dans l'Univers. Claude Berigard (1) l'a bien reconu. Je m'étonne que Mr. Cudworth n'ait pas toûjours bien choisi les temoignages qu'il vouloit produire.

VI. Car quel est l'état de la question lors qu'on veut philosopher touchant l'unité de Dieu? C'est de savoir s'il y a une intelligence parfaitement simple, totalement distinguée de la matiere & de la forme du monde, & productrice de toutes choses. Si l'on afirme cela, l'on croit qu'il n'y a qu'un Dieu, mais si on ne l'afir-
. me

(1) Quid aliud est dicere universum esse Deum, ne illi volunt, quam dari quidem mundos infinitos, substantias innumerabiles diverso vivendi genere præditas, plantas, animantes, homines, Heroes, Genios, Lemures, dæmonas, & alia quæ cogitatione informare non possumus, omnia inter se apta & harmonia necessaria congomentata, sed nullum præter has esse Deum, sive omnino non

e qui solus est. Cl. Berigard. in Circulo Pisano 18. pag. 10. 20. 1.

me pas, on a beau fifler tous les Dieux du Paganifme, & temoigner de l'horreur pour la
multitude des Dieux, on en admetra réellement
une infinité, foit que l'on dife que le mond:
ou que l'ame du monde, ou que le foleil eft
Dieu, & qu'il n'y en a point d'autre ; foit que
l'on dife que toutes les creatures font l'ouvrage d'un feul principe par voie d'émanation,
ou par une action immanente. La plupart des
temoins de Mr. Cudworth tombent par là. Il
lui feroit très-mal aifé d'en produire qui aient
admis l'unité de Dieu fans entendre une fubftance compofée. Or une telle fubftance n'eft
une qu'abufivement & improprement, ou que
fous la notion arbitraire d'un certain tout, ou
d'un être collectif. Je vous laiffe à juger pre-
fentement fi nos (1) modernes qui à l'exemple des anciens peres ont recueilli les endroits,
où les Paiens parlent d'un Dieu, ont agi avec
toute la juftelle de difcernement que la bonne foi demande.

VII. Croiez-vous qu'il foit permis de fe
prevaloir du temoignage de ceux qui s'expriment comme nous, mais qui ont des idées fort
diferentes des nôtres, ou qui n'entendent point
ce qu'ils difent, & n'en voient pas les abfurdi-
tez ? Se vouloir parer & fortifier du fufrage
de ces gens-là, c'eft imiter, ce me femble, les
avares qui cherchent à s'enrichir par toutes
fortes de moiens, *per fas & nefas*. Voilà de
Paiens, me direz vous, qui n'ont reconu qu'un
principe de toutes chofes. Cela ne fufit pa
vous repondrai-je. Les Spinoziftes ne parle
pas autrement. Il faut favoir de plus que:
eft la nature qu'ils affignent à ce principe. L'e:
emptent ils de toute compofition, le feparer
ils, le diftinguent-ils ou de la forme, ou de
matiere du monde? S'ils ne le font pas je l
trouve auffi abfurdes & auffi polytheïftes ré
lemc

(1) Du Pleffis Mor-
nai par exemple
au 3. cha-
pitre de fon
Ouvrage
de la veri-
té de la re-
ligion Chre-
tienne:
George Pa-
ccard au
chap. 8. du
3. livre de
la Theolo-
gie natu-
relle, &
ceux que
j'ai nom-
mez ci-def-
fus pag.
116. 118.

lement que le fauroient être les Homeres & les Hefiodes. Une comparaifon vous fera conoître ceci.

Le Philofophe Thales (1) enfeigna que l'eau étoit le principe de toutes chofes: il fe diftinguoit par là de ceux qui reconoiffoient deux ou trois ou quatre principes; car il n'en admettoit qu'un. Mais quelle étoit l'unité de l'eau? Oferiez - vous diré qu'elle fut réelle? L'eau dans fa plus grande fimplicité n'eft-elle pas compofée de matiere, & de certaines qualitez qui la diftinguent du feu? Voilà donc deux êtres réels dans l'eau, l'un eft la matiere l'autre la forme, mais outre cela chaque partie de ce compofé eft réellement diftincte des autres, & poffede toute l'effence de l'eau. Quelle multitude de fubftances n'a-t-on point là? Otez la forme à l'eau par une abftraction de Logique, vous ne viendrez pas pourtant à l'unité, vous aurez une fubftance étenduë, & compofée par confequent d'une quantité innombrable de parties qui font chacune un vrai corps, & une matiere. Vous comprendrez aifement par là que ceux qui ont dit (2) que la matiere depouillée de toute forme eft le premier principe de tous les êtres corporels, ont bien admis un principe à qui l'unité d'efpece ou l'unité formelle convient, mais qui eft réellement un affemblage de plufieurs fubftances, dont chacune eft un corps & une matiere. S'il fe trouvoit donc que ceux qui ont dit qu'il n'y a qu'un Dieu auteur & maître de toutes chofes, ont voulu parler d'une fubftance compofée de parties, il feroit vrai qu'ils auroient admis la multitude des Dieux; car tout ce qui eft en Dieu doit être réellement Dieu, & il feroit abfurde de pretendre que comme les bras & la tête de Socrate n'étoient point Socrate, de même les parties de Dieu confiderées feparement ne font

point

(1) *Diogen. Laërt. lib. 1. n. 27.*

(2) *C'eft le fentiment des Arifloteliciens.*

point un Dieu. Il faudroit avant que de recourir à ce subterfuge que l'on montrât que
chaque partie de la matiere n'est point une matiere, & que chaque partie de la substance n'est
point une substance (1).

§. LXVII.

Consideration particuliere sur la doctrine des Stoï-
ïciens, & d'Hippocrate, & sur l'idée qu'on se
fait de l'unité de l'ame de chaque animal.

Il n'y a guere de Philosophes qui aient pu im-
poser plus facilement que les Stoïciens. S'ils se
fussent contentez de dire que le monde est Dieu,
& qu'il faut que tout le monde soit une substance
animée, ou un animal, (2) puis que quelques-
unes de ses parties, les hommes & les bêtes
par exemple, sont certainement des animaux,
on eut pu conoître avec plus de facilité qu'ils
admettoient plus d'un Dieu. Lactance a fait
voir 1. Qu'il s'ensuit de leur doctrine que chaque portion du monde est un Dieu. 2. Que sans
cela le monde entier ne pourroit pas être
Dieu (3). Mais ce n'étoit pas leur seul dogme, ils disoient aussi que tous les Dieux à la
reserve du Dieu supreme, periroient un jour
(4) par l'incendie du monde. C'étoit declarer assez nettement qu'entre tous les Dieux il
n'y en avoit qu'un seul qui fut improduit. C'é-
toit un moien de persuader que l'on reduisoit
à l'unité la substance & la nature divine, &
comme les phrases dont Seneque, & les autres
Stoïciens se servoient pour representer la su-
prematie de Dieu avoient souvent beaucoup de
sublimité, on pouvoit nourrir ou entretenir la
persuasion une fois insinuée. Mais je vous assûre, Monsieur, qu'il y avoit bien de l'illusion
dans tout cela.

(1) Joi-
nez à tout
ceci ce que
j'ai dit ci-
dessus pag.
120. &
suiv.

(2) Nul-
lius sensu
carentis
pars aliqua
potest esse
sentiens,
mundi au-
tem partes
sentientes
sunt: non
igitur ca-
ret sensu
mundus,
&c. Zeno
apud Cice-
ron. de
nat. Deor.
lib. 2. pag.
m. 248.

(3) Voiez
Lactance
divin.
instit. lib.
2. cap. 5.

(4) Voiez
ci-dessus
pag. 279.

Car

Car enfin ce Dieu supreme des Stoïciens qui devoit rester tout seul quand le feu auroit confumé le monde & les autres Dieux auſſi, étoit le principe actif (1) qui avec le principe paſſif ou la matiere avoit formé les élemens, & les mixtes &c. En fupofant que ces Philofophes n'admettoient pas une veritable diſtinction entre le principe actif, & le principe paſſif, & qu'ils croioient que ces deux principes ne formoient qu'une nature que l'on apelloit matiere, fi on la confideroit abſtractivement comme le fujet de l'action, & que l'on apelloit Dieu, fi l'on n'y confideroit que la raiſon, & que la puiſſance qui donnoit la forme aux êtres particuliers; en fupofant, dis-je, cela, ce Dieu fupreme eût été materiel, & par confequent compofé d'un nombre innombrable de parties. Mais fupofons qu'ils confideraſſent Dieu & la matiere comme deux principes diſtincts & coëternels, * nous ne laiſſerons pas de pouvoir dire que leur Dieu supreme producteur des choſes etoit compofé & diviſible. Ils le repreſentoient comme une fubſtance ignée (2), ou comme un feu operateur, & artifan dont quelques parties (3) animoient les plantes, les bêtes, les hommes, pendant que d'autres parties plus fubtiles & plus ramaſſées formoient des Dieux dans le foleil, & dans tous les aſtres. Il eſt impoſſible de ne pas voir une diſtinction réelle entre ces parties-là. Or les choſes qui font une fois diſtinctes l'ont été toûjours, le feront toûjours, & ainfi lors même que le monde n'étoit pas encore fait, & lors que le feu l'aura confumé, il y avoit & il y aura dans le Dieu pretendu unique des Stoïciens un aſſemblage de pluſieurs pieces, & proprement parlant une multitude de Dieux. La confequence qu'Athenagoras a tirée du principe de ces Philofophes, feroit infiniment meilleure, fi au lieu de porter

qu'ils

(1) Voiez Diogene Laerce in Zenone lib. 7. n. 134.

* On voit dans Eufebe præpar. Evang. lib. 15. cap. 14. que c'étoit leur opinion, & qu'ils faifoient Dieu corporel.

(2) Plutarch. de placit. Philof. lib. 1. cap. 7. Voiez auſſi Diogene Laerce ubi fupra n. 156. & Ciceron lib. 2. de nat. Deor. lib. 2. pag. 309.

(3) Confultez Ciceron lib. 2. de nat. Deor.

qu'ils n'admettoient qu'un seul Dieu, elle portoit qu'ils en admettoient plusieurs (1).

J'ai trouve dans Hippocrate une certaine doctrine qui pourroit faire soupçonner qu'il reconoissoit pour Dieu la chaleur qui est repandue par tout le monde. Ce seroit donc un amas de Dieux, & non pas un Dieu. Il croit que ce que l'on nomme la chaleur est une chose immortelle qui conoit, qui voit, qui entend, qui sait tout ce qui est, tout ce qui sera (2). Il ajoûte que s'étant formé un mouvement circulaire pendant le trouble & la confusion des corps, la plus grande partie de cette chaleur gagna la circonference, c'est ce que, les anciens appellerent l'Ether, une autre partie se retira au lieu le plus bas, qui est la terre, une autre partie se mit dans l'air, le reste dans l'eau.

On n'a pas tort de s'imaginer sur un pareil fondement que selon ce Medecin l'ame n'étoit autre chose que le *calidum innatum*, ou que

(1) Οἱ δὲ ἀπὸ τῆς ςοᾶς, κὰν ταῖς προσαγορίαις κατὰ τὰς παραλλάξεις τῆς ὕλης, δι' ἧς φασι τὸ πνεῦμα χωρεῖν τῦ Θεῦ, πλαθύνωσι τε Θεῖον τοῖς ὀνόμασι, τῶν γὺ ἔργων ἕνα νομίζεσι τὸν Θεόν. εἰ γάρ ὁ μὲν Θεός πῦρ τεχνικὸν ὁδῶ βαδίζον ἐπὶ γενέσεις κόσμυ, ἐμπεριειληφὼς ἅπαντας τὰς σπερματικὰς λόγυς, καθ' ἃς ἕκαςα καθ' εἱμαρμένην γίγνεται, τὸ δὲ πνεῦμα αὐτῦ διήκει δι' ὅλυ τῦ κόσμυ. ὁ Θεὸς εἷς καὶ αὐτὸς: *Jam Stoici, tametsi appellationibus secundum materia transformationes per quam Dei Spiritum penetrare dicunt, numen divinum nominibus multiplicent, re ipsa tamen unum censent esse Deum: Nam si Deus est ignis artifex certò tramite progrediens in generationes mundi, cunctas seminales facultates complexus, secundum quas authore fato singula nascuntur, Spiritus verò ejus permanat per totum mundum, etiam secundum ipsos unus Deus est.* Athenag. in apolog. pag. m. 56. (2) Δοκέει δὲ μοι ὃ καλέομεν Θερμόν, ἀθάνατόν τε εἶναι κὰ νοέειν πάντα κὰ ὁρῆν, κὰ ἀκόυειν κὰ εἰδέναι πάντα κὰ τὰ ὄντα, κὰ τὰ μέλλοντα ἔσεςθαι: *Quod calidum vocamus id mihi immortale esse videtur, cunctaque intelligere, videre & audire scireque omnia tum præsentia tum futura.* Hippocrat. de carnib. pag. 249. edit. Genev. 1657. Confr qua supra pag. 233. & seq.

la chaleur naturelle. Preſque tous les anciens
Philoſophes ont enſeigné que l'ame étoit une
matiere ſubtile, & neànmoins ils ne diſoient
pas que chaque animal eut pluſieurs ames ; ils
n'en donnoient qu'une à chaque cheval, & à
chaque bœuf. Il eſt pourtant très-certain que
ſi l'ame étoit corporelle, elle ſeroit diviſible
en pluſieurs parties dont chacune ſeroit une
ame, & ainſi l'ame d'un cheval ſeroit très-
réellement une multitude d'ames à qui l'unité
ne conviendroit que de la maniere qu'elle convient à une machine, ou à une confederation
d'hommes qui s'entendent bien enſemble. Nos
Peripateticiens ſe ſont vus embaraſſez quand on
leur a dit (1) qu'il y a des animaux dont les
parties ſeparées retiennent chacune le mouvement & le ſentiment, d'où l'on a conclu que
l'ame de chaque bête n'eſt pas un principe unique des actions vitales. Ariſtote a reconu que
chaque animal de cette eſpece reſſemble (2) à
une multitude d'animaux que la nature ait aſ-
ſociez enſemble, mais il n'avoue point cela
quant aux autres animaux. Un bon nombre
de ſcholaſtiques ſupoſent que l'ame d'un chien
quoi que materielle eſt indiviſible, cela eſt abſurde : les autres la font (3) compoſée de parties integrantes. Or je vous prie de me dire
ſi ce n'eſt pas enſeigner réellement qu'elle eſt
un amas de pluſieurs ames, comme le corps
de chaque bête eſt un amas de pluſieurs corps ?
Mais ſi l'ame d'une bête n'eſt une qu'en ce ſens-
là, n'eſt-il pas clair que le Dieu pretendu unique des Philoſophes n'étoit un que de la même maniere ?

(1) *Voiez le Pere Pardies au traité de la connoiſ-ſance des bêtes n. 31. & ſuiv. pag. 69. & ſuiv. de l'édit. de Paris 1672.*

(2) Ἐοίκαϲι τὰ τοιαῦτα τῶν ζώων πολλοῖς ζώοις συμπεφυκόϲι: *Hujuſmodi animalia animalibus multis naſura cohærentibus aſſimi-lantur.* Ariſtot. de juvent. cap. 2. pag. m. 551.

(3) *Fro-mondus de anima lib. 1. cap. 4. art. 3.*

§. LXVIII.

Examen de ce qui concerne les Platoniciens.

VIII. Les Platoniciens sont ceux qui semblent promettre un plus grand triomphe à Mr. Cudworth, mais il y a des observations à faire sur ce sujet qui seront un fâcheux revers de la medaille.

Vous devez considerer en 1. lieu que les sectateurs de Platon qui ont vecu après JESUS-CHRIST, avoient profité des livres des Peres, & que ceux qui avoient vecu avant ce tems-là, n'avoient guere fait valoir les sentimens de leur fondateur. Mr. Arnauld qui ne peut pas vous être suspect, vous l'aprendra : *Il faut avoüer,* dit-il (1), *que Platon instruit par Socrate a dit de fort belles choses de la nature divine, quoique mélées d'erreurs, comme lors qu'il enseigne que ce sont des Dieux inferieurs au Dieu souverain qui ont créé le monde. Mais ce qui est remarquable est, que ces beaux sentimens de Platon, qui donnent une grande idée de Dieu, n'ont esté qu'une lumiere passagere qui s'est éclipsée bientost aprés, & qui n'a paru de nouveau par de nouveaux disciples de ce Philosophe, que dans le tems que la prédication de l'Evangile avoit répandu par toute la terre ces grandes veritez de la nature divine, & que l'autorité de Jesus-Christ les avoit persuadées à toutes sortes de personnes. Cela se voit par les livres de CICERON, de la nature des DIEUX. Car comme il estoit du parti des nouveaux Academiciens, qui faisoient profession de ne s'attacher à aucune Secte, mais de choisir de chacune ce qui leur paroissoit plus vrai-semblable, ce qui les obligeoit à les étudier toutes, il n'y a point de livres dont on puisse mieux aprendre quelles estoient les opinions des Philosophes* Païens

Païens touchant la divinité qui estoient le plus en
vogue. Or quoy qu'il eût une estime toute particuliere de Platon, il fait si peu d'état de ce qu'il a
dit de Dieu, qu'il ne daigne pas l'examiner avec
quelque soin ; mais il le fait rejetter par un des
personnages de son Dialogue comme une opinion
tout-à-fait inintelligible : quod Plato sine corpore Deum esse censet, id quale esse possit intelligi non potest. *Et en effet les Philosophes*
dont il explique les sentimens plus au long, qui
sont les Epicuriens & les Stoïciens, convenoient
en cela, qu'ils vouloient qu'il y eût plusieurs Dieux
& qu'ils fussent corporels. Et c'est l'opinion qui
avoit pris le dessus dans la Philosophie des Païens
il y avoit long-tems.

Mr. le Clerc (1) vous dira que les Philosophes qui ont été obligez de repondre aux objections des Chretiens, ne doivent pas être regardez comme de bons interpretes de l'ancienne Theologie. Cela diminueroit beaucoup les
autoritez compilées par Mr. Cudworth.

Vous devez considerer en 2. lieu que les Philosophes expliquent souvent par plusieurs idées
ce qu'ils ne croient pas être distinct dans un
objet. Ils croient que l'être, la substance, le
corps, le vivant, le sensitif, le raisonnable sont
réellement la même chose dans l'homme, &
neanmoins ils considerent separement ces attributs ou ces degrez metaphysiques, & assi-
gnent à chacun ce qui lui est propre. Les
Theologiens n'en usent pas autrement par raport

P 4

(1) Il est
certain que
les Payens
éclairez
parloient
de la sorte,
sur tout
après que
le Chris-
tianisme
fut connu,
& qu'il
eut même
le dessus
dans l'Em-
pire Ro-
main. As-
clepiade en
particulier
ayant vécu
au com-
mence-
ment du
V. siecle,
j'avoüe
que ses
opinions &
sa maniere
de concilier
les Reli-
gions me
sont suspec-
tes ; parce
qu'il a pû avoir dessein de montrer que la Religion Payenne
n'étoit pas si absurde, ni si éloignée de la Chrétienne, qu'on
le croyoit communément, & ainsi d'appaiser en quelque sorte
les Chrétiens.... L'ancienne tradition des Poëtes Grecs étant
contraire à ces allegories, qu'on n'avoit inventées qu'après coup,
pour rendre la Religion Payenne plus raisonnable ; les Chrétiens
avoient raison de les rejetter. Le Clerc bibl. ch. to. 3. p. 80. 81.

port aux attributs de Dieu, & aux decrets de
sa volonté; car encore qu'ils avouënt qu'il n'y
a nulle distinction entre l'essence divine, & sa
science, sa justice, sa sagesse, sa misericorde,
sa puissance, ils ne laissent pas de les separer
les unes des autres par l'entendement, afin de
faire mieux comprendre ce qu'ils ont à dire.
Ils savent que tous les decrets de Dieu sont un
acte pur & simple de sa volonté qui n'est nullement distinct de ses idées, ils les arrangent
neanmoins, & les comptent par le premier,
le second & le troisieme &c. On convient que
l'ame de l'homme est réellement la même chose que l'entendement & la volonté, & qu'elle
est la cause immanente de ses actes libres. Cela n'empeche pas qu'on ne considere l'entendement & la volonté comme deux facultez diferentes, dont la substance de l'ame est le sujet
& le soutien, & qu'on ne distingue dans l'ame
ce qui est un principe actif d'avec le sujet pas-
sif des actes libres. Il faut voir si Platon n'auroit pas suivi une semblable methode.

Il s'est élevé par l'échele des creatures jusqu'à un premier principe. S'il n'avoit fait que
cela il ne seroit point preferable à certains
athées, qui ne manquent pas de distinguer
dans l'Univers ce qui est cause & substance d'a-
vec ce qui n'est qu'une production ou qu'une
modification. Mais il est allé beaucoup plus
loin; il a reconu que le principe de toutes
choses étoit (1) *tout bon, tout sage, tout puis-*
sant, & il a fait de ces trois Vertus, (2) *trois*
sortes d'Essences divines, qu'il apelloit *ou trois*
Principes, ou trois Dieux. *Le premier est le*
Dieu *suprême, à qui les deux autres doivent*
honneur & obéissance, d'autant qu'il est leur Pé-
re & leur Créateur. Le second est le Dieu *visi-*
ble, *le Ministre du Dieu invisible & le Créateur*
du monde. Le troisieme se nomme le Monde, *ou*
l'Ame

(1) *Voiez*
Mr. Sou-
verain
dans le
Platonisme
dévoilé
pag. 52.

(2) *Id. ib.*
pag. 91.

Ame qui anima le Monde, à qui quelques-uns donnent le Nom de Demon. Pour revenir au ſecond, qu'il nommoit auſſi le Verbe, l'Entendement, ou la Raiſon, il concevoit deux ſortes de Verbe, l'un qui a reſidé de toute Eternité en Dieu; par lequel Dieu renferme de toute Eternité dans ſon ſein toutes ſortes de Vertus, faiſant tout avec Sageſſe, avec Puiſſance & avec Bonté: Car étant infiniment parfait, il a dans ce Verbe interne toutes les Idées, & les Formes des Etres créez; L'autre Verbe, qui eſt le Verbe externe & proferé, n'eſt autre choſe ſelon lui, que cette Subſtance, que Dieu pouſſa hors de ſon ſein, ou qu'il engendra pour en former l'Univers. C'eſt dans cette vue que le Mercure Triſmegiſte a dit, que le Monde eſt conſubſtantiel à Dieu.

L'auteur que je viens de copier donne entre autres preuves de ce ſyſtême celle-ci: ,, (1) Ti- ,, maus Locrus d'où Platon a puiſé ſa Doctrine. ,, ... poſe d'abord un Principe très-bon qu'il ,, apelle Dieu: Enſuite il diſtingue trois ordres ,, de choſes, 1. l'idée, ou la Forme qui eſt éter- ,, nelle en Dieu, & qui eſt l'Exemplaire perpe- ,, tuel de toutes les choſes engendrées & ſujetes ,, au changement. voilà le premier Verbe, le ,, Verbe interne & intelligible. 2. la Matiere, ,, par où il entend cette Subſtance, que Dieu ,, pouſſa hors de ſon ſein, deſtituée de Forme, ,, & que d'autres ont apellé le ſecond Verbe, ou ,, le Verbe proferé. 3. aiant conſideré l'idée com- ,, me le Pere, & la Matiere comme la Mere, ,, il prétend que de ces deux Principes il s'en ,, forme un troiſième, qui en eſt le Fils, qu'il ,, apelle le ſenſible, ou le Monde ſenſible pour ,, le diſtinguer de l'intelligible, & que d'autres ,, ont apellé l'Eſprit qui anime le Monde & l'Or- ,, dre de la Nature. De là il conclut, qu'il n'y ,, a qu'un Monde, que ce Monde eſt le Fils ,, unique de Dieu, (μονογενής) qu'il eſt parfait,

(1) Id. ib. pag. 93.

P 5 ,, qu'il

» qu'il eſt doué d'*Ame* & de *Raiſon*. (Ἔμψυχον
» τε κ̀ λογικὸν) Dieu, dit-il, aiant voulu pro-
» duire un Dieu très-beau l'a fait *un Dieu en-*
» *gendré.* (τῶτον ἐποίει Θεὸν γεννητὸν.) *Phurnu-*
» *tas* donne le même Eloge au Monde (Cap.
» 27. *de Naturâ Deorum*.) Le Monde, dit-il,
» eſt *le Fils unique* de Dieu (μονογενὴς.) »

Avez vous jamais rien lu de plus monſtrueux? Ne voilà-t-il pas le monde formé d'u-
ne ſubſtance que Dieu pouſſa hors de ſon ſein?
Ne le voilà-t-il pas l'un des trois Dieux? Et ne
faut-il pas le ſubdiviſer en autant de Dieux qu'il
y a de parties dans l'Univers diverſement animées ? N'avez-vous point là toutes les hor-
teurs, toutes les monſtruoſitez de l'ame (1)
du monde? Plus de guerres entre les Dieux que
dans les écrits des Poëtes ? Les Dieux auteurs
de tous les pechez des hommes ? Les Dieux
qui puniſſent, & qui commettent les mêmes
crimes qu'ils ordonnent de ne point faire?

Mais quoi qu'il en ſoit, direz vous, *Platon*
reconoît un premier principe qui eſt le Dieu
ſupreme, & réellement une parfaite unité.
C'eſt, Monſieur, ce que l'on vous conteſtera
raiſonnablement; car on pourra vous ſoutenir
que l'unité de ce principe n'étoit qu'une idee
abſtraite. Et pour vous faire mieux entendre
cela, je vous parlerai d'une remarque de Gaſſendi. Il ne vous ſera point ſuſpect, il n'a-
voit nullement en vuë ni la controverſe preſente, ni les interêts d'aucun parti. Il dit
donc (2) que l'ordre dans lequel les choſes ont
été produites ſelon les Platoniciens, ne doit pas
être entendu comme ſi la matiere & l'ame du
monde avoient été formées avant le monde,
qu'il y a bien ici une priorité de nature, mais
non pas une priorité de tems, c'eſt-à-dire,
que le monde aiant toûjours exiſté, on ne laiſſe
pas de concevoir que les parties ont été anterieures

(1) *Voiez*
ci-deſſus
pag. 123.

(2) *Gaſ-*
ſend. phyſ.
ſect. 1. lib.
1. pag.
156 to. 1.
oper.

rieures au tout. Vous favez, Monfieur, que lors même qu'un effet (1) exifte auffi-tôt que fa caufe, on donne toûjours une primauté à la caufe. Mais ce n'eft pas une primauté de tems, ce n'eft qu'une primauté de nature, où felon nôtre maniere de concevoir. Or fi le monde n'a point eu de commencement, vous voiez bien que les trois Divinitez de Platon ont été coëternelles, puis donc que le monde qui eft la troifiéme n'eft qu'une émanation de la fubftance de la premiere, celle-ci n'a été jamais diftincte de la troifiéme; car ce qui eft compofé d'une chofe n'en eft point diftinct. Un vafe d'or & l'or dont il eft formé font réellement la même fubftance. Il faudra donc dire que Platon n'a diftingué dans l'Univers un premier principe que felon nos manieres de concevoir, à-peu-près comme nous diftinguons dans nôtre ame par raport à fes actions immanentes un agent & un fujet paffif, qui réellement font la même chofe. Il n'y a donc jamais eu une veritable unité dans le Dieu fupreme de Platon : il a été éternellement *identifié* avec la matiere du troifiéme Dieu, & réellement ces trois Dieux font l'affemblage de toutes chofes.

Gaffendi prouve par un paffage de Plutarque, & par un paffage de Plotin que la doctrine de Platon (2) n'eft qu'une hypothefe, qui avoit été choifie pour donner quelque notion d'une chofe très-mal aifée à concevoir. Plutarque aiant dit que les paroles de Platon avoient excité beaucoup de difputes parmi ceux qui les avoient interpretées, ajoûte : (2) *Qu'ils tiennent tous egalement que l'ame n'eft point depuis certain temps; ni n'a point efte engendree, mais qu'elle a plufieurs puiffances & facultez, efquelles Platon defiant & refolvant fa fuftance, par matiere de difficulté & de fpeculation, fupofe de*

paroles

(1) *Le veftige & la plante du pied, les raions & le foleil font un exemple de cela.*

(2) *Gaffend. ubi fupra pag.* 157.

(3) *Plutarch. de procreat. anima pag.* 1213. *je me fers de la verfion d'Amyot.*

*paroles seulement, qu'elle ait esté engendree, mes-
lée, & contemperée, disent davantage qu'autant
en seroit-il du monde, pour ce qu'il savoit tres-
bien qu'il estoit eternel & non engendré, mais que
voyant qu'il n'estoit pas facile de comprendre
comment il est composé, ne comment il s'adminis-
tre & gouverne à ceux qui dés le commencement
ne suposent point de generation, ni des parties qui
concourent à sa naissance, il avoit pris le chemin
d'en parler ainsi.* Voici la pensée de Plotin(1):
si nous disions que le monde a été fait en un
certain tems, & qu'avant cela il n'existoit
point, nous établirions la même providence que
nous disons être dans les choses singulieres, savoir une prevision & une discussion de Dieu de-
liberant de quelle meilleure maniere l'Univers
seroit formé, & gouverné. Mais puis que nous
assurons que le monde est éternel, nous devons dire consequemment que la providence du
monde est une suite, & un resultat de l'entendement, & que l'entendement le precede, non
pas en tems, mais comme cause, & parce que
l'entendement est selon l'ordre de nature avant
le monde.

    Il me semble qu'on peut inferer de là que
ces Philosophes n'ont point pretendu afirmer
que l'entendement divin fut réellement separé
ou distingué de l'Univers, mais que par une
abstraction de Logique ils ont fait une hypothese, où ils concevoient separement ce qu'il
y avoit d'action & de direction dans l'Univers,
à-peu-près comme nous considerons separement dans nôtre ame la faculté de conoître &
la faculté de vouloir, ou comme nous considerons en Dieu un certain ordre de decrêts,
quoi que nous sachions qu'il n'y a point de decret divin qui soit distingué des autres.

    Je me souviens ici de Robert Flud: c'étoit
un Anglois qui ne manquoit pas d'esprit, mais

(1) *Plo-
tin. Ennea-
de 3. lib. 2.
cap. 1. fol.
m. 139.
verso.*

il s'étoit infatué de principes heteroclites & ca-
baliſtiques. Il expliquoit la creation du monde , & la diference des parties de l'Univers
avec tant de diſtinctions , que l'on auroit cru
qu'il admettoit effectivement pluſieurs cauſes
& pluſieurs effets , mais par l'analyſe de ſes
dogmes on trouva qu'il ne faiſoit qu'avancer
des hypotheſes , où il ſeparoit mentalement
des choſes qui étoient réellement le même être.
La lumiere & les ténebres, diſoit-il (1) , ſont
les deux premiers principes de toutes choſes,
de leur melange réſulte l'unité radicale de laquelle dependent en ſuite tous les autres êtres.
Il entendoit par la lumiere le principe actif &
formel , & par les tenebres le ſujet paſſif ou
le principe materiel. Croiez-vous que dans le
fond il diſtinguât la lumiere d'avec les tenebres? Nullement. Il ne trouvoit ces deux principes qu'entant qu'il conſideroit le même objet tantôt d'une maniere tantôt de l'autre. Ils
n'avoient jamais été réellement ſeparez ; mais
nôtre eſprit les pouvoit conſiderer ſans relation
aux choſes créées, & ainſi les tenebres mêmes
ou la matiere étoient un principe incréé. S'il
parloit d'un tems qui eut precedé la creation
c'étoit un tems imaginaire , une pure priorité
de nature (2). Conſultez Gaſſendi qui a dé-
brouillé ce cahos autant qu'il étoit poſſible de
le debrouiller.

Un petit mot, s'il vous plaît, ſur la doctrine de Proclus que Mr. du Pleſſis Mornai a tant
P 7 vantée

(1) *Voiez*
Gaſſendi
in exam.
Philoſoph.
Roberti
Fluddi
init. pag.
217. oper.
to. 3.

(2) *Cum*
dico Ante
Creatio-
nem, *cave*
intelligas
illud tem-
pus, quo
nos vulgo
cogitamus
& aſſeri-
mus Deum
ſolum ex-
titiſſe, an-
tequam
Mundum
conderet.
Intellige
ergo potiùs
ſtatum ra-
tionis, ſeu
abſtractio-
nis menta-
lis (eo mo-

do quo ſolent in Scholis univerſalia effingere) quatenus videli-
cet conſideramus tam lucem , quàm tenebras abſolutè, ſecun-
dùm ſe, & ſine determinatione ad res ſingulares; à quibus ta-
men ſecluſa hac cogitationis preciſione nullo modo ſejuncta ſunt.
Lux igitur hoc modo ſpectata Increata *dicitur : ac* Tenebræ
etiam Increatæ; *quòd hac ratione ad nullam rem creatam,*
ſeu à ſeipſis, ut partibus conſtitutam, pertineant. Gaſſend. ib.

vantée sans en sentir le galimatias. Ce Philosophe Platonicien (1) *nous enseigne le chemin
pour parvenir de plusieurs multitudes à cette su-
persubstantielle Unité, qu'il appelle Nature sub-
sistente en Eternité. . . . . . Il defere neantmoins
beaucoup aux Anges & aux Damons, selon la
Magie que les Platoniques affectoyent fort alors:
Mais c'est toûjours suyvant cette reigle, souven-
tes fois repetée en ses livres, Que de par le vray
Dieu, qui est caché, toutes choses sont, & de par
iceluy mesme le second ordre des Dieux, c'est à
dire les Anges & les Damons. Bref, que croire plusieurs Dieux, & n'en croire point du tout, est une
mesme chose* (a). Le polytheisme qu'il croit être
un atheisme ne peut consister que dans l'existence de plusieurs Dieux independans, & distincts les uns des autres. C'est dire qu'en admet-
tant un nombre innombrable de Divinitez, on ne
choque point l'unité divine pourvu qu'on croie
qu'elles doivent toutes leur existence à un seul &
même Dieu, mais cette restriction ne sauroit sufire à sauver l'unité de Dieu, si l'on ne supose
qu'il est *identifié* avec elles; car s'il ne l'étoit
pas, sa qualité d'auteur des Dieux n'empêche-
roit point l'existence très-réelle du polytheïsme, non plus que dans le systeme des Chretiens la qualité de créateur de toutes choses
n'empêche pas qu'il n'existe réellement plusieurs substances spirituelles & corporelles.
Quelle est la raison pourquoi les Chretiens
multiplient de la sorte les substances ? C'est
qu'ils croient qu'elles sont distinctes réellement
de leur Createur, & entre elles mêmes. Il faut
donc que Proclus en soutenant que l'existence
de plusieurs Divinitez n'ôte pas l'unité de Dieu,
moïennant que l'on ajoute qu'elles sont l'ouvrage de Dieu, pretend qu'elles ne sont pas
distinctes de Dieu. Il doit en venir là necessairement, car je lui demande, ont-elles été fai-

tes

(1) Du
Plessis Mor-
nai, de la
verité de la
relig.
Chrest. ch.
3. fol. m.
25.

(a) Πολυ-
θεότης ait
Proclus
ἀθεότης est.

tes de rien ? Il doit repondre que non, mais qu'elles font émanées de la fubftance du premier principe. Donc, repliquerai-je, elles ne font point diftinctes de leur auteur, elles en font des parties : & vôtre unité *fuperfubftantielle*, n'eft qu'une abftraction mentale felon laquelle nous confiderons un tout fans être attentifs aux portions qui le compofent, mais réellement il n'y a nulle diftinction entre un tout & fes parties jointes enfemble. Vous devez donc dire qu'hors de nôtre entendement Dieu eft l'affemblage d'une infinité de Dieux coëffentiels & confubftantiels, pour le moins de la maniere que les fils d'un homme font de même effence, & de même efpece que leur pere, & que pour trouver quelque unité dans cet affemblage il faut recourir aux precifions de Logique, ou en n'y confiderant que l'idée & que la raifon d'un tout, ou en n'y confiderant que l'activité repanduë par toute la maffe, ou en s'élevant à quelque inftant de raifon dans lequel on envifage la caufe comme anterieure à fes effets. C'eft alors qu'elle peut être conçuë fous l'idée d'unité, mais cette unité n'ôte point aux objets de nôtre efprit la multitude réelle.

On vous citera (1) d'excellens paffages où Platon a parlé de Dieu très-fenfement, mais cherchez les livres où il a parlé en Phyficien, & non pas en Moralifte ou en Politique. Vous trouverez un galimatias, & des impietez (2) épouvantables dans fa theologie philofophique fi vous la pouvez anatomifer, & vous n'y trouverez l'unité réelle d'aucune chofe. Souvenez vous je vous prie que Juftin Martyr s'étant engagé à prouver (3) que les opinions des Philofo-

(Y) *Voiez Mr. Dacier dans la vie de Platon* pag. 103. *& fuiv. édit. de Paris* 1699.

(2) *Voiez dans le chapitre* 12. *de la reponfe aux queftions d'un Provincial les impietez de Platon fur l'ame de l'homme, & ci-deffus le chap.* 31.

(3) Τὴν ἑκάςε δόξαν ἐκθήσομαι πολλῷ γελοιοτέραν τῆς τῶν ποιητῶν θεολογίας ἔσαν. *Opinionem cujufque* (Philofo-

(1) Dans ses traitez historiques & dogmatiques to. 1. pag. 445. & suiv. to. 3. pag. 2. & suiv. to. 4. pag. 278. & suiv.

(2) Is qui in abis disputationibus, & libris fere omnibus providentiæ fuerit assertor, & qui acerrimis argumentis impugnaverit eos, qui providentiam non esse dixerunt; idem nunc quasi proditor aliquis, aut

losophes sur la nature de Dieu étoient encore plus ridicules que celles des Poëtes, ne cite pas moins en exemple les sentimens de Platon que ceux de Thales, d'Anaximandre &c.

Je voudrois qu'en lisant les beaux passages que le Pere Thomassin (1) a compilez sur la monarchie attribuée à Jupiter, vous prissiez garde si les Auteurs d'où il les tire ont parlé en Poëtes, en Politiques, en Moralistes, en Orateurs ou en Physiciens. Figurez-vous que dans un pöeme, dans une harangue, dans un traité de morale, ou de politique on cherche les ornemens qui ont réüssi à d'autres, ce qui convient au sujet & au public, & non pas ce qu'une speculation metaphysique a fait prendre pour veritable. Ce que Ciceron debite sous la personne de Cotta dans les livres de la nature des Dieux ne s'accorde aucunement avec les maximes pieuses que l'on voit dans plusieurs autres de ses écrits. On lui en a fait une rude reprimande (2) sur le chapitre de la providence de Dieu.

Après tout souvenez-vous bien que quand même la plupart des Philosophes auroient eu quelque orthodoxie sur la nature de Dieu, cela n'affoibliroit point la preuve que j'ai tirée de ce que les peuples ont donné leur consentement au polytheïsme. L'opinion des Philosophes ne servoit de rien au vulgaire : vous l'avez vu ci-dessus (3).

§. LXIX.

transfuga, providentiam conatus est tollere. in quo si contradicere velis : nec cogitatione opus est, nec labore : sua illi dicta recitanda sunt. Lactant. divin. inst. lib. 2. cap. 8. pag. m. 111. (3) Dans le chapitre 49. & 53. Voiez sur tout pag. 242.

§. LXIX.

Opinion des Cabaliſtes que les creatures ſont émanées de Dieu.

Je ne puis m'empecher de vous dire un mot
ſur les Cabaliſtes, qui pretendent que les creatures ne ſont que des émanations de la ſubſtance
de Dieu. On dit (1) qu'ils avoüent qu'avant
que le monde fut créé toutes choſes étoient
Dieu, & que Dieu étoit toutes choſes, mais
que quand le monde eut été formé des émanations de la ſubſtance divine il commença d'exiſter des choſes qui n'étoient point Dieu. Que
c'eſt une etrange philoſophie! N'eſt-il pas clair
qu'une choſe (2) ne peut jamais être ſeparée
d'elle-même, & que l'unité eſt indiviſible? Ce
qui a été une fois Dieu, l'eſt toûjours neceſſairement, ce qui ne l'a pas toûjours été ne peut
jamais l'être. Les Scholaſtiques qui amplifient
le plus la toute puiſſance de Dieu, juſqu'à ſoutenir qu'elle peut faire qu'un même homme
ſoit en même tems eſclave dans un païs,
& Monarque dans un autre (3), demeurent
d'accord qu'elle ne peut point rendre diſtinctes les choſes qui ont été une fois un ſeul
& même être, ni donner l'identité à celles
qui ont été une fois diſtinctes (4). Si donc les
ecoulemens de la ſubſtance divine avoient été
Dieu avant que le monde fut, ils ſeroient aujourd'hui Dieu. Servons-nous plutôt du nombre pluriel, & diſons que ſi la ſubſtance divine étoit diviſible, & pouvoit répandre hors de
ſon

(1) Voiez
Mr. Bud-
deus introd.
ad hiſtor.
philoſoph.
Ebræor.
pag. 324.

(2) Nihil
poteſt ſepa-
rari à ſe ip-
ſo. Quæ
ſemel ſunt
idem ſunt
ſemper
idem, dit
on dans les
écoles de
philoſophie.

(3) Il s'en-
ſuit de là
qu'il pour-
roit être
au même
logis mâle
& femelle,
valet &
maitreſſe
de ſoi mê-
me, mari
& femme
de ſoi mê-
me, père
& mere

des mêmes enfans. (4) Eſt advertendum, res quæ
ſemel ſunt idem realiter non poſſe realiter diſtingui ETIAM
DIVINITUS, quæ vero ſunt diſtincta realiter, non poſſe iden-
tificari. Petrus Hurtadus de Mendoza Metaphyſ. diſput. 6.
pag. m. 789.

Marginal notes:

(1) Voiez les paroles de Mr. Bernier que j'ai citées dans la remarque A de l'article de Spinoza. Voiez aussi la remarque X de l'article Brachmanes.

(2) Voiez dans mon Dictionaire la remarque K de son article.

(3) Voiez le Janua cælorum reserata pag. 127. & seq.

(4) Ci-dessus pag. 353.

(5) Voiez dans le Diction. histor. & crit. la remarque I de l'article Brachmanes.

son sein ce qu'elle y auroit tenu renfermé, & l'y faire revenir après plusieurs siecles, comme revent les Cabalistes, elle seroit un assemblage de plusieurs Divinitez qui seroient susceptibles de generation & de corruption. Cette conséquence peut fraper presque toutes les hypotheses des anciens Philosophes sur la nature divine. Je supose que vous savez qu'il y a dans l'Orient quelques sectes (1), qui donnent dans les mêmes visions que les Cabalistes.

Je ne vous parlerai point d'Origene (2) que l'on accuse d'une semblable extravagance. Je ne vous dirai point non plus que certaines gens pretendent que selon quelques Docteurs de l'Eglise primitive, la seconde personne de la Trinité sortit du sein de son Pere un peu avant la creation, & qu'elle aquit une forme qu'elle n'avoit pas auparavant. Cette hypothese (3) renverseroit la doctrine de la consubstantialité du Verbe, & la veritable unité, & immutabilité de Dieu.

§. LXX.

Pourquoi je ne veux rien dire des Mystiques, qui semblent croire que les creatures se transubstantient en Dieu.

La maxime que j'ai alleguée (4) que les choses qui sont une fois distinctes d'une autre ne peuvent jamais cesser d'en être distinctes, pourroit m'engager à dire un mot contre cette deification de l'ame dont les livres des Mystiques parlent si souvent. Il semble aussi que ce qu'ils disent du retour de l'ame, (5) *Qui est recoulée & abîmée en Dieu par une presence fonciere & centrale*, les rend conformes en quelque façon aux Cabalistes, & par consequent que je devrois ne les pas omettre, puis que j'ai parlé des reveries de la Cabale, mais à Dieu

ne

ne plaise , Monsieur , que je me mêle là dedans. Je veux profiter de (1) l'infortune du Protestant anonyme, qui publia son jugement sur la Theologie mystique l'an 1699. Les plus puissans motifs du monde l'engagerent à étudier cette matiere , & le soutinrent contre les fatigues d'une étude si desagreable. Il se vouloit vanger de Mr. l'Eveque de Meaux , & se decharger de la bile qui lui pesoit sur le cœur. On croit que sans cela il n'eut pas eu la patience d'examiner si à fond la Theologie mystique, & l'on trouve qu'il s'est donné beaucoup de peine ; & qu'il a employé les derniers efforts pour la debrouiller & pour la comprendre, mais il a eu le malheur de voir que deux écrivains l'un (2) Catholique & l'autre (3) non Catholique lui ont reproché qu'il n'y avoit rien compris. Profitons de cet exemple ; laissons dire aux Mystiques tant qu'il leur plaira que le mariage spirituel de l'ame avec Dieu , (4) *reduit tout à une unité*, qu'alors *Dieu est* l'ame, & l'ame *est Dieu.*

§. LXXI.

Qu'on a reconnu que la politique influoit beaucoup dans la religion Païenne.

Vous auriez voulu que je n'eusse point parlé (5) des influences de la politique sur la religion des Gentils ; car il n'y a que trop de gens, dites vous, qui abusent de cette sorte de remarques, & qui en inferent que par tout le culte divin est une invention humaine. A leur dam,

(1) *Felix quem faciunt aliena pericula cautum.*
(2) *L'Abbé de Chevremont dans son Christianisme éclairci, imprimé à Amsterdam l'an 1700. Voiez y depuis la page 319. jusqu'à la page 396. Il donne des éloges outrez au Protestant anonyme, & l'accuse aussi de plusieurs fautes, & lui fait par ci par là des leçons très-judicieuses sur*

son emportement (3) *Gothofredus Arnoldus in historia & descriptione Theologia mystica imprimée à Francfort l'an 1702. Voiez y depuis la page 477. jusqu'à la page 549. Il soutient que l'anonyme est bien novice dans ces matieres, malin & plein de contradictions.* (4) *Voiez le Diction. hist. & crit. ubi suprà* (5) *Dans le chap.* 108. *des Pensées diverses.*

dam, Monsieur, s'ils abusent de leur esprit & de
leur raison avec une impertinence si audacieuse.
Je n'en dois pas être responsable, j'ai pour ga-
rans de ce que j'ai dit une infinité d'auteurs,
& vous ne devez pas ignorer que nos plus zé-
lez Theologiens donnent aux fausses religions
une origine plus infame que ne l'est la ruse
des hommes ; ils soutiennent qu'elles sont la
production de l'orgueil & de la malice du diable. C'est ce que j'ai observé (1) il y a long tems.

(1) *Voiez*
l'addition
aux pen-
sées sur les
Cometes
ch. 4. dans
la reponse
à la 4. ob-
jection pag.
47.

De peur d'être trop long je ne vous citerai
pas tous ceux qui ont dit, que les politiques ont
inventé le culte des Dieux afin de tenir les peuples dans la dependance necessaire. Les personnes dont vous me parlez qui disent tout
haut que la religion est entre les mains des Magistrats, comme la bride entre les mains d'un
Ecuier qui fait faire à un cheval tous les exercices du manege, ont lu aparemment une reflexion qui se trouve dans Polybe. Ce fameux
Historien declare qu'il n'y a rien en quoi la Republique Romaine lui paroisse mieux surpasser
les autres peuples, que dans l'opinion qu'elle
avoit des Dieux : de sorte, continuë-t-il, que
cela même qui est blamé par les autres hommes, je veux dire la superstition, est ce me
semble, ce qui maintient cette Republique. La superstition y est si outrée, & tellement repanduë non seulement sur la conduite des particuliers, mais aussi sur la conduite publique,
que l'on n'y sauroit rien ajoûter, & je pense
que les Romains ont fait cela à cause du peuple Car si l'on pouvoit former une republique où il n'y eût que des gens sages, toutes ces
ceremonies de religion seroient peut-être su-
perflues, mais puis que le peuple est inconstant, & plein de passions injustes, qu'il s'irri-
te subitement, & que la colere le pousse à la
violence, il ne reste que de le refrener par des

terreurs invifibles, & par ces fortes de fictions
épouvantables. C'eft pourquoi je trouve que
les anciens n'ont pas introduit fans de très-bon-
nes raifons parmi le peuple ces fentimens fur
les Dieux, & fur les peines des enfers, & qu'au
contraire ceux qui vivent aujourd'hui les rejettent temerairement& mal à-propos (1). Voilà
ce que dit Polybe.

Strabon a exprimé la même penfée encore
plus clairement. Je ne vous raporterai point fes
paroles, je me fouviens de les avoir déjà raportées dans mon Dictionaire (2). Aiez y recours, s'il vous plaît. Par une femblable raifon
(3) je fuprime ici le fyftême qu'un difciple de
Socrate avoit donné de l'origine des religions.

Un noble Romain qui étoit du college des
Augures fit un livre, où il foutint (4) que
les aufpices n'avoient été inventez que par raport aux utilitez du public: *aufpicia ifta ad utilitatem effe reipublica compofita (5)*. Ciceron dans
le 2. livre des loix ne rejetta pas entierement
ce motif, il fe contenta de ne point l'admettre comme l'unique, & aiant refuté (6) ailleurs & pleinement renverfé tout l'art des augures, il declara que depuis que l'on en avoit
reconu la vanité on l'avoit pourtant maintenu
à caufe des grans fervices que l'on en pouvoit
tirer: (7) *Credo Romulum qui urbem aufpicato
condidit habuiffe opinionem, effe in providendis
rebus augurandi fcientiam. Errabat enim multis in rebus antiquitas, quam vel ufu jam, vel
doctrina, vel vetuftate immutatam videmus. Re-
tinetur autem & ad opinionem vulgi, & ad magnas utilitates reip. mos, religio, difciplina, jus
augurum, collegii auteritas.*

Il

fol. 318. B. Joignez à cela ce qu'il avoit dit fol 316 C. *Ut in
noftris commentariis habemus, Jove tonante, fulgurante, co-
mitia populi habere nefas. -Hoc fortaffe reip. caufa conftitutum
eft. Comitiorum enim non habendorum caufas effe voluerunt.*

(1) *Tiré
de Polybe
lib. 6. cap.
54. pag.
m. 449.*

(2) *A la
remarque
H de l'arti-
cle Efope
pag. 1175.
col. 1. de
là 2. édi-
tion.*

(3) *Voiez
dans mon
Dictionai-
re la re-
marque H
de l'article
Critias.*

(4) *Cicero
de legib.
lib. 2. fol.
334. D.*

(5) *Id. ib.*

(6) *In 2.
lib. de di-
vinat.*

(7) *Cice-
ro de di-
vin. lib. 2.*

Il supose dans un autre livre que les simulacres des Dieux en forme humaine sont de l'invention de quelques personnes sages qui espererent par-là de mieux inspirer aux hommes le culte divin pour les retirer du vice (1). Le Pere Lescalopier condamne cette pensée, & dit que le peuple ne pouvoit pas être corrigé par un tel moien, mais par quelque chose qui l'effraiât, & que bien loin qu'en donnant aux Dieux la figure humaine on ait travaillé à établir la vertu, on a établi le crime, parce qu'on le depouilloit de sa laideur, & qu'on l'honoroit, & le consacroit en suposant que les Dieux étoient sujets aux mêmes passions que la creature dont on leur donnoit la figure. Il se declare plutôt pour la pensée de Strabon, selon laquelle les legislateurs recoururent à des fictions formidables, afin d'amener par la crainte dans le bon chemin les peuples grossiers, & l'esprit foible des femmes que la raison n'auroit pu reduire. Inde manasse videtur, dit il (2) ad homines omnis morum corruptela, postquàm Dii humanis induti formis, perditorum hominum turpissima flagitia in se honestarunt quodammodò, ac consecrarunt: tantùm abest ut animos imperitorum ad Deorum cultum à vita pravitate converterint. Satius forte cuipiam videatur aliud item Sapientum Legislatorum consilium, in Strabone Geographo, qui cùm intelligerent apud mulieres, & promiscuam multitudinem parùm rationes valere, nec nisi timore ad religionem, sanctitatem, fidem, uno verbo, ad rectè agendum, id hominum genus trahi: & fulmen, & Ægidem, & tridentem, & faces, & dracones, & hastas, & thyrsos, & omnis generis arma Diis in manus, atque humeros dedere, ut hoc terrifico quasi larvarum apparatu, pueriles muliercularum, atque inscientis plebecula animos, & ab turpi commisso deterrerent, & ad aliquam vitæ honesta-

(1) Quis tam cæcus in contemplandis rebus unquam fuit, ut non videret species istas hominum collatas in Deos aut consilio quodam sapientum, quò faciliùs animos imperitorum ad Deorum cultum à vita pravitate converterent, aut superstitione &c. Id. de nat. Deor. lib. 1. pag. 105.

(2) Lescalopier. in Cicer. de nat. Deor. lib. 1. pag. 106. col. 1.

honeſtatem propè cogerent iuuiset. Voyez auſſi
ce qu'il dit ſur un (1) autre endroit du même
livre de Ciceron. . . . .
: Vous n'avez pas imité ceux qui avec beaucoup d'injuſtice ſont paſſez du mepris de la
nouvelle Philoſophie peripatecicienne au mepris
de la perſonne d'Ariſtote. C'eſt pourquoi je
vous cite cet Auteur, l'un des plus grans hommes de l'antiquite. (2) Il a dit que les additions
que l'on avoit faites aux veritables idées de la
nature divine n'étoient que des fables accom-
modées à la portée du peuple, & aux intereſts
de la ſocieté, & que par ce principe l'on avoit
fait reſſembler les Dieux non ſeulement à l'e-
ſpece humaine, mais auſſi aux animaux.

Il n'eſt pas beſoin que je vous faſſe reſſouve-
nir de Tite Live (3) au ſujet de Numa Pom-
pilius: je ſupoſe que vous ne l'avez pas oublié;
mais je dois vous dire que Plutarque eſt l'un
des Auteurs qui peut fournir le pretexte le plus
plauſible de ſoutenir que la religion eſt l'Ouvrage de la politique. Conſiderez bien ce qu'il dit;
» (4) Le premier article de l'eſtabliſſement des
» loix, & de la police que Colotes loue tant,
» &

(1) Sur
ces paro-
les du 1.
livre de
natura
Deor. pag.
170. li q[ui]
dixerunt
totam de
Diis im-
mortalibus
opinionem
fictam eſſe
ab homi-
nibus ſa-
pientibus
Reipub.
cauſâ. ut
quos ratio
non poſſet,
eos ad of-
ficium reli-
gio duceret,
nonne om-

nem religionem funditùs ſuſtulerunt? (2.) Παραδιδοται δὲ
ὑπὸ τῶν ἀρχαίων κỳ παλαιῶν, ἐν μύθου χήματι καταλελειμμένα
τοῖς ὕϛεροι, ὅτι θεοί τέ εἰσιν αὖτοι, κỳ περιέχει τὸ θεῖον τὴν ὅλην
φύσιν. τὰ δὲ λοιπὰ μυθικῶς ἤδη προσῆκται πρὸς τὴν πειθὰ τῶν
πολλῶν, κỳ πρὸς τὴν εἰς τοὺς νόμους κỳ τὸ συμφέρον χρῆσιν. ἀνθρω-
ποειδῆς τε γὰρ τούτους, κỳ τῶν ἄλλων ζώων ὁμοίους τισὶ λέγουσι,
κỳ τούτοις ἕτερα ἀκόλουθα κỳ παραπλήσια τοῖς εἰρημένοις: Tradita autem ſunt quedam à maioribus noſtris, & admodum anti-
quis, ſ ac in fabula figura poſterioribus relicta, quòd hi dii ſint,
universamque naturam divinam contineat. Cætera verò fabu-
loſè ad multitudinis perſuaſionem, & ad legum ac ejus, quod
confert, oportunitatem, jam illata ſunt. Hominiformes nan-
que, ac aliorum animalium nonnullis ſimiles eos dicunt, ac alia
conſequentia, & ſimilia iis, quæ dicta ſunt. Ariſt. metaph.
l. 12. c. 8 p. m. 744 E. (3) Voiez ci-deſſus p. 22. (4) Plu-
ſarch. adv. Colotem ſ. 1125. Je me ſers de la verſion d'Amyot.

„ & le plus important, c'eſt la creance & per-
„ ſuaſion des Dieux, par le moyen de laquelle
„ Lycurgus ſanctifia indis les Lacedæmoniens,
„ Numa les Romains, Ion les Atheniens, &
„ Deucalion tous les Grecs univerſellement, en
„ les rendant devots & afectionnez envers les
„ Dieux; en prieres, ſermens, oracles & pro-
„ pheties, par le moyen de la crainte & de
„ l'eſperance qu'ils leur imprimerent, de ſorte
„ qu'allant par le monde, vous trouverez des
„ villes qui ne ſont point cloſes de murs, qui
„ n'ont point de lettres, qui n'ont aucuns Rois,
„ voire qui n'ont point de maiſons, ni point
„ d'argent, ni ne ſe ſervent point de monnoye,
„ qui ne ſavent que c'eſt de theatres ni des
„ exercices du corps : mais vous n'en trouve-
„ rez jamais qui ſoit ſans Dieu, qui n'ait point
„ de ſerment à jurer, qui n'uſe point de prie-
„ res, ni de ſacrifices pour obtenir des biens &
„ deſtourner des maux, jamais homme n'en
„ vid, ni n'en verra jamais, ains me ſemble
„ que pluſtoſt une ville ſeroit ſans (1) ſole,
„ qu'une police ne s'y dreſſeroit & eſtabliroit
„ ſans aucune religion ou opinion des Dieux,
„ & ſans la conſerver apres l'avoir euë. C'eſt
„ ce qui contient toute ſocieté humaine, c'eſt
„ le fondement & apui de toutes loix... „ Si la
religion eſt abſolument neceſſaire à une ſocieté, dira-t-on, les legiſlateurs n'auront eu garde d'oublier jamais cet article, ils auront fait de
cela l'objet principal de leurs inventions.

Je vous conſeille de laiſſer dire tout ce qu'on
voudra touchant l'origine des fauſſes religions;
car pourvu qu'on n'attaque point cette verité
eſſentielle, que c'eſt Dieu qui a enſeigné aux
hommes la religion veritable, que vous importe que l'on attribue ou aux hommes, ou au
demon l'établiſſement de l'idolatrie?

A .... le 16. de Fevrier 1704.

(1) C'eſt-
à-dire, le
fond ou la
terre ſur
quel l'on
bâtit.

F I N.

Lightning Source UK Ltd.
Milton Keynes UK
UKHW012230110219
337137UK00006B/1190/P